新编精短

庆典贺词

多情境下的贺词示范全书

情境布局·应对自如·风格多样·与时俱进

余柏 主编

哈尔滨出版社
HARBIN PUBLISHING HOUSE

图书在版编目(CIP)数据

新编精短庆典贺词 / 余柏主编. —哈尔滨：哈尔滨出版社，2014.4

（实用精短文库）

ISBN 978-7-5484-1749-1

Ⅰ. ①新… Ⅱ. ①余… Ⅲ. ①汉语－格言－汇编
Ⅳ. ①H136.3

中国版本图书馆CIP数据核字(2013)第318184号

书　　名：新编精短庆典贺词

作　　者：余　柏　主编
责任编辑：韩伟锋　关　健
责任审校：李　战
封面设计：夏　初
版式设计：远流图文工作室　杨琨

出版发行：哈尔滨出版社(Harbin Publishing House)
社　　址：哈尔滨市松北区世坤路738号9号楼　　邮编：150028
经　　销：全国新华书店
印　　刷：辽宁星海彩色印刷有限公司
网　　址：www.hrbcbs.com　　www.mifengniao.com
E-mail：hrbcbs@yeah.net
编辑版权热线：(0451)87900271　87900272
邮购热线：4006900345　(0451)87900345　87900299　或登录蜜蜂鸟网站购买
销售热线：(0451)87900201　87900202　87900203

开　　本：720mm×1000mm　1/16　印张：28.5　字数：437千字
版　　次：2014年4月第1版
印　　次：2014年4月第1次印刷
书　　号：ISBN 978-7-5484-1749-1
定　　价：48.00元

凡购本社图书发现印装错误，请与本社印制部联系调换。　服务热线：(0451)87900278
本社法律顾问：黑龙江佳鹏律师事务所

前 言

庆典活动是组织利用自身或社会环境中的有关重大事件、纪念日、节日等所举办的各种仪式、庆祝会和纪念活动的总称，包括节庆活动、典礼仪式和其他活动。通过庆典活动，可以渲染气氛，强化组织的影响力；也可以广交朋友，广结良缘；成功的庆典活动还可能具有较高的新闻价值，从而进一步提高组织的知名度和美誉度。

中国号称礼仪之邦，向来重视礼仪之交，无论是什么样的场合都要遵守一定的礼仪。庆典是一个非常隆重的场合，庆典贺词的好坏是体现庆典活动水平的一个重要标准。几千年来的历史文化传统告诉我们，庆典贺词必须谨慎，务必用好的贺词来表情达意。

每逢佳节、婚庆、庆生、开业、登科、乔迁等庆典仪式，无论东道主还是宾客，都需要发言致辞。这个时候不是一句简单的“吃好喝好”就能解决问题的，最好有一篇精致得体而又出彩的贺词锦上添花。贺词不一定长篇大论，但是一定要带动气氛，充分表达祝福或谢意。基于此，我们编辑成此书，让您无论是在商业庆典还是家庭聚会，无论是在单位宴会还是平时酒席，都能将锦言妙语、华丽词句信手拈来，从而纵横宴会庆典，轻松展示你的才华与魅力，让你的事业更上一层楼！

本书从形式结构上主要分为两部分内容：其一是庆之礼，庆之礼主要介绍该章的庆典知识、风俗常识，讲解该章庆典贺词的意义和重要性，从大的方面解读庆典要义，帮助读者从宏观上了解该章庆典贺词的具体结构划分，从而对该章内容形成整体思路；其二是庆之词，庆之词主要是以实例的形式（不同社会角色在庆典活动上的致辞）对不同的庆典活动进行阐释说明，使读者能够更加直接地接触到贺词要领，从而满足不同类型读者对于贺词的不同要求。

全书从内容结构上分为十章，依次为：佳节庆典贺词；开业庆典贺词；周年庆典贺词；庆功庆典贺词；乔迁、落成庆典贺词；聚会庆典贺词；婚礼庆典贺词；生日庆典贺词；登科庆典贺词；学校及培训机构庆典贺词。每章内容丰富，皆选取具体事例，对该章主题进行具体说明，使读者能最大程度地掌握贺词要点，有效提升多种场合下的致辞水平。

本书的特点如下：

第一，范例精短，字数多不过千，篇篇精彩，便于学习和掌握。

第二，形式创新，对每个范例都提炼出人物、场合、时机、语言风格、精彩词句等关键要素，既方便读者索引、对照、查找、选取，也便于读者通过几个关键词将贺词串联起来，容易记忆，还可以方便读者快速挑选精彩句式加以直接引用。

第三，风格多样，所选范例风格各异，逻辑严谨者环环相扣，滴水不漏；激情四射者天马行空，热烈奔放；诙谐幽默者充满智慧，引人思考；文采飞扬者行云流水，华辞丽藻。

精短致辞是整个社会讲话致辞的新风尚、大趋势，相信通过本书的训练，您必能掌握一套让人过耳不忘的讲话真本领。

目录

第 1 章　佳节庆典贺词

第 2 章　开业庆典贺词

第 3 章　周年庆典贺词

第 4 章　庆功庆典贺词

第 5 章　乔迁、落成庆典贺词

第 6 章　聚会庆典贺词

第 7 章　婚礼庆典贺词

第 8 章　生日庆典贺词

第 1 章

佳节庆典贺词

节日是世界人民为适应生产和生活的需要而共同创造的一种民俗文化，是世界民俗文化的重要组成部分。

中国自古以农为本，以农立国。从远古时代起，中国先民就已掌握了反映农业生产特点的历法知识。历法反映了农业生产规律，对指导农业生产起了积极作用，同时也为岁时节日的产生提供了必要的前提。有些特殊的日子如立春、夏至、立秋、冬至等，则是由节气直接发展而来的。

岁时节日与历日节气关系十分密切，但历日节气本身并非节日，除上述少数者外，只是为节日产生提供了前提，节日的形成还必须有一定的风俗为其内容。

在历史长河中，经过先祖的长期积淀，我国的节日形成了十分鲜明的特点：既具有十分鲜明的农业文化特色，同时又具有传承性与变异性统一的特性；既是风俗与礼俗的有机结合，也是民族性和地域性的相互融合。

除了中国的节日之外，世界许多国家都拥有自己的节日。然而与中国节日的成因不同，外国节日的产生多归结于民族的宗教崇拜，《圣经》可以成为基督教国家许多节日的来源，例如：圣诞节、复活节、万圣节等，其庆祝的形式也与我国传统节日有很大的不同。

庆之礼

庆典文化是一种历史文化，是一个国家或一个民族在漫长的历史过程中形成和发展的民族文化，也是一种民族风俗和民族习惯。多数庆典都有深刻的寓意，或是为了纪念某一重要历史人物，或纪念某一重要历史事件，或是庆祝某一时节的到来等等。如中国的春节、元旦、元宵节、清明节、端午节、中秋节、国庆节、重阳节等等。每逢重要节日，家人团聚，欢聚一堂。人们为了庆祝节日，年年举办各种形式的庆祝活动，如看花灯、舞龙、舞狮、赛龙舟等，既有民间庆祝活动，也有官方的庆祝活动。古时只有各国和各民族自己的节日，现代国际交流和国际合作越来越广泛，为了纪念重大的国际活动，产生了各种各样的国际节，如五一国际劳动节、六一国际儿童节等。

一、元旦贺词

“元”有开始之意，“旦”指天明的意思。元旦（New Year's Day，New Year）便是一年开始的第一天，也被称为“新历年”“阳历年”。辛亥革命成功后，孙中山为了“行夏正，所以顺农时，从西历，所以便统计”，定农历正月初一为春节，而以西历的1月1日为新年。1949年9月27日，中国人民政治协商会议第一届全体会议决定：“中华人民共和国纪年采用公元纪年法”，确认新年（元旦）为中国的法定节日。元旦也是世界上很多国家和地区的法定假日。

中国元旦曾经指的是农历正月初一。“元旦”的“元”，指开始，是第一的意思，凡数之始称为“元”；“旦”，象形字，上面的“日”代表太阳，下面的“一”代表地平线。“旦”即太阳从地平线上冉冉升起，象征一日的开始。人们把“元”和“旦”两个字结合起来，就引申为新年开始的第一天。元旦又称“三元”，即岁之元、月之元、时之元。在汉语各地语言中有不同叫法，有叫“大年初一”的，有叫“大天初一”的，有叫“年初一”的，一般又叫“正月初一”。在中国，元旦已被列入了法定假日。由于世界各国所处的经度位置不同，各国的时间也不同，因此，“元旦”的日期也有不同。中国是世界上第 12 个开始新年的国家。

★★★

范例 1：某校党委书记元旦晚会现场致辞

【致辞人】学校党委书记

【场　景】元旦欢庆晚会

【时　机】在晚会开始时致辞

【风　格】慷慨激昂

【关键词】新年　问候　改革　发展　希望

【妙　语】不平凡的，充满希望的。振奋和激情、成功和喜悦。困难和挑战考验着我们，责任和使命激励着我们。

各位老师、各位同学：

大家好！

不平凡的 2011 年刚刚过去，充满希望的 2012 年已经到来。在新的一年开始之际，我代表学校党支部、校委会向全校教职工和全体同学致以节日的问候，祝大家在新的一年里工作顺利、学习进步！

回首 2011，振奋和激情、成功和喜悦交织在一起。……

新年的钟声已敲响，面对 2012，我们豪情依然，信心倍增。今年是我校十二五发展规划实施的关键之年。认真扎实地做好新一年各方面的工作，意义十分重大。我们要以饱满的热情，昂扬的斗志，聚精会神抓质量，一心一意谋发展，不折不扣严管理，扑下身子抓落实。要使管理再上新水平，质量再上新台阶，改革再出新举措，发展再添新亮点。

新的一年，我校要以“三个代表”重要思想为指导，全面贯彻落实科学发展观，坚持以人为本，进一步解放思想，更新观念，强化管理，狠抓落实。大兴求真务实之风，大力倡导敬业乐学精神，扎实做好教育教学和学校发展的各项工作，以一流的业绩为学校持续健康发展奠定坚实的基础。

新的一年开启新的希望，新的征程承载新的梦想。新一年的目标催人奋进，新一年的形势又十分严峻。困难和挑战考验着我们，责任和使命激励着我们。让我们上下一心，知难而进，埋头苦干，扎实工作，集全员之智，举全校之力，努力把学校各项工作推上新台阶。

★★★

范例2：交通局局长元旦晚会致辞

【致辞人】交通局局长
【场　景】交通局元旦欢庆晚会现场
【时　机】在晚会开始时致辞
【风　格】气势磅礴
【关键词】万象更新　成绩斐然　责任重大　贡献　奉献
【妙　语】责任重大，使命光荣。机遇与挑战同在，光荣与梦想共存。

各位同仁：

大家好！

寅虎奔腾跃新春，一年复始，万象更新。刚刚告别成绩斐然的××年，我们又满怀喜悦地迎来了充满希望的××年。值此辞别旧岁迎来新年之际，市交通局局长××携全体干部职工向全市人民拜年！衷心感谢社会各界对交通工作的厚爱和支持！我代表××市交通局向奋战在交通战线上的广大干部、职工和“老交通们”表示亲切问候和衷心的感谢；向全系统交通家属们致以节日问候！恭祝大家新春快乐！身体健康！工作顺利！全家幸福！

交通工作责任重大，使命光荣。为了完成党和政府赋予我们的各项目标任务，交通系统广大干部、职工团结一致，抓重点，攻难点，加大公路项目争取力度；抓质量，重安全，强力推进公路建设；抓发展，上项目，寻求经济发展新亮点；抓规范，建机制，实现交通和谐发展；抓改革，理体制，全面激发系统活力；抓创新，树形象，强力规范交通执法；抓班子，带队伍，提升交通干群素质，圆满完成了市委、市政府和省交通厅下达的考核目标，全市共完成交通建设投资××亿元，完成年度目标任务的××，比××年增长××，为地方经济发展和社会进步做出了积极贡献。

成绩的取得，是市委、市政府领导的结果，是全市各级各部门大力支持的结果，是全系统广大干部职工共同努力的结果，在此，我代表市交通局党组对大家的努力和付出表示衷心的感谢！

机遇与挑战同在，光荣与梦想共存！让我们以项目建设为核心，以科学管理为重点，以壮大交通运输服务业为突破口，以“拼”的精神、“抢”的劲头、“争”的姿态、“超”的气魄，实现交通事业的大发展、快发展！我们坚信，交通事业的明天一定会更美好！

最后，祝大家节日愉快、身体健康、万事如意、合家欢乐！

★★★

范例3：教育局领导元旦欢庆晚会致辞

【致辞人】教育局领导

【场　景】教育局元旦欢庆晚会

【时　机】在晚会开始时致辞

【风　格】慷慨激昂

【关键词】新年 团结奋进 荣誉 勤于实践 特色

【妙　语】办人民满意的教育为宗旨。新的征程谱写新的辉煌。

尊敬的各位领导、老师和教育界同仁：

大家晚上好！

即将过去的一年，是我县教育系统团结奋进、蓬勃发展的一年。在县委、县政府和上级主管部门的正确领导和高度重视，在全县人民的关心支持下，我局以办人民满意的教育为宗旨，以科学发展观为指导，认真贯彻落实党的十七大精神，高点定位，抢先进位，团结合作，勤于实践，敢于创新，狠抓教育教学质量，今年我们的各项工作多次得到各级领导的充分肯定。先后获得省“两基”工作先进县、××省××年度人民群众满意教育行政部门、省“四个一”活动先进集体、省“师德师风”先进集体、省“勤工俭学”先进单位、省“全民健身”活动优秀组织奖、省网络教研特色教研室、市职业教育先进单位、市职业教育招生组织奖、市职业教育创新与人才培养论坛组织奖、市实验教学管理先进单位等荣誉。

……

新的一年孕育着新的希望，新的征程谱写新的辉煌。让我们以与时俱进的思想观念，高昂饱满的精神状态，团结和谐的育人氛围，来推动××教育更好更快发展。最后，祝福大家在新的一年里，身体健康、合家幸福！

★★★

范例4：公司总经理在元旦欢庆大会上致辞

【致辞人】公司总经理

【场　景】公司元旦欢庆大会现场

【时　机】在大会开始时致辞

【风　格】慷慨激昂

【关键词】庆祝　感谢　努力　成绩　战略　多元化　发展

【妙　语】告别了成绩斐然的××年，迎来了充满希望的××年。诚信缔造伟业！创新成就未来！机遇与挑战同在，光荣与梦想共存！

各位同仁：

大家好！

律回春晖渐，万象始更新。我们告别了成绩斐然的××年，迎来了充满希望的××年，值此辞旧迎新之际，我谨代表集团董事局，向全体职员的努力进取和勤奋工作，投资者给予公司的真诚信赖、中外客户的热情支持致以深深的谢意！祝大家在新的一年里和气致祥、身体健康、全家康泰，万事如意！

××年，在各级经营团队和全体员工的共同努力下，我们先后取得了与××公司合资、夺得××开发权、进军××产业、发展板块启航等振奋人心的重大突破；集团××年各项经济指标比往年有了较大增长……这些令人欣喜和振奋的成绩证明：××公司的战略是清晰的，定位是准确的，决策是正确的。通过这些成绩的取得，我们看到了一个充满生机和活力的新××。在这里，我感谢这个伟大的时代！更感谢一年来全体公司员工的不懈努力！

诚信缔造伟业！创新成就未来！机遇与挑战同在，光荣与梦想共存！××经过管理变革，依靠优秀的企业文化，通过实施多元化、国际化的发展战略，定会迎来更加辉煌的明天！

最后，再次祝愿大家新春愉快、身体健康、合家欢乐、万事如意！

★★★

范例5：科研所领导元旦欢庆大会致辞

【致辞人】科研所领导
【场　景】科研所元旦欢庆大会现场
【时　机】在庆祝大会开始时致辞
【风　格】慷慨激昂
【关键词】庆祝　感谢　科研　创新　战略　齐心协力
【妙　语】加强科技攻关。走向国际舞台。齐心协力，努力工作，与时俱进。国际一流研究所。

同志们、朋友们：

新年好！

新年的钟声即将敲响，我们又迎来了充满希望的××年。过去的一年里，按照院新时期的办院方针，在院知识创新工程试点全面推进阶段的总体方案指导下，通过全所职工的共同努力，我所知识创新工程试点全面推进阶段工作进展顺利，各项事业取得显著成绩。

××年我所知识创新工程取得了较好的成绩。人员队伍在不断年轻化，制度化、民主化、科学化“三化”建设成效显著，相继出台和完善了一系列的规章制度，科研工作进展顺利，我们在重大旱涝气候事件预测与强天气预报、沙尘暴与大气污染预报、气候系统模式与全球变暖研究、我国区域—环境系统观测模拟预测人类对策等方面取得了多项重大科研进展。

近几年，我所论文约占全国大气科学领域的40%，优势突出。这些成绩是全所同志们共同努力取得的。在此，我代表所领导班子，向全所各级干部、党团员及广大职工表示衷心的祝贺和感谢！同时，我们也深深感谢院有关领导和国内外关心、支持我所发展的朋友们！

××年，是我所实施知识创新工程试点、全面推进阶段各项工作和“××”科研项目执行的关键性一年，同时，也是我所建所七十五周年。我们将以新时期办院方针和××院长两次视察我所的重要讲话精神为指导，以知识创新工程为契机，贯彻“三大”战略，集中优势加强科技攻关；将科研理论与经济发展、国防建设和人民生活的实际应用紧密地结合在一起；努力建设国际舞台，走向国际舞台；加大力量建设高水平国际期刊,进一步营造优秀的科学文化和人文文化环境。让我们团结起来，齐心协力，努力工作，与时俱进，开拓创新，为把我所建设成为国际一流研究所而继续奋斗！

恭祝全所同志们新年快乐、工作顺利、生活幸福、万事如意。

★★★

范例6：公司总经理元旦欢庆大会致辞

【致辞人】公司总经理

【场　景】公司元旦欢庆大会现场

【时　机】在大会开始时致辞

【风　格】气势磅礴

【关键词】祝愿　努力拼搏　爱岗敬业　居安思危　抓住机遇　新

年之愿

【妙　语】雄关漫道真如铁，而今迈步从头越。天行健，君子以自强不息。像鲜花般绚丽多彩。

尊敬的各位同仁、合作伙伴、社会各界的朋友：

我们一同携手走过××年，迎来××年。值此元旦新年来临之际，我谨代表辽宁××保险代理有限公司，向各位同仁、公司合作伙伴及各位朋友致以真诚的祝愿，祝愿你们在新的一年里，工作顺心、事业顺利、合家欢乐！

过去的一年，是艰苦创业的一年，是努力拼搏的一年，也是公司值得骄傲的一年。广大员工，沿着公司发展的方向，兢兢业业，努力拼搏，爱岗敬业，朝着共同的目标一同奋进，取得了巨大的成绩。××年12月，××代表辽宁地区的保险中介机构赴北京参加了由中国保监会举办的“××中国保险中介发展论坛”，证明了“××”品牌确实已在同行业中具有了非常重要的影响力。

“雄关漫道真如铁，而今迈步从头越”，面对知识经济和竞争的白热化，面对××年港澳台地区保险中介机构迈入大陆市场的巨大挑战，我们将一如既往、信心倍增、激情满怀。“天行健，君子以自强不息”，面对艰巨繁重的任务，面对日益激烈的市场竞争，我们一定会增强忧患意识，居安思危，艰苦奋斗，勇于面对挑战，善于抓住机遇，进一步解放思想，实事求是，与时俱进，共同开创公司发展的新局面！

我的新年之愿是：愿我们的××像巨龙般腾飞，愿我们的事业像鲜花般绚丽多彩，愿我们的公司像磐石般坚强稳固，愿我们的员工像兄弟姐妹一样紧密团结，愿我们的朋友像青松一样长青，愿我们的生活像蜂蜜般甘甜。让我们共同祝愿：××的未来更加美好！

最后，再次祝福大家新年快乐。

二、春节贺词

春节俗称“年节”，是中华民族最隆重的传统佳节。自汉武帝太初元年始，以夏年（农历）正月初一为“岁首”（即“年”），年节的日期由此固定下来，延续至今。年节古称“元旦”。1911 年辛亥革命以后，开始采用公历（阳历）计年，遂称公历 1 月 1 日为“元旦”，称农历正月初一为“春节”。岁时节日，亦被称为“传统节日”。它们历史悠久、流传面广，具有极大的普及性、群众性，甚至全民性的特点。年节是除旧布新的日子。年节虽定在农历正月初一，但年节的活动却并不止于正月初一这一天。从腊月二十三（或二十四日）小年节起，人们便开始“忙年”：扫房屋、洗头沐浴、准备年节器具等等。所有这些活动，都有一个共同的主题，即“辞旧迎新”。人们以盛大的仪式和热情，迎接新年，迎接春天。集祈年、庆贺、娱乐为一体的盛典年节就成了中华民族最隆重的佳节。而时至今日，除祀神祭祖等活动比以往有所淡化以外，年节的主要习俗，都完好地得以继承与发展。春节是中华民族文化的优秀传统的重要载体，它蕴含着中华民族文化的智慧和结晶，凝聚着华夏人民的生命追求和情感寄托，传承着中国人的家庭伦理和社会伦理观念。历经千百年的积淀，异彩纷呈的春节民俗，已形成底蕴深厚且独具特色的春节文化。近年来，随着物质生活水平的提高，人们对精神文化生活的需求迅速增长，对亲情、友情、和谐、美满的渴求更加强烈，春节等传统节日越来越受到社会各界的重视和关注。要大力弘扬春节所凝结的优秀传统文化，突出辞旧迎新，祝福团圆平安、兴旺发达的主题，努力营造家庭和睦、安定团结、欢乐祥和的喜庆氛围，推动中华文化历久弥新，不断发展。

★★★

范例 1：县委书记新春团拜会致辞

【致辞人】县委书记

【场　景】新春团拜会

【时　机】在新春团拜会开始时发表致辞

【风　格】慷慨激昂

【关键词】辞旧迎新 举国欢庆 拜年 成绩 安全生产 平安欢乐

【妙　语】鸡年送旧家家乐，狗历迎新处处春。一年之计在于春。过一个平安、欢乐的春节。

……………………………………………………

同志们：

鸡年送旧家家乐，狗历迎新处处春。乘着十六届五中全会的东风，狗年新春佳节即将来临。在这辞旧迎新、举国欢庆之际，我代表县委、县人大、县政府、县政协向大家拜年，并通过你们向全县人民和驻××部队官兵，向关心××县发展和支持××县建设的社会各界人士拜年！祝大家新年愉快，万事如意！

刚刚过去的××年，是我县近几年来改革开放力度最大的一年。

……

这些成绩，是县委、县政府积极应对宏观形势、科学领导发展的结果，是全县干部群众团结奋进、共同努力的结果，凝聚了全县人民的辛勤劳动，汇集了社会各界的倾力帮助。在此，我代表县委、县政府向全县各级领导干部，向在各行各业、各个岗位默默奉献的广大职工群众，向关心、支持××县经济社会发展的各界朋友，表示衷心的感谢和崇高的敬意！

一年之计在于春，只争朝夕启新程。同志们，春节即将到来，我们既要充分利用春节养精蓄锐，再谋新的发展，更要立足春节抓好各项工作落实，力争使率先崛起战略开好头、起好步。春节期间，希望各级各部门按要求做好值班工作，切实抓好安全生产，努力维护大局稳定，确保全县人民过一个平安、欢乐的春节！

最后,再一次祝福大家新春愉快，万事如意，身体安康，合家幸福！

谢谢大家！

范例 2：县长在迎新春文艺晚会上致辞

【致辞人】县长
【场　景】迎新春文艺晚会
【时　机】在文艺晚会开幕式上致辞
【风　格】热情洋溢
【关键词】新年伊始　节日问候　跨越式发展
【妙　语】欢聚一堂，尽情欢歌。畅想美好未来，唱出心中豪迈。

同志们、朋友们：

新年伊始，万象更新。值此新春佳节即将来临之际，我们在这里欢聚一堂，共贺新年。我代表县委、县人大、县政府、县政协，向全县各族人民致以诚挚的节日问候，祝大家合家团圆、万事如意、幸福快乐！

刚刚过去的××年，我们在县委、县政府的正确领导下，团结带领全县人民，全面贯彻党的十六届三中、四中全会精神，深化改革、扩大开放、加快发展，全县政治、经济、文化建设取得了跨越式发展。

……

这是县委、县政府正确决策的结果，是全县人民团结一致、共同奋斗的结果。

今晚，我们欢聚一堂，尽情欢歌，尽情舞蹈。让我们用优美的舞姿，喜迎新春佳节，跳出心中的幸福；让我们用动听的歌声，畅想美好未来，唱出心中豪迈。

明天，我们将在县委、县政府的正确领导下求真务实、开拓创新、齐心协力，用我们的智慧和汗水谱写××新的辉煌。××的明天一定更美好！

祝晚会圆满成功！谢谢大家！

范例3：银行分行行长新春团拜会致辞

【致辞人】银行分行行长

【场　景】新春团拜会

【时　机】在新春团拜会开幕时致辞

【风　格】慷慨激昂

【关键词】新春 问候 万事如意 团结一心 锐意进取 再接再厉 改革发展

【妙　语】斗转星移，光阴荏苒。岁月不居，天道酬勤。谱写出××跨越发展的宏伟篇章。

××分行员工：

斗转星移，光阴荏苒，岁月如歌，又一个生机勃发的春天向我们走来。值此一元复始、万象更新之际，我谨代表中国××银行××分行、分行党委，向一年来辛勤工作在××系统各个岗位的广大干部员工致以诚挚的问候！向长期关心、支持全疆农行改革与发展的离退休老同志致以美好的祝福！祝愿大家在新的一年里身体健康、工作顺利、家庭幸福、万事如意！

岁月不居，天道酬勤。2011年××走过了一段不平凡的发展历程。面对复杂多变的经济金融环境，××员工团结一心，锐意进取，努力拼搏，克服信贷规模日益趋紧的不利因素，攻坚克难，控险防案，全力精心打造优秀主流银行，取得了令人瞩目的成绩。

“雄关漫道真如铁，而今迈步从头越。”在新的一年里，××面临的任务光荣而艰巨，机遇与挑战并存，压力与动力同在。××将以科学发展观为指导，认真贯彻落实党的十七届六中全会和总行工作会议精神，以“文化立行、文化强行，精心打造优秀主流银行”为目标，不断提高党的建设、企业文化建设水平和员工队伍素质，促进各项业务全面协调可持续发展，努力打开××业务经营新局面。

风正济时，自当破浪扬帆；任重道远，还需策马扬鞭。在新的一年里，在总行新一届党委的正确领导下，让我们一起携手，抢抓机遇，艰苦奋斗，锐意进取，继续发扬“爱岗敬业，团结进取”的××精神，再接再厉，扎扎实实做好改革发展各项工作，谱写出××跨越发展的宏伟篇章！

★★★

范例4：集团总裁新春晚会致辞

【致辞人】集团总裁
【场　景】集团庆新春欢庆大会
【时　机】在欢庆大会开始时致辞
【风　格】条理清晰，环环相扣
【关键词】慰问 祝福 发展 开拓创新 成绩斐然
【妙　语】伫立岁首回望，我们心怀喜悦、充满自豪。展望未来，重任在肩。希望的风帆已经高扬。把握好今天的契机。

尊敬的全体员工，同志们、朋友们：

日月开新元，天地又一春。值此新春佳节来临之际，我谨代表集团董事会、行政班子向工作在营销、生产、管理等岗位第一线的辛勤耕耘、无私奉献的员工，向认真负责、积极带头、率先垂范的各级管理工作者，向默默无闻、积极支持集团员工工作的各位家属，向一直关心、支持集团建设与发展的社会各界朋友们，致以最亲切的慰问和最诚挚的祝福！

伫立岁首回望，我们心怀喜悦、充满自豪。过去的一年，是××集团发展史上不平凡的一年，是广大员工团结拼搏的一年，是与时俱进、开拓创新、改革奋进的一年。在这一年里，取得的成绩斐然，集团的发展，势头良好。

展望未来，重任在肩。××年是我国全面建设小康社会的关键时期，是我市实现国民经济持续、快速、协调、健康发展的关键时期，也是集团全面实现标准化管理与操作，实现销售与生产再跃新台阶，设备更新与车间改造大幅度跨越、集团产业链协作发展再扩规模的关键年。

员工们、家属们、朋友们，在辞旧迎新之际，希望的风帆已经高扬，让我们携起手来，克服困难，锐意进取，与时俱进，珍惜我们昨天取得的成绩，把握好今天的契机，去迎接××集团做强做大的灿烂明天！

最后，恭祝大家身体健康、合家幸福、万事如意！

★★★

范例5：集团党委书记在老干部迎春茶话会上致辞

【致辞人】集团党委书记
【场　景】集团老干部迎春茶话会
【时　机】在老干部迎春茶话会开始时致辞
【风　格】慷慨激昂
【关键词】春节 欢聚一堂 共庆佳节 汇报 老干部工作
【妙　语】共谋企业生存发展良计。采取更加有效的措施，把老干部工作做得更好。

各位尊敬的老领导、老干部，同志们：

在新春佳节即将来临之际，我们召开集团公司老干部迎春茶话会，欢聚一堂，主要任务和目的就是通报情况，征求意见，共谋企业生存发展良计，共庆佳节。在此我首先代表集团公司党政班子给大家拜个早年，并通过大家向全公司广大离退休干部、老同志表示节日的祝贺！

下面我向各位老领导汇报一下××年集团公司的主要工作情况和××年的工作打算。

……

一年来矿区的改革发展之所以取得这么好的成绩，既是上级正确领导和广大干部职工共同努力的结果，也是全公司广大离退休的老领导、老同志一向关心和支持的结果。在此我代表集团公司党政班子向全公司广大离退休的老同志，表示衷心的感谢和崇高的敬意！

要站在身体力行"三个代表"重要思想的高度，进一步做好新一年的老干部工作。

……

省委老干部局副局长××同志来矿区检查指导工作时，对我们的老干部工作给予了充分肯定，对矿区广大离退休老干部给予了高度评价。

上级领导的肯定、广大离退休老同志的理解和支持，是对我们的鞭策和鼓励，我们的工作中还存在着这样或那样的一些问题，对广大离退休的老干部、老同志还有关心不到、照顾不周的地方。在新的一年里，我们一定要采取更加有效的措施，尽最大努力，把老干部工作做得更好。

最后，衷心祝愿各位老领导、老干部、老同志，节日愉快，身体健康，合家欢乐，万事如意！

★★★

范例6：公司总经理在公司迎春晚会上致辞

【致辞人】公司总经理
【场　景】迎春晚会
【时　机】在晚会开幕式上致辞
【风　格】慷慨激昂
【关键词】报春　春秋　告别　问候　新春愉快　吉祥如意
【妙　语】金牛奋蹄辞旧岁，寅虎昂首迎春来。新的征程意味着新的机遇。

各位经理、员工，同志们、朋友们大家好：

金牛奋蹄辞旧岁，寅虎昂首迎春来。在这春回大地万象更新的美好日子里，我们携手共同走过了又一个春秋。告别了紧张忙碌的××年，迎来了令人期待的××年。我谨代表公司董事会向在座的各位朋友及默默奋斗在第一线的经理、员工们致以节日的问候：你们辛苦了！祝大家新春愉快！虎年吉祥！身体健康！

过去的一年，公司各项工作有效开展，服务秩序不断好转，设备配置更趋合理，社会效益得到充分发挥，用人机制不断创新，竞争机制逐步形成，员工队伍素质不断提高，员工面貌焕然一新，各项工作都取得了优异成绩。成绩的取得是各位经理带领员工们共同努力奋斗的结果，它将无愧地被载入公司发展的史册。

……

雄关漫道真如铁，而今迈步从头越。新的征程意味着新的机遇，意味着新的挑战。让我们统一思想、振奋精神、团结拼搏，将思想和行动统一到公司的发展目标上来，讲职业道德、尽职业责任、守职业纪律、精职业技能、树企业新风，共创新的辉煌！值此新春佳节来临之际，我再次祝愿全公司员工在新的一年里幸福安康、吉祥如意、合家欢乐！

三、元宵节贺词

每年农历的正月十五日，是中国汉族的传统节日之一的元宵节。正月是农历的元月，古人称夜为“宵”，所以称正月十五为元宵节。正月十五日是一年中第一个月圆之夜，也是一元复始，大地回春的夜晚，人们对此加以庆祝，也是庆贺新春的延续。元宵节又被称为“上元节”。

按中国民间的传统，在这天上皓月高悬的夜晚，人们要点起彩灯万盏，以示庆贺。出门赏月、燃灯放焰、喜猜灯谜、共吃元宵、合家团聚、同庆佳节，其乐融融。

上元，含有新的一年第一次月圆之夜的意思。上元节的由来，《岁时杂记》记载说，这是因循道教的陈规。道教曾把一年中的正月十五称为上元节，七月十五为中元节，十月十五为下元节，合称“三元”。汉末道教的重要派别五斗米道崇奉的神为天官、地官、水官，说天官赐福，地官赦罪，水官解厄，并以三元配三官，说上元天官正月十五日生，中元地官七月十五日生，下元水官十月十五日生。这样，正月十五日就被称为上元节。南宋吴自牧在《梦粱录》中说：“正月十五日元夕节，乃上元天官赐福之辰。”元宵节得以形成的真正原因是因为它处在新的时间点上，人们充分利用这一特殊的时间阶段来表达自己的生活愿望。

范例1：市领导元宵晚会致辞

【致辞人】市领导

【场　景】元宵晚会

【时　机】在元宵晚会正式开始之前致辞

【风　格】热情洋溢

【关键词】盛世和谐 元宵佳节 文艺晚会 新的机遇 展望未来

【妙　语】致以崇高的敬意和诚挚的慰问。展望未来，我们信心百倍。凝聚人心，提升人气。

尊敬的各位领导、各位嘉宾：

大家节日好！

盛世和谐，喜迎新春，值此元宵佳节来临之际，我们在这里隆重举行元宵文艺晚会，以丰富节日文化生活，活跃我市的节日气氛。在此，我代表××市委、市政府向全市人民拜个晚年，祝大家身体健康、合家幸福、万事如意！并向一年来为××市经济社会发展付出辛勤劳动的广大干群致以崇高的敬意和诚挚的慰问，向一贯支持、关心和帮助××发展的社会各界人士表示衷心的感谢！

过去的一年，××市委、市政府团结和带领全市广大干群，紧紧围绕建设“工业强市、商贸兴市、生态大市”的发展定位，解放思想、团结一致、开拓创新、务实重干，形成整体工作统筹推进、重点工作发展迅猛、经济社会科学发展、社会大局安定团结的良好局面。

新的一年，面临新的机遇，市委市政府将以科学发展观为指导，全面贯彻党的十七届四中、五中全会精神和上级经济工作会议精神。

同志们、朋友们，展望未来，我们信心百倍。让我们借助文艺晚会的契机，凝聚人心，提升人气，让我们全市上下同心同德、开拓创新、与时俱进，共同创造××美好的明天！最后，预祝××“庆元宵”文艺晚会取得圆满成功。

谢谢大家！

范例 2：企业党委书记元宵文艺晚会致辞

【致辞人】企业党委书记

【场　景】元宵文艺晚会

【时　机】在晚会开幕式上致辞

【风　格】慷慨激昂

【关键词】欢愉 喜庆 良宵 祝福

【妙　语】一曲笙歌春似海，万家灯火夜如年。以富民强省为宗旨。以造福三秦为己任。用责任成就未来。

各位同仁、诸位家属：

大家晚上好！

一曲笙歌春似海，万家灯火夜如年。在这个欢愉和喜庆映衬累累硕果的良宵，在这个火树银花放射和谐吉祥的夜晚，我们欢聚于此共同庆祝元宵佳节，在此我谨代表公司党政领导班子和公司工会向现场的诸位同仁、家属及仍坚守在一线的同志们，表示节日的问候和诚挚的祝福！

过去的一年，公司全体员工团结一致、携手并肩、和衷共济，成功应对了各类自然灾害及发展中的重大挑战，稳步有序地推进“××”工程，生产运营及安全环保工作扎实有效，资源与市场战略成效显著，经营管理水平进一步提升，员工的生产、生活条件得到改善，实现了公司“十一五”发展的完美收官。

“十二五”时期，公司将步入跨越式发展的快车道，我们将以科学发展观为指引，以富民强省为宗旨，以“××”为主线，以造福三秦为己任，牢记职责，不辱使命，砥砺奋进，用责任成就未来，用激情抒写精彩，努力开创公司发展的新局面。

最后，祝大家兔年吉祥好运、幸福安康！谢谢！

范例3：公司经理在元宵焰火晚会上致辞

【致辞人】公司经理
【场　景】元宵焰火晚会
【时　机】在公司元宵焰火晚会开始时致辞
【风　格】慷慨激昂
【关键词】元宵佳节　感谢　问候　祝愿　众志成城　开拓创新
【妙　语】金牛奋蹄迎新春，火树银花万象新。垮的只能是困难，不垮的永远是意志。深情辞旧岁，昂首迎新春。

尊敬的各位领导，各位同志，女士们，先生们，朋友们：

大家晚上好！

金牛奋蹄迎新春，火树银花万象新。值此元宵佳节来临之际，为庆祝××年全公司上下取得的丰硕成果，祝贺我公司××年工作会议的胜利召开，今晚我们在这里举办元宵焰火晚会。首先，我代表公司党委向全公司干部员工及家属拜个晚年，并向此刻仍坚守在工作岗位上的广大干部员工，向所有支持、关心和帮助××发展的社会各界人士表示衷心的感谢，并致以节日的问候和良好的祝愿！

刚刚过去的××年是我公司发展历史上极不平凡的一年，是我公司全体干部员工顶住巨大压力、历经艰苦磨难、经受严峻考验、团结奋进、锐意进取的一年，是各项事业取得新发展、创造新辉煌的一年，是“垮的只能是困难、不垮的永远是意志”的硬骨头团队精神升华践行的一年。

深情辞旧岁，昂首迎新春。××年发展的目标已经锁定，进军的战鼓已经擂响。我们坚信，只要全公司上下齐心协力、众志成城、开拓创新、扎实苦干，就一定能够取得新的更大的胜利，××的明天一定会更加美好！

最后，预祝元宵焰火晚会取得圆满成功！祝全公司干部员工在新的一年里生活愉快、家庭幸福，取得新的、更大的成绩！

四、妇女节贺词

三八国际妇女节是全世界妇女的节日。这个日子是联合国承认的，同时也被很多国家确定为法定假日。来自五湖四海的妇女们，尽管被不同的国籍、种族、语言、文化所区分，但在这一天却能够同时庆祝属于自己的节日。

国际妇女节是劳动妇女创造历史的见证，妇女为争取与男性平等所走的斗争道路十分漫长。古希腊的莉西斯特拉塔就领导了妇女斗争来阻止战争；法国大革命时期，巴黎妇女高呼“自由、平等、友爱”，走上凡尔赛的街头争取选举权。

在这一天，世界各大洲的妇女，不分国籍、种族、语言、文化，共同关注妇女的人权。近几十年来，联合国的全球性会议加强了国际妇女运动，随着国际妇女运动的成长，妇女节更是取得了全球性的意义。这些进展使国际妇女节成为团结一致要求归还妇女参与政治、经济和社会生活的权利的日子。

★★★

范例1：女律师工作委员会主任在妇女节联谊会上致辞

【致辞人】女律师工作委员会主任

【场　景】妇女节联谊大会

【时　机】在妇女节联谊大会开始时致辞

【风　格】慷慨激昂

【关键词】共贺　妇女节　服务社会　积极的贡献　身体安康

【妙　语】又一年花开花落，又一年云卷云舒。集美丽与智慧于一身、优雅与风范并存。专业素质高，同时热爱生活，享受生活，富有激情的女律师团体。

尊敬的各位领导，妇女同志们：

大家晚上好！

又一年花开花落，又一年云卷云舒，恍然间我们告别了××年，期盼中我们迎来了××年。在这春暖花开的季节里，我们在此共贺第102个三八国际妇女节。在此，我仅代表××女律师工作委员会向在座各位集美丽与智慧于一身、优雅与风范并存的姐妹们致以最诚挚的问候。

××女律师工作委员会隶属于××妇女联合会，截至××年，总计有女律师××人。我们是一个专业素质高，同时热爱生活，享受生活，富有激情的女律师团体。我们以专业特长服务社会，以无限热情奉献他人，为企业经营提供法律咨询，为社会成员提供法律帮助，为妇女儿童的基本权利保驾护航，为整个社会的发展与进步做出了积极的贡献。

在此，××女律师工作委员会衷心地祝愿默默奋斗在各条战线上的女企业家们、女教育者们、女法官们和女检察官们身体安康、家庭幸福、事业蓬勃、更上一层楼！

健康、自信的女人最动人，而今晚，我们迷人的女律师们将为大家献上一支神秘热情的印度舞。让我们将这个舞台点亮，将今晚点亮！

★★★

范例2：市领导在妇女节庆祝大会上致辞

【致辞人】市领导

【场　景】妇女节庆祝大会

【时　机】大会开始时致辞

【风　格】慷慨激昂

【关键词】尊重妇女　男女平等　引领　人力资源　问候　祝愿

【妙　语】凝聚人心、鼓舞干劲的大会。妇女是伟大的人力资源。以自身的能力和魅力，不断创造出无愧于时代的辉煌业绩。

尊敬的各位来宾、女士们、乡亲们：

今天，××市广大妇女同志代表欢聚一堂，隆重庆祝三八国际妇女节。这既是一次欢庆节日的集会，也是一次凝聚人心、鼓舞干劲的大会。借此机会，我代表××市委、市政府向各位女同胞致以节日的问候和良好的祝愿！向妇联干部以及关心、支持妇女工作的各级领导和各界人士表示崇高的敬意！

尊重妇女是社会进步的重要标志，男女平等是我国的一项基本国策。过去的一年，××妇联围绕中心、服务大局、履行职责、服务妇女，不断丰富“双学双比”、“巾帼建功”等活动的内涵，在引领××妇女支持地方发展、推动农村妇女劳动力转移、帮助下岗失业妇女再就业、维护妇女合法权益、救助困难妇女儿童等方面取得了一系列成绩，有力地推动了妇女事业的发展，为促进我市经济发展和社会进步做出了积极贡献。

妇女是伟大的人力资源，是推进经济社会发展的重要力量。我们相信，妇女同胞们一定会继承和发扬勤劳、善良、团结的光荣传统和优秀品质，以自身的能力和魅力，不断创造出无愧于时代的辉煌业绩。

最后，再次向妇女同胞致以节日的问候！祝愿大家身体健康、心情愉快、工作顺利、家庭幸福！

谢谢大家！

★★★

范例3：校领导在妇女节庆祝大会上致辞

【致辞人】校领导

【场　景】妇女节庆祝大会——三八红旗手评选大会

【时　机】在三八红旗手评选大会开幕式上致辞

【风　格】慷慨激昂

【关键词】欢聚 庆祝 获奖 辛勤努力 新世纪 繁荣 光彩

【妙　语】盼望已久，伴随着春天的脚步。手牵得很紧，心靠得很近。为学校的繁荣进步增添新的光彩。

尊敬的各位领导、女教工：

你们好！

盼望已久的新世纪的第102个三八国际妇女节，伴随着春天的脚步已经来到了我们身边。3 月 8 日是国际妇女节，是世界劳动妇女为争取和平、民主、妇女解放而战斗的节日。今天，我们欢聚在和煦的春风里，团聚在自己的节日里。

今天，我们 × × 校全体教职工在此隆重集会，与各位妇女同志共同庆祝纪念三八国际妇女节 102 周年。在这大喜的日子里，为表彰我校女教工在学校教育教学及各项工作中的突出表现，我们经年级组、行政后勤共同推荐，由学校行政会研究决定表彰 × × 、× × 等 12 名同志为校级“三八红旗手”。在此我向获奖的 12 位同志表示祝贺，同时希望你们在今后的工作中更加努力。

各位老师，诚然，我们学科不同，专业有别，但是，使学校更快发展的共同愿望使我们的手牵得很紧，共同的祝福使我们的心靠得很近，共同的节日更使我们心手相连。学校的美丽离不开你们的辛勤努力，学校的强大少不了你们所做出的贡献。让我再一次代表所有男同胞，向你们表示深深的敬意。在新世纪的征程中，我们还将携手，为学校的繁荣进步增添新的光彩。

最后，祝愿在座的各位妇女姐妹们节日快乐，家庭幸福！祝愿大家在新的一年里取得更大的发展和进步！

谢谢大家！

★★★

范例 4：女教师代表在妇女节大会上致辞

【致辞人】学校女教师代表
【场　景】妇女节大会
【时　机】在大会开始时致辞
【风　格】慷慨激昂
【关键词】春意盎然　万物复苏　耕耘　创造　岗位　人之楷模　不可磨灭
【妙　语】与男同胞并肩耕耘，挥洒汗水。共同创造了幸福的生活。献身教育、甘为人梯。以教育为快乐，在平凡的岗位上实现自我。自信、自立、自强。

尊敬的各位领导、各位女同胞：

大家好！

在这春意盎然、万物复苏的日子里，我们怀着激动的心情迎来了自己的节日三八国际妇女节！

今天，我很荣幸能代表学校女教师发言，在这里我向大家道一声：节日快乐！

此时此刻我最想说的是：作为一名女教师，我感到很自豪。在教育这块沃土上，我们与男同胞并肩耕耘，挥洒汗水，拥有同样的广阔天地，拥有同样的平台，尽情施展着才华，建设着美好的家园、校园，共同创造了幸福的生活。

作为一名21世纪的教师，我觉得首先我们要有献身教育、甘为人梯的崇高境界，真正热爱教育事业，以教育为快乐，在平凡的岗位上实现自我。

其次，要有热爱学生、诲人不倦的崇高思想，要有严于律己、为人师表的工作态度。教育是心灵塑造心灵的艺术，为人师表、率先垂范是教师成长道路上孜孜以求的品质。我们要学习先进的教学理念和现代教育技术，遵循时代潮流，讲究科学方法，以诚挚的热情去不懈地努力，达到21世纪教师的素质要求，成为名副其实的“人之楷模”。

朋友们，我们是女性，我们不依靠别人，我们一样坚强。我们要自信、自立、自强，我们要给自己的孩子做榜样。在这个节日里，我感谢领导给了我荣誉，感谢爱人给了我支持，感谢母亲给了我鼓励，感谢女儿给了我信心，我太幸福了。

最后，再一次祝姐妹们节日快乐、工作顺利、身体健康、家庭幸福！

谢谢！

范例5：职工代表在妇女节庆祝大会上致辞

【致辞人】公司职工代表

【场　景】妇女节庆祝大会

【时　机】在大会开始时致辞

【风　格】慷慨激昂

【关键词】问候　美丽　欢乐　荣誉　辉煌　演绎　风采

【妙　语】草长莺飞，花儿含笑。把握时代脉搏，务实创新、积极进取。携手奋进，共铸明日的辉煌。

公司广大女职工姐妹们：

你们好！

在草长莺飞，花儿含笑的早春三月，我们迎来了××年三八国际妇女节！××向长期支持女工工作的各级领导及女工委员会表示衷心的感谢，向公司广大女职工致以节日的问候，祝全体女工身心健康、家庭美满、节日快乐！

冰心曾说过：世界上若没有女人，这世界至少要失去十分之五的“真”，十分之六的“善”，十分之七的“美”。多年来，女同胞们给家庭带来了美丽和欢乐，也给我们公司带来了荣誉和辉煌，是公司建设和发展的一支重要力量。广大女职工，用女性特有的坚韧和顽强，细细体味事业和生活的积淀和意蕴，演绎出××女工所独有的那份绚烂多彩，尽显巾帼不让须眉的亮丽风采！

××年是××公司备受瞩目、满怀希望的一年，也是充满机遇、富于挑战的一年。新年伊始，公司明确了工作目标和任务，新的形势和任务催人奋进！我们要把握时代脉搏，抓住机遇、迎接挑战、务实创新、积极进取。姐妹们，让我们以忘我的热情、昂扬的斗志，投入到公司新一轮发展的宏图伟业中去，美好的未来等待我们去共同开创，让我们携手奋进，共铸明日的辉煌！

再一次祝公司每一位女职工家庭幸福、工作顺利、生活愉快！

五、五一国际劳动节贺词

国际劳动节又称五一国际劳动节、国际示威游行日，是世界上大多数国家的劳动节。为了纪念这个全世界劳动人民团结战斗的节日，世界各国一般都会举行相应的庆祝活动。

离五一国际劳动节原意最近的莫过于亚洲一些国家工会组织的争取劳工权利的五月集会。在菲律宾和泰国，每当5月1日，工会便组织人们上街游行，为提高工资和争取基本权利而斗争。在俄罗斯，每逢劳动节，游行、集会、娱乐一个都不少，自国际上设立劳动节以来，俄罗斯一直重视这个特别的节日。“五一”这天，俄罗斯全国放假，并举行各种庆祝活动及群众性游行。在南美洲巴西，“五月劳动节”时工会出面组织游行集会，但参与的人多半是普通老百姓。这一节日持续一周之久。人们身着色彩鲜艳的服装，情绪高涨，载歌载舞。知情者知道这是一场为正义、就业和提高工资而进行的斗争，不知情者还以为这是巴西的狂欢节呢！

过去，上述活动主要由政府组织，游行队伍中包括各企业、机关的代表。现在，除政府统筹的庆祝活动外，各种不同政见的非政府组织、劳工团体，都会在这一天自发举行各种庆祝活动，既可以借这个机会充分阐述各自的政见，又能扩大本组织的影响。一般来说，“五一”游行的队伍要先穿过城市的主要街道、广场，最后在古老的或者宽阔的中心广场举行大型集会和庆典。同时，各种俱乐部还会举行内容丰富、形式多样的娱乐活动，人们的节日情绪很高。

★★★

范例1：某县工会领导在庆“五一”劳模座谈会上致辞

【致辞人】工会领导

【场　景】庆“五一”劳模座谈会

【时　机】在大会开幕式上讲话

【风　格】言简意赅

【关键词】欢聚一堂 以人为本 关心职工 问候 劳模管理

【妙　语】畅谈感想，共话未来。落实科学发展观，坚持以人为本。

同志们：

在五一国际劳动节即将来临之际，今天，××县委、县政府委托县总工会在此举行庆“五一”劳模座谈会，让全县劳模欢聚一堂，畅谈感想，共话未来，共同庆祝这个全世界工人阶级和劳动人民自己的光辉节日。这是××县委、县政府落实科学发展观，坚持以人为本，关心职工群众，爱护先进分子的重要体现。借此机会，我代表××县总工会向××县各行各业的各类劳模、先进工作者、五一奖章获得者及辛勤工作在各条战线、各个岗位的全体职工致以节日的问候！

刚才，××县总工会常务副主席介绍了全县劳模的基本情况，××主席对全县劳模提出了更高的要求和希望，各位劳模代表的发言更是感人心肺，给人启迪和鼓舞。

县总工会不仅要高度重视劳模的评选表彰工作，更要重视劳动模范的日常管理工作。要采取有效措施关心和爱护劳模，要把劳模管理工作作为一项经常性的重要工作来抓，要切实关心劳动模范和先进工作者的工作、学习、生活和健康，要经常听取他们的意见和建议，为他们提供实实在在的帮助和关爱。同时要关心他们的生活和身体健康，使他们能够为××的物质文明、精神文明、政治文明建设做出新的更大的贡献。

最后，衷心祝愿大家劳动节快乐，谢谢大家。

★★★

范例2：市委领导在庆祝五一国际劳动节大会上致辞

【致辞人】市委领导

【场　景】全市庆祝五一国际劳动节大会

【时　机】在庆祝大会开始时致辞

【风　格】气势磅礴

【关键词】集会 劳模精神 问候 力量源泉 感谢 学习 奋斗

【妙　语】广大干部群众艰苦奋斗、锐意进取、充满激情、科学创业，奋力开创老工业城市科学发展新局面。推动人类历史进步的力量源泉。

同志们：

今天，我们在这里隆重集会，热烈庆祝五一国际劳动节。主要任务是，认真学习贯彻总书记在全国劳动模范和先进工作者表彰大会上的重要讲话，大力弘扬伟大的劳模精神，进一步动员全市广大干部群众艰苦奋斗、锐意进取、充满激情、科学创业，奋力开创老工业城市科学发展新局面。在此，我首先代表市委、市政府，向全市广大工人、农民、知识分子和其他各阶层劳动群众，向广大劳动模范，致以崇高的敬意和亲切的问候！

广大劳动群众是社会物质财富和精神财富的创造者，是推动人类历史进步的力量源泉。长期以来，我市工人阶级和广大劳动群众始终站在时代的前列，积极投身革命、建设、改革的洪流，艰苦奋斗，锐意进取，为经济社会又好又快发展付出了艰辛努力，做出了巨大贡献。今天受到表彰的劳动模范，就是我市广大劳动群众的杰出代表。市委、市政府衷心感谢你们，全社会都要向你们学习！

……

同志们，我们要更加紧密地团结在党中央周围，在省委、省政府的正确领导下，深入贯彻落实科学发展观，积极作为、科学务实、充满激情、科学创业，为加快建设殷实和谐经济文化强市而努力奋斗！

★★★

范例3：学校工会领导在五一国际劳动节欢庆大会上致辞

【致辞人】学校工会领导

【场　景】五一国际劳动节欢庆大会

【时　机】在欢庆大会开幕式上讲话

【风　格】措辞严谨 慷慨激昂

【关键词】问候 思想 爱岗敬业 劳动 贡献 致敬

【妙 语】劳动伟大，劳模光荣。劳动是人类文明创造、延续、发展的不竭之源。

各位同仁：

大家好！

值此五一国际劳动节到来之际，校教代会、工会向全校教职工和全体老师致以节日的问候和崇高的敬意！全校教职工同志们、全体老师们，你们辛苦了！

劳动伟大，劳模光荣。在中国革命、建设和改革的各个历史时代，涌现出千千万万劳动榜样、先进工作者、精良知识分子，他们是工人阶级的代表，他们的思想、举动集中反映了时代精神和传统美德，他们胸怀全局、目标远大，爱岗敬业、艰苦奋斗、刻苦学习、勇于创新，严于律己。无论形势和任务产生怎样的变更，这种精神和美德都是我们民族的极其宝贵的财富。

劳动是人类文明创造、延续、发展的不竭之源。在建设有中国特色社会主义伟大事业，实现全面建设小康社会奋斗目标的实践中，朝气蓬勃的中国工人阶级，坚定信心，团结奋斗，开拓创新；通过自己的辛苦劳动，推动社会发展，谱写人类进步的历史，为全面建设小康社会，开创有中国特色社会主义事业新局面，实现中华民族的伟大复兴，而做出新的更大的贡献。

全校教职工同志们，“学高为师，身正为范，团结拼搏，寻求精彩”的理念勉励着我们勇往直前！

向全校教职工致敬！

向全体老师致敬！

范例 4：集团总经理在庆祝五一国际劳动节文艺晚会上致辞

【致辞人】集团总经理

【场　景】庆祝五一国际劳动节文艺晚会

【时　机】在文艺晚会开幕式上致辞

【风　格】慷慨激昂

【关键词】欢聚一堂　文艺晚会　欢迎　问候　贡献　圆满成功

【妙　语】回顾过去，我们豪情满怀。展望未来，我们信心百倍。实现价值、展示风采的最佳舞台。

各位领导、同志们、家属们，父老乡亲们：

大家晚上好！

在这美好的夜晚，我们欢聚一堂，举办庆“五一”文艺晚会，热烈庆祝五一国际劳动节。首先，我代表集团公司党委向参加晚会的各位领导和专家表示热烈的欢迎！向广大干部职工致以节日的问候！向各条战线上的先进个人致以崇高的敬意！向关心支持公司发展的家属们表示衷心的感谢！

回顾过去，我们豪情满怀。过去的一年，广大干部职工在集团公司党委和董事会的正确领导下，团结一心，奋力拼搏，创造了双重奇迹，为公司的持续稳定发展做出了巨大的贡献。

展望未来，我们信心百倍。新的一年，我们结合企业实际，确定了新的更高的发展目标，为广大干部职工提供了实现价值、展示风采的最佳舞台。我衷心地希望广大干部职工进一步增强主人翁意识和责任意识，不断提升生产劳动技能和业务工作能力，不断增强工作主动性，认清形势，明确职责，刻苦学习，埋头苦干，为公司的持续健康发展做出更大的贡献！

我们相信，在集团公司党委的正确领导下，通过广大干部职工的共同努力和辛勤工作，××的明天一定会更加美好！

最后，预祝文艺晚会取得圆满成功！谢谢大家。

范例 5：总经理五一国际劳动节文艺晚会致辞

【致辞人】公司总经理

【场　景】庆祝五一国际劳动节暨公司劳模表彰大会

【时　机】在表彰大会开幕式上致辞

【风　格】慷慨激昂

【关键词】表彰 肯定 感谢 奋发有为 成绩 实现 奋斗

【妙　语】谦虚谨慎，戒骄戒躁，始终保持先进本色。百尺竿头更进一步。弘扬企业精神。

同志们：

在五一国际劳动节来临之际，集团召开表彰大会，对××年在全集团生产、经营、安全、技术、管理、服务等岗位成绩突出的 8 个先进集体、7 个红旗班组、53 名优秀职工、15 名优秀管理者予以表彰，还对 1 个先进职工之家、51 名工会积极分子进行表彰。在此，我谨向受到表彰的先进集体和先进个人表示热烈的祝贺！向全体员工致以亲切的节日慰问！

……

今天受到表彰的同志们，你们的荣誉是来之不易的，这是你们辛勤劳动、踏实工作的结果，也是对你们过去工作的充分肯定，掌声、赞歌和奖牌是对过去的总结，今后的工作任务会更加艰巨而繁重。希望今天受到表彰的先进单位和先进个人，要倍加珍惜荣誉称号，谦虚谨慎，戒骄戒躁，始终保持先进本色；要倍加奋发有为，百尺竿头更进一步，树立更高的目标，取得更大的成绩。

同志们，××今后改革发展的道路需要我们一步又一步地朝前迈进，各种艰巨任务要靠我们全体员工齐心协力地奋斗去实现。希望各级组织和广大员工以这次表彰大会为契机，大力弘扬企业精神，脚踏实地，真抓实干，为实现集团发展的战略目标和今年的工作任务而努力奋斗！

六、护士节贺词

1854年至1856年，英法联军与沙俄发生激战。在英国一家医院任护士主任的南丁格尔，带领38名护士奔走前线，参加护理伤病员的工作。因当时医疗管理混乱，护理质量很差，伤病员死亡率高达42%。在这种情况下，南丁格尔下定决心潜心改善病室的卫生条件，并加强对病人的护理和营养。半年之后，医院的伤病员死亡率下降到了2.2%。这一事迹传遍全欧。1860年，她在英国伦敦创办了世界上第一所正规护士学校。她的护士工作专著，成了医院管理、护士教育的基础教材。鉴于南丁格尔推动了世界各地护理工作和护士教育的发展，因此她被誉为“近代护理创始人”。南丁格尔1910年在睡梦中逝世。

1912年，国际护士理事会将南丁格尔的诞生日——5月12日定为国际护士节，旨在激励广大护士继承和发扬护理事业的光荣传统，以“爱心、耐心、细心、责任心”对待每一位病人、做好护理工作。最初称“医院日”，也称“南丁格尔日”，在中国称为“国际护士节”。在这天里，大力宣传护理工作，鼓励护士们学习救死扶伤的人道主义精神，已经成为世界各国护理界的一件盛事。

★★★

范例1：县领导在护士节表彰大会上致辞

【致辞人】县领导

【场　景】护士节表彰大会

【时　机】在表彰大会开始时致辞

【风　格】朴实感人

【关键词】隆重集会　表彰　祝愿　南丁格尔　巨大贡献　白衣天使　护理技能

【妙　语】燃烧自己，照亮别人。恭谨谦虚的态度、和蔼可亲的微笑。为维护人类生命健康贡献自己的力量。

同志们：

今天，我们在这里隆重集会，共同庆祝“5·12”国际护士节，表彰我县××年度护理工作的先进单位和个人。在此，我代表县政府向广大护理人员表示节日的祝贺和良好的祝愿！

国际护士节是为了纪念近代护理学创始人南丁格尔，激励广大护士继承和发扬“燃烧自己，照亮别人”的人道主义精神而设立的国际性专业节日。

多年来，我县的护理人员认真学习南丁格尔的人道主义高尚品质，秉承全心全意为人民服务的宗旨，在平凡的工作岗位上，以恭谨谦虚的态度、和蔼可亲的微笑，给患者带来安慰和希望；以高尚的职业道德、精湛的护理技术和规范的护理服务，为广大人民群众的健康付出了艰辛的劳动，为促进我县卫生事业发展做出了巨大贡献。

护理工作虽然平凡、琐碎，但它与人类的生命和健康紧密相连，护士这个职业因此也就成为人类最高尚的职业之一，护士被广大人民群众称之为“白衣天使”。

一名优秀的护士，不仅要有精湛的护理技能，而且要有良好的职业素质和服务意识。今天受表彰的先进个人，就是这方面的杰出代表。希望广大的医务工作者积极向先进学习，不断吸收新知识、新技术，努力提高自己，保持爱心、真心和责任心，认真对待每个病人，为维护人类生命健康贡献自己的力量。

最后，祝大家工作顺利！节日快乐！

谢谢！

★★★

范例2：医院领导在护士节庆祝大会上致辞

【致辞人】医院领导

【场　景】护士节庆祝大会

【时　机】在大会开始时致辞

【风　格】慷慨激昂

【关键词】问候 祝贺 改善 节节攀升 任重道远 救死扶伤

【妙　语】时光匆匆走进灿烂的五月，喜悦的心情伴随着前进的步伐。富于人情味和人性味，文明行医，礼貌待患。提供良好的护理服务。

……………………………………………………………………

同志们，大家上午好：

时光匆匆走进灿烂的五月，喜悦的心情伴随着前进的步伐。值此一年一度的“5·12”国际护士节来临之际，我代表院总支，代表班子成员，代表医院全体职工向工作在临床一线的护理人员致以节日的问候和崇高的敬意，向获得“护理技能比赛”的优胜者表示衷心的祝贺。

……

这几年，我院的服务态度明显改善，但仍有部分医护人员态度生硬、语言生冷、脸子难看、行动迟缓，严重地损害了我院的整体形象。每个医护人员一定要严格遵守医德规范，树立高尚的职业道德，使自己的行为和工作充满仁爱，富于人情味和人性味，文明行医，礼貌待患，给病人解疑、解难，给病人交心、交友。只有这样，我们才会得到广大患者的认可，我们的发展才能稳步向前，我们的待遇才会节节攀升。

同志们，护理工作任重道远，希望我院全体护理人员以白求恩和南丁格尔为榜样，以服务人民、奉献社会为宗旨，牢固树立“救死扶伤、忠于职守、爱岗敬业、满腔热忱、开拓进取、精益求精、乐于奉献、文明行医”的行业风尚，塑造“求团结、干事业、讲奉献、促发展”的行业形象，用职业道德、职业责任、职业纪律规范自身行为，以崇高的医德、廉洁的医风、精湛的技术为广大人民群众提供良好的护理服务，为我院的二次腾飞贡献自己的力量。

谢谢！

范例3：医院护士代表在护士节庆祝大会上发言

【致辞人】医院护士代表

【场　景】护士节庆祝大会

【时　机】在院长发言完毕后代表医院全体护士发表讲话

【风　格】慷慨激昂

【关键词】护士节　喜庆　感谢　祝福　敬业爱岗　不辞劳苦

【妙　语】严谨的工作态度、精湛的护理技术、兢兢业业的工作作风。知识来自于勤奋学习，技能来自于实践锻炼。在平凡的护理岗位上谱写出一曲曲不平凡的天使之歌。

护士姐妹们：

在阳光明媚的季节里，我们迎来了又一个“5·12”国际护士节。在这个喜庆的日子里，护理部代表全院的护士姐妹们向关心和支持我们的院领导表示诚挚的感谢！同时向默默工作在护理岗位的护士姐妹们致以最诚挚的节日祝福。

我们××医院有一支优秀的护理队伍，我们敬业爱岗，无私奉献，在平凡的护理工作岗位上，以严谨的工作态度、精湛的护理技术、兢兢业业的工作作风，不辞劳苦，精心护理每一位生命垂危的患者，用浓浓爱心将生命一次次从死神身边挽回，用自己的实际行动履行着关爱生命、维护健康的神圣职责，弘扬着南丁格尔救死扶伤、勇于奉献的人道主义精神，表现出了良好的职业道德和崇高的思想品质，赢得了社会和患者的信赖和赞誉，我们为了民众的健康和创造和谐医院做出了重大的贡献。

护士姐妹们，护理专业发展来自于不懈的奋斗，知识来自于勤奋学习，技能来自于实践锻炼，自强来自于信心和决心，护理荣誉来自于诚信。愿我们全院护士姐妹们携起友谊之手，奋发向上，在××医院党委、医院领导的正确领导下，继承白求恩精神，脚踏南丁格尔的足迹，一如既往地在平凡的护理岗位上谱写出一曲曲不平凡的天使之歌，为保障人民健康，建设和谐医院发挥我们半边天的作用，用我们的爱心为患者撑起一片希望的蓝天！

七、六一国际儿童节贺词

国际儿童节（又称儿童节）定于每年的六月一日。它是为了保障世界各国儿童的生存权、保健权和受教育权，为了改善儿童的生活，为了反对虐杀儿童和毒害儿童而设立的节日。目前世界上许多国家都将六月一日定为儿童的节日。

★★★

范例 1：校长在庆祝六一国际儿童节联欢会上致辞

【致辞人】小学校长

【场　景】庆祝六一国际儿童节联欢会

【时　机】在联欢会开始时致辞

【风　格】慷慨激昂

【关键词】祝愿　高兴愉快　未来　生力军　美好时光　报效祖国　颁奖

【妙　语】世界儿童光荣而伟大的节日。珍惜眼前的美好时光，好好学习、天天向上，为报效祖国而努力学习。

尊敬的各位领导、各位来宾、亲爱的小朋友们：

大家好！

六一国际儿童节是同学们已久的期盼，是你们愉快的节日，在此我祝愿同学们身体健康、节日快乐。

同学们，为了你们能高兴愉快地过好这个节，××乡政府、××派出所、××中学、××电信局、××煤矿的各位领导及嘉宾朋友们都来参加，他们关爱社会，关心教育，关心同学们的学习成长。在此我代表××小学的全体师生向他们表示衷心的感谢和崇高的敬意，并以热烈的掌声欢迎他们的到来。

同学们，六一国际儿童节是世界儿童光荣而伟大的节日。少先队组织是未来推动世界科学文化发展、推动社会进步的生力军，是祖国繁荣昌盛的象征。愿你们在五星红旗下健康快乐地成长。同学们，你们是祖国的花朵，祖国的未来，我希望你们要珍惜眼前的美好时光，好好学习、天天向上，为将来报效祖国而努力学习。

今天，我们还要为在教育工作中成绩显著的教师颁奖，为勤奋学习、思想进步的学生颁奖，为“六一”活动中取得优异成绩的学生颁奖。过完六一国际儿童节后，全体师生集中精力、高度重视、抓好最后的复习工作，让每个同学都考出好成绩，同学们一定要以优异的成绩回报母校。

最后，我祝大家节日快乐、开开心心。谢谢！

★★★

范例2：幼儿园园长在儿童节庆祝会上致辞

【致辞人】幼儿园园长

【场　景】儿童节庆祝会

【时　机】在庆祝会开始时讲话

【风　格】情真意切

【关键词】欢聚一堂　肩负　栋梁　赞誉　教育

【妙　语】人生历程与新世纪的前进步伐紧密联系在一起。将成为建设祖国的栋梁！歌声与微笑同在，祝福与快乐同行。让美丽的梦想从这里起航。

各位家长、各位来宾、亲爱的小朋友们：

大家好！

今天，我们怀着阳光一样的心情欢聚一堂，庆祝孩子们的节日——“六一国际儿童节”。在此，我代表老师以及小朋友们向在座的各位来宾以及家长表示热烈的欢迎和诚挚的谢意。感谢你们对幼教事业的关心和支持，感谢你们对小朋友们的关爱，同时也祝愿全体小朋友节日快乐！

孩子们，你们是幸福的一代，因为有这么多人一直关心着你们的健康成长；你们是肩负重任的一代，因为你们的人生历程与新世纪的前进步伐紧密联系在一起。今天的你们是天真烂漫的儿童，明天的你们将成为建设祖国的栋梁！

孩子们的成长离不开教师的培养，我园教师为孩子们的健康成长、知识的丰富、学校教学管理制度质量的提升做出了应有的贡献，赢得了家长的赞誉，在此我向全体教师和员工道一声：你们辛苦了！

教育是一棵大树，需要全社会的关心、扶持和培育，幼儿教育是这棵大树上幼嫩的枝芽，更需要精心培植和呵护，我们真诚地邀请您与我们携手共同托起明天的太阳！

“六一”是孩子们的节日，而“六一”的快乐却是属于我们大家的。今天，我园的幼儿将登台亮相，展风姿、献才艺。让歌声与微笑同在，祝福与快乐同行。让我们与孩子同唱，让我们和家长共舞，让美丽的梦想从这里起航。

最后，祝××幼儿园庆“六一”文艺汇演取得成功，祝大家身体健康，全家幸福，万事如意！

谢谢大家！

★★★

范例3：校领导在庆祝六一国际儿童节联欢会上致辞

【致辞人】校领导

【场　景】庆祝六一国际儿童节联欢会

【时　机】在大会开幕式上发言

【风　格】热情洋溢

【关键词】祝贺 敬意 环境 希望 学习 努力奋斗

【妙　语】爱校如家，爱生如子。教书育人，无私奉献。珍惜学习与发展的机会。理想远大、品行端庄。

尊敬的老师们、亲爱的同学们：

大家好！

明天是六一国际儿童节。我谨代表学校向全体同学致以节日的祝贺，祝大家节日快乐！

我也借此机会向全体教师表示衷心的感谢和崇高的敬意。你们既是尊敬的老师，更是辛勤的园丁。你们爱校如家，爱生如子；勤勤恳恳，任劳任怨；教书育人，无私奉献。你们创造了优美的环境，你们培育了优秀的人才，你们为学校的发展与腾飞创造了良好的基础和条件。

同学们，“六一”是你们最快乐的节日，“六一”也是我们最高兴的日子。因为：你们是家庭的宝贝，更是祖国的希望。希望同学们：文明、好学、自主、合作。学会学习、学会生活、学会做人、学会创造。像大人一样富有责任心，富有使命感，堂堂正正做人，认认真真做事，快快乐乐学习，健健康康成长。热爱祖国、热爱党、热爱人民、热爱自然、热爱生活、热爱科学、热爱学习、热爱劳动。珍惜生命、珍惜时间、珍惜友谊、珍惜学习与发展的机会。关心社会、关心环境、关心集体、关心他人。尊敬师长、团结同学、礼貌待人；明辨是非、辨别美丑、为人正直。做一个理想远大、品行端庄、学习优良、身心健康的共产主义事业的接班人。

让我们共同努力，为把××小学办成人民满意的学校而努力奋斗。

最后，祝同学们节日快乐！

★★★

范例4：学生家长在六一国际儿童节联欢会上的致辞

【致辞人】学生家长代表

【场　景】庆祝六一国际儿童节联欢会

【时　机】在联欢会开幕式上致辞

【风　格】言语连贯，逻辑严密

【关键词】喜庆欢乐　敬意　诚挚　希望　幸福　能歌善舞　辛勤付出　幸福安康

【妙　语】天真无邪，茫然无知。你们启迪了孩子幼小的心灵。感谢园丁们对孩子们的关心、照顾和培养。

各位老师、各位家长、各位来宾，小朋友们：

大家上午好！

今天我十分高兴，也十分荣幸地来参加我们幼儿园“庆六一”的欢庆活动。值此喜庆欢乐的日子，我谨代表全体家长祝小朋友们节日快乐！

向关心下一代成长的各位领导、各位来宾致以深深的敬意！

向为孩子的健康成长付出辛勤劳动的全体老师致以最诚挚的感谢！

孩子是我们的希望，是祖国的未来。

孩子的成长，是老师和家长最大的幸福。

家长们欣喜地看到自己的孩子，从初进幼儿园时的天真无邪、茫然无知，到现在的有知识、懂礼貌、能歌善舞，收获了成长的喜悦和希望。孩子们在这个大家庭里，参加了很多活动，经过了许多的锻炼，生活上也得到了悉心关怀和照顾。我们庆幸孩子们遇到了那么有经验、有爱心的老师。

借此机会，请允许我代表各位家长，向××幼儿园所有为孩子的健康成长辛勤付出的园丁真诚地说一声：

“你们辛苦啦！谢谢你们对孩子的关心和教育！”

是你们启迪了孩子幼小的心灵，是你们让孩子学会了学习，学习了做人做事！

是你们培养了孩子良好的学习习惯、使他们掌握了正确的学习方法，这些必将给孩子的一生带来深远的影响。我代表孩子们感谢你们辛勤的劳动，感谢园丁们对孩子的关心、照顾和培养！

最后，祝全体小朋友们节日快乐，茁壮成长！

祝全体老师工作愉快，身体健康！

祝全体家长万事如意，幸福安康！

祝××幼儿园越办越好！

谢谢大家！

八、教师节贺词

1985 年 1 月 21 日，第六届全国人大常委会第九次会议做出决议，将每年的 9 月 10 日定为我国的教师节。

尊师重教是中国的优良传统，早在西周时期，就提出“弟子事师，敬同于父”，古代大教育家孔子更是留下了“有教无类”、“温故而知新”、“学而时习之”等一系列至理名言。传道授业解惑的教师，被誉为人类灵魂的工程师。

早在1932年，民国政府曾规定6月6日为教师节，新中国成立后废除了6月6日的教师节，改用“五一国际劳动节”为教师节，但教师节没有单独的活动，没有特点。而将教师节定在9月10日是考虑到全国大、中、小学新学年开始，学校要有新的气象。新生入学开始，即尊师重教，可以给“教师教好、学生学好”创造良好的气氛。1985年9月10日，中国恢复建立第一个教师节，从此以后，老师便有了自己的节日。

★★★

范例1：县领导在教师节表彰大会上致辞

【致辞人】县领导

【场　景】教师节先进教师表彰大会

【时　机】在教师节表彰大会开幕式上讲话

【风　格】慷慨激昂

【关键词】仲秋时节 欢聚一堂 感谢 蓬勃发展 骄人成绩 振兴教育 工作顺利

【妙　语】金风送爽，桃李芬芳。以饱满的热情、崭新的姿态、富有创造性的精神。

同志们：

金风送爽，桃李芬芳。在这美好的仲秋时节，我们与广大教育工作者欢聚一堂，共同庆祝第××个教师节，表彰在全县教育工作中做出突出贡献的先进单位和个人。在此，我代表县委、县人大、县政府、县政协向出席今天会议的教职工并通过你们向全县广大教育工作者致以节日的问候！向受到表彰的先进集体和先进个人表示热烈的祝贺！向在××教育战线辛勤耕耘数十寒暑的老同志表示崇高的敬意！向多年来关心支持××教育事业的社会各界人士表示衷心的感谢！

去年我县教育事业蓬勃发展，取得了骄人成绩。

……

成绩的取得，是县委县政府带领全县上下坚持教育优先，深入贯彻落实“教育兴县”、“教育强县”战略的结果，是社会各界合力共举、大力支持的结果，更是全县广大教师和教育工作者无私奉献、顽强拼搏的结果。在此，我代表县委、县政府再一次向尊敬的人民教师和广大教育工作者表示深深的谢意！

同志们，振兴教育，功在当代，利在千秋。我们要牢固树立和落实科学发展观，坚定不移地深入实施科教兴县战略，以饱满的热情、崭新的姿态、富有创造性的精神，与时俱进、开拓创新、扎实工作，努力办好让人民满意的教育，为实施“双轮”驱动，打造两区基地，加快跻身“苏北第一方阵”提供有力的支撑。

最后，祝全县教育工作者节日快乐，身体健康，工作顺利！

★★★

范例2：校长在教师节座谈会上致辞

【致辞人】校长
【场　景】教师节座谈会
【时　机】座谈会开始前致辞
【风　格】文采飞扬
【关键词】表彰 感谢 欢迎 淡泊名利 甘为人梯 优秀教师 聪明才智 工作顺利
【妙　语】秋风送爽，丹桂飘香。教师职业是崇高而神圣的。百年大计，教育为本。师德高尚，教艺精良。

尊敬的各位领导、同志们、老师们：

大家上午好！

秋风送爽，丹桂飘香。今天，我们满怀激情地迎来了第××个教师节，我们在此欢聚一堂，隆重庆祝这个属于所有教师的美好节日。首先，请允许我代表学校支部、行政，向辛勤耕耘、默默奉献的教职工们致以于诚挚的祝福和节日的问候！向节日里受表彰的老师们表示热烈的祝贺！向长期关心、支持××教育的各级领导和社会各界表示衷心的感谢！向莅临今天大会的各位领导、各位来宾表示热烈的欢迎！

教师职业是崇高而神圣的。春秋初期的政治家管仲就说过："一年之计，莫如树谷；十年之计，莫如树木；终身之计，莫如树人。"任何一个人的成长，都离不开教师的培养教育。

教师职业又是艰苦而辛劳的。教师淡泊名利，甘为人梯，呕心沥血，尽职尽责。因此，教师获得人们和社会的尊敬是当之无愧的。

同志们，百年大计，教育为本；教育大计，教师为本。我们的事业光荣而又艰巨，教育是默默无闻的，教师要能耐得住寂寞和清贫，希望大家永葆无私奉献的本色，成为志存高远、师德高尚、教艺精良、严谨笃学、与时俱进、身心健康的优秀教师，为教育事业贡献自己的聪明才智。

最后，再次敬祝各位领导身体健康，工作顺利，祝全体教师节日快乐，身体健康，万事如意！

谢谢大家！

★★★

范例3：教师代表在教师节座谈会上致辞

【致辞人】教师代表

【场　景】教师节座谈会

【时　机】在座谈会开始时致辞

【风　格】慷慨激昂

【关键词】喜庆祥和　节日快乐　教师节　价值　挑战

【妙　语】金秋送爽，硕果飘香。选择了勤勉和奋斗，也就选择了希望和收获。齐心协力，奋发进取。

尊敬的各位领导，亲爱的老师们：

大家上午好！

金秋送爽，硕果飘香，在这喜庆祥和的美好时刻，我们共同迎来了第××个教师节。能在这样一个特别的日子里，作为教师代表发言，我感到十分荣幸，心情也特别激动。在此，我向一直关心、支持教育事业的各位领导表示衷心的感谢！向和我一样默默奉献的同行说一声：节日快乐！

年年花似锦，今年花更艳，在这收获的日子里，我们感到欣慰。一年一度的教师节，体现了国家对教师的关怀，体现了教师的价值，我为我是一名教师而感到骄傲和自豪。时代的号角已经吹响，终生学习的时代已经到来，我们要以发展学生能力为目标，以培养创新型人才为己任，迎接新课改的挑战。

最后，我想用这样一段话和大家共勉：选择了勤勉和奋斗，也就选择了希望和收获；选择了纪律和约束，也就选择了理智和自由；选择了痛苦与艰难，也就选择了豁达和成熟；选择了拼搏与超越，也就选择了成功与辉煌！“耿耿园丁意，拳拳育人心。”老师们，让我们携起手来，把教师节作为一个新起点，在各自的岗位上，齐心协力，奋发进取，为我县的教育事业共创美好的明天！

最后我祝愿大家身体健康、万事如意！

谢谢!

★★★

范例4：教委领导在教师节庆祝大会上致辞

【致辞人】教委领导

【场　景】教师节庆祝大会

【时　机】在大会开幕致辞程序中讲话

【风　格】慷慨激昂

【关键词】园丁 祝福 赞誉 肯定 幸福 骄傲 桃李满天下 期盼

【妙　语】春华秋实，在这细雨飘洒、硕果累累的金秋时节。

默默耕耘、无私奉献。春去秋来，日复一日。让领导更加放心，让家长更加开心。

………………………………………………………………

尊敬的各位老师、辛勤的园丁们：

你们好！

春华秋实，在这细雨飘洒、硕果累累的金秋时节，我们迎来了第××个教师节。在此，我代表××市教委向默默耕耘、无私奉献在教学第一线的教职员工们和早已把青春奉献在这里的退休老教师们，致以最崇高的敬意和最良好的节日祝福。

春去秋来，日复一日。你们坚持在清贫而平凡的工作岗位上，用自己的智慧和汗水，为我镇的教育事业筑起了一座坚固的堡垒。你们是一个团结能干的集体，你们出色的表现，早已受到社会的赞誉和肯定。

敬爱的老师们，你们辛苦了。清晨，当天边染上第一丝红霞，你们的身影已经在校园里闪烁；深夜，当山间停止了最后一声鸟鸣，你们的身影还伴随着淡淡的灯光。一天一天，一年一年，你们皱纹伸展，你们鬓发添霜；你们把自己的青春、自己的热情，都已奉献给了这片热土。正是因为你们的存在，孩子们才如此幸福；正是因为你们的付出，家长们才那般骄傲。

一分耕耘，一分收获，你们已经或者正将变得桃李满天下。这是你们也是社会最大的欣慰。也正因为此，你们的节日才显得如此的圣神、如此的重要。值此佳节，向你们致以最诚挚的节日祝福；同时也带来对你们最殷切的期盼。希望你们在以后的工作中，不断学习，不断进步，切实领会新的教学理念，让孩子们在快乐中学习，在快乐中成长。让领导更加放心，让家长更加开心。

同志们，节日快乐、身体健康。

谢谢大家！

九、中秋节贺词

“中秋”一词，最早见于《周礼》。根据我国古代历法，农历八月十五日，在一年秋季的八月中旬，故称“中秋”。一年有四季，每季又分孟、仲、季三部分，因此秋季第二月叫仲秋，到唐朝初年，中秋节才成为固定的节日。《新唐书·卷十五　志第五·礼乐五》载“其中春、中秋释奠于文宣王、武成王”，及“开元十九年，始置太公尚父庙，以留侯张良配。中春、中秋上戊祭之，牲、乐之制如文”。据史籍记载，古代帝王祭月的节期为农历八月十五，时日恰逢三秋之半，故名“中秋节”；又因为这个节日在秋季八月，故又称“秋节”、“八月节”、“八月会”、“中秋节”；又有祈求团圆的信仰和相关习俗活动，故亦称“团圆节”、“女儿节”。因中秋节的主要活动都是围绕“月”进行的，所以又俗称“月节”、“月夕”、“追月节”、“玩月节”、“拜月节”；在唐朝，中秋节还被称为“端正月”。中秋节的盛行始于宋朝，至明清时，已与元旦齐名，成为我国的主要节日之一。关于中秋节的起源，大致有三种：起源于古代对月的崇拜、月下歌舞觅偶、古代祭拜土地神的遗俗。

★★★

范例1：市政协委员在中秋节欢庆宴上致辞

【致辞人】市政协委员
【场　景】中秋节欢庆晚宴
【时　机】在宴会开始时讲话
【风　格】热情洋溢
【关键词】中秋快乐　采风　表达心意　沟通感情　夜晚　成功
【妙　语】叫月杜鹃喉舌冷，宿花蝴蝶梦魂香。中天一轮满，秋野万里香。

各位领导、文艺界各位名人名家、新闻媒体的朋友们，来宾们：

大家中秋快乐！

经过一天的舟车劳顿，大家辛苦了，在此，我代表××的各族人民对前来××采风的百位名家百家媒体的朋友们表示感谢，对各位朋友的一路辛劳表示歉意，在这里我们略备薄酒为远道而来的尊贵客人表达心意，沟通感情，以慰嘉宾鞍马劳顿。

叫月杜鹃喉舌冷，宿花蝴蝶梦魂香。

……

各位嘉宾、朋友们，让我们举杯同欢，开怀畅饮，愉快地度过这美好的夜晚。中天一轮满，秋野万里香。

现在，我提议，请大家举杯：为××的经济发展与社会繁荣，为在座的来宾们、朋友们的健康，为中秋节欢庆晚宴圆满成功——干杯。

★★★

范例2：公司经理在中秋节庆祝酒会上致辞

【致辞人】公司经理

【场　景】中秋节酒会

【时　机】在酒会开始时讲话

【风　格】慷慨激昂

【关键词】企盼团圆　温馨佳节　感谢　问候　自豪

【妙　语】金风送爽，硕果飘香。共叙友情，共庆佳节。月是故乡明，人是故乡亲，举杯邀月，把酒同欢。

各位领导、各位同事、女士们、先生们：

金风送爽，硕果飘香。又是一年中秋月圆时。在这个人人企盼团圆、庆祝团圆的温馨佳节，在适逢党的十七大即将召开的喜庆日子里，机关党总支、机关工会、机关团总支在这里共同举办“团圆·家”机关中秋酒会，共叙友情，共庆佳节。首先，让我们对莅临这次酒会的公司领导表示热烈的欢迎和衷心的感谢！

借此机会，请允许我代表公司机关党总支、机关工会、机关团总支向大家致以崇高的敬意和节日的问候！

“月是故乡明，人是故乡亲。”虽然我们来自五湖四海，但我们为了一个共同的目标和理想聚集在××旗帜下，团聚在××，与公司同成长、共发展。在这个让人滋生思乡之情的唯美夜晚，大家会有许多身处异乡、远离亲人的思念，但我们更有融入公司这样一个团结、奋进、温暖、和谐大家庭的欣慰与自豪！

今天，让我们举杯邀月，把酒同欢，向远方的亲人传达我们的思念，并通过你们向支持和关心公司事业的亲人们表示衷心的感谢！

★★★

范例3：校长在中秋节老教师座谈会上致辞

【致辞人】校长

【场　景】中秋节老教师座谈会

【时　机】在座谈会开始时讲话

【风　格】慷慨激昂

【关键词】老同志　莅临　荣幸　敬意

【妙　语】桂子自金蟾而细落；涛声逐白马以齐来。时值中秋佳节，秋高气爽，月圆花香。秋风吹不尽，总是玉关情。

尊敬的各位老同志：

桂子自金蟾而细落；涛声逐白马以齐来。

时值中秋佳节，秋高气爽，月圆花香。大家能莅临学校，欢聚一堂，畅所欲言，共商学校发展大业，我们非常荣幸。在此，我代表××学校行政及全体师生，谨向你们致以亲切的问候和崇高的敬意！祝福你们中秋佳节快乐，月圆人圆事事圆满。

……

秋风吹不尽，总是玉关情。你们虽然退离了岗位，但仍然老有所乐，老有所为，心情舒畅，在发挥着余热，在关注着学校。真诚希望各位继续呵护××中学，为她的发展出谋划策，当好参谋！

半夜二更半，中秋八月中。

朋友们，我提议：为各位的身体健康、为今晚的良宵美景——干杯！谢谢大家。

★★★

范例4：校友代表在中秋节校友联谊会上致辞

【致辞人】校友代表
【场　景】中秋节校友联谊会
【时　机】联谊会开幕式致辞
【风　格】慷慨激昂 诙谐幽默
【关键词】阔别 聚会 重逢 畅饮 中秋佳节
【妙　语】春风秋月、地北天南，时间的长河流过了九曲十八弯，明月本无价，高山皆有情。

尊敬的母校各位领导、老师，亲爱的同学们：

明月几时有，把饼问青天。不知饼中何馅？今日是莲蓉。我欲乘舟观月，又恐飞船太慢，远处不胜寒。

春风秋月、地北天南，时间的长河流过了九曲十八弯，在阔别了××年后的今天，友谊的飞船，又把我们载到母校的港湾，使我们这些漂泊在各地的小船重新登岸，来分享师生聚会、学友重逢的这令人激动又令人难以忘怀的宝贵时间！

……

让我们珍惜这难逢的机会，举杯畅饮、彼此祝愿，“人生得意须尽欢，莫使金樽空对月”。祝愿你，祝愿我，祝愿他。祝愿恩师事业辉煌，生活美满，桃李满天下，英风不减当年；祝愿学友百尺竿头，更进一步，是雄鹰就凌云振翅，是蛟龙就潜水腾渊，飞黄腾达，前途无量！今日举杯共祝愿：“好人一生平安”。

明月本无价，高山皆有情。千里试问平安？且把思念遥寄。路遥千里，难断相思。

中秋佳节，送你一份月饼，品牌——真情，成分——思念＋祝福，制造商——朋友，保质期———百年。

十、国庆节贺词

“国庆”一词，本指国家喜庆之事，最早见于西晋。西晋的文学家陆机在《五等诸侯论》一文中就曾有“国庆独飨其利，主忧莫与其害”的记载。我国封建时代，国家喜庆的大事，莫过于帝王的登基、诞辰（清朝称皇帝的生日为万岁节）等。因而我国古代把皇帝即位、诞辰称为“国庆”。今天称国家建立的纪念日为国庆。在我国，国庆节特指中华人民共和国正式宣告成立的 10 月 1 日。国庆这种特殊纪念方式一旦成为全民性的节日形式，便承载了反映这个国家、民族的凝聚力的功能。同时国庆日上的大规模庆典活动，也是政府动员与号召力的具体体现。

★★★

范例 1：经济开发区领导在国庆节欢庆大会上致辞

【致辞人】经济开发区领导
【场　景】国庆节欢庆大会
【时　机】在大会开始时致辞
【风　格】慷慨激昂
【关键词】满怀喜悦 欢聚一堂 庆祝 二次创业 举国欢庆 美好未来
【妙　语】全市经济发展的发动机。回顾过去，我们豪情满怀，充满希望；展望未来，我们踌躇满志，信心百倍。共同创造我们的幸福生活和美好未来。

同志们、朋友们：

今天，我们满怀喜悦的心情，在这里欢聚一堂，共同庆祝伟大的中华人民共和国成立五十六周年。首先，我代表高新区党工委、管委会向高新区全体建设者和驻区部队、武警官兵、公安干警以及各条战线的同志、社会各界人士以及所有关心支持高新区发展的海内外朋友，致以亲切的问候和节日的祝贺！

今年，是高新区进行“二次创业”的重要一年。在省委、省政府和市委、市政府的领导下，高新区党工委、管委会带领全体干部职工，认真实践“三个代表”重要思想，贯彻落实党的十六大精神和十六届四中全会精神，切实提高党的执政能力，努力把高新区建设成为“全市经济发展的发动机、火车头，三个文明的示范区”。

……

回顾过去，我们豪情满怀，充满希望；展望未来，我们踌躇满志，信心百倍。

同志们，朋友们，在举国欢庆中华人民共和国建立五十六周年的喜庆气氛中，让我们牢记光荣历史，弘扬优良传统，肩负责任使命，紧密团结在党中央周围，高举邓小平理论和“三个代表”重要思想伟大旗帜，开拓进取，求真务实，为全面建设小康社会，加快实现高新区“二次创业”目标而努力奋斗，共同创造我们的幸福生活和美好未来。

最后，让我们衷心祝愿我们伟大的祖国更加繁荣富强！祝愿高新区的事业更加灿烂辉煌！祝愿各位来宾、各位朋友、各位同志事业发达、身体健康！

谢谢大家！

★★★

范例2：公司经理在国庆节欢庆大会上致辞

【致辞人】公司经理

【场　景】国庆节欢庆大会

【时　机】在欢庆大会开始时讲话

【风　格】慷慨激昂

【关键词】兴奋　喜悦　花好月圆　诚挚　与时俱进

【妙　语】续写美好的今天。揭开新的发展篇章，实现新的历史跨越。窗外秋风送爽，情浓意惬。

各位同仁：

今天，让我们一起怀着兴奋和喜悦的心情，庆祝伟大的祖国母亲××岁生日的到来。在这花好月圆、举国欢庆的日子里，我代表公司总裁××先生，向工作在各个项目组和总部的员工，致以节日的问候和诚挚的祝福！

……

公司是每一位××人倾注感情和心血的家，希望会有更多的家人为它的发展献计献策、贡献力量！我们有着辉煌的昨天，公司的明天也一定会充满生机和希望，如今我们面临着新形势、新任务，我们只有大胆改革，勇于开拓，才能续写美好的今天。我们有理由相信，××有大家的共同努力，一定能够战胜各种困难，以此为起点，揭开新的发展篇章，实现新的历史跨越，与时俱进，再创辉煌！

窗外秋风送爽，情浓意惬，大家的心情在此刻也无比激动和快乐。愿你们假日期间放松身心，并向你们的家人带去我美好的祝愿！

向节日期间仍坚守在工作岗位上的朋友们，表示诚挚的谢意！

谢谢大家！

★★★

范例3：校长在国庆节升旗仪式上致辞

【致辞人】校长

【场　景】国庆节升旗仪式

【时　机】在升旗仪式结束后讲话

【风　格】慷慨激昂

【关键词】汇集　宣告　响彻云霄　长盛不衰　接班人

【妙　语】传遍了祖国的大江南北，飞越千山万水。你们是祖国的未来，未来的祖国属于你们。做一个让父辈们可信任、可依靠、有能力的接班人。

同学们，老师们：

今天我们又迎来了一年一度的国庆节。

1949年的10月1日，在天安门广场上汇集了来自全国56个民族的代表和首都北京的军民共30多万人。我们伟大的领袖、新中国第一任主席毛泽东庄严地向全世界宣告：中华人民共和国成立了！中国人民从此站起来了！于是天安门广场上响起了一片“祖国万岁！”“人民万岁！”“毛主席万岁！”的响彻云霄的欢呼声。这声音通过电波传遍了祖国的大江南北，飞越千山万水，穿过苍茫的天宇传向全世界每一个向往独立、向往自由、向往幸福、向往和平的人的心中。毛泽东亲手升起了象征中华民族精神的第一面五星红旗。于是每年的10月1日就被定为中华人民共和国的国庆节。

……

同学们，你们是祖国的未来，未来的祖国属于你们。为了祖国的明天长盛不衰，作为未来祖国的主人，你们有责任、有义务挑起振兴中华民族的重担。从现在起，要勤奋学习科学文化知识，做一个让父辈们可信任、可依靠、有能力的接班人。

最后，祝我们××的1076名同学和46名教职员工国庆节快乐，万事如意。

十一、重阳节贺词

农历九月九日，为传统的重阳节，又称“老人节”。因为《易经》中把“六”定为阴数，把“九”定为阳数，九月九日，日月并阳，两九相重，故而叫重阳，也叫重九。重阳节早在战国时期就已经形成，到了唐代，重阳被正式定为民间的节日，此后历朝历代沿袭至今。重阳又称“踏秋”，与三月三日“踏春”皆是家族倾室而出，重阳这天所有亲人都要一起登高“避灾”，插茱萸、赏菊花。自魏晋起重阳气氛日渐浓郁，为历代文人墨客吟咏最多的几个传统节日之一。

范例1：市长在重阳节老干部慰问活动中致辞

【致辞人】市长

【场　景】中秋节老干部慰问活动

【时　机】在慰问活动开始时致辞

【风　格】慷慨激昂

【关键词】岁岁重阳 慰问 敬意 幸福安康 生活美满 老有所乐 贡献

【妙　语】金秋十月精神爽，丹桂飘香人寿增。最美不过夕阳红，温馨又从容。为××市的持续发展再做新的贡献。

尊敬的离退休老干部：

你们好！

岁岁重阳，今又重阳。我们迎来了传统的敬老节日“重阳节”，在此，市委、市政府及全体干部职工向你们致以节日的慰问和崇高的敬意！

金秋十月精神爽，丹桂飘香人寿增。你们的经验和智慧是党和国家的宝贵财富，更是我市的宝贵财富；你们是革命和改革事业的创造者，没有你们的劳动和创造，就没有今天改革开放的巨大成就和人民生活的幸福安康。今天，你们虽然离开了工作岗位，但仍然关注着国家、××市的繁荣富强、社会的安定团结、人民的生活美满，在家庭幸福和教育子女方面发挥着非常重要的作用。……你们是我们在岗干部职工的楷模；你们为我们在职干部职工所学习和敬仰，激励我们更加努力工作，推进着××市各项事业的持续发展。

最美不过夕阳红，温馨又从容。希望全市离退休老干部继续发扬“与时俱进、思想常新、团结友爱、和谐共处”的优良传统，积极关心、支持我市经济园区的发展和大局稳定，实现“老有所养、老有所学、老有所为、老有所乐”，为××市的持续发展再做新的贡献！

最后，祝你们：节日快乐，身体健康，家庭幸福，万事如意！

范例2：市领导在重阳节老干部座谈会上致辞

【致辞人】市领导
【场　景】重阳节老干部座谈会
【时　机】座谈会开始时讲话
【风　格】慷慨激昂
【关键词】欢聚一堂 座谈 感谢 贡献 意见 支持
【妙　语】秋风送爽，硕果飘香。献出了你们的青春，做出了突出的贡献。希望大家一如既往，发挥余热，献计献策。

各位老领导、老干部、老同志：

上午好！

秋风送爽，硕果飘香。我们迎来了我国的传统节日——重阳节。今天，我们组织各位老领导、老干部、老同志欢聚一堂，以座谈会的形式庆祝节日的到来。在此，我代表市委、市政府向大家表示节日的祝贺，祝大家身体健康、生活愉快、万事如意！对你们热情关心、积极支持我市的工作表示衷心的感谢！

各位老领导、老干部、老同志，退休前，你们爱岗敬业、任劳任怨、认真工作、不怕苦、不怕累，为××市的发展献出了你们的青春，做出了突出的贡献。

……

各位老领导、老干部、老同志，今年是我市发展的一个关键时期，也是发展的一个拐点。你们曾是我们的领导、前辈，更是我们的老师，在××市今后的发展进程中，我们更需要得到你们的关注和指导，希望大家一如既往，发挥余热，献计献策，支持我市的工作，对我们的工作多提宝贵意见，为我们××市的发展壮大，做出各自的努力。

最后，感谢你们对我们的关心、支持和帮助，感谢你们为我市发展做出的贡献。再次向你们表示节日的祝贺。

谢谢大家！

范例3：县四大班子领导在重阳节老干部茶话会上致辞

【致辞人】县四大班子领导

【场　景】重阳节老干部茶话会

【时　机】在茶话会开始时讲话

【风　格】慷慨激昂

【关键词】迎来　祝愿　健康长寿　优良传统　生活幸福

【妙　语】飞火流霞迎盛世，欢歌笑语贺华章。在这云淡风清、秋高气爽、金桂飘香的日子里。健康长寿，生活幸福。

各位老领导、老前辈：

大家好！

“飞火流霞迎盛世，欢歌笑语贺华章。”在这云淡风清、秋高气爽、金桂飘香的日子里，我们又迎来了中华民族的传统节日九九重阳节，在此，我谨代表中共××县委、县政府、县人大常委会、县政协向在座的各位老领导、老前辈、老同志，并通过你们向全县的老干部、老同志致以节日的问候和衷心的祝愿，祝大家健康长寿、家庭幸福、万事如意！

九九重阳是我国的传统节日，利用重阳佳节与各位老领导、老同志欢聚、交流是我们的优良传统，借此机会，我很高兴，也很荣幸地向大家介绍全县今年以来的经济社会发展情况。

……

最后，祝各位老领导、老前辈、老同志健康长寿，生活幸福！

谢谢大家！

★★★

范例4：校长在重阳节老教师座谈会上致辞

【致辞人】校长

【场　景】重阳节老教师座谈会

【时　机】在座谈会开始时讲话

【风　格】慷慨激昂

【关键词】重阳节　庆贺　口碑　荣光　不懈努力

【妙　语】秋风送爽，硕果飘香。你们的到来，是学校的荣光，也是我们的荣幸。愿你们如青松不老，如晚菊傲霜，漫步人生夕阳红。

尊敬的各位老教师、老前辈：

秋风送爽，硕果飘香。农历九月九日，是我国传统的重阳节，是个值得庆贺的吉利日子。

今天非常高兴能在重阳节前把大家请回来，和大家一道共度佳节，我首先代表中学行政对大家的到来表示热烈的欢迎，同时也祝愿前辈们节日快乐！重阳节是老年节，值此节日前夕，我想和尊敬的老前辈们说说心里话。首先，请允许我向各位老前辈简要汇报一下学校今年以来的工作。在过去的几个月里，我校坚持走内涵发展道路，教育教学秩序井然，师生队伍稳定，教育教学成绩突出，特别是今年中考我校重点高中上线人数再创历史新高，在社会上赢得了良好的口碑。

……

各位老师，今天你们的到来，是学校的荣光，也是在我们的荣幸。我们一定不辜负大家的殷切期望，为把××中学办成人民群众满意的学校而不懈努力！

最后，再一次祝各位老前辈身体健康，愿你们如青松不老，如晚菊傲霜，漫步人生夕阳红！愿各位退休老前辈身体健康，心情愉快，福如东海，寿比南山！

★★★

范例5：公司领导在重阳节老干部茶话会上致辞

【致辞人】公司领导

【场　景】重阳节老干部茶话会

【时　机】在茶话会开始时致辞

【风　格】慷慨激昂

【关键词】重阳节 祝贺 关心 焕然一新 历程 展望未来 携手并进

【妙　语】以提高经济效益为中心，以优质服务为导向。一如既往的关心和支持下……让我们携手并进。

……………………………………………………………………

各位老同志：

今天，是全国老年人的传统节日——“九九”重阳节。首先，我代表公司领导和千余名员工向各位老同志致以节日的祝贺！祝各位老同志节日愉快，身体健康，万事如意！感谢你们多年来对公司的关心和支持！过去的十年，是我国改革开放和电力体制改革不断深入的十年。十年来，公司始终坚持以安全稳定为基础，以推进改革为动力，以加快发展为主线，以提高经济效益为中心，以优质服务为导向，努力开创各项工作的新局面，公司面貌焕然一新。

……

同志们，回顾十年走过的历程，公司的发展已翻开了崭新的一页。公司的发展壮大，是公司老职工们任劳任怨、无私奉献、艰苦创业的结果，是公司全体干部员工团结一致、勇于开拓、敢于创新、求真务实的结果。

展望未来，公司将面临更大的发展空间和新的更大的挑战。希望各位老同志继续关心和支持公司的发展，对我们的工作多提宝贵意见和建议，我们一定虚心接受并认真对待。千里之行，始于足下。相信公司在全体老职工一如既往的关心和支持下，在全体干部员工的努力下，一定会进一步发展壮大，让我们携手并进，迎接公司更加美好的又一个十年。

十二、记者节贺词

每年的 11 月 8 日是中国记者节。记者节像护士节、教师节一样，是中国仅有的三个行业性节日之一。按照国务院的规定，记者节是一个不放假的工作节日。新中国确立记者节，表明党和国家对新闻界和广大新闻工作者的关怀和重视，既在确认新闻从业者的社会地位，更在鼓舞和激励新闻工作者继承优良传统，为正义事业呼吁，做好党和人民的耳目喉舌。

★★★

范例1：宣传部长在记者节庆祝大会上致辞

【致辞人】市委宣传部长

【场　景】记者节庆祝大会

【时　机】在大会开始时致辞

【风　格】气势磅礴

【关键词】记者节 欢聚一堂 问候 高度重视 舆论导向 舆论环境

【妙　语】营造了良好的舆论氛围，提供了强有力的舆论支持。铁肩担道义，妙手著文章。

同志们：

今天，我们迎来了新闻界的盛大节日——记者节。非常高兴能到××与大家欢聚一堂，共同庆祝我们自己的节日。借此机会，我代表××市委、市政府向在座的新闻界的同志们，以及辛勤工作在××乃至××全市新闻战线的全体同志们表示崇高的敬意和节日的问候。

这次会议，也是我到××之后参加的第一个记者节座谈会。在还有很多人不知道记者节的情况下，举办如此高规格、大规模的记者节座谈会，足见××市委、市政府对宣传思想文化工作的高度重视。

今年以来，××广大新闻工作者与全市新闻战线的同志们一道，高举邓小平理论和“三个代表”重要思想伟大旗帜，牢牢把握正确的舆论导向，紧紧围绕中央的各项方针政策和省委、市委的安排部署，认真组织和开展各类新闻报道，为××社会经济又好又快发展乃至全市改革开放和现代化建设营造了良好的舆论氛围，提供了强有力的舆论支持。事实证明，我们的新闻队伍是值得信赖的，同志们的工作是卓有成效的，市委、市政府对大家的工作是满意的。

借此机会，我想提两点希望和要求：

……

铁肩担道义，妙手著文章。新闻事业是党的事业的一个重要组成部分。新闻工作者担负着光荣而神圣的使命。衷心地祝愿在座的各位更加勤奋努力，取得更大成绩，推进××新闻宣传工作再上新台阶，为××乃至××全市的经济社会发展营造更好的舆论环境。最后，祝福各位身体健康、工作顺利、节日快乐！

★★★

范例2：广电局局长在记者节庆祝大会上致辞

【致辞人】广电局局长

【场　景】记者节庆祝大会

【时　机】在大会开始时致辞

【风　格】逻辑连贯 结构紧凑

【关键词】欢聚一堂 祝贺 新闻工作者 默默耕耘 爱岗敬业 无私奉献

【妙　语】回首过去的一年，是胜利的一年，是激情澎湃的一年。谱写我县新闻事业发展的新篇章。

广电局的全体职工，新闻工作者们：

大家下午好！

今天我们怀着喜悦的心情迎来了第××个中国记者节，心情非常高兴，今天我们在××欢聚一堂，隆重集会，共同庆祝这一节日。首先，请允许我代表广电局领导班子对全局记者和新闻工作者道一声节日快乐！向辛勤工作在新闻战线的全体同志表示崇高的敬意和节日的问候，并向刚才受到表彰的优秀新闻工作者和好新闻奖获得者表示热烈的祝贺。

回首过去的一年，是胜利的一年，是激情澎湃的一年。工作中，涌现出了一大批优秀的新闻工作者，你们为了党的新闻事业，默默耕耘，不讲条件，一心扑在工作上，奉献着自己的青春和才智，用实际行动忠实践行

“三个代表”重要思想和科学发展观的重要内涵，做到了让党委放心、群众满意。

事实证实，我们的新闻队伍是值得信赖的，我们的工作是卓有成效的，县委、县政府对我们的工作也是肯定的、满意的。今天,我们庆祝第××个记者节，就是回顾过去、总结经验，同时展望未来，进一步激励全局广大新闻工作者增强荣誉感、责任感和使命感，大力弘扬党的新闻工作优良传统，爱岗敬业，无私奉献，为全县改革、建设和发展创造良好的舆论环境，为构建和谐××提供强有力的舆论支持。

今天，我们在这里欢度节日，不仅仅是对我们以往成绩的肯定，更重要的是对我们的鞭策。希望我们全局职工共同努力，把我县的广电事业做大、做强、做精、做活。

明天就是11月9日了。11月9日预示着我们新闻工作者又将开始新的一天，开始新的一年。我相信，在县委、县政府的正确领导下，在我们全局职工的努力下，在社会各界的大力支持和密切配合下，我们明年一定不会辜负社会各界的殷切期望，再接再厉，再创辉煌，一定会努力谱写我县新闻事业发展的新篇章。

最后祝大家节日快乐！工作顺利！家庭幸福！万事如意！

★★★

范例3：记者代表在记者节庆祝大会上致辞

【致辞人】记者代表

【场　景】记者节庆祝大会

【时　机】在领导讲话结束后致辞

【风　格】逻辑严密　层层递进

【关键词】记者节　备感荣幸　遗憾　弥补　舞台

【妙　语】一路走来，与记者这份工作、这份称号，感情日益深厚。新闻工作是一项神圣而光荣的事业，是让我们永葆青春活力的事业。

尊敬的各位领导、同事们：

在记者节这个特殊的日子里，我能代表新闻战线的同志们在这里发言，备感荣幸，也深感责任重大。

屈指算来，我从事新闻采访工作已经快十五年了。其间，我从报社的一名普通文字记者，到摄影记者；工作岗位从记者部，到副刊部，到广告部，到总编室，到办公室，一直到今天从事网络新闻工作。无论岗位如何变化，从事新闻采访工作一直贯穿我职业生涯的始终。一路走来，与记者这份工作、这份称号，感情日益深厚。

新闻工作是一项神圣而光荣的事业，是让我们永葆青春活力的事业。今年以来，我先后参与了“2311工程”、拆违、梨花节、“三万”、抗旱、换届选举、党代会等一系列重大报道，亲身体验和感受到了我们时代的变迁，触摸到了我市每日、每月、每年的每个历史瞬间。于是，每当记者节来临，我也自问，一年来，我究竟做了些什么？还有多少遗憾？下一步该怎么完善和弥补？

今天，借着这个舞台，我还想给大家谈谈这十五年来的一些工作体会……

最后，祝大家节日快乐，万事如意。谢谢大家！

十三、圣诞节贺词

圣诞节(Christmas)，这个名称是“基督弥撒”的缩写。弥撒是教会的一种礼拜仪式。圣诞节是一个宗教节。因为把它当作耶稣的诞辰来庆祝，因而又名耶诞节。这一天，世界所有的基督教会都举行特别的礼拜仪式。每年12月25日，是基督徒庆祝耶稣基督诞生的庆祝日，在圣诞节，大部分的天主教教堂都会先在12月24日的耶诞夜，亦即12月25日凌晨举行子夜弥撒，而一些基督教会则会举行报佳音，然后在12月25日庆祝圣诞节；而基督教的另一大分支——东正教的圣诞节庆祝则在每年的1月7日。西方人以红、绿、白三色为圣诞色，圣诞节来临时家家户户都要用圣诞色来装饰。红色的有圣诞花和圣诞蜡烛。绿色的是圣诞树。它是圣诞节的主要装饰品，用砍伐来的杉、柏一类呈塔形的常青树装饰而成。上面悬挂着五颜六色的彩灯、礼物和纸花，还点燃着圣诞蜡烛。

圣诞老人是圣诞节活动中最受欢迎的人物。西方儿童在圣诞夜临睡之前，要在壁炉前或枕头旁放上一只袜子，等候圣诞老人在他们入睡后把礼物放在袜子内。在西方，扮演圣诞老人也是一种习俗。

★★★

范例1：市长在圣诞节前平安夜庆祝晚会上致辞

【致辞人】市长

【场　景】圣诞节前平安夜庆祝晚会

【时　机】在庆祝晚会开始时讲话

【风　格】文采绚丽　结构紧凑

【关键词】舒畅　基督教　祝愿　感恩　团结　走向辉煌

【妙　语】平安夜后是温暖的阳光。在这欢乐祥和的氛围里。用我们的真情与忠诚，用我们的智慧与汗水。

各位领导、各位嘉宾，女士们、先生们：

大家晚上好！

平安夜后是温暖的阳光，圣诞节的到来让我们的心情更加舒畅。在这个善良人的节日里，在这欢乐祥和的氛围里，我代表××市委、市人大常委会、市政府、市政协，向你们并通过你们，向全市基督教、天主教信众致以亲切的问候和良好的祝愿！祝大家圣诞快乐！

……

圣诞是个感恩的日子，让我们大家怀抱一颗感恩的心，感谢党和政府，感谢社会各界，感谢亲朋好友，感谢我们身边的每一个人。用我们的真情与忠诚，用我们的智慧与汗水，自觉抵制境外宗教势力的渗透，积极寻求宗教与社会主义社会相适应，与全市人民更加紧密地团结在一起，共同打造出一个平安的××，打造出一个和谐的××，打造出一个幸福的××！让××走向辉煌，这将是我们共同的圣诞礼物，共同的人生收获，共同的事业与追求！

再次向大家表示节日的祝贺！祝大家圣诞快乐，平安健康，万事如意！

★★★

范例2：酒店经理在圣诞点灯仪式上致辞

【致辞人】酒店经理

【场　景】圣诞点灯仪式

【时　机】在仪式开始时致辞

【风　格】慷慨激昂

【关键词】喜迎　建造　引领潮流　服务水平　蒸蒸日上

【妙　语】为××旅游增光添彩。为××人民献上了一道亮丽的风景线。在推动××旅游大建设、大发展中做出更大的贡献。

各位领导、各位嘉宾：

大家好！

在××年圣诞节和××年新年即将来临之际，××酒店在这里隆重举行喜迎圣诞和新年的仪式。在此，我代表××酒店向莅临典礼现场的各位领导和嘉宾表示热烈的欢迎！

××酒店是首个按五星级酒店标准建造、设施完善、功能齐全，并成功开业的酒店。它的建成与亮相，为××市乃至××省酒店业打造了一个引领潮流的精品项目，为××人民奉献了一道亮丽的风景线。这对于推动××旅游建设，提升××旅游接待服务水平，具有积极的示范带动作用。

今天，××酒店举行圣诞点灯仪式，把当今最典型、最完美、最传统的国际餐饮文化引入××，为××旅游增光添彩。借此机会，我真诚地希望××酒店进一步加强对××旅游的宣传，在推动××旅游大建设、大发展中做出更大的贡献！

最后，祝××酒店圣诞点灯仪式圆满成功，祝酒店与在座的各位客商联系更加紧密，合作更加愉快！祝××生意兴旺发达，蒸蒸日上！

第2章 开业庆典贺词

开业庆典（又称开张庆典）主要为商业性活动，小到店面开张，大到酒店、超市商场等场所的商务活动，开业庆典不只是一个简单的程序化庆典活动，而是经济实体形象广告的第一步。它标志着一个经济实体的成立，昭示着社会各界人士——它已经站在了经济角逐的起跑线上。开业庆典的规模与气氛，代表了一个商业企业的风范与实力。公司通过开业庆典的宣传，告诉世人，在庞大的社会经济肌体里，又增加了一个鲜活的商业细胞。

从客观上来看，一个单位的开业庆典，就是这个单位的经济实力与社会地位的充分展示。从来宾出席情况到庆典氛围的营造，以及庆典活动的整体效果，都会给人一个侧面的诠释。通常来说，人们习惯用对比的方法来看待开业庆典，比如某商场举行开业庆典，人们首先想到的是，与其同等规模的其他商场开业时的情形，对比之下，人们会对新开业的商场持有一种看法，也就是一种认知，如果印象比较好，对商场信赖程度就会提高。

开业庆典体现一个经济实体的形象，是其形象树立的第一步，要迈好这第一步，庆典仪式方案及与之相关的庆典道具运用，无疑是挂“帅”点“将”，十分重要！同时，开业庆典也是中国人的一项传统风俗，人们认为开业庆典能给之后的商业活动带来好运。

在开业典礼上举行的剪彩仪式是一项隆重的礼仪性程序，这个传统由来已久。上世纪初叶，在美国的一个乡间小镇上，有家商店即将开业。店主为了阻止蜂拥而至的顾客在正式营业前闯入店内，将用以优惠顾客的便宜货争购一空，便随便找来一条布带子拴在门框上。谁曾料到这项临时性的措施竟然更加激发了挤在店门之外的人们的好奇心，他们更想早一点进入店内，对即将出售的商店先睹为快。

正当店门之外的人们有些迫不及待的时候，店主的小女儿牵着一条小狗突然从店里跑出来，将拴在店门上的布带子碰落在地。人们误以为这是该店为了开张志喜所搞的“新把戏”，于是立即一拥而入，大肆抢购。让店主转怒为喜的是，他的这家小店在开业之日的生意居然红火得令人难以置信。

剪彩，从一次偶然的“事故”发展为一项重要的活动程序，进而演化为一项隆重而热烈的仪式的过程之中，其自身也在不断发展，不断变化。例如，剪彩者先是由专人牵着一条小狗来充当，让小狗故意去碰落店门上所拴着的布带子。接下来，改由儿童担任，让他单独去撞断门上系着的一条丝线。再后来，剪彩者又变成了妙龄少女，她的标准动作，是当众撞落拴在门口上的大红缎带。到了最后，剪彩则被定型为邀请社会贤达和当地官员，用剪刀剪断礼仪小姐手中所持的大红缎带。

一、酒店食府开业庆典贺词

酒店食府举办开业典礼时，企业代表应向来宾简单致辞，向来宾及祝贺单位表示感谢，并简要介绍本企业的经营特色、经营目标、具体措施及未来展望等内容，接着可安排领导和来宾代表致辞，整个致辞仪式应紧凑、简洁。酒店食府是餐饮休闲场所，在此类单位的开业庆典上致辞，从内容上说要健康、文明、高尚，从形式上说要优美、雅俗共赏。

★★★

范例 1：某市委领导在酒店开业典礼上致辞

【致辞人】某市委领导

【场　景】酒店开业典礼

【时　机】在剪彩仪式开始之前致辞

【风　格】慷慨激昂 逻辑严密

【关键词】开业 关心 感谢 风格别致 设计新颖 典范 品牌之星

【妙　语】捷报频传，喜事连连。以盛大的开业庆典为契机。全力打造当代酒店服务行业发展的典范。

尊敬的各位领导、各位来宾、朋友们：

大家上午好！

在××文化节即将到来之际，××大地捷报频传，喜事连连！今天，我们期待已久的××酒店隆重开业了！借此机会，我代表××市委、市政府对××的顺利开业表示热烈的祝贺！向酒店全体员工致以亲切的问候！并向一直关心、支持××事业发展的各位领导和同志表示衷心的感谢！

××的开业，标志着××餐饮服务业又向前迈进了一步。××酒店作为集客房、餐饮、会议为一体的参照国际四星级标准精心设计建造的时尚商务酒店，风格别致、设计新颖、功能齐全，无论是主体建筑，还是内部装潢，都彰显出了大气魄、大手笔，对提升××地区周边环境，促进经济发展发挥了应有的作用。

××酒店的领导者和全体员工要再接再厉，以盛大的开业庆典为契机，发扬奉献社会的精神，开展个性化、特色化、形象化的服务，为四方宾客提供一个温馨舒适的家，全力打造当代酒店服务行业发展的典范，努力成为××酒店餐饮和服务行业的品牌之星！

最后，祝××酒店开业大吉、生意兴隆、财源广进、兴旺发达！祝各位领导、各位来宾工作顺利、身体健康、节日快乐、合家幸福！谢谢大家！

★★★

范例2：来宾代表在酒店食府开业庆典上致辞

【致辞人】来宾代表
【场　景】酒店开业庆典
【时　机】在庆典开始时致辞
【风　格】慷慨激昂
【关键词】隆重开业　祝贺　发展空间　商机无限　活力　贡献　生意兴隆
【妙　语】乘八面来风，应万众企盼。高朋满座、生意兴隆，广聚天下客，一揽八方财。

各位领导，各位来宾，朋友们：

乘八面来风，应万众企盼，在这春意盎然、清风送爽的日子里，我们欢聚一堂，共同庆祝××大酒店隆重开业。首先，请准许我代表在座的各位宾客，对酒店的开业表示衷心的祝贺！

近年来，我市各项事业快速发展，人民生活水平不断提高，广大群众的物质文化生活需要越来越高，餐饮服务业迎来了新的发展空间。

……

××大酒店是××公司下属的一家餐饮服务型企业。地处××路与××路两大交通要道的交汇处，位置独特，商机无限。它的开业不仅标志着××公司的经营结构进一步优化，同时也将为促进××片区经济发展增添新的活力。

我们相信，在××先生的带领下，在社会各界人士的关心支持下，××大酒店一定能够依靠科学的管理、热情的服务和文明诚信的守法经营，创造良好的企业信誉和商业品牌，为带动群众致富和促进当地经济发展做出自己应有的贡献。

最后，祝××大酒店高朋满座、生意兴隆，广聚天下客，一揽八方财。祝各位领导、各位来宾，同志们、朋友们：身体健康，工作顺利，万事如意！

★★★

范例3：酒店经理在开业典礼上致辞

【致辞人】酒店经理

【场　景】酒店开业典礼

【时　机】在领导讲话完毕后致辞

【风　格】慷慨激昂

【关键词】喜庆日子 邀请 感谢 关怀 加强管理 规范运作

【妙　语】把幸福和快乐送给每一位关爱我们的朋友。有朋自远方来，不亦乐乎。您的一次光临，就是对我们的一份支持；您的一份满意，就是我们的一份幸福。

尊敬的各位领导、各位来宾，女士们、先生们、朋友们：

大家好！

今天是个值得纪念的喜庆日子，香港餐饮品牌××进军××。我们无比荣幸地邀请到了各位尊敬的领导和嘉宾，隆重地举行酒店的开业庆典，请允许我向在百忙之中光临庆典仪式的各位领导和嘉宾表示热烈的欢迎和衷心的感谢！

我酒店是市政府招商引资项目，总投资三千万。从筹备到开业，得到了各方面领导的高度重视和关怀，得到了社会各界的广泛关注。施工装修建设单位的同志们，为工程洒下了辛勤的汗水，这一切，我们将永远铭记在心。今后，我们一定不会辜负大家对我酒店的殷切希望，把酒店办好，把幸福和快乐送给每一位关爱我们的朋友，这就是我们对大家的点滴回报。

“有朋自远方来，不亦乐乎。”我们期待各位领导、四方来宾、各界朋友予以更多的支持、关心、重视和理解。同时，我们将加强管理、规范运作、热忱服务、爱岗敬业，尽心尽力把××做成有品位、有档次、有影响、有效益的一流酒店。

您的一次光临，就是对我们的一份支持；您的一份满意，就是我们的一份幸福。衷心希望大家能一如既往地关心××，支持××，我相信，有了你们，××一定会生意兴隆、财源广进、兴旺发达、鹏程万里！

再次感谢大家，最后，祝大家身体健康、工作顺利、合家欢乐、万事如意！

谢谢！

二、公司开业庆典贺词

公司开业典礼上的致辞分为两类：一是以主人的身份讲话，这样的致辞也叫欢迎词；二是以来宾代表的身份发言，这样的致辞也叫贺词。前者致辞的主旨在于推广本单位、感谢来宾，后者致辞的主旨在于祝贺和鼓励。按照一般的要求，开业典礼上致辞的语言要平实，不事委婉；崇尚质朴，不事华美，这也是礼仪致辞应当遵循的基本要求。但是在各类开业典礼上我们不难发现，如果在致辞中加入一些富于文采、饱含情韵的文学化句子，会使得致辞精彩出众。这些句子多为致辞者即情即景而作，也可以直接取之于诗词名句，或者将诗词名句改造化用，从形式上和内容上都给开业典礼增添了一抹别样的“亮色”。

★★★

范例1：市委领导在公司开业剪彩仪式上致辞

【致辞人】市委领导

【场　景】公司开业剪彩典礼

【时　机】在剪彩仪式开始时致辞

【风　格】慷慨激昂
【关键词】剪彩仪式 感谢 环渤海经济带 隆起
【妙　语】一年一度秋风劲，不是春光，胜似春光。是我们在秋天收获的果实，但是我们感觉它更像春天的一朵报春花……正全面复苏、走向振兴。

各位朋友、各位来宾，同志们：

非常高兴参加今天这次剪彩仪式。首先，我代表中共××市委、××市人民政府，对××公司开业剪彩表示热烈祝贺！对中国××行业的各位领导、各位朋友专程来到××参加今天的仪式表示衷心的感谢!

……

继长江三角洲和珠江三角洲之后，现在全世界都看好中国环渤海经济带的隆起。打开地图一看就知道，××正处在环渤海经济带的中间位置。××公司能够落户××，充分体现了××先生的远见卓识。我们希望更多的客商能够像××先生一样，搭上“环渤海经济带隆起”这班列车，到××来发展，来发财。

现在正是秋天。一代伟人毛泽东曾经写过两句描写秋天的诗：一年一度秋风劲，不是春光，胜似春光。毫无疑问，××公司是我们在秋天收获的果实，但是我们感觉它更像春天的一朵报春花，象征着××市对外开放、经济振兴的到来，也喻示着××这片古老的土地，正全面复苏、走向振兴。

再一次谢谢大家。

★★★

范例2：县领导在公司开业典礼上致辞

【致辞人】县领导
【场　景】某公司开业典礼
【时　机】在典礼剪彩时致辞
【风　格】慷慨激昂 气势磅礴
【关键词】大吉大利 欢迎 祝贺 食品产业 乐园 发展

【妙　语】艳阳高照、日月同辉。把服务企业、促进发展作为职责。以实际行动营造优良的环境，促进企业快速发展。

尊敬的各位领导、各位嘉宾：

今天，艳阳高照、日月同辉，是一个大吉大利的好日子，在这个美好的日子里，我们迎来了××公司的开业剪彩仪式。首先，我谨代表县委县政府对××公司落户××表示诚挚的欢迎，对××公司开业表示热烈的祝贺。

××公司是一家国内大型食品加工企业，此次，××公司落户××是我县招商引资工作取得的又一项成果，也是我县食品产业发展和项目建设中的一件喜事，它的开业投产必将对推动我县食品产业发展产生积极的作用，带动更多的知名企业落户××。

食品产业是××的支柱产业，县委县政府决定进一步做大做强食品产业，创建中国最大的食品生产基地，我们将把××食品城建成商家兴业投资的乐园，诚挚欢迎更多的企业和有识之士前来投资创业，衷心希望××公司不断扩大投资，增加项目，取得更大更快的发展，在××建成立足北方，辐射全国的大型企业生产基地，各级各部门要按照县委县政府的要求把服务企业、促进发展作为职责，坚持主动为企业搞服务，解难题，以实际行动营造优良的环境，促进企业快速发展。

衷心祝愿××公司开业大吉，事业兴旺，在××取得更好的发展业绩。

衷心祝愿各位领导、各位来宾工作顺利，身体健康，万事如意。

谢谢大家！

★★★

范例3：建设局局长在混凝土公司开业典礼上致辞

【致辞人】建设局局长

【场　景】混凝土公司开业典礼

【时　机】在典礼开始时致辞

【风　格】构思严密　层层递进

【关键词】开业典礼　祝贺　迅猛发展　甲级资质　服务　建设

环境 兴旺发达

【妙　语】顺应潮流，抢抓机遇。管理持续改进，服务顾客满意，质量行业先进。质量是企业的生命，信誉是企业的灵魂。

各位领导、各位嘉宾、各位朋友：

下午好！

今天，很高兴在这里参加××混凝土有限公司开业典礼。首先我谨代表市建设局对××混凝土有限公司的顺利开业表示热烈的祝贺！

近年来，我市城市建设和房产业迅猛发展，建材市场也呈现多元拓展的发展方向，尤其是混凝土市场，顺应潮流，抢抓机遇，具有极大的发展空间。至目前为止，我市建筑业城镇规划区商品混凝土使用量已达60%，预计至××年将达85%以上。××混凝土有限公司采用科学的经营管理方式，拥有先进的生产设施设备，并注重环保意识，其产品经试验室检测，具备甲级资质。

我们相信，他们将遵循“管理持续改进，服务顾客满意，质量行业先进”的方针，生产出优质的产品、提供满意的服务。我们期待着今天开业的××混凝土有限公司能成为一个成功的范例。希望它的成功投产，会对推进我市混凝土市场的有序化、法制化竞争起到积极的作用。作为建设行政主管部门，我们坚持科学发展观，积极鼓励企业开发和采用新技术、新材料、新设备和新工艺，不断优化工程流程，并加强了施工工程质量管理，为企业提供行业管理指导，一如既往地支持项目运作，为促进我市建材市场，包括混凝土市场持续健康发展，营造良好的建设环境服务。

质量是企业的生命，信誉是企业的灵魂，希望××混凝土有限公司发扬“优质、高效、诚信、务实”的企业精神，高起点、高品质地把公司建设成为具有强大市场竞争力和生产一流产品的企业。

最后，我预祝××混凝土有限公司开业典礼圆满成功！祝公司兴旺发达、前程似锦！

范例 4：公司总经理在分公司开业典礼上致辞

【致辞人】公司总经理

【场　景】分公司开业典礼

【时　机】在开业典礼开始时致辞

【风　格】慷慨激昂

【关键词】开业典礼 见证 喜庆时刻 感谢 贡献 圆满成功

【妙　语】公司秉承诚实守信、开拓创新、专业服务、价值共享的经营理念。创业难，守业更难。希望大家肩负使命，为贵金属市场的繁荣发展做出贡献。

尊敬的各位领导、各位来宾：

大家上午好！

值此初冬之际，我们在这里隆重举行××金属经营有限公司××分公司的开业典礼。让我们共同见证这一令人难忘的时刻，在这喜庆时刻，我代表××分公司全体股东及全体员工，向参加今天开业典礼仪式的各位领导及各位嘉宾表示衷心感谢！

××金属经营有限公司××分公司有主要从事黄金、白银等贵金属的现货及现货延期交易的电子交易平台和相关服务。公司秉承诚实守信、开拓创新、专业服务、价值共享的经营理念及客户利益至上的服务宗旨，将为××的金融投资市场注入一股强劲的力量，让大家有更好的投资选择，使××的金融市场步入一个全新的发展阶段。

创业难，守业更难，希望××能在××的金融市场开拓一片新天地。视今天的开业庆典是万里长征迈出的坚实的第一步，是一种有胆识的尝试，而更重要的是要保持这种激情与活力，自我积累、自我发展、开拓进取，力争走在行业的前端，把公司建设成为与时俱进的优秀公司。××的发展寄希望于我们的客户、我们的领导，当然还有我们优秀的工作人员，希望大家肩负使命，为贵金属市场的繁荣发展做出贡献。

最后，祝愿××分公司开业庆典圆满成功，也衷心祝愿××公司能够拥有一个灿烂的明天！

谢谢大家的光临！

祝到会的各位领导、各位来宾身体健康、工作顺利、万事如意！

谢谢！

★★★

范例5：保险代理公司总经理在公司开业典礼上致辞

【致辞人】保险代理公司总经理

【场　景】保险代理公司开业典礼

【时　机】在典礼开始时致辞

【风　格】逻辑严密

【关键词】开业庆典　欢迎　感谢　发展　桥梁

【妙　语】一流的管理、一流的服务、一流的品牌、一流的信誉。安定地生活，稳健地发展。

各位领导、各位嘉宾、各位朋友：

今天在这里举行的是××市××保险代理公司的开业庆典，出席今天庆典的有××市各家保险公司的老总们，有××市保险行业协会的领导，有工商、税务等有关部门的领导，有长期以来对我司的筹备和发展给予大力帮助和支持的社会各界朋友，有××电视台、《××日报》、《××晚报》等新闻媒体的朋友们，首先我代表××保险代理公司向各位领导和各位朋友的光临表示热烈的欢迎和衷心的感谢!

××保险代理公司由中国保险监督管理委员会于××年8月18日批准开业，由××市工商局于××年9月8日进行注册登记，成为××市第一家专业保险代理机构，其业务经营区域为××省行政辖区。××代理公司将接受××省辖区内尤其是××辖区内各家保险公司的委托，代理销售保险公司的保险产品，代理收取保险费，代理相关业务的损失勘查和理赔。××保险代理公司将以一流的管理、一流的服务、一流的品牌、一流的信誉服务于各家保险公司，服务于××尤其是××的广大客户，为发展××的保险事业做出自己的贡献，让每一个家庭、每一个企业、每一个社会组织在保险的充分保障下安定地生活，稳健地发展。

××保险代理公司作为××市第一家专业保险代理公司，其生存和发展离不开各家保险公司的扶持，离不开政府各部门的帮助，更离不开社会各界朋友的支持，希望在座的各位领导及各位朋友在以后的日子里能更加关注我们，更加支持我们，你们的每一份支持都将激励我们更加努力工作，努力打造××保险业的专业服务品牌，为各家保险公司服好务，为广大客户服好务，真正成为沟通保险公司与客户的桥梁，让保险公司的产品通过我们的服务惠及广大客户，让保险公司的服务通过我们的传递得到充实和延伸，在此我代表××保险代理公司的全体员工对给予我们支持和帮助的各位领导及各位朋友再次表示衷心的感谢!

最后，祝各位领导及各位朋友身体健康，工作顺利，家庭幸福，万事如意!

★★★

范例6：总裁在公司开业典礼上致辞

【致辞人】公司总裁

【场　景】公司开业典礼

【时　机】在典礼开始时致辞

【风　格】慷慨激昂

【关键词】开业典礼 感谢 乘风破浪 社会责任 贡献 服务

【妙　语】十月的北京秋高气爽，风和日丽，景色迷人。为我公司发展出谋划策，添砖加瓦，让我们携手搭建并加固政企通桥梁，为政府服务，为企业服务。

尊敬的各位领导、各位贵宾，女士们、先生们、朋友们：

大家上午好!

首先我代表××公司的全体员工，向出席今天我公司开业庆典的各位领导、各位嘉宾表示热烈的欢迎与衷心的感谢!

十月的北京秋高气爽，风和日丽，景色迷人。我们很荣幸地把大家请来参加我公司的开业庆典，为我公司揭开崭新的一页，为我公司起锚远航，扬帆奋进添足马力，注足能量。让我们公司在各位领导、朋友的鼎力相助下乘风破浪，到达理想的彼岸！我保证我公司在国家××部××局的正确领导下，主动承担社会责任，尽心尽力为政府做好助手，为企业做好帮手，为外贸中小企业发展做出应有的贡献！

我首先感谢在公司成立中予以指导和帮助的国家××部××局各级领导！还要感谢为公司成立倾注大量心血的社会各界朋友！特别对××总经理以及公司全体员工的辛勤劳动表示感谢！

借此机会，我希望在座的各位领导、各位朋友时刻关注我公司的发展，为我公司发展出谋划策，添砖加瓦，让我们携手搭建并加固政企通桥梁，为政府服务，为企业服务！

我希望我公司的全体员工，自强内功，开拓市场，做大、做强、做精市场，主动接受政府领导，虚心倾听企业意见，构筑政府与企业的快速通道，为国家经济发展做出贡献！

谢谢大家。

★★★

范例7：公司经理在公司开业典礼上致辞

【致辞人】公司经理

【场　景】公司开业庆典

【时　机】在开业庆典酒会开始时致辞

【风　格】激情四射　层层递进

【关键词】诞生　谋划　成长　成功　开业运营　走向辉煌

【妙　语】××还是一个在思想上、在语言中的幻想。由小到大，由弱到强，最终将成长为同行业中一颗夺目的明珠。走向壮大，走向辉煌。

尊敬的各位领导、各位嘉宾、各位朋友：

六个月前的今天，××还是一个在思想上、在语言中的幻想，还是一个仅仅是让一两个人有些憧憬的梦，甚至连××这个名字都还没有；三个月前的今天，××有了一个模糊的概念，并且有了一个域名××，这个名字标志着××无论如何都要诞生，无论如何都会成长；一个月前的今天，我们开始在艰难中谋划××，开始让这个梦变为现实，开始让××找到一个家。经过一个多月的努力，××诞生了，从此开始了它今后无尽的生命历程。今天，我们在这里庆祝××公司正式开业，这不仅是我个人人生中的一件大事，也是我们××全体员工的一件大事，我们将在这里共同努力，让××成长，让我们与××一起成功。

……

朋友们，我们本是陌生人，是××让我们走到一起来，没有××，我们不会成为同事，不会成为朋友。我和你们一样，都是××的第一代员工，崭新的××公司是我们一起创造的，也将在我们手里发展壮大。在我们大家的共同努力下，××从无到有，在我们的共同努力下，它也将由小到大，由弱到强，最终将成长为同行业中一颗夺目的明珠。

朋友们，今天××公司正式开业营运，标志着我们这个团队有了统一的战斗力，我们的利益是一致的，我们的理想是一致的，我们的未来是美好的，成功必将属于××，属于我们大家。让我们举起杯，共同祝愿××公司走向壮大，走向辉煌！

三、文化公益组织机构成立庆典贺词

文化公益组织机构的成立典礼少了几分商业气息，多了几分人文关怀，致辞既要讲究修辞，让语言富有文采，又要丰富有趣，让说理生动起来。此类致辞免不了要进行议论，以表明自己的观点和看法，但是，致辞中的议论，不宜抽象枯燥，把理说得老气横秋、呆板沉闷，而往往要做到生动活泼、富有趣味。

范例1：县委书记在慈善总会成立大会上致辞

【致辞人】县委书记

【场　景】慈善总会成立大会

【时　机】在大会开始时致辞

【风　格】慷慨激昂

【关键词】慈善总会　深远意义　保障救助体系　祝贺　感谢　服务

【妙　语】慈善事业是一项为国分忧、为民解愁的光荣事业，是一项播撒温暖、洋溢爱心的光彩事业。促进全县经济社会又好又快、更好更快发展做出积极的贡献。

尊敬的各位领导、各位来宾，朋友们、同志们：

今天，××县慈善总会正式成立了，这是我县政治经济社会生活中的一件具有深远意义的大事。对加快全县慈善事业发展、完善社会保障救助体系、促进经济社会事业全面进步具有十分重要的意义，在此，我谨代表县委、县人大、县政府、县政协和全县各族人民向××县慈善总会的成立表示祝贺！向前来出席本次大会的各位领导、各位来宾表示热烈的欢迎！向一直关心和支持××慈善事业发展的各级领导和各界人士表示诚挚的感谢！向以不同方式奉献爱心、实施善举的慈善人士、慈善组织致以崇高的敬意！为了进一步推动我县慈善事业的快速发展，下面我讲几点意见。

……

同志们，慈善事业是一项为国分忧、为民解愁的光荣事业，是一项播撒温暖、洋溢爱心的光彩事业。我县慈善总会的成立，标志着我县慈善事业进入了新阶段。但我县慈善事业起步晚，工作任务重，服务对象多，我们要抓住机遇，总结经验，扎实工作，为××慈善事业发展做好服务，为促进全县经济社会又好又快、更好更快发展做出积极的贡献。

谢谢大家！

范例 2：市领导在民间艺术团成立大会上致辞

【致辞人】市领导

【场　景】民间艺术团成立大会

【时　机】在大会开始时致辞

【风　格】慷慨激昂

【关键词】成立大会　祝贺　文化名城　民俗文化　传承　生力军　文化遗产

【妙　语】既是我们守望的精神家园，也是精神创造的不竭动力。品种繁多，内容丰富，延展了三晋大地几千年的历史文脉。为建设集三晋文脉与现代气息于一体的特色文化名城做出积极的贡献。

各位领导、同志们、文化界的朋友们：

大家上午好！

今天我们在这里隆重举行××民间艺术团成立大会，值此之际，我代表市委、市政府向××民间艺术团的成立表示热烈的祝贺！

××是一个有着××年历史的文化名城，拥有丰富的民间民俗文化艺术资源，这些凝聚着深厚民族情感的民间民俗文化，既是我们守望的精神家园，也是精神创造的不竭动力。一直以来，××市委、市政府非常重视民间文化艺术的挖掘、传承、保护和弘扬，并已经取得了显著成效。在新的历史条件下，民间文化生态日益受到全球化、城市化、工业化冲击，××民间艺术团的适时成立，对于整合我市民间文化艺术资源，打造××民间文化艺术品牌，保护和传承民间文化资源均有着积极的意义。

我们可喜地看到，新成立的××民间艺术团，全方位地整合了我市的民间艺术资源，既有民歌、民舞、民乐等表演项目，也有背棍、踩高跷、舞龙等民间绝技；既有剪纸、书画等艺术形式，也有面塑、内画、堆锦等手工艺绝活。品种繁多，内容丰富，延展了三晋大地几千年的历史文脉。××民间艺术团的成立，是我市社会文化的一大亮点，为我市文化事业建设增添了一支新的生力军。

这里，我还对民间艺术家提一点希望：在发展民间民俗文化过程中，其中首要任务是如何有效保护文化生态，使我们的文化建设在科学发展观指引下全面协调、可持续发展，既为当今社会服务，也为我们的子孙后代留下更多可资利用的文化遗产。

最后，祝××民间艺术团不断发展壮大，为建设集三晋文脉与现代气息于一体的特色文化名城做出积极的贡献。

谢谢大家！

★★★

范例3：市领导在市作协成立大会上致辞

【致辞人】市领导

【场　景】市作协成立大会

【时　机】在成立大会开始时致辞

【风　格】慷慨激昂

【关键词】作家协会 人才 财富 文学爱好者 契机 贡献

【妙　语】深厚的文化积淀和灿烂的发展历史。不仅是我们今天的财富，也是整个历史的财富。再接再厉，不断进取。

各位领导、各位代表、各位朋友：

在全市上下深入学习贯彻党的十六届六中全会精神，倾力构划××的十一五规划，精心描绘美好未来的形势下，市作家协会成立暨第一次代表大会胜利召开了。这是××市文化界的一件大事，也是我市广大文学爱好者和文学工作者的一桩喜事。在此，我谨代表中共××市委宣传部向大会的召开表示热烈的祝贺，并借此向全市文学界的朋友们表示诚挚的问候。

作为历史文化名城的××，有着深厚的文化积淀和灿烂的发展历史，表现在文学创作上，就是曾经涌现出广为传诵的作品和一批批倾心于文学创作并取得一定成就的杰出人才。这不仅是我们今天的财富，也是整个历史的财富。

近年来，在市委、市政府的领导、关心和支持下，全市广大文艺工作者、文学爱好者和已经在文学创作上取得成就的作家，立足这片热土，辛勤努力，孜孜以求，用手中的笔，饱蘸激情，讴歌时代、畅想未来，关注民生、体察民情，贴近生活、贴近现实，创作出了一大批脍炙人口的文学作品。同时，涌现出了一大批文学新人，形成了较为强劲的文学创作队伍。更值得称道的是，一批有实力的作家诗人已经走出××，甚至走出××，走向全国。

我们衷心希望××市的作家和文学爱好者，以这次会议的召开和作协的成立为契机，再接再厉，不断进取，奉献出更多更好的优秀作品，培养出更多的德艺双馨的文学艺术人才，为我市文学艺术发展做出更大的贡献！

最后，预祝大会圆满成功！

谢谢大家！

★★★

范例4：协会会长在舞蹈协会成立大会上致辞

【致辞人】协会会长

【场　景】舞蹈协会成立大会

【时　机】在成立大会开始时致辞

【风　格】逻辑严密

【关键词】舞蹈协会　成立　敬意　文艺舞台　贡献

【妙　语】他们以优美的舞姿和青春的旋律，繁荣了我市的文艺舞台。努力打造艺术精品，为活跃全市文化生活和加强全市精神文明建设做出积极的贡献！

尊敬的各位领导，各位来宾，女士们、先生们：

在各位领导和各界朋友的大力支持和关心帮助下，市舞蹈协会今天在这里成立了。在此，我代表舞蹈协会的全体同志对关心和支持舞蹈协会的各级领导和各界朋友致以崇高的敬意和衷心的感谢!让我们以热烈掌声对各位领导和各界朋友的到来表示欢迎！

近年来，随着我市经济和社会事业的快速发展，舞蹈已成为深受广大市民喜爱的一项文化活动。全市活跃着大大小小几十支业余舞蹈队伍，他们以优美的舞姿和青春的旋律，繁荣了我市的文艺舞台。

舞蹈协会的成立，把全市的广大舞蹈爱好者和舞蹈艺术家紧紧联系在了一起，将对我市舞蹈活动的健康开展起到积极的推动作用。我们相信，在各级领导和各界朋友的关心支持下，舞蹈协会的工作一定会顺利开展。舞蹈协会将在上级的领导下，充分发挥党和舞蹈界桥梁和纽带的作用，团结和带领全市舞蹈爱好者和舞蹈艺术家，开拓进取，不断创新，努力打造艺术精品，为活跃全市文化生活和加强全市精神文明建设做出积极的贡献!

祝各位朋友身体健康、事业发达!

谢谢大家!

★★★

范例5：书院领导在书院成立时致辞

【致辞人】书院领导

【场　景】书院成立典礼

【时　机】在典礼上致辞

【风　格】慷慨激昂

【关键词】成立庆典　欢迎　风雨历程　感谢　贡献　努力奋斗

【妙　语】源远流长、博大精深的中华民族文化遗产。竭尽全力、多做贡献。联络旧友，结识新朋，共同为弘扬中国传统文化、实现中华民族的伟大复兴而努力奋斗。

尊敬的各位领导、各位嘉宾：

时值盛夏酷暑，各位能在百忙之中抽出宝贵时间，光临××书院的成立庆典，在此我谨代表××集团和××书院全体员工对你们的到来表示热烈的欢迎!

××从成立到今天已走过了二十年风雨历程。二十年来，××从小到大，已逐渐为国人所了解和认可。××能够有今天的规模和业绩，发展的每一步都离不开在座各位领导和嘉宾的关爱、支持和帮助。借此机会，向各位领导、嘉宾和朋友们表示衷心的感谢！

……

××的全体同仁一定继承××的精神，为保护和弘扬源远流长、博大精深的中华民族文化遗产，建设先进文化，增强中华民族的凝聚力而竭尽全力、多做贡献。

在××建立××书院，目的是使它成为一个有个性、有品位，并有较强辐射力的传播中国传统文化的平台，通过以书会友、以文会友、以茶会友，广交朋友，使更多的人认识××、了解××。在全国政协领导和朋友们的鼎力支持下，今天××书院终于成立了，同时书院的成立也标志着××二次创业的开始。

这里，我代表××书院真诚欢迎各位领导、嘉宾抽空来书院坐坐，联络旧友，结识新朋，共同为弘扬中国传统文化、实现中华民族的伟大复兴而努力奋斗。

最后，再次万分感谢大家的光临，万分感谢各位对××的厚爱和帮助。祝各位身体健康，合家幸福！

第 3 章

周年庆典贺词

周年庆典即为企业成立周岁庆典，一般而言，它都是逢五、逢十进行的。即在本单位成立五周年、十周年以及它们的倍数的时候进行。周年庆典不只是一个简单的程序化庆典活动，而是一个企业团体已经步上正轨、茁壮成长的表现。它标志着一个经济实体的成长，昭示着社会各界人士——它已经站在了经济角逐的路上，正在加速前进。公司通过周年庆典的宣传，告诉世人，在庞大的社会经济肌体里，始终存在着一个鲜活的商业细胞。

周年庆典的场地可以选择在户外，也可以选择室内。户外周年庆典的场地可供选择的地方比较多；至于室内周年庆典，建议根据周年庆典活动规模的大小，直接安排在一些酒店举行。酒店有不同的星级，从企业形象的角度来说，周年庆典宜选择五星级或四星级的酒店。有时为了体现权威性，可在一些著名建筑场所举行。

酒店有不同的风格，不同的定位，选择酒店的风格要注意与周年庆典的内容相统一。此外，还要考虑酒店周边的交通是否便利，包括停车是否方便。

庆之礼

各单位举行周年庆典，都有一个最大的特色，那就是要务实而不务虚。若能由此而增强本单位全体员工的凝聚力与荣誉感，并且使社会各界对本单位重新认识、刮目相看，那么大张旗鼓地举行庆典，多进行一些人、财、物的投入，任何理智、精明的商家，都会对此在所不惜。反之，若是对于宣传本单位的新形象、增强本单位全体员工的自豪感无所作为，那么举行一次庆典即使花不了几个钱，也没有必要好大喜功、非要去搞它不可。对商界人士来讲，组织庆典与参加庆典时，往往会有多方面的不同要求。庆典的礼仪，即有关庆典的礼仪规范，就是由组织庆典的礼仪与参加庆典的礼仪两项基本内容所组成的。组织筹备一次周年庆典，如同进行生产和销售一样，先要对它做出一个总体的计划。商务人员如果受命完成这一任务，需要记住两大要点：

其一，要体现出庆典的特色。

其二，要安排好庆典的具体内容。

毋庸多言，周年庆典既然是庆祝活动的一种形式，那么它就应当以庆祝为中心，把每一项具体活动都尽可能组织得热烈、欢快而隆重。不论是举行庆典的具体场合、庆典进行过程中的某个具体场面，还是全体出席者的情绪、表现，都要体现出红火、热闹、欢愉、喜悦的气氛。唯独如此，庆典的宗旨——塑造本单位的形象、显示本单位的实力、扩大本单位的影响，才能够真正地得以贯彻落实。

庆典所具有的热烈、欢快、隆重的特色，应当在其具体内容的安排上，得到全面的体现。

周年庆典的准备可分为两大块：庆典场地布置和庆典文艺演出。

现阶段的庆典形式，跟以往的有些不一样，以前的可能就是放礼花，走红地毯，飘气球等等，这种庆典方式已经越来越不能满足当今社会人们对庆典的要求。大家应该都看过奥运会开幕式，它其实也算一种庆典。也就是说现在的庆典，讲究的是创意，追求的是新颖。

一、企事业单位周年庆典贺词

近年来，企业周年庆典越来越受到社会的关注，周年庆典不仅是一项庆祝活动，更是一种独特的推广活动，它不仅可以激发员工的自豪感，也可以借助周年庆典的东风，顺势将企业文化等无形资产进行整合推向社会，使之成为企业经营的有效动力。在企业周年庆典中，要涵盖以下几个方面：总结企业多年来走过的岁月，回顾企业在这些年里取得的累累硕果，在新形势下说明企业的发展前景，促使企业内部团结，从一定程度上促进企业文化建设，传达企业高层战略发展方向，统一企业全体员工思想，朝着企业既定的战略方向前进。可以将致辞重点放在企业文化上面，企业文化是所有企业成功因素中唯一无法克隆的。企业管理、产品开发、人力资源等一切经营过程均可以从中找到企业文化的影子。

★★★

范例1：政府领导在酒店成立周年庆典上致辞

【致辞人】政府领导

【场　景】酒店成立周年庆典

【时　机】在庆典活动开始时致辞

【风　格】慷慨激昂

【关键词】满怀喜悦　祝贺　欢迎　问候　排头兵　企业宗旨　赞誉

【妙　语】一步一个脚印地稳健发展，一步一个台阶地不断登攀。恩泽一地，惠达八方。积极投身公益事业，履行社会责任。再接再厉，走精品之路，创知名品牌。

……………………………………………………………

各位领导，女士们、先生们、朋友们：

今天，我们满怀喜悦的心情，相聚在美丽的××国际酒店，共同庆祝××国际酒店开业一周年。在此，我谨代表××党委、政府向××国际酒店表示热烈的祝贺！向出席庆典的各位领导和来宾表示诚挚的欢迎！向××国际酒店全体员工表示亲切的问候！并向多年来一直关心、支持××发展的各位领导和社会各届人士表示衷心的感谢！

××国际酒店是××旅游餐饮行业的骨干企业和排头兵。一年来，××国际酒店一步一个脚印地稳健发展，一步一个台阶地不断登攀，发展壮大成为了××屈指可数的大型综合旅游度假酒店，成为××旅游餐饮业的一面旗帜，为全镇民营企业树立了良好榜样。一年来，××国际酒店始终奉行“恩泽一地，惠达八方”的企业宗旨，在实现自身发展、带动一方经济的同时，始终不忘奉献社会，积极投身公益事业，履行社会责任，为××的经济社会发展做出了突出贡献，用自己辛勤的劳动和汗水赢得了社会广泛的认可和赞誉。

当前，××上下正在抢抓新机遇，建设新××，努力在科学发展的道路上实现新跨越。××党委、政府将一如既往地支持××的发展，为酒店的发展壮大创造更加宽松的环境。希望酒店全体员工以酒店创建一周年为契机，牢固树立和落实科学发展观，围绕××发展大局，再接再厉，走精品之路，创知名品牌，在前进的道路上实现新的跨越，为推进××更好更快发展、建设繁荣文明和谐的新××再立新功。

最后，祝各位领导、各位来宾身体健康、事业顺利！祝××国际酒店蒸蒸日上，事业腾达，在新的起点上再创辉煌！

谢谢大家！

范例2：市长在公司成立周年庆典上致辞

【致辞人】市长

【场　景】公司成立二十周年庆典晚会

【时　机】在庆典晚会开始时致辞

【风　格】慷慨激昂

【关键词】庆典晚会 祝贺 慰问 贡献 战略 服务

【妙　语】二十年，是××从小到大，从弱到强，创造辉煌的二十年，也是××市新兴工业发展的二十年。大企业进入、大项目带动、高科技支撑。

各位领导，各位来宾，各位朋友：

大家晚上好！

非常荣幸参加××成立二十周年庆典晚会，在此，我谨代表××市委、市政府对××成立二十周年表示热烈的祝贺！对××的全体员工及家属表示诚挚的慰问！

××是目前××市最大的化肥化工企业，二十年来，××的快速发展带动了××市新型工业的发展，为××市成为珠江三角洲上的工业重镇做出了突出的贡献。这二十年，是××从小到大，从弱到强，创造辉煌的二十年，也是××市新兴工业发展的二十年。日产八千吨甲醇项目的投产，又为××市新兴工业的发展形成了新的增长点。围绕××省实施的“大企业进入、大项目带动、高科技支撑”战略，××市制订了“以工业化带动城市化，进而推进农业产业化”的发展思路，积极为××等企业和重点项目服务，促进了新兴工业的快速发展。今后，××市委、市政府将一如既往地支持××及××工业园区的建设，为企业服务，与××一起，共同为××市经济社会发展做出贡献。

最后，预祝××事业蓬勃发展，取得更大成绩,预祝今晚的文艺演出圆满成功！

谢谢大家！

范例 3：市长在医院成立周年庆典上致辞

【致辞人】市长

【场　景】医院成立九十周年庆典

【时　机】在庆典活动开始时致辞

【风　格】慷慨激昂

【关键词】欢聚 庆典大会 备感欣慰 问候 服务理念 机遇期 贡献

【妙　语】一分耕耘，一分收获。坚持公立医院的公益性、服务性，为广大人民群众提供更优质、更安全、更廉价的医疗服务，为保护广大人民群众的身体健康，促进全市经济社会的快速发展做出更大的贡献。

各位领导、各位来宾、同志们：

今天我们欢聚在这里，隆重举行××市××医院建院九十周年庆典大会，我们备感欣慰。在此，我谨代表××市政府向××市××医院表示热烈的祝贺，向出席今天庆典活动的各位领导、各位嘉宾、朋友们、同志们表示热烈的欢迎，并致以诚挚的问候。

××市××医院经历了九十年的艰苦创业，铸就了九十年的辉煌业绩。长期以来，医院坚持以人为本，以病人为中心的服务理念，着力解决群众看病难、看病贵的问题，为患者提供方便优质的服务，为保护广大人民群众的健康，为我市经济社会发展做出了积极的贡献。

“一分耕耘，一分收获。”××医院以其严格的管理、优质的服务、一流的技术赢得了广大患者的信任和社会各界的赞誉！医院的每一步发展壮大和每一点进步，都凝聚着各级卫生行政部门和社会各界的关心和支持，凝聚着医院广大干部职工的心血和汗水。在此，我代表市政府向长期以来关心支持我市卫生事业发展的各位领导，向为××医院的建设和发展付出辛勤劳动的全院干部职工表示衷心的感谢，并致以崇高的敬意！

当前，正处于医疗卫生改革的关键时期，也是医院发展的重要机遇期，市委市政府将一如既往地关心、重视、支持××医院的改革、建设与发展，期望××医院继续发扬九十年来的优良传统和作风，发扬救死扶伤和无私奉献的精神；坚持公立医院的公益性、服务性，为广大人民群众提供更优质、更安全、更廉价的医疗服务，为保护广大人民群众的身体健康，促进全市经济社会的快速发展做出更大的贡献。

最后，祝各位领导、各位嘉宾和同志们身体健康，合家幸福，万事如意！

★★★

范例4：市政协主席在建厂周年庆典上致辞

【致辞人】市政协主席

【场　景】建厂周年庆典

【时　机】在庆典大会开始时致辞

【风　格】逻辑严密　语言清晰

【关键词】欣欣向荣　生机勃发　良好势头　祝贺　敬意　发展舞台

【妙　语】五十年磨砺，五十年辉煌。在新的起点上能百尺竿头，更进一步。生意红红火火，事业蒸蒸日上。

各位来宾、各位朋友，女士们、先生们、本厂的领导们：

大家上午好！

××全县上下深入贯彻党的十七大精神，坚持科学发展观，深入实施工业强县、科教兴县、开放带动、城乡一体、可持续发展“五大战略”，经济社会呈现快速发展的良好势头。值此××县各项社会事业热火朝天、如火如荼推进的关键时期，××酒业公司迎来了建厂五十周年庆典。在这个特别的日子，我们欢聚一堂，回顾光荣岁月，展望美好未来，共商发展大计，意义非常重大。在此，我谨代表××市政协向庆典的胜利召开表示衷心的祝贺！向公司全体员工表示亲切的问候！向与会的各位领导、各位来宾表示热烈的欢迎和诚挚的敬意！

五十年磨砺，五十年辉煌。五十年来，××酒业公司历任厂长经理带领员工，发扬自力更生、艰苦奋斗精神，从一个小作坊做起，脚踏实地，稳扎稳打，把公司发展成为生产“××”牌系列浓香型白酒的骨干企业。“××”产品销往五省三十多个县市，“××”商标荣获河南省著名商标称号。××酒被××市委市政府指定为“公商务接待专用酒”，得到了市委市政府的充分肯定和认可。

今年以来，××市委、市政府在广集民意的基础上，提出了推进技术创新，加快高端产品开发和加速农业产业化龙头企业发展的工作思路，为××酒业公司的进一步做大做优提供了政策机遇。当前，××县上下人心齐、干劲足，形成了求跨越、谋发展的浓厚氛围和亲商、爱商、护商、留商的良好环境，这也为××酒业公司的发展壮大创造了前所未有的历史机遇，提供了更加广阔的发展舞台。

值此机会，我衷心希望××酒业公司在新的起点上能百尺竿头，更进一步。继续创新管理方式，壮大企业实力，实施名牌战略，扩大市场营销，以特色求发展，以信誉闯市场，做大做强“××”牌白酒和酒精产业，为促进农业增效、农民增收、农村发展发挥好龙头带动作用。

最后，祝××酒业公司生意红红火火，事业蒸蒸日上！祝与会人员身体健康，工作顺利，万事如意！预祝庆典大会圆满成功！

谢谢大家！

★★★

范例5：商务局领导在商厦周年庆典上致辞

【致辞人】商务局领导

【场　景】商厦十周年庆典

【时　机】在庆典活动开始时致辞

【风　格】慷慨激昂

【关键词】欢聚一堂　庆典　祝贺　感谢　步伐矫健　目标彼岸

【妙　语】一路走来，步伐矫健；年年有进步，年年上台阶。青山遮不住，毕竟东流去。扬满竞流搏击商海之风帆，直指目标彼岸。

各位领导、各位来宾、同志们：

大家晚上好！

今天，我们大家欢聚一堂，共同为××商厦开业十周年举行庆典。借此机会，我代表中共××市商务局委员会、××市商务局向××商厦10周年庆典表示热烈的祝贺！向与××商厦风雨同舟十周年的全体职工表示诚挚的问候！向支持、关心××商厦成长的各位领导、各有关部门和社会各界朋友表示衷心感谢！

十年来，××商厦在商务局历任领导的尽心竭力运作和精心呵护以及××商厦全体职工的共同努力下，得到了各有关方面和部门的关心支持及广大消费者的青睐，一路走来，步伐矫健；年年有进步，年年上台阶。

……

值此××商厦十周年庆典的美好时刻，我也希望我们的××更加珍视难得的发展机遇，着力于企业资产整合、股权调整，通过引进来和走出去寻求强势企业，强强联合，实现企业规模的快速扩张和综合实力的提升。"青山遮不住，毕竟东流去。"在商海激烈的竞争中，相信××必将步入风华正茂的新的最佳机遇期，扬满竞流搏击商海之风帆，直指目标彼岸！

谢谢大家！

★★★

范例6：公司领导在公司周年庆典上致辞

【致辞人】公司领导

【场　景】公司三周年庆典

【时　机】在庆典开始时致辞

【风　格】慷慨激昂

【关键词】盛事　喜事　感谢　欢迎　经营理念　精彩

【妙　语】岁月如歌，春华秋实。回首往事，一幅幅平凡而充满激情的片断。不经历风雨，怎能见彩虹，每一步都很谨慎，都倾注了大家的努力和汗水尊敬的各位来宾、员工朋友们、女士们、先生们：

大家下午好！

岁月如歌，春华秋实。沐浴着深秋湿暖的气息，××公司迎来了她的三周岁生日。值此成立三周年之际，公司又喜迁新址，这是我们公司发展史上的又一盛事和喜事。在此，我代表××公司向各位供应商朋友的光临表示衷心的感谢和热烈的欢迎！向多年来关心支持公司经营发展的新老顾客朋友们表示感谢并致以真诚的问候！向为公司发展付出艰辛劳动的全体员工表示感谢并致以崇高的敬意！

回首往事，一幅幅平凡而充满激情的片断在我们每个人的眼前交相辉映，汇集成一段××公司发展的历史，一段××人奋斗的历史。三年来，公司始终以“专业连锁、品质保证、方便快捷”为使命，以打造“国内第一品牌便利店”为目标，以“合作双赢的战略伙伴”为价值观，以“倡导服务新概念”的经营理念，将今天的××形象呈现在大家眼前。

××人是执着的，是锐意拼搏的。××的领导团队投身于公司的运营和发展，致力于此，乐此不疲；××的员工跟公司同荣辱共进退，风雨数载。我，作为××团队的队长，将继续带领全体队员，勇挑重担，精诚团结，为××的建设添砖加瓦。相信充满希望的艰辛不再是一种苦涩，我们体味到更多的会是挑战之中的甜美。

不经历风雨，怎能见彩虹！三年来，××走得很艰辛，每一步都很谨慎，都倾注了大家的努力和汗水，今天，在这里，衷心地祝福我们生日快乐吧！三岁××的成长，犹如三岁孩童的成长一般，离不开家长的呵护，离不开供应商的支持，更离不开各位员工的辛勤耕耘，因为我们期待的成长是持续的、健康的。××会因为有了我们大家的陪伴而美丽，××也会因为有了大家的支持而更加精彩！

同时，衷心祝福本月生日的同事们，祝愿你们幸福快乐、万事如意！

愿××岁岁红火！

谢谢大家！

范例7：广播电台台长在电台成立五十五周年时致辞

【致辞人】广播电台台长

【场　景】广播电台成立五十五周年庆典

【时　机】在庆典活动开始时致辞

【风　格】朴实中肯

【关键词】欢聚一堂 纪念 祝贺 感谢 主流媒体 重任 新台阶

【妙　语】牢牢把握正确的舆论导向，高度负责地传达政令和主流信息，积极反映人民群众的心声，与时俱进。真抓实干，积极适应新发展、新变化，采用新手段。

各位领导、各位来宾，同志们、朋友们：

今天，我们欢聚一堂，隆重纪念××广播电台建台五十五周年。在此，我代表省广电局对××广播电台五十五年来所取得的卓越成就表示衷心的祝贺！向五十五年来广播战线上的全体同志致以美好的祝愿！向长期以来关心、支持和帮助××广播事业发展的各级领导和社会各界人士表示深深的感谢！

五十五年来，××广播电台作为××重要的宣传舆论阵地和重要的主流媒体，承担着把党和政府的声音传向全省各地、传入千家万户，把中国的声音传向世界的重任。在省委、省政府的领导下，在社会各界和广大听众的支持帮助下。××广播电台牢牢把握正确的舆论导向，紧紧围绕党和政府的中心工作，高度负责地传达政令和主流信息，积极反映人民群众的心声，与时俱进，真抓实干，取得了良好的社会效益和经济效益，各项事业迈上了新台阶。

……

××广播电台有全国一流的办台理念，明确了“建立全国一流管理、一流队伍、一流节目、一流营销、一流技术的省级电台”的奋斗目标，在全国广播界率先推行了类型化改版改革，各项工作都围绕着这个方案的落实有序快速推进。

我们相信，用三到五年的时间，××广播电台一定能迈入全国省级电台的先进行列，实现省委、省政府提出的奋斗目标。

希望××广播电台积极适应新发展、新变化，采用新手段，开辟新渠道，占领新阵地，唱响主旋律，打好主动仗，同时要进一步解放思想、更新观念，着重抓好体制和机制创新，深化改革，加快广播事业建设和广播产业发展的步伐，使××广播电台在全省、全国的影响力不断提升和加强。

我们深信，有省委、省政府的重视，有社会各界的支持，有广大听众的关心，××广播电台一定能为××广播事业的发展做出新的、更大的贡献！××广播事业的明天将更加美好！

★★★

范例 8：嘉宾代表在中医学院成立周年庆典上致辞

【致辞人】嘉宾代表

【场　景】中医学院成立五十周年庆典

【时　机】在庆典活动开始时致辞

【风　格】慷慨激昂

【关键词】庆典　荣幸　祝贺　敬意　文化遗产　努力奋斗

【妙　语】坚持科技兴院、中西并重，突出中医特色。在改革大潮中，勇于创新，敢为人先，抓住了机遇，取得了成功。让我们携起手来，相互学习，相互借鉴，取长补短，互通有无。

尊敬的各级领导、各位来宾，女士们、先生们：

大家好!

今天，能够在这里参加××中医学院第一附属医院建院五十周年庆典，我感到非常荣幸！作为同行，我为贵院五十年来所取得的突出成绩感到由衷的高兴！首先请允许我代表全国的中医医院，向贵院全体职工表示热烈的祝贺！向为中医事业做出巨大贡献的贵院领导、专家、学者们表示崇高的敬意！

建国后，在党的中医政策指导下，我国的中医事业得到了很大发展，取得了显著成绩。××中医学院一附院坚持科技兴院、中西并重，突出中医特色，但绝不排斥现代医学，而是主动吸取现代医学精华，为我所用，发展自我；主动利用高科技手段，不断发展中医，壮大中医。在改革大潮中，勇于创新，敢为人先，抓住了机遇，取得了成功，成为全国少数几个规模最大、整体水平最高的国家级示范中医医院之一。

朋友们，中国医学博大精深，源远流长。随着中外文化交流的日益频繁，随着崇尚自然、崇尚自然疗法意识的日益回归，中医学作为人类共同的优秀文化遗产，一定会在世界范围的卫生保健事业中发挥越来越重要的作用。让我们携起手来，相互学习，相互借鉴，取长补短，互通有无，为了我们共同的事业，为了中医更加灿烂美好的明天而努力奋斗！

最后，再一次为贵院能提供这样的相互交流、相互学习的机会表示衷心的感谢！

衷心祝愿××中医学院一附院取得更大成绩，更加繁荣昌盛！

谢谢！

★★★

范例9：职工代表在周年厂庆活动上致辞

【致辞人】职工代表

【场　景】厂庆四十周年庆典

【时　机】在庆典活动开始时致辞

【风　格】结构紧凑　文采飞扬

【关键词】喝彩　生日　漫长道路　骄傲和自豪　跨越之歌

【妙　语】在历史的长河中不过是沧海一粟。四十年风雨沧桑创业路，四十载征程跋涉铸辉煌。四十载沧海桑田，春华秋实；四十载星光闪烁，壮丽凯歌。

尊敬的各位建厂老领导、各位同事们：

大家下午好！

今天我怀着无比喜悦和激动的心情，在这里和大家一起为厂庆而喝彩。时光荏苒，岁月如梭，经历了四十年风雨洗礼的××，今年迎来了她四十岁的生日。或许四十年的时光，在茫茫宇宙中只是稍纵即逝的流星，或许四十年的岁月，在历史的长河中不过是沧海一粟，然而四十年的光阴，对于××人来说，却走过了一段曲折与光明相伴，欢笑与泪水同在的漫长道路。

四十年风雨沧桑创业路，四十载征程跋涉铸辉煌，这一路走来，我们曾有过艰辛，曾有过无奈，可是××人不屈不挠，一代又一代把辛勤的汗水注入××的血脉，挺拔了××的身躯，让××实现一次又一次的跨越式腾飞。今天，作为一名××人站在这里，我备感骄傲和自豪，让我们一起为××的腾飞而喝彩，让我们一起为××的四十华诞而喝彩。

……

四十载沧海桑田，春华秋实；四十载星光闪烁，壮丽凯歌。时代造就青年，盛世谱写青春。面对不进则退的各种挑战和竞争，我们丝毫不能懈怠，让我们共同携手为把××建设成为国内一流，具有国际竞争力的公司而努力，让我们新××的每个有志青年，从现在开始，以苦为乐，快乐竞争，用青春的汗水和激情谱写××的跨越之歌。

谢谢。

二、社团、协会性组织周年庆典贺词

在社团组织周年庆典上致辞，务须谨记以下四个重要问题：一是上下场时要沉着冷静。走向讲坛时，应不慌不忙，不要急奔过去，或是慢吞吞地“起驾”。在开口讲话时，应平心静气，不要气喘吁吁、面红耳赤、满头是汗、急得讲不出话来。二是要讲究礼貌。在发言开始时，勿忘说一句“大家好”或者“各位好”。在提及感谢对象时，应目视对方。在表示感谢时，应郑重其事地欠身施礼。对大家的鼓掌，则应以自己的掌声来回礼。在讲话末了，应当说一句“谢谢大家”。三是发言一定要在规定时间内结束，而且宁短勿长，不要随意发挥、信口开河。四是应当少做手势。含意不明的手势，尤其在发言时应当坚决不用。

★★★

范例1：市领导在商会周年庆典上致辞

【致辞人】市领导

【场　景】商会周年庆典

【时　机】在庆典活动开始时致辞

【风　格】慷慨激昂

【关键词】周年庆典 祝贺 浓重的一笔 重要作用 影响 意义

【妙　语】通过全体工作人员的共同努力，以服务会员为平台，密切联系××籍经济人士，积极拓展各项工作。协调市场主体利益、提高市场配置效率。

同志们：

今天，我非常高兴参加市××商会成立一周年庆典大会。首先，我代表市委（市政府）向××商会表示热烈的祝贺！向出席庆典大会的全体理事表示衷心的感谢！并借此机会预祝所有与会人员中秋佳节阖家欢乐、团团圆圆！

××商会成立一年来，能够围绕××经济发展的大局，围绕市委、市政府的中心工作，能够在××市工商联的悉心指导下，通过全体工作人员的共同努力，以服务会员为平台，密切联系××籍经济人士，积极拓展各项工作。一年来，××商会表现不俗，在××创造了家的氛围，为市工商联行业组织建设工作增添了浓重的一笔。

作为社会主义市场经济活动中的一个重要中间组织，作为民间组织体系的重要组成部分，工商联行业商会本身具有协调市场主体利益、提高市场配置效率的功能。发展行业商会是适应入世需要，规范市场经济秩序，转变政府职能的重要举措。在我市大力发展特色产业集群的现实需要中，行业商会承担着不可忽视的重要作用。

此次××商会成立一周年庆祝大会的召开，将会对我市行业商会的发展起到推动作用，必将对今后我市经济良好的发展产生深远的影响，对我市发展特色产业集群目标的实现有着十分重要的意义。

最后，祝各位老板事业有成，企业兴旺发达！

谢谢大家！

★★★

范例2：县组织部领导在协会成立大会上致辞

【致辞人】县组织部领导

【场　景】退休干部协会成立二十周年庆典

【时　机】在周年庆典上致辞

【风　格】逻辑清晰

【关键词】隆重集会　祝贺　感谢　人才资源　成绩　协调　发展

【妙　语】退休干部是我们宝贵的精神财富和人才资源。尊老爱老是中华民族的传统美德，更是我们的重要责任。尊重老同志，也就是尊重历史。

尊敬的各位老领导、老同志、老朋友们：

上午好！

今天，我们在这里隆重集会，欢聚一堂，怀着无比喜悦的心情，共同庆祝县退休干部协会成立二十周年。在这喜庆的时刻，我谨代表县人事局，向在座的各位老领导、老同志和老朋友致以节日的问候，并通过大家向全县的退休干部表示良好的祝愿！向县退休干部协会成立二十周年表示热烈的祝贺！向广大老干部、退休干部工作者以及关心支持我县退休干部协会工作的各界人士表示衷心的感谢！

退休干部是我们宝贵的精神财富和人才资源。在革命、建设和改革的各个历史时期，各位老领导、老同志和老朋友，以坚定的理想信念、艰苦奋斗的精神、扎实细致的作风，呕心沥血，艰苦创业，为××的发展奉献了自己的青春和力量，做出了突出的贡献和成绩。

尊老爱老是中华民族的传统美德，更是我们的重要责任。县委、县政府高度重视退休干部工作，把退休干部工作摆在重要位置，在落实待遇、生活保障、医疗服务、活动场所建设等方面制定了一系列政策措施，切实维护退休干部的权益，使他们老有所养、老有所医、老有所为、老有所乐，不断改善和提高退休干部的生活质量，推动我县退休干部工作与经济社会协调发展。

尊重老同志，也就是尊重历史。没有各位退休老干部昨天的艰苦奋斗，就没有我们的今天。永不淡忘退休老干部的历史功绩和现实贡献，是我们的职责。我们相信，有县委、县政府的正确领导，我县退休干部协会工作一定会得到长足发展，退休干部的物质生活和精神生活一定会更加丰富。我们也相信，有各位老领导、老同志、老朋友一如既往的关心和支持，我县的发展一定会取得更大成就。

最后，祝各位老领导、老同志和老朋友们节日快乐，身体健康，合家幸福！

谢谢大家！

★★★

范例3：市领导在市劳动保障协会周年庆典上致辞

【致辞人】市领导

【场　景】市劳动保障协会成立一周年庆典

【时　机】在庆典仪式开始时致辞

【风　格】慷慨激昂

【关键词】纪念　祝贺　可圈可点　课题研究　发展

【妙　语】人才荟萃、智力雄厚、联系广泛。全力以赴保健康增长、促科学发展。议大事、献良策、出良谋，集思广益。

各位会员、同志们：

今天，我们隆重举行××市劳动保障协会成立一周年纪念大会，我感到十分高兴。在这里，我代表市委、市政府向大会的顺利召开表示热烈的祝贺！

劳动保障协会是××市人力资源和社会保障局领导和业务指导下的一个民办事业机构。成立一年来，协会充分发挥人才荟萃、智力雄厚、联系广泛的优势，围绕中心，服务大局，组织开展了课题研究、学术交流以及各类咨询活动，协助企业积极应对国际金融危机，全力以赴保健康增长、促科学发展，在保持经济平稳发展，持续改善人民生活，进一步完善社会保障体系等方面做出了积极的贡献，劳动保障协会的各项工作确实是可圈可点，成绩很大，市委、市政府对劳动保障协会的工作是充分肯定的。

作为劳动保障协会，要把握住市委、市政府高度重视民生问题，社会各界对劳动保障工作广泛认同和期待的大好形势，更好地发挥劳动保障系统的积极性和主动性，采取切实有效的措施，推动劳动保障协会工作取得更大的发展。下面，我再提几点建议。

一、坚持实践科学发展观，为协会发展提供有力保证。人力资源和社会保障事业是社会发展的重要内容，直接关系到以人为本理念的实现和人的全面发展。对协会而言，组织广大会员开展这方面的课题研究、学术交流和咨询活动，实现理论的突破和创新，为全面提升企业素质，增强企业竞争力，深化企业工资分配制度改革，维护职工合法劳动收入权利，促进协会发展起到至关重要的作用。

二、充分发挥桥梁纽带作用，更好地团结广大会员。要提供学术交流平台，让广大会员在平等、自由的学术氛围中表民情、议大事、献良策、出良谋，集思广益，更好地推进我市人力资源和社会保障制度改革，促进经济社会又好又快发展。

三、不断健全组织机构，积极联络联谊。市劳动保障协会一年来运转有序，为我市人力资源和社会保障事业发展注入了新的动力，成为新的支撑点。协会今后要继续坚持边实践、边总结、边改进、边完善，不断健全机构，发挥协会职能，为加快推进我市人力资源和社会保障事业的全面、可持续、协调发展多做贡献。

谢谢大家！

范例4：局长在动物保护协会周年庆典上致辞

【致辞人】国家林业局局长

【场　景】动物保护协会成立二十五周年庆典

【时　机】在周年庆典活动开始时讲话

【风　格】慷慨激昂

【关键词】喜迎　座谈会　祝贺　祝愿　交口称赞　改革开放　不断进步

【妙　语】在刚刚走过不平凡的××年喜迎××年到来之际。协会是在大熊猫遭遇生存危机的紧要关头诞生的。不断抓住机遇，乘势而上，奋发有为，力争取得更加辉煌的业绩。

同志们、朋友们：

大家上午好！

在刚刚走过不平凡的××年喜迎××年到来之际，我们欢聚一堂在这里举行纪念××动物保护协会成立二十五周年座谈会，作为曾经参与见证过协会建设发展的老同志今天出席这次会议，可谓百感交集、心潮澎湃。在此，请允许我代表老领导老同志对××动物保护协会走过的二十五周年光荣历程表示热烈祝贺！向××动物保护协会全体会员和广大野生动物保护工作者，以及关心支持协会事业发展的社会各界朋友们致以亲切的问候和良好的祝愿！

协会是在大熊猫遭遇生存危机的紧要关头诞生的，是国家为发动社会力量参与拯救以大熊猫为代表的珍稀野生动物而特意成立的。二十五年来，协会牢记使命，勇于进取，谱写出可歌可泣的动人篇章，受到了社会各方面的交口称赞。

……

同志们、朋友们，我国经过改革开放，经济社会发展发生了翻天覆地的变化，给野生动物保护带来了前所未有的发展机遇，我们衷心希望协会在科学发展观的统领下，不断抓住机遇，乘势而上，奋发有为，力争取得更加辉煌的业绩。我们有理由相信，××动物保护协会一定会不辱使命，忠实地履行好党和政府的助手及联系社会的桥梁与纽带的职责。祝××动物保护协会事业不断进步，越来越好。

谢谢大家!

★★★

范例5：冬泳协会会长在协会周年庆典上致辞

【致辞人】冬泳协会会长

【场　景】冬泳协会成立一周年

【时　机】在庆典活动开始时致辞

【风　格】慷慨激昂

【关键词】生日　长足的发展　贡献　总结汇报　不断努力

【妙　语】金秋十月，丹桂飘香。全民健身运动迅猛发展，××冬泳事业方兴未艾。为努力实现我市群众体育活动跨越发展而不断努力。

金秋十月，丹桂飘香。2009年国庆前夕，××冬泳协会正式注册成立，国庆节也就成为我们冬泳协会的生日。协会成立一周年以来，在社会各界朋友的支持下，在广大冬泳协会成员和冬泳爱好者的努力下，××冬泳运动有了长足的发展，为××的全民健身运动做出了应有的贡献。今天正逢国庆，在此，我代表协会，感谢社会各界朋友的支持，也感谢全体协会成员的不懈努力与奉献。下面，我代表协会，对协会一年来的工作和活动作一个简单的总结。

……

一年来，在大家的积极参与下，为协会做出贡献值得表扬的同志有：××、××、××、××等同志；对坚持冬泳，常年不断，且游泳技术水平不断提高，锻炼刻苦提出表扬的有：××、××、××等同志。

随着社会进步和人们生活水平的不断提高，全民健身运动迅猛发展，××冬泳事业方兴未艾。我们要以《全民健身条例》的发布和实施为契机，以“全民健身，健康冬泳”为指导思想，积极发展××冬泳运动，扩大冬泳协会的队伍和社会影响力。在市体育局的领导下，克服一切困难，不断改善群众体育健身活动的条件，积极开展丰富多彩的群众健身活动，为努力实现我市群众体育活动跨越发展而不断努力。

最后，祝大家家庭和睦、身体健康！

★★★

范例6：会长在协会成立周年庆典上致辞

【致辞人】协会会长

【场　景】中老年养生协会成立三周年庆典

【时　机】在周年庆典开始时致辞

【风　格】慷慨激昂

【关键词】成就 问候 亲切关怀 健康体魄

【妙　语】阳春三月，桃红柳绿，大地万物，祥和生发。全民健康与财富同行。尊重生命、了解生命、掌握生命。健康快乐过百年，天下苍生尽欢颜。

各位领导、各位来宾、朋友们：

大家好！

阳春三月，桃红柳绿，大地万物，祥和生发。大家带着养生健康事业的成就和使命，会聚洞庭湖，共同庆祝××省中老年养生协会成立三周年，在此，向大家表示热烈的欢迎和诚挚的问候。

协会成立三年来，受到了政府相关部门及领导的亲切关怀、受到了会员企业的有力支持、媒体的热切关注。经过协会领导成员的辛苦努力，刊出养生杂志、养生书籍九万余册，发展会员一千余人，企业会员六十余家。

养生市场前景广阔，发展空间很大，养生产业一片生机，未来十年将是养生产业发展的黄金期，全民健康与财富同行。广大养生工作者传承养生文化，结合中华医学、历史文献的挖掘和整理，以科技创新为先导，以技术创新为手段，肩负历史神圣使命，让人们重获健康体魄。

关注健康养生，宣传、表彰一批有突出贡献的单位和个人，对推动整个养生事业的发展具有积极的作用，让养生之花开遍大地，把养生事业推向一个新的高潮。

现代人的生活越来越好，人们越来越渴望长寿，却多数处于亚健康状态，源于人们对生命规律的无知，对自然规律的无视，人们迫切需要养生调理。因而，传授科学的养生知识和技术显得尤为重要。一批热心公益养生事业的专家、学者、企业、社会组织，投入到人人健康的工程中来，走进企业、走进社区，为社会职场人士和广大人民群众，积极开展全民养生知识的普及。用知识点亮生命，用知识维护健康，用知识再现风采。奉献于社会，造福于民众，为提高全民生活生命质量、和谐社会做贡献。使人们的生活变得更加美好。

尊重生命、了解生命、掌握生命，积极开展健康交流，纵深掌握养生经验，结合现代科技，让人类健康长寿，科学养生，拥抱健康，快乐生活，平衡生命，健康快乐过百年，天下苍生尽欢颜。

让我们携起手来，继续为人类健康事业而努力奋斗！

★★★

范例7：指导教师在社团周年庆典上致辞

【致辞人】指导教师

【场　景】社团成立五周年庆典

【时　机】在庆典活动开始时致辞

【风　格】环环相扣　以理服人

【关键词】生日　支持　声誉　形象　贡献　努力奋斗

【妙　语】在这春光明媚，鸟语花香的五月时节。展示才华，发挥专长，锻炼能力，提高素质。时光如水，岁月如梭。

尊敬的各位领导、各位来宾，亲爱的同学们：

大家下午好！

在这春光明媚，鸟语花香的五月时节，我们迎来了××社团五周岁的生日。××社团自××年××月××日成立以来，在校内外各级领导及社会各届人士的亲切关怀与大力支持下，在思政教研部全体教师的悉心指导和各届××人的共同努力下，××社团茁壮成长。现已发展成为我院人数最多、规模最大、影响力最广、魅力最强的学生社团，并在校内外及省内外均有良好的声誉和完美的形象。在此，我代表全体××人对光临晚会现场，以及长期以来关心社团发展，并在各方面给社团以大力支持和热情帮助的领导及社会各届人士表示最热烈的欢迎和最衷心的感谢！

五年来，××社团已培养了五千余名××社员及数百名的优秀社团干部，为我院广大青年大学生展示才华、发挥专长、锻炼能力、提高素质提供了良好的空间和舞台。同时，也为培养职院学生精英，扩大我院影响，树立我院大学生良好形象做出了积极的贡献。

五年来，我们始终坚持“求真务实，知行统一”为原则，以培养全面发展的建设者和接班人为目标，充分发挥思政课教师在育人方面得天独厚的优势，积极指导××社团开展丰富多彩的、富有知行统一特点的社团活动。

为培养社团成员无私奉献的精神，提升社员参加社会实践的能力，五年来，我们在组织社团成员积极开展三下乡活动的同时，还创建了以关爱弱势群体为主题的社团活动实践基地，如××脑瘫康复训练中心、市老年公寓、市福利院等。同时，我们也不断开展创建了新的实践基地，如市博物馆、市烈士陵园纪念馆及××展览馆、××九年一贯制学校等。

时光如水，岁月如梭。五年的××路，我们携手并肩地走过。回首五年来社团的发展历程，取得的可喜成绩，我们备感欣慰。展望社团未来的发展前景，我们信心百倍，豪情满怀。亲爱的社员们，让我们携手同行，为早日实现创建省级精品社团的梦想而努力奋斗！

最后，我衷心地祝愿现场的全体嘉宾心情舒畅，快乐永恒！祝××社团社庆晚会圆满成功！

谢谢！

范例8：会长在女子商会周年庆典上致辞

【致辞人】会长

【场　景】女子商会周年庆典

【时　机】在庆典开始时致辞

【风　格】慷慨激昂

【关键词】一周年　商会理念　成绩　不足　健康成长　贡献

【妙　语】光阴荏苒，岁月如梭。联谊交友、和谐有为、提升素质、健康美丽。我们的责任极其重大，我们的征程艰难曲折。

尊敬的××书记、尊敬的各位领导、各位会员姐妹们：

大家好！

光阴荏苒，岁月如梭，一转眼，××市工商联女企业家商会成立已经一周年了。一年来，商会在市委统战部、工商联的正确领导下，紧紧围绕市委、市政府“两个富裕”目标，秉承“联谊交友、和谐有为、提升素质、健康美丽”的商会理念，发挥自身优势，注重改革创新，为××市工商联女企业家商会事业和企业的健康发展努力探索、积极工作，取得了一定的成绩。截至今年六月，我市女工商界人士创办的私营企业达一千二百多家，个体户达六千多户，年创税六亿元以上，安排就业十万人以上，在抗震救灾、抗冰救灾以及教育等公益事业爱心捐款达五百余万元。

过去的一年，女企业家商会的各项工作取得了一定的成绩，但也存在很多的不足，如何使我们的工作做得更加有声有色，如何指导和引领会员企业发展壮大，如何加强队伍建设，全面提高队伍素质等等，都有待我们去探索，去继续努力，去不断改进。今后，我们要有效利用工商联这个平台，借非公有制经济领导小组、法律咨询委员会、民营企业投诉处理中心，为会员做好维权工作，当好她们的合法权益代言人。同时，要加强对企业的走访调研，深入了解企业发展过程中的困难和问题，想方设法力求为其排忧解难，除此之外，我们还要加强与企业的日常联系，密切感情，凝聚力量，确保女性企业的健康发展和女企业家的健康成长。

各位领导、同志们，我们的责任极其重大，我们的征程艰难曲折。但是，我们的事业无上光荣，我们的前景无比辉煌，我们相信，有市委、市政府的正确领导，有统战部、工商联的直接领导和悉心指导，有各级部门的大力支持，有全体会员的共同努力，女企业家商会的事业一定会蒸蒸日上，让我们携起手来，为实现市委“两个富裕”目标，创造××灿烂的明天共同奋斗，做出新的更大的贡献！

三、学校周年庆典贺词

在校庆典礼上，一般会安排本校的领导、学校老师、校友和上级领导嘉宾等致辞，一场庆典通常有多人致辞，讲稿一定要符合讲者身份，避免雷同，如果千篇一律，就会令听者生厌，学校庆典致辞不可缺少的一个内容就是回顾学校历史，这一部分是最容易出现雷同的，如何避免这一情况呢，对策唯有“以情感人”。无论是本校领导、学校老师还是校友、上级领导，每个人对学校的感情都是不同的。有的对学校的历史感到骄傲；有的肩负着建设学校的责任，荣誉与压力并存；有的将一生中最美好的时光留在了学校，学校早已成为他们生命中不可分割的一部分；有的对学校满怀深情，感念至深；有的对学校满怀信心，大力支持，以情感人。从不同侧重点出发，贺词才能收到好的效果。

★★★

范例1：教育部副部长在校庆活动上致辞

【致辞人】教育部副部长

【场　景】××大学建校一百一十周年庆典

【时　机】在庆典仪式开始时致辞

【风　格】慷慨激昂

【关键词】狮子山　庆贺　农业院校　重要贡献　广泛赞誉　感谢

伟大复兴

【妙 语】勤读力耕、立己达人。严谨治学，从严治校。肩负起建设创新型国家和人力资源强国的历史使命。为全面建设小康社会和中华民族的伟大复兴贡献更大的力量。

……………………………………………………

各位来宾，老师们、同学们、同志们：

今天，我们来到美丽的狮子山，共同庆贺××大学建校一百一十周年。借此机会，我受教育部委托，向××大学全体师生员工和海内外校友致以最热烈的祝贺！

××大学是一所具有悠久办学历史和优良办学传统的高等农业院校，为开创和促进我国高等农业教育事业发展做出了重要贡献。

一百一十年来，特别是改革开放以来，学校紧密结合国家重大战略需求和经济社会发展需要，秉承“勤读力耕、立己达人”的优良传统，严谨治学，从严治校，积极探索特色发展道路，不断深化教育教学改革，努力提高人才培养、学科建设、科学研究、社会服务水平，为国家经济建设、社会发展、科技进步和民族振兴培养了一大批优秀人才，取得了一大批具有重要影响的科研成果，开展了卓有成效的社会服务，赢得了社会的广泛赞誉。

长期以来，××大学的发展，得到了中央有关部委、中共××省委、省政府，中共××市委、市政府以及社会各界的大力支持和关心。在此，我代表教育部向中央有关部委、中共××省委、省政府，中共××市委、市政府，以及支持××大学发展的各级领导和各界人士表示衷心的感谢！

老师们、同学们、同志们，中华民族正处在伟大复兴之际，提高自主创新能力、建设创新型国家，是国家发展战略的核心和提高综合国力的关键。××大学，作为一所在国内有重要影响的重点大学，应肩负起建设创新型国家和人力资源强国的历史使命，在推进高等教育科学发展、服务国家重大战略需求、造就高素质创新人才、产出高水平科研成果等方面有更大作为，创造新的业绩。

刚才，××校长在致辞中提出了学校在新时期的奋斗目标，描绘了学校在本世纪中叶的发展蓝图，教育部对××大学寄予了深切的期望。我们相信，××大学的师生员工，一定会以这次校庆为契机，坚持以中国特色社会主义理论为指导，深入贯彻落实科学发展观，进一步增强责任感和使命感，解放思想，抢抓机遇，艰苦创业，乘势而上，在人才培养、科学研究和社会服务等方面实现重大突破，努力把学校办成特色鲜明的高水平研究型大学，培养造就更多更好的创新人才，为全面建设小康社会和中华民族的伟大复兴贡献更大的力量。

谢谢大家！

★★★

范例2：县委副书记在幼儿园建园周年庆典上致辞

【致辞人】县委副书记

【场　景】幼儿园建园五十周年庆典

【时　机】在庆典活动开始时致辞

【风　格】慷慨激昂

【关键词】欢聚一堂　感谢　祝愿　办学宗旨　奖励　敬意　业绩

【妙　语】一切为了孩子。回首过去，我们壮志豪情；展望未来，我们信心百倍。面对新世纪、新形势提出的新要求。

尊敬的各位来宾，朋友们、老师们、小朋友们：

今天，我们在这里欢聚一堂,隆重庆祝××县实验幼儿园建园五十周年。首先，我谨代表××县委、县人大常委会、县政府、县政协向实验幼儿园五十周年华诞表示热烈的祝贺！向出席本次庆典的各位领导、来宾表示衷心的感谢！并借此机会向所有关心、支持、参与实验幼儿园建设与发展的各位领导、各界朋友、各位同志表示诚挚的谢意！向为实验幼儿园的发展付出辛勤劳动和心血的历届学校领导、离退休老同志、全体老师致以亲切的慰问和良好的祝愿！

五十年来，实验幼儿园始终坚持“一切为了孩子”的办学宗旨，以“先一步、高一层、优一等”为办园理念，走科技兴园、特色兴园的道路，努力发挥美术教育、双语教育的优势和特长，培养了一批又一批健康茁壮的祖国幼苗，谱写出××幼儿教育的新篇章。实验幼儿园相继被命名为××省示范幼儿园，××市二级幼儿园、××市一级幼儿园；中国学前教育十五课题实验研究幼儿园。近年来，幼儿园教师撰写的科研论文和幼儿园的幼儿作品多次荣获国家、市和县级奖励。

实验幼儿园取得如此辉煌的成绩，是与各级党政部门的重视和关怀分不开的，是与社会各界的理解和支持分不开的，是与实验幼儿园历届领导班子、离退休老同志和全体教职员工的辛勤耕耘和默默奉献分不开的。在此，我代表××县委、县人大、县政府、县政协及全县××万人民向所有关心、支持、参与实验幼儿园建设与发展的各级领导、各位同志、各界朋友和幼儿园的全体教职员工表示衷心的感谢和崇高的敬意！

各位老师、各位领导、各位来宾，同志们、朋友们，回首过去，我们壮志豪情；展望未来，我们信心百倍。面对新世纪、新形势提出的新要求，我们坚信，在党的十六大和十六届三中全会精神的指引下，在各级党政部门的重视和关怀下，在社会各界朋友的帮助和支持下，在全体师生的奋力拼搏下，实验幼儿园一定能够创造更加辉煌的明天，一定会取得骄人的业绩！

最后，衷心祝愿各位领导、各位来宾、各位老师，同志们、朋友们身体健康、工作顺利、家庭幸福、万事如意！

衷心祝愿各位小朋友身体健康、茁壮成长！

谢谢大家！

★★★

范例3：校长在学校成立周年庆典上致辞

【致辞人】校长

【场　景】学校成立周年庆典

【时　机】在庆典活动开始时致辞

【风　格】气势磅礴

【关键词】变革求新 巨变 高速发展 提升 一流名校

【妙 语】是一部变革求新的历史，是一部追求卓越的历史。“以天下为己任，为天下而读书”。喜事年年有，今年特别多。我们要在“不变”中求“变”，在“变”中求“不变”。

……………………………………………………………………

各位领导、老师、同学们：

大家上午好！

××中学走过的××周年的历史，是一部变革求新的历史，是一部追求卓越的历史。一百多年来，无论是校园面貌，还是办学规模；无论是课程建设，还是办学行为，××中学都发生了历史性的巨变。在这些历史性的巨变之中，始终贯穿了我们××人“以天下为己任，为天下而读书”的不变精神，始终贯穿了我们××人善于继承历史、敢于创造历史的不变追求。一百多年来，我们在变与不变中发展壮大，我们在变与不变中寻找方向。特别是近三年来，我们更加注意把握变与不变的关系，正确处理了继承与创新的关系，找到了一条既适合××中学校情又符合时代要求的发展道路，所以学校很快进入了一个高速发展的快车道。三年来，××中学治校办学的综合实力一年一个新台阶，一年一次大飞跃，人民群众的满意度、党和政府的满意度、学校的知名度和美誉度、都在快速地提升。

……

老师们，同学们，喜事年年有，今年特别多。今年我校在校园建设方面也取得了历史性的突破，新运动场已经建成，新高中楼已经立项，新校区建设已经开工。特别是新校区的开工建设，为我校第二个百年历史再创辉煌提供了新的发展机遇和空间。立足新起点，谋划新思维，实现新发展，把××中学建设成为全国一流名校，为即将到来的建校××周年献礼，是摆在全体××人面前的新任务。我们要在“不变”中求“变”，在“变”中求“不变”。

我相信，有市委、市政府的重视和关心，有社会各界的理解和支持，有正确的办学思路，有全体师生的不懈努力，把××中学办成全国一流名校的目标就一定能够早日实现！

谢谢大家！

★★★

范例4：校长在学校成立周年庆典上致辞

【致辞人】小学校长
【场　景】小学成立十周年庆典
【时　机】在庆典活动开始时致辞
【风　格】文采飞扬
【关键词】纪念 感谢 敬意 见证 负重前行 足迹
【妙　语】风雨兼程共十年，桃李芳香飘四方。光荣的桂冠，从来都是用荆棘编成的。山不在高，有仙则名；水不在深，有龙则灵。追求的道路只有起点，没有终点。

各位领导、来宾，××小学的全体师生：

你们好！风雨兼程共十年，桃李芳香飘四方。在新世纪灿烂的晨光里，××小学迎来了建校十周年纪念日！我代表××小学的全体师生向关心支持××小学的成长、关心支持教育事业发展的各级领导、各界人士致以衷心的感谢和崇高的敬意！

自××年建校以来，在社会各界的大力支持和全体师生的共同努力下，××小学以“着眼于学生，着眼于教育，着眼于发展”为指导思想，在艰苦的探索和蓬勃的创造中树立了“以生为本、发展特长”的观念，走上了“科研兴校”、“校本研修”的道路，积淀了丰厚的办学经验和校园文化，形成了独特的办学特色和教育智慧。

“光荣的桂冠，从来都是用荆棘编成的。”所有这一切，正是××人乐于吸收、善于扬弃、勤于耕耘、敢于创造的见证！“山不在高，有仙则名；水不在深，有龙则灵。”××小学，历史是短暂的，但步伐是快速的，成果是辉煌的，影响是深远的！××小学，携同兄弟学校迎难而上，负重前行，敢叫日月换新天，誓把孩子育成才，努力践行以教师管理促学生管理、以教师发展促学生发展的办学理想，在××教育发展历程中留下了值得骄傲的足迹，写下了浓墨重彩的一笔。

追求的道路只有起点，没有终点。希望××小学传承十年精华，吞吐八方成果，以满足人民群众享受优质教育的强烈需求为第一要务，“百尺竿头，更进一步”，不断提升办学品位，进一步办成领时代潮流、领全国潮流的名校！

无限风光尽在险峰，未来道路山高水长。愿××小学在创造中延伸，在创造中升华，愿××小学的明天更加美好！

★★★

范例5：学院院长在学院周年庆典上致辞

【致辞人】师范学院院长
【场　景】师范学院成立五十周年庆典
【时　机】在庆典活动开始时致辞
【风　格】文采飞扬
【关键词】荣光　感谢　长足发展　办学成就　改革创新　科教兴国
【妙　语】沐浴着奥运辉煌的荣光。五十年锲而不舍，五十年薪火相传。我们的目标是宏伟而远大的，我们的任务是繁重而艰巨的。

尊敬的各位领导、各位嘉宾，亲爱的各位校友，老师们、同学们：

大家上午好！

沐浴着奥运辉煌的荣光，满怀着“神七”载人航天飞行成功的喜悦与自豪，在这金秋十月的丰收季节，我们相约在周恩来总理的故乡，一起隆重庆祝××师范学院建校五十周年，共同见证××师范学院五十年的沧桑巨变，此时此刻，我们的喜悦与感激之情难以言表。在此，我谨代表××师范学院全体师生员工，向莅临庆祝大会的各位领导、各位嘉宾、各位校友表示热烈的欢迎和衷心的感谢！

五十年来，学校秉承“崇德励志，博学笃行”的校训，形成了“勤奋求实，创新奉献”的校风，学校事业得到长足发展。

五十年来，特别是合并升格十年来，学校各项事业都得到了快速发展，取得了一个又一个可喜的办学成就。

五十年来，学校始终保持明显的师范特色，始终坚持以周恩来精神办学育人，提高学生师德修养，重视学生的实践能力训练，为地方基础教育事业发展提供了大量合格师资。

五十年来，学校培养了八万余名各类专门人才，他们在各个领域和各个行业，取得了骄人的业绩。

五十年来，××人一直力争上游，在困难和危机中寻求生存，在挑战和竞争中抢抓机遇，走过了一条艰苦创业、改革创新的道路。

五十年锲而不舍，五十年薪火相传。回首过去，我们豪情满怀；面对未来，我们任重道远。

尊敬的各位领导、各位来宾、各位校友，老师们、同学们，我们的目标是宏伟而远大的，我们的任务是繁重而艰巨的。我们相信，有各级党委、政府的关怀，有广大校友、社会各界的支持，有学校几十年来形成的艰苦创业的优良传统，有通过合并升格、教学评估凝聚起来的奋发向上的进取精神，有改革开放为学校发展注入的强劲动力，只要我们坚定信心，深化改革，勤奋工作，就一定能够在科教兴国、振兴××的伟大实践中，创造出××师范学院更加光辉灿烂的未来。

最后，再一次感谢各位领导、各位嘉宾和校友们拨冗赴会，衷心祝愿各位领导、各位嘉宾和广大校友身体健康、生活美满、工作顺利、万事如意！

谢谢大家！

★★★

范例6：校友代表在母校百年华诞庆典上致辞

【致辞人】校友代表

【场　景】某小学百年华诞庆典

【时　机】在校领导致辞完毕后讲话

【风　格】文采绚丽 慷慨激昂 情意绵绵

【关键词】百年华诞 祝贺 问候 文化熏染 恩情 备感自豪

【妙　语】大地回春、百花争艳。百年风雨、百年沧桑；百年求索、百年辉煌。翻开泛黄的校史，打开尘封的记忆，母校发展的轨迹清晰可见。承袭百年底蕴的精华，吮吸当代文明的雨露。

……………………………………………………………

尊敬的各位领导、各位来宾，先生们、女士们、校友们：

上午好！

大地回春、百花争艳，在这万物复苏的美好季节，我十分荣幸地与大家一起，庆祝母校百年华诞，在此，我谨代表所有校友向母校表示热烈的祝贺！向光临今天庆典仪式的各位领导和嘉宾表示热烈的欢迎！同时，谨向母校的全体师生员工致以最亲切的问候！

百年风雨、百年沧桑；百年求索、百年辉煌。深厚的文化熏染赋予了母校凝重的气质；浓郁的现代气息又给母校增添了几分娇妍。今天，当我再一次走进母校校园的时候，一种亲切的感觉油然而生，那永远都解不开的“××小”情结，使我感慨万千。三十五年前，我带着一脸稚气跨进了××小学的大门；十年前，我又领着自己的孩子，怀着无限的憧憬，走进了这座温馨的校园。在这里，母校用心为我和我无数的校友点燃了启智的圣火，帮助我们完成了知识的最原始积累；在这里，母校用爱为我和我无数的校友荡起了遨游学海的双桨，放飞了我们心中的理想！母校的恩情，我们终身难忘！

翻开泛黄的校史，打开尘封的记忆，母校发展的轨迹清晰可见。党的××届××中全会以来，母校的发展进入了一个黄金时代。但我们感触最深的，不是校园建设的飞速发展，而是师生精神风貌的整体提升。在超前的教育理念和与时俱进的办学方针指导下，母校的发展强劲不衰，特别是辛勤的园丁，他们为心灵的沃土浇灌，为成功的人生奠基，应该说，这里，已不仅仅是一个教书育人的校园，更是一道闪烁在现代教育这个大观园中的微缩景观！这正是母校的档次、母校的品位、母校的不凡意识！这使我们每一位在此就读过的学子备感自豪与欣慰！

今天，母校百年华诞，到处是一片欢乐的海洋！我想寄语在校的同学们，我真羡慕你们，你们依偎在母校的怀中，那么的温馨、那么的幸福！你们的幸福浸染着我、感动着我，作为一名已经离开母校的校友，真诚地希望你们珍惜这良好的学习环境，珍惜母校百年的历史，珍惜年少的美好时光，勤勤恳恳学习、扎扎实实努力，净化心灵、塑造人品、掌握知识、锻炼才干，使自己成为一个品德高尚的人、知识渊博的人、能力全面的人和心理健康的人，为母校的百年历史增光添彩、书写新篇！

一个世纪、一座丰碑。这座丰碑，是“××小”几代人用汗水雕凿的。人们或许不会记住那些建造者的名字，但人们不会忘记一座丰碑支撑着一片湛蓝的天空！在母校百年华诞这一喜庆的日子里，我再一次回眸母校深长的历史，关切母校骄人的业绩，激情难抑，我提议所有的校友，再一次为我们的母校祝福——

承袭百年底蕴的精华，吮吸当代文明的雨露，在波澜壮阔的教育改革浪潮中，我们的母校必将释放出巨大的能量，再创一个百年辉煌！

谢谢大家！

★★★

范例7：教师代表在卫校建校周年庆典上致辞

【致辞人】教师代表

【场　景】中等卫校建校七十周年庆典

【时　机】在领导讲话完毕后致辞

【风　格】慷慨激昂 文采绚丽

【关键词】教风 学风 卫生人才 不竭动力 人生追求 贡献

【妙　语】七十年春秋易序，七十年筚路蓝缕，七十年薪火相传。三尺讲台演绎着我们的人生追求。教育是历史文化的传递活动，也是历史文化的发扬过程。

尊敬的各位领导、来宾、校友、同学们：

七十年春秋易序，七十年筚路蓝缕，七十年薪火相传，我们××卫校人又一次迎来了自己的盛大的节日。我们××卫校在长期的办学实践中，经过几代人的不懈探索追求，逐步形成了“敬业、爱生、严谨、重范”的教风和“勤学、守纪、尊师、爱校”的学风，为国家培养输送了一批又一批的合格卫生人才，可谓年年桃李，岁岁芬芳。前辈们不辱医学教育的神圣使命，甘当人梯、辛勤耕耘、诲人不倦、艰苦创业、开拓创新的优良传统，始终是引导、示范、激励和鞭策我们为人师表、教书育人的不竭动力。

三尺讲台演绎着我们的人生追求，有多少同仁把自己的聪明才智和青春年华挥洒在××医学教育这块热土上。回首走过的岁月，我们感受到了创业的艰辛，也感受到了成功的喜悦，更感受到当好一名人民教师的责任和光荣。

教育是历史文化的传递活动，也是历史文化的发扬过程，既要把学生培养成掌握和应用专业知识的专门人才，更要把学生培养成具有高尚思想品质和良好道德修养的现代人。巩固发展国家级重点中等卫生职业学校的成果，实现“建名校、创新业”的目标，既是我们传承学校优良传统的不移矢志，也是我们××卫校人的不懈追求，我们深知肩负的重任，决心在学校党政的领导下，以热爱学生、教书育人为核心，以学为人师、行为世范为准则，加强师德修养，丰富知识学养，提高职业素养，注重教学改革与实践，运用先进的教学手段和灵活多样的教学方式，激发学生学习和探索的兴趣，通过课堂讲授与课外指导为学生授业解惑，引领他们进入医学的殿堂、掌握过硬的本领、养成做人的品行，为培养造就更多合格的初中级医学专门人才竭忠尽智，为创建一流学科专业、一流师资水平、一流教学质量再做新贡献。

最后，祝各位领导、各位嘉宾、各位校友，老师、同学们身体健康，工作顺利，万事如意。

第 4 章

庆功庆典贺词

庆功活动是机关团体、企事业单位、部队等对在某一领域做出突出贡献、做出优异成绩的人员给予表彰、奖励或一定荣誉而组织的活动。这类活动的目的是庆祝功勋、激励先进、树立典型、弘扬正气、褒奖优异。庆功活动有很多形式，一般是通过召开会议、举行仪式的方式进行。主要的类型有：

庆功大会：这是常见的庆功活动形式，这种形式的规模较大，参加的人员范围较广，宣传教育效果及影响也就相对大一些。一般在大型活动、重要会议、工程项目完结以后召开庆功大会。

颁奖大会：召开一定规模的会议，对在某方面做出突出贡献和取得优异成绩的单位或个人给予一定的奖励。

庆之礼

按照庆功仪式礼仪规范，在出席庆典时，应当严格注意的问题涉及到以下六点：

第一，仪容要整洁。所有参加庆功会的人员，事先要洗澡、理发，男士还应刮胡须。

第二，服饰要规范。有统一式样制服的单位，应要求以制服为本单位人士的庆典着装；无制服的单位，应规定届时出席庆功会的本单位人员必须穿着礼仪性服装。

第三，时间要遵守。遵守时间是基本的礼仪之一，对庆功会的出席者而言，更不得小看这一问题，上到高层负责人，下到级别最低的员工，都不得姗姗来迟，无故缺席或中途退场。如果庆功会的起止时间已有规定，则应当准时开始，准时结束。

第四，表情要庄重。在庆功会举行期间不得嬉皮笑脸，或是唉声叹气，否则会给来宾留下不好的印象。在举行庆功会的整个过程中，都要表情庄重，全神贯注、聚精会神。假若庆功会期间安排了升旗仪式，一定要以礼行事，起立、脱帽、立正，面向国旗或主席台行注目礼。

第五，态度要友好。这里所指的主要是主办方的态度要友好，遇到来宾时，要主动问好，对于来宾提出的问题要立即予以答复。不要围观来宾，指点来宾，或是对来宾持有敌意。当来宾在庆功会上发表致辞时，或是随后进行参观时，要主动鼓掌表示欢迎或感谢。

第六，行为要自律。既然参加了庆功会，主办方就有责任以自己的实际行动，来确保它的顺利与成功。至少不应当因为自己的过失而使来宾对庆功会做出不好的评价。在出席庆功会时，主办方人员在行为举止方面注意的问题主要有：不要想来就来想走就走，或是到处乱走、乱转；不要和周围的人说悄悄话、开玩笑；不要做出对庆功会无意义的姿态，不要让人觉得心不在焉等等。

一、机关单位庆功贺词

所谓国家机关，是指国家为行使其职能而设立的各种机构，是专司国家权力和国家管理职能的组织。包括中央和地方各级机关。从国家学说上讲，国家机关，即国家政权机关，它包括各级权力机关、行政机关、审判机关、检察机关和军队中的各级机关。在我国，中国共产党是执政党，宪法明文确定了共产党在国家事务中居于领导一切的地位。因此，从广义上讲，中国共产党的各级机关应纳入国家机关的范围。

国家机关单位的庆功活动要彰显机关单位的工作特性，既要激励本单位职员的工作热情，总结本单位的工作经验、成绩，同时还要保证社会效益的实现。作为国家的职能部门，机关单位的庆功表彰活动中的致辞应当充满理性、逻辑严谨，可以富于文采但切忌言语空洞，要将理论与实际相结合，切实将本单位的工作成果展现给社会大众。

★★★

范例1：市长在法院庆功表彰大会上致辞

【致辞人】市长

【场　景】市法院庆功表彰大会

【时　机】在表彰大会开始时致辞

【风　格】文采飞扬

【关键词】欢聚一堂　表彰先进典型　祝贺　敬意　贡献　献礼

【妙　语】忆往昔，功成名就，自当扬帆破浪；展未来，任重道远，更须策马加鞭。争当先进，勇攀高峰，全面提升队伍整体素质。

各位同志：

大家好！

今天，我们怀着无比激动、无比崇敬、无比自豪的心情，与大家欢聚一堂，隆重举行市法院庆功大会，在全市法院系统表彰先进典型，明确发展标杆，传承优良作风，为××经济社会发展提供更加优质高效的服务。今天的庆功大会既是市法院的一件大事，也是全市政法系统的一件喜事。借此机会，我谨代表市委、市人大、市政府、市政协，向荣立一等功的××同志以及市人民法院表示衷心的祝贺！向长期奋斗在工作一线的全体法院干警表示崇高的敬意！

近年来，市人民法院始终坚持围绕中心、服务大局，认真履行宪法和法律赋予的神圣职责，化解了大量的矛盾与纠纷，为维护全市社会稳定，推动经济社会又好又快发展，做出了卓有成效的贡献；始终坚持司法公正、执法为民，把司法为民的要求贯彻落实到法院工作的每一个环节，切实保障人民群众的合法权益；始终坚持深化改革、强化管理，稳步推进法官队伍职业化建设，赢得了广大人民群众的理解和信任，得到了上级部门的肯定与表彰。

忆往昔，功成名就，自当扬帆破浪；展未来，任重道远，更须策马加鞭。希望全体法院干警立足新的起点，以全新的姿态，争创更大业绩，争作更大贡献，把××人民法院的牌子擦得更亮、叫得更响、举得更高。要坚持以“为民、务实、清廉”为根本，进一步打造一支高素质的法官队伍；要坚持以公正司法、服务大局为使命，当好和谐社会的建设者和保障者；要坚持以“全省法院先进集体”为新起点，努力推动法院各项工作再上新台阶。

建设“平安××”、“法治××”是我们的共同目标。市委、市政府将一如既往地高度重视法院工作，积极帮助解决办案过程中遇到的实际困难。希望全体法院干警倍加珍惜来之不易的荣誉，争当先进，勇攀高峰，全面提升队伍整体素质，为全面达小康、建设××做出新的贡献，以更加优异的成绩向党的××大献礼！

范例2：市长在全市公安系统表彰大会上致辞

【致辞人】市长

【场　景】公安系统表彰大会

【时　机】在表彰大会开始时致辞

【风　格】慷慨激昂　言语恳切

【关键词】隆重表彰　祝贺　忠实履职　高度赞扬　问候　敬意

【妙　语】做出了显著成绩，立下了赫赫战功。公安机关是维护社会稳定、促进社会和谐的重要力量。勇挑重担，迎难而上，克难攻坚，努力工作。

同志们：

今天我们在这里召开全市公安系统表彰大会，隆重表彰在今年全市公安工作中涌现出来的先进集体和先进个人。在此，我代表市委、市政府向今天受到表彰的先进集体和先进个人表示热烈的祝贺！

近年来，我市公安工作在各级党委、政府工作大局中的位置越来越重，在全市人民群众心目中的位置越来越重，其中一个主要原因就是广大公安干警能够忠实履职，执法为民，为维护全市政治和社会稳定，为推进全市改革开放和经济社会发展做出了重要贡献。特别是去年以来，全市公安机关和广大公安干警紧紧围绕党委、政府工作大局，在打击刑事犯罪、加强治安防控、化解矛盾纠纷、服务经济建设、保障改善民生等方面都做出了显著成绩，立下了赫赫战功，受到了各级党委、政府和广大人民群众的充分肯定和高度赞扬。

实践证明，我市公安队伍是一支经得起风浪考验的队伍，是一支党和人民完全可以信赖、可以重托的队伍，是一支特别能吃苦、特别能战斗的队伍。在此，我代表市委、市政府向全市广大公安干警，向所有为维护稳定工作付出辛勤努力的同志表示诚挚的问候和崇高的敬意！

公安机关是维护社会稳定、促进社会和谐的重要力量。在新的历史时期，公安机关肩负着更加重大的政治责任和社会责任，具有不可替代的特殊作用。全市各级党委、政府要高度重视公安工作，认真贯彻落实党中央、国务院和省委、省政府关于公安工作的要求部署，经常听取公安工作汇报，及时研究部署重大问题，更加有效地领导、支持、监督公安机关依法履行职责。要坚持把政治建警、依法治警与从优待警结合起来，完善保障机制，积极帮助解决公安工作中的实际困难和问题，为他们更加有效地开展工作创造良好条件，推动全市公安工作不断创新发展。

……

同志们，维护社会稳定、促进社会和谐，是党和人民赋予政法机关的神圣职责。希望全市广大公安民警继续发扬优良传统，勇挑重担，迎难而上，克难攻坚，努力工作，为创造和谐稳定的社会环境、促进我市经济又好又快发展、加快建设××性中心强市做出新的更大贡献！

★★★

范例3：税务局局长在全市税务工作庆功大会上致辞

【致辞人】税务局局长

【场　景】全市税务工作庆功大会

【时　机】在庆功大会开始时致辞

【风　格】慷慨激昂

【关键词】梦寐以求　突破　感谢　基础　任重道远　贡献力量

【妙　语】科学发展、和谐地税。推进信息管税、改进纳税服务、提高干部素质。回顾过去，我们迈出了可喜的一步，展望未来，我们依然任重而道远。

各位领导，同志们：

大家好！

相信大家都怀着一份愉悦的心情参加今天的会议，这也是××地税多年来梦寐以求的事。诚然，今年的地税工作取得了一点突破，但这与××市市委、市政府的正确领导及各部门的大力支持分不开。在这里，我代表全体地税干部职工，向一直关心和支持我市地税事业的各级领导和各个部门表示衷心的感谢！

今年，我局坚持以“科学发展、和谐地税”为主题，以推进信息管税、改进纳税服务、提高干部素质、转变工作作风、塑造地税文化为重点，大力加强组织收入，全面推进地税事业整体跨越，为促进全市经济发展做出了积极努力。全年累计入库各项税收××万元。其中：县级收入××万元，超计划收入××万元，同比增收××万元，增长百分之××；省级收入××万元，与去年同比增收××万元，增长百分之××；社保费收入××万元，同比增收××万元，增长百分之××；残疾人保障金收入××万元，同比增收××万元，增长百分之××；工会经费收入××万元，同比增收××万元，增长百分之××。圆满完成了上级交付的各项收入指标，为政府增加可用财力，促进全市经济发展和保持社会稳定奠定了基础。

回顾过去，我们迈出了可喜的一步，展望未来，我们依然任重而道远。但，撑起的风帆早已鼓足了劲风，前行的脚步将永不停息。我们相信，有各位领导的大力支持，有各个部门的密切配合，有全体地税干部的同心同德，地税明年以至以后的税收工作会取得新的更大的成绩，为促进××经济社会更好更快发展贡献力量。

★★★

范例4：财政局局长在财政决算庆功大会上致辞

【致辞人】财政局局长

【场　景】财政决算庆功大会

【时　机】在庆功大会开始时致辞

【风　格】慷慨激昂

【关键词】欢聚一堂　感谢　宣布　成绩　支持　贡献

【妙　语】扎实工作，奋力拼搏。困难与希望同在，机遇与挑战并存。为全市社会经济发展再上新台阶做出应有的贡献。

尊敬的各位领导、各位来宾、广大财政干部：

今天，我们欢聚一堂，共同庆祝××年所取得的成果，携手迎接××

年的到来。

借此机会，请允许我代表财政局全体干部职工向市领导、各位来宾以及战斗在财政战线上的广大干部报告××年财政各项指标的完成情况。并对大家致以真挚的敬意和深深的感谢。

现在，我荣幸地向大家宣布：××年，全市全口径财政收入完成××万元，完成预算的××，同比增长××。地方财政收入完成××万元，完成预算的××，同比增长××。一般预算收入完成××万元，完成预算的××，同比增长××。已全面超额完成××市组织部门考核我市的各项财政指标，预计净结余××万元。

回顾××年，财政收支工作取得了可喜的成绩。

……

成绩的取得是我市经济持续、快速发展的充分体现，是市委、市政府正确领导的结果，是人大、政协有效监督的结果，是各部门、各单位有力配合和支持的结果，也是全体财政干部职工扎实工作、奋力拼搏的结果。展望××年，困难与希望同在，机遇与挑战并存。我们相信，在市委、市政府的正确领导下，有在座诸位的鼎力支持，我们一定会克服财政工作中的一切困难，为全市人民当好家、理好财，为全市社会经济发展再上新台阶做出应有的贡献。

最后，预祝大家元旦快乐、合家幸福、身体健康、万事如意！

二、企事业单位庆功贺词

企事业单位庆功会主要是为了总结前一段的工作经验和成绩，寻找不足，表彰、鼓励先进，更好地开展全面工作而进行的一项活动。在企事业单位庆功会上致辞，首先要表达致辞人的心情，向取得成绩的个人和集体表示祝贺，肯定其在诸多方面的先进事迹、功绩、贡献等；然后号召与会人员向先进学习，提出学习先进的内容，对于先进的集体和个人要提出殷切希望，激励其继续保持先进。致辞的篇幅不宜过长，语言要生动、有感染力，语气要有力，感情要真挚，热情洋溢，催人奋进，贺词整体要富有感染力和激励性。

★★★

范例1：体育总局局长在足球出线庆功会上致辞

【致辞人】体育总局局长

【场　景】男子足球出线庆功

【时　机】在庆功大会开始时致辞

【风　格】慷慨激昂

【关键词】出现 突破 国人喜庆 奋斗 充分肯定 锲而不舍

【妙　语】自助者天助，要冷静理智地对待出线，在成绩面前要防止一好百好，我们要坚定信心，找准问题，刻苦训练。

同志们：

男子足球队出线，这是一个历史性的突破，意义广泛而深远，广大足球爱好者、球迷高兴，国人喜庆。

这次冲击成功凝聚着中国足球几代人的奋斗，缘于十年改革、七年职业联赛的积累，缘于社会各界和广大足球爱好者的厚爱与支持，缘于分组的有利地位，缘于足球队内部的凝聚力和比以往历史重大比赛中更好的团结拼搏精神，这些对于一个集体项目来说是至关重要的。自助者天助。当然，我们对米卢的作用应该充分肯定。

这次十强赛冲击成功，仅是中国足球改革与发展中的阶段性的胜利，是机遇，更是挑战。代表团要认真总结，要冷静理智地对待出线，在成绩面前要防止一好百好。我们要坚定信心，找准问题，刻苦训练，争取在决赛阶段中打得更好。

冲击成功，要感谢党和国家的关怀，感谢各级政府、广大足球爱好者、球迷、新闻媒体，感谢广大公安干警和武警官兵对中国足球的支持，还要感谢××省、××市为中国队提供了一个完美的主场，感谢中国足球队的同志们锲而不舍的工作。

最后要感谢我们第一线的将士，中国足球代表团的同志们，谢谢你们！

★★★

范例 2：体育局局长在年度表彰大会上致辞

【致辞人】体育局局长
【场　景】体育局年度表彰大会
【时　机】在大会开始时致辞
【风　格】逻辑严密　条理清晰
【关键词】总结　经验　表彰　问候　成绩　不懈努力　奋斗
【妙　语】励精图治，开拓进取，以认真的态度、勤恳的作风和踏实的行动。解放思想、锐意创新，紧紧围绕全市中心工作，通过不懈努力，实现我市体育事业的新发展，为把我市建设成为××区域性中心强市而努力奋斗！

同志们：

我们今天在这里召开全市体育工作会议，总结体育工作过去一年的经验，研究部署新一年的工作，而且表彰了省运会中做出突出贡献的先进个人和集体，部分单位作了典型发言。借此机会，我代表市政府向获奖的先进集体、先进单位、先进个人表示热烈的祝贺，也向所有关心、支持体育工作的社会各界人士，向多年来不辞辛劳、无私奉献的运动员、教练员和广大体育工作者致以崇高的敬意和诚挚的问候！

过去的一年，市体育局领导班子带领全市体育工作者深入贯彻落实科学发展观，励精图治，开拓进取，以认真的态度、勤恳的作风和踏实的行动较好地完成了市委、市政府交给的各项任务，在积极推动全民健身，提高竞技水平，增强发展活力，服务和谐等方面，取得了可喜的成绩，获得了社会各方面的好评。我市全民健身活动深入开展，健身场地条件进一步改善，群众性体育组织进一步加强，体育产业稳步推进，在省运会上又取得了优异成绩，为全市人民争得了荣誉，受到市委、市政府的表彰。

下面，就今年的工作，我谈三点意见。

一、正确认识形势，进一步增强体育事业发展的紧迫感和责任感。（略）

二、统筹兼顾，推动体育事业协调发展。（略）

三、突出重点，做好各项体育工作，全力推进体育事业快速发展。（略）

同志们，新时期体育工作任务明确而繁重，我们要在市委、市政府的领导下，解放思想、锐意创新，紧紧围绕全市中心工作，通过不懈努力，实现我市体育事业的新发展，为把我市建设成为××区域性中心强市而努力奋斗！

★★★

范例3：领导在新闻媒体庆功表彰大会上致辞

【致辞人】区新闻媒体领导

【场　景】新闻媒体庆功表彰大会

【时　机】在大会开始时致辞

【风　格】慷慨激昂

【关键词】眷恋　感谢　欢迎　表彰　祝贺　支持　新篇章

【妙　语】新闻宣传工作是党和人民的喉舌，是党的事业的重要组成部分。新闻宣传工作是神圣而又艰辛的工作。再接再厉，再立新功，浓墨重彩谱写××教育宣传工作发展的新篇章。

尊敬的新闻媒体的朋友们、各校领导、通讯员们：

你们好！

今天，我们带着对××年的眷恋和对××年的美好祝福，在这里隆重举行××教育新闻宣传工作表彰暨座谈会。我首先代表××教育局党委和全区教育工作者，向莅临今天现场的新闻界、宣传部的领导表示诚挚的感谢！向与会的学校领导和通讯员表示热烈的欢迎！向将受到表彰的教育宣传先进集体、优秀通讯员表示热烈的祝贺！

多年来，在市、区领导的正确领导下，在新闻媒体的大力支持下，我局新闻宣传工作取得了长足的进步，新闻宣传队伍不断扩大，新闻宣传人员的素质不断提高，新闻宣传报道较好地发挥了对内凝心聚力、对外塑造形象的作用，有力地促进了我区教育工作健康、和谐、快速发展。仅××年一年，我局新闻稿量就突破××篇，还涌现了一大批优秀新闻工作者。这些成绩除了与我们自身努力有关以外，与宣传部领导的支持，和新闻单位记者的激励和帮助是分不开的，请允许我再次感谢宣传部和新闻记者多年来对我局教育宣传工作的关心和支持。

新闻宣传工作是党和人民的喉舌，是党的事业的重要组成部分。新形势下，教育宣传工作已经成为教育改革和发展的一种导向力量，已经成为贯彻党和政府教育方针的忠实工具，已经成为民情、民意、民心、民愿的表达渠道，已经成为教育改革和发展成果及状况的展示途径，已经成为一个地方教育和谐发展的窗口。

同志们，新闻宣传工作是神圣而又艰辛的工作。今天在座的各位新闻宣传工作者是××教育宣传战线的主力军，你们肩负着的任务很重。我相信，在区宣传部和新闻部门的正确领导下，在新闻媒体朋友、各校、各方面的大力支持和密切配合下，你们一定不会辜负各级领导和广大职工的殷切期望，再接再厉，再立新功，浓墨重彩谱写××教育宣传工作发展的新篇章。

谢谢！

★★★

范例4：公司员工在年度庆功表彰大会上致辞

【致辞人】公司员工

【场　景】年度庆功表彰大会

【时　机】在大会开始时致辞

【风　格】气势磅礴　言语恳切

【关键词】隆重召开　腾飞发展　胆识气魄　生活条件　业绩发展

【妙　语】领导带领公司大发展、快发展的雄心壮志与超凡的胆识气魄。公司厂区的亮化，路面硬化、美化工作得到不断改善。做好本职工作，公司就会得到长足稳步发展。

各位领导、各位同事：

大家上午好！

今天我们在这里隆重召开××年度庆功表彰大会，我作为公司的一名员工，感到无比的自豪和骄傲。在这一年里，我见到了厂区内每天忙碌不停的货物进出车辆，公司的销售业绩飞跃式的增长。在这一年里，我目睹了公司跨越式腾飞发展的步伐：公司产品的加速升级，国际市场的开发成功，研发中心的落成与投入使用，省级企业技术中心落户我公司。这一切都证明了领导带领公司大发展、快发展的雄心壮志与超凡的胆识气魄。在这一年里，我见证了公司为改善我们的工作环境所做的努力：公司厂区的亮化，路面硬化、美化工作得到不断改善。领导层为职工着想，高标准的洗浴中心、多功能餐厅的交付使用极大地改善了职工的生活条件。在这一年里，我亲身体会到了我们工资收入的增长，福利待遇的不断提高。

这一切业绩的取得离不开公司管理层的正确领导和高瞻远瞩的决策，离不开全体同事的共同努力。只要大家团结一致，处处为公司发展着想，劲往一块使，做好本职工作，公司就会得到长足稳步发展。

我在这里谨代表××公司职工预祝大会圆满成功！祝各级领导生活愉快，身体健康！祝全体职工同事们心想事成，合家欢乐！

谢谢大家！

★★★

范例5：公司董事长在鲁班奖庆功大会上致辞

【致辞人】公司董事长

【场　景】鲁班奖庆功大会

【时　机】在大会开始时致辞

【风　格】慷慨激昂

【关键词】鲁班奖 殊荣 弥足珍贵 品牌 发展 敬意

【妙　语】块块分量千斤，个个弥足珍贵，是真正的金字招牌。治企如酿酒，品质见功力。促进集团又好又快发展。

……………………………………………………

同志们：

最近，集团原总经理××同志带领集团获得“鲁班奖”单位的同志前往北京领奖。其间，我时不时思考这个“鲁班奖”的问题。

我想，“鲁班奖”和茅盾文学奖、电影金鸡奖应该是不同行业且属于一个级别的奖项。但是，一个建筑产品要获得“鲁班奖”，比一部电影获得金鸡奖，比一部文学作品获得茅盾文学奖，难度要大得多。几十万个项目和全国一年不到一百个鲁班奖的比例，无疑是大海捞针的比例。所以，我认为，在如此难度下，能生产出如此精品，能获得如此殊荣，实属不易。

这六个“鲁班奖”，对集团来讲，块块分量千斤，个个弥足珍贵，是真正的金字招牌。它对提升××品牌，促进××发展，具有重大意义。六个“鲁班奖”，倾注了六个项目全体参战人员，特别是项目经理和六个单位的领导，包括今天在座的省住建厅，还有省技术监督站、建筑业协会以及集团老领导××董事长、××总经理的心血、汗水和智慧。对此，我代表集团党委、集团董事会、全体班子成员和全体干部职工，向你们表示热烈的祝贺和崇高的敬意！

旧时候，在商场上流传这么一句话：好酒不怕巷子深。在现在的商场上，实践证明，好酒也怕巷子深。我就围绕这两句话讲两条意见：

一是把××这坛“酒”做好。治企如酿酒，品质见功力。××这坛“酒”未来能否达到“茅台”、“五粮液”的标准，在于集团上下的共同努力和精心酿造。对此，要突出抓好工程质量。对创优目标工程，要分项落实措施，任务到岗，责任到人，以促进集团工程质量全面提升，确保年度创优目标全面实现。

二是要把××这坛好“酒”宣传出去。让大家都知道我们的“酒”好，进而把“酒”卖好。要以这次在北京捧回六个“鲁班奖”为契机，积极做好宣传工作。对广大员工迎着风雪、顶着烈日、抗着寒暑，经过无数个日日夜夜辛苦劳作换来的成果，我们要大力宣传。通过宣传，让更多的人，了解××这块牌子，以促进集团的知名度和美誉度的不断提升，促进集团又好又快发展。

最后，祝愿各单位在今后的发展中，取得更加辉煌的业绩，并祝大家工作顺利、身体健康。谢谢大家！

★★★

范例6：公司总经理在年度表彰大会上讲话

【致辞人】公司总经理

【场　景】公司年度表彰大会

【时　机】在晚宴开始时致辞

【风　格】气势磅礴

【关键词】总结　未来　敬意　好评　飞速的发展

【妙　语】从内心深处为公司的快速发展而骄傲。发展壮大的一年。在竞争如此激烈的市场环境下生存并不断发展。我衷心地希望大家都能跟着企业一起发展。

尊敬的各位来宾、各位领导和各位员工：

你们好！

今天的年终总结表彰大会事实上就是××有限公司的一次盛大阅兵式——展示大家的工作成果，展望充满机遇与挑战的未来。在这里，我要真诚地向各位厂家合作伙伴，向为公司勤勉服务的所有员工致以深深的敬意。作为公司的总经理，我亲眼目睹了公司一年来的巨大变化，并从内心深处为公司的快速发展而骄傲。在这一年中，广大干部和员工时刻以公司的兴衰为己任，忘我工作的精神让我感动，我相信，××在大家的共同努力下，一定会有一个美好的未来。

众所周知，××作为外来企业入驻××不到两年半，却受到了××市民广泛的认可及好评。××年对于××来说，是发展壮大的一年。在全体员工的共同努力下，××有限公司取得了飞速的发展。这里要特别表扬的是我们的××副总和人事部××经理，更要感谢各位厂家。正是有了你们的帮忙及配合，××才能在竞争如此激烈的市场环境下生存并不断发展。我也坚信××有限公司在××年会迈上一个更高的台阶，让我们为了明年取得更好的成绩而鼓掌。

……

××的发展离不开每一个员工，我衷心地希望大家都能跟着企业一起发展。在此，我向在座的各位说声：你们辛苦了！今晚我们在一起吃团圆饭，也祝愿各位在新的一年里工作顺心，身体健康。谢谢！

★★★

范例7：董事长在公司年度表彰大会上致辞

【致辞人】公司董事长

【场　景】公司年度表彰大会

【时　机】在大会开始时致辞

【风　格】慷慨激昂

【关键词】生机　寓意深远　回顾　部署　丰收　描绘　再立新功

【妙　语】一年之际在于春。春天是充满生机和活力的季节。过去的一年是挑战与机遇并存，困难与希望同在的一年。是你们用勤劳的双手描绘出灿烂的明天。

同志们：

大家好！

一年之际在于春。春天是充满生机和活力的季节，公司决定在这充满希望的时节召开××年度总结表彰大会，意义重大，寓意深远。

今天的会议主要有两项内容：一是回顾总结过去一年的各项工作，表彰在各项工作中取得显著成绩的先进个人；二是安排部署新一年的工作，开创××年工作新局面，夺取首季开门红。

同志们！过去的一年是挑战与机遇并存，困难与希望同在的一年，是我公司改革发展大步前进的一年，是各项工作取得显著成绩的一年。在全体员工的共同努力下，在各位家属默默无闻的大力支持下，在所有管理人员的科学管理下，我公司产、销首次突破亿元大关，掀开了公司发展历史上辉煌的一页，取得了精神文明和物质文明双丰收。

在此，我代表公司，向任劳任怨、不怕苦累，用辛勤汗水谱写企业发展华章的全体员工致以衷心的感谢，向那些顾全大局、默默无闻的家属们致以诚挚的谢意。是你们用聪颖的智慧建设了企业的昨天，是你们用厚实的脊背托负起企业的今天，是你们用勤劳的双手描绘出灿烂的明天。

同志们！新的一年任重而道远，前进的路上还有许多意想不到的困难。企业的发展离不开你们的支持，企业的繁荣离不开你们的奉献，衷心希望全体员工以主人翁的责任感，以顾全大局的全局观，以勇于创新的进取精神，以精益求精的工作态度，全力投入企业的建设，为企业的发展献计献策，再立新功。我们深信，有全体员工的共同努力，我公司新一年的发展目标一定能够实现，××公司的明天也一定会更加美好，更加辉煌！谢谢大家！

★★★

范例8：公司经理在员工表彰大会上致辞

【致辞人】公司经理

【场　景】员工表彰大会

【时　机】在大会开始时致辞

【风　格】慷慨激昂

【关键词】新起点　感谢　兴旺发达　致富　品牌　新局面　再创辉煌

【妙　语】寒暑交迭，万象更新，倏然间岁月的年轮在不经意中又多了一个圈。前路漫漫，任重而道远，创新永无止境，改革永无停滞。

尊敬的各位领导、先生们、女士们：

大家好！

今天，是××集团成长中的一个新起点。首先，我谨代表××，向前来参加“××集团××年员工表彰大会”的各位领导、分公司员工、新闻界朋友，以及一直以来支持××发展的朋友们，致以衷心的感谢！

寒暑交迭，万象更新，倏然间岁月的年轮在不经意中又多了一个圈。值此辞旧迎新的时刻，按照中国的传统习惯，人们总是免不了要为过去的一年做个系统的总结、回顾或者说是盘点，不论其形式如何，目的终归是期冀来年事业的与时俱进和兴旺发达。

多年来，××人致力于铁矿采选和冶炼行业的振兴与发展，带头发家致富，带头进行产业结构调整，带头整合资源，走可持续发展道路。××人以朴实的文化、严格的管理、过硬的技术、先进的设备、周到的服务，在激烈的市场竞争中，铸就了××品牌。

今天，××集团已经从一个小型乡镇企业发展成为集选矿、冶炼、铸造、采煤、商贸为一体的工贸型的集团企业。今后，××将坚定不移创新经营机制，提升企业管理水平，推进现代化企业管理进程；加大环境保护的投入力度，走可持续发展之路；上规模，在内涵上延伸，提高企业科技含量，做大做强。公司从“以人为本”到“以您的生活为本”，不仅展现了××长期以来贴近客户、了解客户和尊重客户的传统，还体现了××为满足客户个性化需求的不懈努力。

前路漫漫，任重而道远，创新永无止境，改革永无停滞。发展才是硬道理！唯有认真学习贯彻好十六大精神，紧紧抓住发展这个主题，革故鼎新，与时俱进，把发展作为公司的第一要务，坚持和深化改革，坚决冲破一切妨碍发展的思想观念，坚决改变一切束缚发展的做法，坚决革除一切影响发展的体制弊端，才能不断开创我公司改革发展的新局面。

值此岁末之际，谨祝全体默默奋斗在生产第一线的员工们新年身体健康，心想事成！祝我公司的各项事业日新月异，再创辉煌！

范例9：厂运动员代表在庆功会上致辞

【致辞人】厂运动员代表

【场　景】厂运动员凯旋庆功会

【时　机】在领导致辞完毕后讲话

【风　格】信心百倍

【关键词】表彰 感谢 喜悦 顽强拼搏 精神风貌 综合实力 贡献

【妙　语】自强不息、奋发有为。体育事业是经济社会发展与人类文明进步的重要标志。以身作则、忠于职守、勇挑重担的奉献精神。顽强拼搏、同心同德、奋发图强的精神。

同志们：

今天我们怀着十分喜悦的心情，隆重举行××省第二届大众体育运动会我厂运动员凯旋庆功大会，表彰在这次运动会上取得优异成绩的我厂拔河运动员。在此，我代表厂党委、厂行政和全厂职工向载誉归来的运动员、教练员和工作人员表示热烈的祝贺！向关心、支持我厂运动员参加比赛的各单位和部门表示衷心的感谢！

在××省第二届大众体育运动会上，我厂运动员顽强拼搏、表现出色，取得了优异的成绩，充分展示了我厂员工自强不息、奋发有为的精神风貌。为××市和我厂全体职工争得了荣誉，厂党委、厂行政感谢你们！全厂职工家属感谢你们！

体育事业是经济社会发展与人类文明进步的重要标志，也是一个地区综合实力和社会文明程度的重要体现。当前，我国体育事业正进入新的发展阶段，北京申奥和广州申亚成功，特别是中国代表团在雅典奥运会取得历史性突破，进一步展示了我国的体育实力和国家的综合实力，为我国体育事业的发展提供了难得的历史机遇。我们要以此为契机，充分发扬爱岗敬业、争创一流、为厂争光的主人翁精神；充分发扬刻苦学习、岗位成才、不断创新的开拓进取精神；充分发扬带好队伍、凝聚人心、团结合作的团队精神；充分发扬以身作则、忠于职守、勇挑重担的奉献精神；特别是全体职工要率先树立危机意识和市场经济意识，要始终保持谦虚谨慎不骄不躁的作风，保持艰苦奋斗的作风，紧紧围绕我厂发展来组织各项工作，为推进我厂各项工作而努力，为企业持续发展做出新的贡献。

同志们，开展大众体育运动，不仅能增强人们的体质，改善身体机能，而且可以增添我们的生活乐趣，展示人生价值，促进我厂企业文化建设。希望全厂各部门和广大职工都能重视和参与体育运动。希望参加本次运动会的运动员发扬胜不骄、败不馁的精神，在以后的工作中，争取更好的成绩，争做更大的贡献。同时，也希望全厂各部门的职工大力发扬运动员顽强拼搏、同心同德、奋发图强的精神，为加快我厂发展、全面完成全年生产任务做出更大的贡献！

谢谢大家！

三、教育界庆功贺词

经过了在炎炎夏日进行的高考和中考，硕果累累的金秋时节是教育界举办庆功会的季节。升学率的提高、教学水平的飞跃、学生考上理想学府，都是可喜可贺的事情。教育界的庆功会贺词，一方面要肯定成绩，另一方面要总结经验，表彰先进，起到鼓励慰勉的作用。既要看到教师个人的敬业精神，也要强调集体的力量，既要看到成绩也要看到不足，既要欢庆也要勉励。庆功会最终目的是鼓舞士气，以取得更辉煌的成就。

此外，奖学金的发放大会也是教育界庆功仪式的重要组成部分。奖学金政策在很大程度上解决了学生在经济上的负担，缓解了他们的经济压力，使学生充分感受到了社会这个大家庭所给予的关怀，使大学生能够全身心地投入到学习当中。在奖学金发放大会上致辞，一是要对获得奖项的学生表示祝贺，号召其他学生向他们学习，二是要鼓励获得奖金的学生端正心态和思想，正确认识当下困难，化感恩为行动。总之，在奖学金发放大会上致辞，只要以爱为本，从关爱学生的角度出发，任何话语都会成为温暖人心的春风。

范例1：县委书记在中学高考庆功会上致辞

【致辞人】县委书记

【场　景】中学高考庆功会

【时　机】在庆功会开始时致辞

【风　格】慷慨激昂 条理清晰

【关键词】欢聚一堂 佳绩 未来 庆功会 再创佳绩 再接再厉

【妙　语】一分耕耘，一分收获。希望在打造××教育品牌上再接再厉。希望广大同学在刻苦学习上再接再厉。希望在加快××发展的新征程上再接再厉。

尊敬的各位老师们，同学们，同志们：

今天，我们欢聚一堂，共同庆贺××一中××年高考所取得的佳绩，共同总结成功经验，共同展望××教育事业的未来。可以说，今天的会议既是一个庆功会、总结会，更是一个动员会、誓师会。会议的规格很高，县四个班子均出席了今天的会议；参会的人员很广，既有教育系统的领导干部，又有县一中全体教师和学生；会议的内容很丰富，既对县一中领导班子、优秀教师及毕业生进行表彰奖励，又安排了各方代表发言。之所以这样安排，目的是想通过今天的活动，大张旗鼓、旗帜鲜明地宣传××教育工作取得的业绩，向社会彰显县委县政府尊师重教、再创佳绩的信心和决心。

刚才，××县长做了很好的讲话，我完全赞同。下面，我讲三层意思与大家共勉：一是热烈祝贺，二是衷心感谢，三是热切希望。

热烈祝贺，就是代表县四个班子和全县××万人民对在今年高考中创出好成绩的全体教职员工、考生及其家长们表示热烈祝贺。

衷心感谢，就是“一分耕耘，一分收获”，大家多年来的付出，在今天终于有了很大的收获和回报，对此，县委、县政府是非常满意的，这些成绩也受到了社会各界的好评。

热切希望，就是希望我们在座的各位一定要戒骄戒躁，努力做到三个“再接再厉”：

一、希望在打造××教育品牌上再接再厉。

二、希望广大同学在刻苦学习上再接再厉。

三、希望在加快××发展的新征程上再接再厉。

再过十多天就是教师节了。借这个机会，我代表县四个班子，提前向全县广大教职员工致以节日的问候，祝大家工作顺利、身体健康、合家幸福！

谢谢大家！

★★★

范例2：县长在中考庆功会上致辞

【致辞人】县长

【场　景】中考庆功会

【时　机】在庆功会开始时致辞

【风　格】慷慨激昂

【关键词】隆重举行 教学成绩 开拓奋进 贡献 感谢 生命赞歌 努力奋斗

【妙　语】宝剑锋从磨砺出，梅花香自苦寒来。无怨无悔地为教育事业奉献着自己的青春岁月。燃烧自己、照亮别人。挑战自我、超越自我，再加压力、再立标杆、再创辉煌。

同志们：

今天，我们在这里隆重举行××年度××中学××级毕业典礼暨中考庆功会，主要是肯定××的教学成绩，鼓励广大教师进一步开拓奋进，为××教育事业创造新的辉煌做出积极努力。今年中考××中学××人参考，联招上线××人，上线率达××，全县前一百名占了××人，上全县前三位录取线达××人，××中学录取线达××人，以绝对优势连续九年荣登××县重点高中联招考试榜首，成绩可喜可贺，为巩固××基础教育大县地位做出了积极的不可替代的贡献。在此，我代表县委、县政府向××中学和广大师生表示热烈的祝贺和衷心的感谢！

“宝剑锋从磨砺出，梅花香自苦寒来。”××中学连续九载引领初中教育决非偶然。这是全校广大教职工长期以来在平凡的岗位上甘为人梯、殚精竭虑、求实创新、奋勇争先的结果，是努力践行“没有教不好的学生”的庄严承诺的结果，我们的教师扎根校园，甘愿忍受清苦和寂寞，以春蚕般的高尚情操，无怨无悔地为教育事业奉献着自己的青春岁月。你们以自己的实际行动诠释了“人类灵魂工程师”的博大内涵，以朴实的言语行动续写了“俯首甘为孺子牛”的时代篇章，以辉煌的育人业绩演绎着“燃烧自己、照亮别人”的生命赞歌。

事实证明，××中学的教职员工队伍是一个特别能战斗、特别能吃苦、特别能忍耐、特别有激情的精英群体；是一个敬业爱岗、无私奉献、自强不息、攀登不止的优秀群体；是一个始终站在时代前沿、开知识先河、领风气之先的创造群体！正是因为有着这样一个团体，才铸就了××基础教育的丰碑。在此，我代表县委、县政府，向你们致以崇高的敬意！

百年大计，教育为本。打造文化教育高地是我县发展的重要目标。要实现这个目标，需要我们在更高水平上谋求新的跨越，需要我们全方位打造新的竞争优势。希望××中学全体教师立足本职，挑战自我、超越自我，再加压力、再立标杆、再创辉煌。

同志们，教育事业无比崇高，人民教师无上光荣。让我们高举邓小平理论和“三个代表”重要思想伟大旗帜，在县委、县政府的领导下，全面实施“科教兴县”和“人才强县”战略，为加快××教育事业的发展，全面建设和谐奋进新××而努力奋斗!

★★★

范例3：副县长在高考庆功会上致辞

【致辞人】副县长

【场　景】高考庆功会

【时　机】在庆功会开始时致辞

【风　格】慷慨激昂

【关键词】庆祝 风风雨雨 希望 敬意 共同努力 顽强拼搏

【妙　语】令人欢欣、令人鼓舞。成绩的取得，可谓石破天惊，具有里程碑式的历史意义。百年大计、教育为本。今天我们在这里庆功，明天我们继续凯歌高唱！

…………………………………………………………

尊敬的各位校长、各位教师，同志们：

今天，县委、县政府在这里召开大会，隆重庆祝我县××年高考取得优异成绩，这充分体现了县委、县政府对教育事业的高度重视和关心。我和在座各位一样，非常高兴，心情十分激动。近几年来，我县教育事业经历了风风雨雨，今天能够取得这样好的成绩令人欢欣、令人鼓舞，这给全县人民传递了一个信息，即××教育的行情看好，××基础教育有了新的希望。

今年高考的上线人数突破了千人大关，达到了××人，比去年增长了××，这个增幅远远高于全市的增长水平，并且增长的质量也在提高，我县有××人上重点本科线，县内的几所高中学校上线人数全线上扬，高考大户××中学和××中学尤其突出，贡献很大。成绩的取得，可谓石破天惊，具有里程碑式的历史意义。这首先并主要是全县广大教职员工，特别是高中教师敬业奉献、辛勤耕耘的结果，这是你们的光荣，也是我们××的光荣。在此，我谨代表县政府，向你们表示最热烈的祝贺并致以最崇高的敬意！刚才，会上宣读了县委、县政府主要领导致全县教职员工的贺信，教育局局长××同志对我县今年高考成绩进行了通报，并就下一步工作提出了意见，××中学、××中学也做了很好的经验交流发言，令人振奋。近年来，特别是××年××月的教育发展大会后，我县的教育事业，经过两年的发展，成效越来越明显，职业教育继续在全市领跑，基础教育是一年一个新台阶，中考、高考捷报频传。所有这些成绩的取得，是县委、县政府亲切关怀和正确领导的结果，是全县人民和社会各界大力支持的结果，更是全县广大教育工作者共同努力、顽强拼搏的结果。

……

各位校长、各位教师，同志们！百年大计、教育为本。××教育发展取得今天这样的成绩，是战斗在第一线的广大教职员工的功劳，是在座各位的功劳。当前，县委、县政府提出实施“工业强县，港口兴县、企业富县”的发展战略，迫切需要教育事业为××新一轮发展提供智力支持和人才保障。希望我们广大教职员工戒骄戒躁、再接再厉，以更高的标准，更足的干劲，培养和输送更多的优秀××人才，为××教育事业发展和全县经济腾飞做出更大的贡献！今天我们在这里庆功，明天我们继续凯歌高唱！

谢谢大家！

★★★

范例4：中学领导在高考庆功会上致辞

【致辞人】中学领导

【场　景】高考庆功会

【时　机】在庆功会开始时致辞

【风　格】慷慨激昂

【关键词】欢聚一堂 举杯畅饮 广泛赞许 感谢 感慨颇多

【妙　语】这是一个注定要被载入本校史册的时刻。回首近一年来的历程，我们感慨颇多。精诚合作、善打硬仗，平时工作一丝不苟。为了促进学生成才，他们任劳任怨。

各位领导、各位老师、各位嘉宾：

晚上好！

今天，我们欢聚一堂，一起举杯畅饮，共庆××高级中学××年高考取得辉煌的成绩，这是一个喜庆的日子，这是一个注定要被载入本校史册的时刻。全校高三年级人数××人，考取重点大学××人，其中被清华大学录取××人，北京大学录取××人，第二批本科以上上线人数××人。本科升学率高达××以上。这些成绩都创造了本中学的新历史，得到了市委、市政府的充分认可，得到了社会各界的广泛赞许。今天，我们面对这样的辉煌成绩，试问谁持彩练当空舞，我们会自豪地说，是市委、市政府重视的结果，是校党委、校领导的正确领导及全体高三师生的辛勤付出的结果，这离不开在座的所有教师亲属的鼎力相助。在此，我谨代表高三工作处，向你们表示最真诚的感谢。

回首近一年来的历程，我们感慨颇多。

首先，我们要感谢市委、市政府的高度重视，感谢校领导的正确领导。正是他们的亲切关怀和科学领导，才为我们今天的成功奠定了坚实的基础。对于高三的有关工作，学校领导多次召开会议进行专题研究，为我们的工作指明方向，大大缓解了师生的心理压力，坚定了师生的信心。在此,我代表高三所有师生对市委、市政府、校领导的关怀和领导表示诚挚的谢意。

其次，我们要感谢我们的老师。我们拥有一个相当优秀的教师团队。我们这支教师队伍，精诚合作、善打硬仗，平时工作一丝不苟，认真钻研教材，业务精湛，是我们学校的精髓。为了促进学生成才，他们任劳任怨，将老师的爱心演绎得淋漓尽致。正是因为有这样一批优秀的教师，才造就了××年的辉煌，你们是学校的脊梁。在此，对你们一年以来的辛勤劳动表示衷心的感谢。

有精诚团结高瞻远瞩的领导集体，有乐于奉献业务精湛的教师队伍，我坚信：学校的明天一定会更加辉煌，学校的未来一定会更加美好！在这里，我祝愿学校在××年再创辉煌。

谢谢大家!

★★★

范例5：中学校长在中考庆功会上致辞

【致辞人】中学校长

【场　景】中考庆功会

【时　机】在中考庆功会开始时致辞

【风　格】慷慨激昂

【关键词】充满喜庆　齐聚一堂　优异成绩　艰辛努力　拼搏精神　精彩　再创佳绩

【妙　语】为学校的崛起付出的艰辛努力。一路汗水，一路辛酸，一路高歌。雄关漫道真如铁，而今迈步从头越。忆往昔峥嵘岁月，我们无愧于天地；喜今朝宏图绘就，我们豪情满怀。

……………………………………………………………………

尊敬的各位领导、嘉宾，老师、同学及家长代表们：

七月流火庆盛事，碧水扬波贺佳绩。今天，在这充满喜庆的日子里，我们齐聚一堂，共同祝贺××中学××年中考取得优异的成绩！我谨代表全体师生员工向前来参加庆典的各位领导、嘉宾和朋友们，表示热烈的欢迎和最诚挚的谢意！感谢××党委政府重教支教的教育情结；感谢××小学倾情倾力的兄弟情谊；感谢社会各界对学校工作的理解、支持和鼓励；感谢××中学的全体师生员工，为学校的崛起付出的艰辛努力。

一路汗水，一路辛酸，一路高歌，经历了风雨的××人终于见到了彩虹！作为校长的我，忘不了老师们的挑灯夜战，忘不了初三学生的拼搏精神，忘不了社会各界的奔走呼告，忘不了毕业学生对母校的深深眷念，忘不了老师们欣闻中考成绩后激动的泪水。感谢你们，因为有了你们，我们的学校才会更加强大；因为有了你们，××的精神才会永驻；因为有了你们，我们的教育才会更加精彩！

雄关漫道真如铁，而今迈步从头越。今天的成绩属于过去，它载入了学校发展的史册，它凝聚着××人一种无悔的追求，它树立着学校发展的一个标杆。没有最好，只有更好。我们不敢骄傲，不能停步，我们必须全面汲取 15 年来的办学精华，扬己之长，谋发展之道，进一步把学校做大盘强，为××的教育发展再立新功，力争早日把学校办成一所“学生追求、家长信赖、社会推崇”的优秀学校。

忆往昔峥嵘岁月，我们无愧于天地；喜今朝宏图绘就，我们豪情满怀。我坚信，有××党委政府的重教支教，有××人民的理解支持，有社会各界的鼎力帮助，有××人乘风破浪的勇气，××中学的明天会更加辉煌！祝各位领导、来宾、家长、师生员工：工作顺利、身体健康、合家幸福、学业有成，祝××中学在前进的道路上再创佳绩！

谢谢！

范例6：中学老师在高考庆功大会上致辞

【致辞人】高级中学老师
【场　景】高考庆功大会
【时　机】在庆功大会开始时致辞
【风　格】慷慨激昂　斗志昂扬
【关键词】欢聚一堂　共同庆祝　再创佳绩　自豪　喝彩　贡献
【妙　语】我们决不会满足于现状，更不会陶醉于过去。做不断进取的开拓者，终身学习，与时俱进。淡泊明志，尽心尽责，甘为人梯。

尊敬的各位领导、各位嘉宾、老师们：

大家好！

今天，我们在这里欢聚一堂，共同庆祝我校××年高考再创佳绩。这是一个喜庆的日子，这是一个注定要被载入我校史册的时刻。在此，请允许我代表××级全体任课教师与大家分享这份喜悦与快乐，共同感受作为一名教育工作者的幸福与自豪！

众所周知，××级是××一中近几年招生人数最少、生源质量最差的一届。尤其是特优生，当年中考全县前十名仅有两人入校报到，分列六、九名。但是经过老师们三年的苦心培养，××同学被北京大学录取，文理前十名有六人，居全市第一，本科上线突破一千三百人，达到一千三百一十五人，创××一中历史之最。说句真心话，三年来我们××级的全体老师承受着巨大的压力，尽管我们有过失望，有过沮丧，有过苦闷，有过彷徨，但我们从没有放弃过追求，从没有忘记自己肩负的重大责任和使命。三年来，我们在××一中这块沃土上默默耕耘着自己的理想，用辛勤的汗水和顽强的毅力书写着××一中的历史，我们完全有理由为自己辛苦的三年而喝彩！

各位领导、各位嘉宾、老师们，成绩已经属于过去，谋求新的业绩，实现新的跨越才是我们更加远大的目标。面对日益激烈的教育竞争，我们决不会满足于现状，更不会陶醉于过去，我们已经清醒地认识到目前所面临的生存与发展的压力，我们已清醒地意识到自己肩负的责任与使命，在今后的工作中，我们将认真实践“向学好善，思进有为”的办学理念，发扬事不避难，勇于担当的进取精神。做不断进取的开拓者，终身学习，与时俱进；做崇高师德的力行者，争做师德的表率、育人的楷模、教育的专家；做传播文明的奉献者，耐得住寂寞，守得住清贫，经得起诱惑，立足岗位，淡泊明志，尽心尽责，甘为人梯。

各位嘉宾、老师们，今日煮酒论英雄，明年再摆庆功酒。我衷心地期待明年的庆功会更加出色，明年的一中教育更加辉煌！同时我们定将以更加坚定的信心，更加饱满的热情，投入更多的精力，为即将到来的××周年校庆，为××一中更加灿烂的明天做出我们应有的贡献！

★★★

范例7：校长在奖学金颁奖大会上致辞

【致辞人】大学校长

【场　景】奖学金颁奖大会

【时　机】在颁奖仪式开始时致辞

【风　格】慷慨激昂

【关键词】颁奖会　希望　征程　持续发展　努力奋斗

【妙　语】学术大师、治国之才和兴业之士。学习知识要善于思考，思考再思考，没有思考就没有发现。孜孜不倦、全力以赴。

各位老师，各位同学：

大家好！

非常高兴能够参加今天的颁奖大会。首先，我代表学校，向今天获得特等奖学金、××奖学金、××奖学金以及××奖学金和××奖学金的同学表示最热烈的祝贺！刚才××老师详细介绍了三项大奖以及××奖学金和××奖学金的情况，而且向大家提出了殷切的希望。我想××老师介绍这些是希望大家牢记这些奖项的宗旨，从这里开始新的征程。

学校的根本任务是培养人，××作为国家重点支持的大学，更应该把人才培养作为根本任务放在首位，作为一年一度的优秀学生奖励，正是我们人才培养工作中的重要一环。在座的各位获奖者通过不断努力、积极进取，在几万名同学中脱颖而出，成为众多学生中的佼佼者。希望你们成为大家的学习榜样，希望有更多的同学像你们一样成为德、智、体、美全面发展的优秀学子，更希望清华毕业生都能成为合格的建设者和可靠的接班人，并从中涌现出大批的学术大师、治国之才和兴业之士。但是人才的培养和成长是一个漫长的过程，进入清华仅仅是一个开端，获得奖学金既是对大家以往成绩的肯定，也是对大家的激励和鞭策。正如刚才同学发言中所谈到的，要把握自己的青春年华，把荣誉转化为今后学习工作持续发展的动力，不辜负祖国和学校的殷切希望。

我们讲培养创新人才，其实新的问题新的思想火花都离不开扎实基础的积累、广博知识的启迪、共同讨论中观点的碰撞、各种实践中的探索。而这一系列过程中还应特别勤于思考，正如爱因斯坦所说，学习知识要善于思考，思考再思考，没有思考就没有发现。当然，读书与实践并不仅仅是智力开发的需要，道德修养、人格的锻造都离不开这两条。

……

最后，希望大家能够孜孜不倦、全力以赴，在自己继续进步的同时，带领全班、全年级、全校同学共同努力奋斗，成为理想远大、热爱祖国的人，追求真理、勇于创新的人，德才兼备、全面发展的人，视野开阔、胸怀宽广的人，知行统一、脚踏实地的人。

谢谢大家！

★★★

范例8：校长在奖学金颁奖大会上致辞

【致辞人】师范大学校长

【场　景】奖学金颁奖大会

【时　机】在颁奖大会开始时致辞

【风　格】慷慨激昂

【关键词】颁奖仪式 感谢 祝贺 骄傲 校友 回报 自豪

【妙　语】正视各种困难，树立乐观向上的人生态度。刻苦钻研，全面发展。常怀感恩之心，以实际行动回馈社会。

老师们、同学们：

大家好！

今天，我们在这里隆重举行××奖学金颁奖仪式，我谨代表学校和广大师生，向××奖学金的捐赠者——××有限公司董事局主席××校友表示衷心的感谢！同时向获得××奖学金的各位同学表示祝贺！

××校友是我们××师范大学的骄傲。特别令我感动的是，作为一个新闻人物，他每一次面对公众和媒体，都讲自己是××师大的校友。他捐资设立××奖学金，这一义举是对学弟学妹的鼓励，也是对学校的回报。师大人都为××校友取得的成就感到自豪！借此机会，我对同学们提几点希望：

第一，希望你们正视各种困难，树立乐观向上的人生态度。今天，你们接受了资助，要相信面临的困难是暂时的。同学们要思考如何依靠自己的创业取得成功。也许，困难的环境更能够激励人，希望同学们把困难当作财富，激励自己，以乐观的态度面对人生、面对未来。

第二，希望你们刻苦钻研，全面发展。大学四年是短暂的，要刻苦钻研，潜心研习，争取在专业领域取得好的成绩，回报国家、回报社会，也要注重参加社会活动，提高自己的能力，提高自己的社会洞察力。每一个成功者的背后都有一段不平凡的经历，××校友就是一个很好的榜样。尽管同学们来自不同的地方、不同的家庭，有不同的经历，对成功也有不同的理解。但是，我相信你们都能够在××校友的成功中得到启迪。

第三，希望你们珍惜荣誉，合理使用奖学金。可能这份奖学金不能完全解决目前的困难，但至少可以帮助你们缓解所面临的经济压力。要珍惜这份来之不易的荣誉，合理使用奖学金，以此为动力努力克服学习生活中的困难。

第四，希望你们常怀感恩之心，以实际行动回馈社会。××校友设立××奖学金，目的是帮助同学们解决目前的一部分困难，也是希望××师大学子在走向社会后能力所能及地回报母校，资助更多品学兼优、家境清寒的学子完成学业。我希望大家从中学到一种精神，常怀感恩之心。我希望，有朝一日，你们也能够这样帮助学弟学妹，也能够这样回馈社会！

再次向××校友表示衷心的感谢！再次向获奖的同学表示祝贺！

谢谢大家！

★★★

范例9：校长在年度奖学金颁奖大会上致辞

【致辞人】学校校长

【场　景】年度奖学金颁奖大会

【时　机】在奖学金颁奖大会开始时致辞

【风　格】气势磅礴　言语恳切

【关键词】美好时节　祝贺　喜悦　完善自己　甘美　美丽篇章

【妙　语】阳光明媚，春意融融。成功只能说明过去，代表昨天。这是一个充满竞争和挑战的时代，机遇与挑战并存，更新与淘汰结伴。用自己青春的热情和汗水，谱写出人生亮丽的篇章。

尊敬的各位领导、各位家长，同学们、老师们：

阳光明媚，春意融融。在这个充满无限生机与活力的美好时节，我们大家隆重集会，为获得国家奖学金、国家励志奖学金的十六位同学颁奖。

首先，我代表学校向××等十六位受奖励的同学表示热烈的祝贺！你们志存高远，聪明睿智；你们尊师爱友，团结协作；你们才思敏捷，质疑解疑；你们勤学善思，善于总结；你们脚踏实地，持之以恒……正是你们自身坚强的意志和优良的品质，才使你们在竞争中脱颖而出。走上今天的领奖台，体悟奋斗的乐趣，感受成功的喜悦。

但成功只能说明过去，代表昨天。同学们，你们只是万里长征迈出了第一步，人生的道路还很漫长。因此，我希望你们务必要在新的征途上再接再厉，戒骄戒躁，不屈不挠，既要有“一览众山小”的豪迈气概，更要有“天外有天，人外有人”的清醒头脑，主动寻找差距，积极改进和完善自己，以更优异的成绩回报养育自己的父母、培育自己的学校、哺育自己的时代。

同时，我向在座的未受到奖励的同学表示美好的祝愿！希望大家既不妄自菲薄，更不轻言放弃。而今迈步从头越，发现自己，发展自己，超越自己，相信天道酬勤，勤能补拙，在未来的日子里，跻身于各种各样的领奖台，确立自我的位置，品尝成功的甘美。

我们也要向辛勤养育各位同学的家长、精心培育各位同学的老师们表示衷心的感谢！是家长和老师们的默默奉献、言传身教，熏陶、感染、激励着我们的同学学会做事，学会做人，学会合作，学会学习，学会感恩。

同学们！这是一个充满竞争和挑战的时代，机遇与挑战并存，更新与淘汰结伴。如何在这个充满竞争的年代立稳脚跟，那只有不断地学习、学习再学习。淘汰你的人，不是他人，永远是你自己！我相信每位同学都有上进的愿望，都有丰富的潜能。是泥土，就烧制成砖瓦；是铁矿，就铸炼成钢；是金子，就放出光彩！

千里之行，始于足下！同学们身逢盛世，又处在人生的黄金时代，有全新的观点，有青春的热情，有强健的体魄，愿你们依托学校已为大家搭建起来的平台学会珍惜、学会感激，刻苦认真，自主学习，勇于挑战，学有所成，用自己青春的热情和汗水，谱写出人生亮丽的篇章。

再一次祝愿尊敬的各位领导、各位家长，同学们、老师们身体好，工作好，生活好，一切都好。

★★★

范例10：家长代表在奖学金颁奖典礼上致辞

【致辞人】家长代表

【场　景】奖学金颁奖典礼

【时　机】在学校领导讲话后致辞

【风　格】语言清晰 逻辑严密

【关键词】颁奖典礼 感谢 敬意 自豪 质的飞跃 人生彼岸

【妙　语】良好的育人机制和育人风气。千里之行，始于足下。用我们的责任、智慧和汗水，共同形成促进孩子健康、全面、科学、快乐成长的良好氛围和强大的推动力量。

尊敬的××公司××董事长，各位校领导、各位老师、同学们：

大家下午好！

在这收获的季节，在迎接新中国××华诞的喜庆氛围中，我有幸参加××一年一度的××奖学金颁奖典礼，感到十分高兴。在此，请允许我代表全体学生家长，对××董事长情系教育和祖国未来的情怀致以崇高的敬意，对学校各位领导和老师为孩子的成长付出的辛勤和汗水表示衷心的感谢！

我的孩子××自××年××月进入××以来，和学校的其他孩子一样，无论是在理论知识的增长、学习能力的提升、团队精神的培养，还是在生活自理能力的提高、社会责任感的增强等各方面都有了质的飞跃。我们深深知道，孩子的每一点进步，均得益于××良好的育人机制和育人风气，得益于××公司和学校共同创造的宜人的教学环境，得益于学校领导班子引领形成的科学教育理念，得益于全体老师的无私奉献，得益于已经毕业的大哥哥、大姐姐们创造的××地区中考四连冠和××年高考本科上线率100%优异成绩的正面激励，得益于孩子在你追我赶中的勤奋和努力。作为学生家长，看到孩子健康成长，我们感到由衷的高兴，同时我们也为当初和孩子共同选择××的决定感到欣慰和自豪！

千里之行，始于足下。今天的颁奖只是孩子阔步前进的加油站。在未来的学习征程中，我们家长真诚地希望自己的孩子和其他同学相互学习，共同沐浴××和煦的阳光，畅游知识的海洋。我们家长一定认真学习总结家校联动共育子女的成功做法，我们真诚希望与各位校领导和全体老师一道，用我们的责任、智慧和汗水，共同形成促进孩子健康、全面、科学、快乐成长的良好氛围和强大的推动力量。我们相信，有××公司、××和我们每一位家长的共同努力，有我们可爱的孩子的奋发进取，我们的孩子一定会乘着××这艘××地区的教育航母，驶向属于自己的美好的人生彼岸！

真诚祝愿我们的孩子好好学习，人人成才！

真诚祝愿××早日成为中华名校，再创一个又一个辉煌！

★★★

范例11：教师代表在奖学金颁奖仪式上致辞

【致辞人】教师代表

【场　景】奖学金颁奖大会

【时　机】在颁奖大会开始时致辞

【风　格】慷慨激昂

【关键词】交流 祝贺 骄傲 思考 帮助 学习 辉煌

【妙　语】风华正茂、意气风发。大浪淘沙，方显真金本色；暴雨冲过，更见青松巍峨。选择了拼搏与超越，你就选择了成功与辉煌。

亲爱的同学们：

大家好！

今天很荣幸，受校长的委托，在这里和我校优秀学生和奖学金获奖同学进行交流。首先向大家表示祝贺，你们曾经的付出让自己拥有了今天的骄傲。

我想，大家应该还能记得，在本学期开学典礼上，××校长主题为“自主学习和主动发展”的致辞，他的一番话应当引起每一个××学子的共鸣和思考。

你们是一批风华正茂、意气风发的学子。有句话说得好：大浪淘沙，方显真金本色；暴雨冲过，更见青松巍峨！你们带着家长的嘱托，伴着追梦的旋律，怀着无比的自信迈进××的校门。我想：既然每一位××初中的学子敢在春天里开花，就一定有信心在秋天里收获。我敢断言：××初中必将成为你们成长的摇篮，成为你们成材的沃土，我们的每一位老师都能提供你们成才的机会、智慧和帮助。

当然，更为关键的就是要看你们自己了。你们已经来到了知识高峰的半山亭。是再接再厉，勇攀高峰；还是心满意足，畏难却步。每一个人，看到高山才知道自己站的是小土坡，看到大海才晓得自己待的是小水沟！每一个人，只有学习，才能使自己谦虚起来，静下来。体现实力的方式对于我们来说就是学习。

以我个人认为，“自主学习，主动发展”是成就一切的“助推剂”。所以，借今天的机会，我建议每一位××初中的学生，在四年学习和生活的日子里要能自主地做好各方面的正确选择。如果你选择了纪律与约束，你就选择了理智与自由；选择了勤勉和奋斗，你就选择了希望与收获；选择了痛苦与艰难，你就选择了练达与成熟；选择了拼搏与超越，你就选择了成功与辉煌。

各位同学，不管你目前怎样，只要我们能及时响应校长号召的“自主学习，主动发展”，同时，我们能用信心作桨，用坚持作帆，每一个××学子就能乘风破浪正逢时，直挂云帆济沧海。

我希望××初中的每一名同学都能拥有远大的理想和抱负，拥有健康、积极、主动的人生，驾驶着知识的小舟在老师的引导下到达理想、成功的彼岸。

★★★

范例12：学生代表在奖学金颁奖大会上致辞

【致辞人】学生代表

【场　景】奖学金颁奖大会

【时　机】在教师代表致辞完毕后讲话

【风　格】气势磅礴　信心百倍

【关键词】表彰大会 激动 帮助 感谢 理想 力量

【妙 语】看着一张张和我一样年轻、充满朝气的面孔，我激情澎湃、豪情万丈。时代在进步，国家在发展。今天，我们在这里接受表彰；明天，我们就要展翅翱翔。

尊敬的各位领导，老师们、同学们：

大家好！

今天，学校在这里隆重召开表彰大会，我们全体获奖同学都感到十分激动和骄傲！因为，今天将成为我们人生道路上一道亮丽的风景，让我们永存心底。

成绩的取得不是朝夕之功，这固然是我们个人努力的结果，但更离不开老师的辛勤教导和同学的热情帮助。在此，请允许我代表××校区××名荣获××年度专项奖学金的同学向学校各级领导和我们的授业恩师表示衷心的感谢！是你们为我们开启了智慧的大门，引领我们走进知识的殿堂；是你们的言传身教，让我们懂得如何做事和做人；更是你们用勤劳和汗水换来我们今日的成绩和荣誉。同时，我们也要感谢所有在我校设立奖学金的赞助者。

此时此刻，看着一张张和我一样年轻、充满朝气的面孔，我激情澎湃、豪情万丈！我不禁要问：是什么让我们今日相聚一堂？对，是时代、是快马加鞭的时代！是理想，是自强不息的理想！

我们生长在一个充满激情的时代，我们生活在一个伟大的国度。申奥成功，加入WTO，国足出线，大运会盛况空前……我们生逢盛世，年遇妙龄，我们亲眼目睹这目不暇接的发展，我们身心感受着这惊天动地的变化，我们义不容辞接过薪火相传的事业，挑起历史的重担。

时代在进步，国家在发展，××也在创造着令人瞩目的辉煌……所有这一切对我们在校学生都是莫大的激励和鼓舞。与此同时，学校正在开展加强“三风”建设，通过建设优良学风班促进学风、校风的根本好转，为我们创造更加良好的成才环境。我记得，党委书记××老师曾在一次大会上教育我们全体学子要“学会珍惜”。是的，只有能够珍惜现在、珍惜时间、珍惜青春、珍惜梦想甚至珍惜失败，我们才能拥有更加美好的未来。

同学们，今天，我们在这里接受表彰；明天，我们就要展翅翱翔。让我们用自己的行动去谱写青春的乐章，为祖国农业现代化贡献自己的力量。

最后，祝各位领导和老师们身体健康，工作顺利，新年快乐，万事如意！

祝全体同学，如骏马奔腾，一马当先，学业进步，马到成功！

谢谢大家！

四、部队庆功贺词

军队是保证国家领土完整和人民安全的重要力量。在我国每当大的自然灾害来临时，我们都能看到人民子弟兵的身影。军队的不怕困苦不怕牺牲的精神是值得我们颂扬和肯定的。当军队完成任务时，一定的奖励、表彰和庆功活动是必不可少的。

部队的庆功活动要彰显军队的特色，既要激励军人保家卫国的革命热情、总结完成任务的经验、成绩，同时还要保证国家利益的实现。作为国家的暴力机构，部队的庆功表彰活动中的致辞应当充满理性、逻辑严谨，注重理论与实际的统一，坚定国家利益高于一切的原则。

★★★

范例1：部队指导员在立功授奖大会上讲话

【致辞人】部队指导员
【场　景】立功授奖大会
【时　机】在授奖仪式结束后致辞
【风　格】慷慨激昂
【关键词】立功授奖 祝贺 进步 荣誉
【妙　语】希望这些同志一如既往，踏实工作，争取在新的一年里有更大的进步。粉身碎骨全不怕，留得清白在人间。

人生自古谁无死，留取丹心照汗青。当你做成功一件事，千万不要等待着享受荣誉，应该再做那些需要的事。

同志们：

大千世界有无数路，生灵万物在创造路。流星在天上滑过，留下一条闪光的路；鸽哨在云际间飞过，留下一条悦耳的路；小船在苍海上驶过，留下了一条争创的路……今天，在这里，在这立功授奖大会上，我首先代表连党支部向立功获奖的同志表示衷心的祝贺，同时，对全体同志表示诚挚的感谢，是你们在过去的一年里的踏实工作，努力争创先进，促进了连队的全面进步，并跨进了先进连队的行列。

许多同志从进入部队的第一天起，就盼望着自己能立功、获奖、当先进、当模范，这是有理想有抱负的表现，但由于这次获奖名额有限，许多表现不错的同志没能获得荣誉，对此，我们连党支部是看在眼里，记在心底的。希望这些同志一如既往，踏实工作，争取在新的一年里有更大的进步。

自古以来，一切追求崇高人生境界的仁人志士都十分重视对荣誉的追求，有的人珍惜荣誉甚至超过了对自己生命的珍惜。“粉身碎骨全不顾，留得清白在人间”，“人生自古谁无死，留取丹心照汗青”等诗句就表达了重名节、重荣誉的境界。我们军人有着自己特殊的高尚的荣誉感，这种荣誉感，使我们时刻牢记自己的光荣使命为祖国和人民安心服役，乐于奉献，当一名合格的军人。诚然，奖励也是一种荣誉，但不是荣誉的全部。在荣誉问题上，我们应放宽眼界，开阔心胸，不要把眼光只盯在立功获奖上，不要单纯地追求奖励。

在我们连里，许多同志把争取荣誉和进步放在平时脚踏实地做好本职工作上。他们的这种品格，就是我们的榜样。而有个别同志不在平时努力创造先进，评功评奖时却伸手要。也有个别同志对自己估价过高，总以为自己可以立个什么功，得个什么奖，但到评比结果揭晓时，却与自己的判断大相径庭，于是就觉得受不了，觉得组织、领导以及周围同志没有正确看待自己。其实，只要你一如既往尽责地工作，坚持朝着正确的目标努力，早晚会得到奖励的。即使一时没得到奖励，也可赢得组织和群众的好评与赞扬，这本身也是一种荣誉。一定意义上来讲，赢得群众公正的肯定与赞扬是更珍贵的荣誉。

立功获奖的同志面对荣誉要戒骄戒躁，踏实工作。没能获奖的同志也不要灰心丧气。要知道，轰轰烈烈，来自于默默无闻；要获得荣誉，实现于扎扎实实，只有默默无闻与扎扎实实伴你左右，奋斗的轨迹才会绚丽多彩。

法国著名科学家巴斯德说过一句话："当你做成功一件事，千万不要等待着享受荣誉，应该再做那些需要的事。"立功获奖，它只是我们前进路上的一个小小的插曲。同志们，新的一年呈现在我们面前：充满生机，充满活力，充满希望。做一个强者吧！用你们的双脚在广袤的大地上踏出一条指向明天的路；做一个奋斗者吧！用你们的双手在新的一年里劈开一条通往未来的路。

我的讲话完了！谢谢大家。

★★★

范例2：军委领导在铁道兵第三次庆功大会上致辞

【致辞人】军委领导

【场　景】铁道兵第三次庆功大会

【时　机】在庆功大会开始时致辞

【风　格】慷慨激昂

【关键词】功臣　祝贺　重要力量　艰巨任务　加倍努力　终身事业

【妙　语】保卫祖国、支援国家经济建设的重要力量。把我们的祖国建设得更美好，使祖国的人民过上更幸福的生活。希望你们在这伟大的事业中起带头作用、模范作用，继续保持你们的光荣，争取在今后的工作中得到更大的光荣。

同志们：

你们在保卫祖国、建设祖国的伟大事业中立下了功劳，成为人民的功臣、模范和英雄。今天，我来参加你们的庆功大会，向你们祝贺。

铁道兵部队建立五年多以来，完成了抢修、恢复和新建铁路的工程任务。从东北南下一直到广东、广西和其他各地，你们所完成的工程任务，无论在政治上、在经济上和在战争中，都起了很大的作用，你们的成绩是很大的。

铁道兵是我军的技术兵种，是现代化国防军不可缺少的一个组成部分。在全军走向现代化、正规化的实践中，你们的任务，就是要加紧部队建设，使自己成为一支坚强的能够保卫祖国、支援国家经济建设的重要力量。这就是说，你们的技术要学得很好，本领要练得很大，平时积极参加祖国铁路建设，战时担负抢修任务，保证军事运输。在现代化战争中，没有铁路的支援，就不能很快地把部队运到前线去，就难以使用大兵团作战。所以你们的任务，不论在战时或平时都是艰巨的、光荣的。同志们，你们的工作刚刚开始，将来有更多、更艰巨的工作要你们去做，希望你们能够完成党和祖国人民给予你们的艰巨任务。

我们是人民的军队，大家都热爱我们的祖国。记得长征时候，我们到过很多人烟稀少的荒凉地方，那些地方当然比不过东北，比不过上海，可是也是好地方、有用的地方。就是草地，就是很远的西藏，也是好地方，我们中国的土地没有一块不是好地方。既然是好地方，我们就要保卫它、建设它。我们如果只是贪图在繁华的地方过舒适的日子，把兄弟民族和边疆地区都忘记了，我们的社会主义就不容易建设起来。所以，全体参加祖国建设的部队都要努力，铁道兵更要加倍努力，把我们的祖国建设得更美好，使祖国的人民过上更幸福的生活。

同志们！你们当了英雄、模范以后，千万不要忘记别人的功劳。假如忘记了别人的功劳，把所有的功劳都记在自己账上，就会骄傲起来，走到个人英雄主义的错误道路上去。

我们这个集体出了英雄是光荣的，我们的英雄越多越好。别的单位出了英雄我们应当同样欢迎，同样高兴。社会主义单靠几个人怎能建设成功呢？所有的人都努力劳动，到处都涌现出英雄、模范，建设社会主义的速度就会加快。

同志们！大家要下决心在铁道兵部队长期工作，把铁道建设当作终身事业，为建设社会主义贡献出自己的智慧和力量。

全体英雄、模范、功臣同志们！希望你们在这伟大的事业中起带头作用、模范作用，继续保持你们的光荣，争取在今后的工作中得到更大的光荣。祝你们的会议成功，祝你们的事业成功。

第 5 章 乔迁、落成庆典贺词

乔迁新居和建筑物落成历来都被视为一件大事，以前新房落成或迁入新居，主人都要热情邀请亲戚朋友前来认识家门，亲友、邻居携带礼品前去庆贺，主人设宴款待来贺者，这个习俗称为“温锅”，温锅习俗在民间由来已久，就是普通人家多不富裕，盖完新房后多会出现经济拮据的状况，来温锅的亲朋好友会带些礼品帮助其渡过难关，同时也可以增近亲朋好友的感情，促进邻里之间的和睦相处，使迁居者尽快适应新的环境。

现在，随着时代的不断发展，乔迁和建筑物落成的内涵也在不断扩展，已经从“人”的领域过渡到“物”——机关单位、企事业单位等新的领域，同时，随着社会文明的不断进步，乔迁和落成庆典已经成为人际交往的重要仪式。

庆之礼

庆贺迁居的宴会一般由搬迁者举办，其他人也可以举办，以示友好。如果搬迁时没有举行宴会，那么客人在首次踏入主人新居时，习惯上需为主人带上一件礼物。露天宴会、鸡尾酒会或者为展示新居而举行的宴会则不需要送礼物。

选择庆祝乔迁的礼物应当考虑以下因素：是乔迁大房子还是小房子，是新的还是旧的套房，主人是不是刚刚搬入新居，这是不是主人的第一个家等等。针对不同的情况要选择不同的礼品相送。

当新邻居搬迁至此，老住户对他们的到来应送上小礼物表示欢迎，让新朋友感到邻里和睦，为以后的融洽相处打下基础。

一、企事业单位乔迁庆典贺词

企事业单位乔迁典礼上通常有两类贺词：一类是本单位领导致辞，另一类是外单位或者上级领导致辞。

本单位领导致辞，首先要对光临典礼的嘉宾表示感谢，并感谢他们在以往工作中对本单位的支持；接着可以简单回顾一下在乔迁过程中的事件以及对美好未来的展望，并向全社会表达本单位在新的工作环境中，更加努力工作的决心；最后恳请嘉宾一如既往地支持本单位工作，并对嘉宾致以美好的祝愿。

外单位或者上级领导致辞，要着重表达恭贺之意，一是恭贺乔迁之喜，二是预祝乔迁单位在今后取得更加优异的成绩。在恭贺的同时，也要对乔迁单位以往的工作成绩进行肯定，并对未来提出希望。总之在乔迁庆典上，要以思甜为主，忆苦辅之，鼓舞为主，切莫说教，要营造喜庆祥和的气氛。

★★★

范例1：市领导在保险公司乔迁庆典上致辞

【致辞人】市领导

【场　景】保险公司乔迁庆典

【时　机】在庆典开始时致辞

【风　格】慷慨激昂

【关键词】隆重举行 祝贺 感谢 乔迁新址 贡献 一如既往

【妙　语】更新的形象、更高的起点。依法经营，强化管理，奋勇拼搏，开拓创新，努力为各企事业单位和广大市民提供最新最好的寿险产品和优质的寿险服务。

尊敬的女士们、先生们：

上午好！

今天，在这里隆重举行××保险股份有限公司××支公司乔迁庆典，我谨代表××市人民政府向××保险股份有限公司××支公司表示热烈的祝贺，向各位的莅临表示衷心的感谢！

希望××支公司以乔迁新址为契机，以更新的形象、更高的起点，积极抢抓××加快发展的机遇，依法经营，强化管理，奋勇拼搏，开拓创新，努力为各企事业单位和广大市民提供最新最好的寿险产品和优质的寿险服务，与××经济建设和社会保障体系完善共同成长，为加快××经济建设、全面迈向小康社会做出更大的贡献。

××市政府一直以来非常重视养老保险和社会保障工作。目前，××市寿险在全省走在了前列，这与××支公司的大力支持是分不开的。××市政府将一如既往地支持××支公司在××各项业务的开展。

最后，祝各位身体健康、工作顺利！祝××保险股份有限公司生意兴隆，财源广进！

谢谢大家!

★★★

范例2：市领导在派出所乔迁庆典上致辞

【致辞人】市领导

【场　景】派出所乔迁庆典

【时　机】在乔迁庆典仪式开始时致辞

【风　格】逻辑严密

【关键词】乔迁庆典　喜事　祝贺　感谢　顺利完成　关心关怀

【妙　语】天高云淡，金风送爽。是我市群众多年翘首盼望的一件盛事。辛勤付出和无私奉献。亲临现场视察，亲自协调各方关系。

各位领导、各位来宾、同志们、朋友们：

天高云淡，金风送爽。今天我们欢聚一堂，在这里隆重举行××派出所乔迁庆典仪式，这是××政治经济生活中的一件大事、一件喜事。在此，我谨代表××市委、市政府对××派出所乔迁之喜表示热烈的祝贺！向辛勤工作在第一线的××派出所全体干警和参与建设的××建筑公司的全体施工人员致以亲切的慰问！向参加今天乔迁庆典仪式的各级领导、各位来宾、各位朋友表示最诚挚的欢迎和衷心的感谢!

××标准化派出所的建成，标志着我市公安系统基础设施的进一步规范化、标准化。这是我市公安建设史上的一件喜事，同时也是我市群众多年翘首盼望的一件盛事。长期以来，××派出所一直承担着为××经济建设保驾护航和维护社会治安稳定的重任。借此，我代表××市委、市政府对××派出所历届干警的辛勤付出和无私奉献表示衷心的感谢!

××市委、市政府历来十分重视公安事业的发展，在各方面全力支持其工作的开展，尤其在派出所新办公楼的建设上，市政府专门抽调人员参与筹备、规划等工作。多次召开联席会议，解决出现的矛盾问题，完成了规划、选址及占地协调工作，确保了建设工作的顺利完成。

在整个工程建设过程中，各级领导倾注了大量的心血，为了搞好××派出所的建设，市委、市政府、市人大常委会、市政法委领导给予了极为亲切的关心关怀；市公安局领导多次亲临现场视察，亲自协调各方关系。在此，让我代表市委、市政府向一贯关心关怀支持××发展的各级领导和社会各届人士再次表示最衷心的感谢！

今天的乔迁庆典仪式，由于条件限制，对前来参加的各位来宾、各位朋友难免照顾不周，敬请谅解。同时，祝愿参加今天乔迁庆典仪式的各级领导、各位来宾、各位朋友身体健康、工作顺利、家庭幸福、事事如意！

谢谢大家！

★★★

范例3：疾控中心领导在揭牌乔迁庆典上致辞

【致辞人】疾控中心领导

【场　景】疾控中心揭牌乔迁庆典

【时　机】在庆典开始时致辞

【风　格】层层递进 环环相扣

【关键词】共聚一堂 乔迁之喜 里程碑 发展阶段 成绩 共同努力

【妙　语】疾病预防控制事业发展的一个里程碑。展望未来，再立新功，我们一定能够取得更加辉煌的成就。

尊敬的各位领导、尊敬的各位同仁：

很高兴在这金秋时节，在即将迎来建国××周年庆典之际，能有这个十分难得的机会和大家共聚一堂，同祝××疾控中心揭牌及乔迁之喜。请允许我代表××和全体同仁，向你们并通过你们向卫生防疫战线上的所有疾控人表示衷心的祝贺。

今天是一个特殊的日子。我们之所以相聚在一起，是因为瞩目已久的“××疾病预防控制中心搬迁暨揭牌仪式”在这里隆重举行。这是一个非常值得庆贺的日子。这是××，乃至我省卫生事业发展史上的一件大事，是疾病预防控制事业发展的一个里程碑，标志着××疾控事业又将进入一个崭新的发展阶段。

今天，我们之所以如此喜悦，还因为××辉煌的卫生发展史上，有我们疾控事业光彩的一页，尤其是在预防和控制危害人民群众身心健康的传染病、地方病等方面，我们做出了突出的贡献，这些可喜的成绩，正鼓舞着我们，激励着我们，在新的历史时期，与时俱进，为进一步保障人民群众的生命安全、增强国民身体素质、提高百姓的生命质量，做出更大的成绩。

疾病预防控制体系建设是公共卫生体系建设的基础，关系到广大人民群众的切身利益，关系到全面建设小康社会宏伟目标的实现，关系到如何构建和谐社会的大局。加强疾控体系建设是增强处理突发公共卫生事件能力的关键。

我们有理由相信，有政府和卫生行政部门的关怀和大力支持，有广大人民群众的信任，有今天的良好契机，有我们满载荣誉和肩负光荣使命的疾控同仁的共同努力，展望未来，再立新功，我们一定能够取得更加辉煌的成就。

最后祝福大家身心健康，工作顺利，事业有成！

谢谢！

★★★

范例4：县文化局局长在乔迁新址庆祝大会上致辞

【致辞人】县文化局局长

【场　景】文化局乔迁新址庆祝大会

【时　机】在庆祝大会开始时致辞

【风　格】热情洋溢

【关键词】乔迁　喜庆日子　美好时刻　欢迎　感谢　祝愿　顽强精神

【妙　语】斗转星移，岁月如梭。抚今追昔，多少个日日夜夜，我们一起度过！多少份艰难困苦，我们一起品尝！多少份荣誉骄傲，我们一起分享！

各位领导、各位来宾：

大家好！

今天，是我局乔迁新办公大楼的喜庆日子，在这天时地利人和的美好时刻，我们在这里隆重举行乔迁典礼。值此机会，我谨代表县文化局、县新闻出版局对各位的光临表示热烈的欢迎！向长期关心、支持文化工作、新闻出版工作的各级领导，各界人士表示衷心的感谢！并向亲临今天典礼的各位领导和朋友致以最诚挚、最美好的祝愿。

大家知道：县文化局原坐落在××镇一个偏僻的居民住宅区内。局机关四十多名干部职工长期拥挤在一栋总面积不到二百平方米的简陋平房里办公，真是苦不堪言。因此，改善局机关办公环境是我们多年来的夙愿。今天，在各级领导和兄弟单位的关心和支持下，我们终于圆上了自己的梦。

斗转星移，岁月如梭，××县文化局转眼间已度过了二十五个春秋。我们见证了它从小到大，由弱到强的发展过程。近两年来，××县文化局取得了令人瞩目的成就：2003、2004 年连续两年荣获全市文化工作第一名；2004 年又荣获县委、县政府先进单位；县文化馆被评为全省优秀文化馆；县稽查大队被评为全省先进单位；县祁剧团被评为全国先进集体；乡镇文化建设和民间艺人管理等经验在全国推荐。全县文化系统出现了前所未有的好势头。

抚今追昔，多少个日日夜夜，我们一起度过！多少份艰难困苦，我们一起品尝！多少份荣誉骄傲，我们一起分享！这些成绩，无不倾注着各级领导、各个部门、各个单位对文化工作的高度重视和大力支持！这些经历，无不凝聚着我们文化人的心血与汗水！这些荣誉，无不闪耀着所有文化干部职工工作求精务实、开拓创新、勇于拼搏的顽强精神！

我相信：全县文化工作、新闻出版工作有县委、县政府的正确领导，有市文化局、市新闻出版局的直接指导，有县直各部门、各兄弟单位的大力支持，有全体文化工作者的共同努力，一定会取得比去年更加瞩目的成就。我们的目标一定会达到，我们的愿望一定会实现，我们明天的××文化一定会更加璀璨夺目。

最后祝各位领导、各位来宾，身体健康，万事如意！

谢谢大家！

★★★

范例5：邮政支局局长在乔迁新址庆典上致辞

【致辞人】邮政支局局长

【场　景】邮政支局营业厅乔迁新址庆典

【时　机】在庆典仪式开始时致辞

【风　格】慷慨激昂

【关键词】乔迁庆典 感谢 条件艰苦 顺利完成 正式启用 新局面

【妙　语】在这蓝天高远、硕果累累的丰收季节。海不择细流，故能成其大；山不拒细壤，方能就其高。在新的起点上，以新的风貌、新的姿态、新的作风，戮力同心、与时俱进、奋发进取，努力开创邮政工作的新局面。

尊敬的各位领导，各位来宾，同志们，朋友们：

在这蓝天高远、硕果累累的丰收季节，我们迎来了期盼已久的大喜事——我镇邮政营业厅乔迁庆典。首先，我代表××邮政支局，向百忙之中莅临今天庆典的各位领导表示热烈的欢迎！向鼎力支持邮政事业的有关单位和社会各界人士表示衷心的感谢！

在各级领导的关心关怀下，尽管条件艰苦，资金紧张，但我们全局职工团结一致，发扬自力更生、艰苦奋斗的精神，克服了重重困难，排除了种种障碍，顺利完成了乔迁工作。

今天，我们新的邮政营业厅正式启用了，在这座设施完善、功能齐全的营业厅里工作，条件有了极大的改善。但我们始终不能忘记，县局党总支努力为我们改善工作条件，目的是为了提高工作效率，方便群众办事。

海不择细流，故能成其大；山不拒细壤，方能就其高。我们要始终牢记为人民服务的宗旨，全心全意为人民服务。全体职工要从小事做起，从细节做起，从我做起，诚心诚意地为群众办实事、解难事、做好事。

同志们，让我们乘着乔迁新址的东风，在新的起点上，以新的风貌、新的姿态、新的作风，戮力同心、与时俱进、奋发进取，努力开创邮政工作的新局面。

谢谢大家。

★★★

范例6：集团董事长在公司乔迁新址庆典仪式上致辞

【致辞人】集团董事长
【场　景】公司乔迁新址庆典仪式
【时　机】在乔迁仪式开始时致辞
【风　格】慷慨激昂
【关键词】乔迁　喜庆　感谢　超越自己　品牌　社会形象　努力奋斗
【妙　语】群芳竞妍春光媚，万物争辉气象新。自强不息，永不言弃。抓住机遇，迎接挑战，为全面实现××集团第二个五年规划的目标而努力奋斗。

尊敬的××副市长、××副市长，尊敬的各位领导、各位嘉宾、××的全体同仁们：

大家新年好！

群芳竞妍春光媚，万物争辉气象新。在这生机勃勃、激情迸发的二月，我们迎来了××集团办公楼乔迁的喜庆时刻。在此，我谨代表××集团，对出席办公楼乔迁庆典的各位领导、来宾表示热烈的欢迎，并致以衷心的谢意！

××集团自××年成立以来，取得了令人瞩目的佳绩，实现了良性的跨越发展。在公司成长的过程中，得到各位领导、社会各界朋友的关心和支持，为此，我再次向各位领导、朋友们表示衷心的感谢！

五年来，公司一天一个起点，每年一个台阶，不断超越自己，从原来的三级企业，发展至今拥有市政、水利、公路、房建、港航等跨行业、多专业的综合性一级施工企业，锻造了“××”品牌，树立了良好的社会形象。今天，公司从原来租赁不足三百平方米的办公楼，搬迁到自有产权超过八百平方米的现代化写字楼，改善了办公硬件，为员工创造了比较舒适的办公环境，提高了集团公司的企业形象，必将给公司带来光辉的发展前景，为××的可持续发展铺垫基石。

回顾××集团五年来的业绩，展望××集团“二·五”的发展战略，全体××人将努力实现“员工收入翻一翻，税利超亿元，中标额超三十亿元，五项一级总承包”的“1135 工程”的宏伟目标，将继续发扬“自强不息，永不言弃”的××精神，抓住机遇，迎接挑战，为全面实现××集团第二个五年规划的目标而努力奋斗！

最后，再次感谢各位领导、来宾的光临，祝大家身体健康、工作顺利、万事如意！

谢谢大家！

★★★

范例 7：员工代表在公司乔迁庆典上致辞

【致辞人】员工代表

【场　景】公司乔迁庆典

【时　机】在公司领导讲话后致辞

【风　格】朴实无华

【关键词】乔迁之喜　发展成果　一路拼搏　里程碑　新台阶

【妙　语】一分耕耘，一分收获。标志着我们的公司将稳健地迈上蓬勃发展的新台阶。我们应当以乔迁之喜为契机，努力拼搏、锐意进取，牢记企业的使命和发展目标。

尊敬的各位来宾、各位××同仁：

大家上午好！

今天是一个洋溢着喜庆和欢乐气息的日子，我们在这里欢聚一堂，共同庆祝××空调公司新厂房落成暨乔迁之喜！

站在这里，我的心情是激动的，也是复杂的。××空调公司自2003年成立以来，在陈总的正确领导下，在各位同仁的不懈努力下，不断取得令人瞩目的发展成果。相信每一个××人都不会忘记空调公司成立之初所遇到的困难和坎坷，无论是客户的难题还是产品的缺陷，××人都没有被困难吓倒，每一位员工都在自己的岗位上充分发挥了自己的能量，每一位员工都把公司的利益放在了个人利益之前，每一位员工的心里都对××空调的未来充满坚定的信念。就这样，我们一路拼搏，哪里有困难哪里就有××人坚定的身影。一分耕耘，一分收获，我们对客户的全心全意的付出也得到了客户的回报，如今，××空调已经成为××、××以及国内各大工程机械企业最值得信任的空调供应商。

新厂房的建成以及公司的乔迁，是公司发展历程中的重要里程碑，标志着我们的公司将稳健地迈上蓬勃发展的新台阶。空调公司乔迁新厂房，对内可以改善全体员工的工作环境，对外可以大大提升公司的企业形象，同时也是公司实现成为民营企业十强的重要战略步骤。我们应当以乔迁之喜为契机，努力拼搏、锐意进取，牢记企业的使命和发展目标，在更新更好的环境中做到更快更强的工作效率，制造出更稳定更尖端的产品，努力实现企业的发展目标，努力把××的大家庭打造得更加团结、更加美好。

公司能够取得今天的成就，最应该感谢的是在座的全体员工，是你们的努力和敬业才取得了今天的成绩。新厂房新气象，希望大家能够再接再厉，在新的工作环境中创造出新的成绩。我还要感谢陈总一直以来对空调公司的正确领导，相信在未来的日子里，陈总能够带领着大家创造出更好的业绩。

最后我想说，新厂房是美丽的，××的未来是美好的。让我们大家携手共进，为将××打造成国际化的集团公司而不断努力！

谢谢大家！

二、建筑物落成典礼贺词

建筑物落成典礼致辞的要点与庆祝公司乔迁致辞的要点颇为相似，这里讲一下即兴致辞的技巧。在庆祝建筑物落成等庆典仪式上，有很多时候，来宾会被邀请即兴讲话，被邀请者事先未做准备，讲话需要临场因事而发、因时而发、因景而发。即兴发表贺词并不难，只要把握好主题，找好新颖而典型的接触点，就会脱颖而出。下面介绍几种提炼主题的方法：

1. 临场发挥。着眼于临场某一事物的特点和性质，进行主观联想，立即闪现出一种思想，然后把它言表于外。

2. 内心孕育。在庆典上，从别人讲话中得到启发，萌发一个新观点，这时就成了孕育主题的素材。

3. 角度更新。对同一问题从不同角度进行表达，使之更加新颖，表达出众。

★★★

范例1：水利厅副厅长在防汛抗旱指挥中心大楼落成庆典上致辞

【致辞人】水利厅副厅长

【场　景】防汛抗旱指挥中心大楼落成庆典

【时　机】在庆典活动开始时致辞

【风　格】慷慨激昂　气势磅礴

【关键词】祝贺　感谢　行业精神　成绩　胜利　水利大县　贡献

【妙　语】大力弘扬献身、负责、求实的水利行业精神。防汛保安的责任重如泰山。更加积极地投身于水利建设，为全省水利事业迈上新的台阶做出积极的贡献。

同志们：

今天是××县防汛抗旱指挥大楼落成庆典的大好日子，在此，我代表水利厅党组向××县水利局表示热烈的祝贺，并对××市委、市政府，××县委、县政府一直以来给予××县水利工作的关心和支持表示由衷的感谢！

近几年来，××县水利局在上级党组织的正确领导下，以邓小平理论和“三个代表”重要思想为指导，大力弘扬献身、负责、求实的水利行业精神，积极投身水利建设，服务防汛抗灾，取得了十分不错的成绩。××年以来，全县水利建设投入达到十三多亿元，开展了以长江干堤加固、洞庭湖治理、平垸行洪、水库除险保安为重点的大规模水利建设，取得了十分突出的成绩，同时，由于防洪工程抗洪标准和指挥系统水平的不断提高，汛前准备的切实到位，抗洪调度指挥的科学合理，在近几年的防汛抗灾中，均基本实现未溃一堤一垸，未垮一库一坝的目标，取得了抗洪斗争的胜利。

××县作为洞庭湖区的水利大县，地处湘北，北枕长江，南抵洞庭，华容河、藕池河穿腹而过，全县万亩以上堤垸十一个，堤垸保护人口五十七万余人，保护耕地六十七万余亩，防汛保安的责任重如泰山。因此，××县防汛抗旱指挥大楼的落成是形势的需要，是实际水利工作的需要，更是保民安澜的需要。它的落成将整体提升××县防汛抗旱指挥决策、后勤保障、信息服务、物质保障水平，为全县农业稳步发展、农民增产增收、广大人民群众安居乐业发挥重要的作用。

最后，我们希望各级水利部门继续大力弘扬水利行业精神，保持艰苦奋斗的优良传统，认真践行“三个代表”重要思想，更加积极地投身于水利建设，为全省水利事业迈上新的台阶做出积极的贡献。

★★★

范例2：区委书记在中心敬老院落成典礼上致辞

【致辞人】区委书记

【场　景】中心敬老院落成典礼

【时　机】在典礼开始时致辞

【风　格】重情重理

【关键词】祝贺　欢迎　感谢　弱势群体　老年事业　推动作用　晚年快乐

【妙　语】在这天高云淡、秋风送爽的美好季节。夕阳无限好，人间重晚情。最美不过夕阳红，愿健康和欢乐与老人常伴，愿夕阳之花绽放出更加绚丽的光彩，愿所有的老人健康长寿，晚年快乐。

尊敬的各位领导、各位嘉宾、同志们、朋友们：

在这天高云淡、秋风送爽的美好季节，我们在这里隆重举行××区中心敬老院落成剪彩仪式。首先，我代表××区委、区政府向中心敬老院的全体员工以及入住敬老院的老人们表示热烈的祝贺！向专程前来参加剪彩仪式的省市领导和各界嘉宾表示热烈的欢迎！向给予该项目以大力支持和无私帮助的省市民政部门表示衷心的感谢！

理解、关爱、扶助五保老人这一弱势群体，积极发展老年事业，为老年人创造健康和谐的生活环境，是党和政府义不容辞的责任。为此，我区从践行“三个代表”重要思想的高度出发，把改善五保老人生活状况、提高供养水平作为发展老年事业的实际步骤，纳入区委、区政府重要议事日程，年初就将××区中心敬老院建设确定为××年全区大事大项之一，通过对全区××处农村敬老院的资源整合，并在省民政厅、市民政局的鼎力支持下，投资××万元，建成了今天这座建筑面积××平方米，集生活、健身、娱乐、医疗于一体的高标准公寓式敬老院，彻底改变了原有农村敬老院基础条件差、管理水平低的落后局面，不但使老人老有所养，而且实现了老有所医、老有所乐，对于加快构建和谐社会步伐起到了极大的推动作用。

夕阳无限好，人间重晚情。希望中心敬老院的全体员工和社会各界，充分发扬中华民族尊老、敬老、爱老的传统美德，奉献爱心，奉献真情，真正把中心敬老院建设成为老人理想的生活乐园，建设成为弘扬社会公德、展示精神风貌的窗口，建设成为青少年思想道德教育的阵地。

最美不过夕阳红，愿健康和欢乐与老人常伴，愿夕阳之花绽放出更加绚丽的光彩，愿所有的老人健康长寿，晚年快乐！

谢谢大家！

范例3：市长在小学教学楼落成典礼上致辞

【致辞人】市长

【场　景】市中心小学新教学楼落成典礼

【时　机】在典礼开始时致辞

【风　格】逻辑严密

【关键词】支持 祝贺 感谢 投资迁建 重要工程 拔地而起

【妙　语】新教学楼的落成，凝聚了全体建设者的汗水。积极引进竞争激励机制，加强学校管理，把学校建成教育机构的典范。

各位领导、各位来宾，老师们、同学们：

大家好！在××市教育事业蒸蒸日上的今天，在这金桂飘香、硕果累累的季节里，我们迎来了盼望已久的日子——××中心小学新教学楼落成庆典暨学校更名揭牌仪式。从今天起，××中心小学将正式更名为××中心小学。新教学楼的落成，凝聚了全体建设者的汗水，凝聚了关心、支持××中心小学建设的社会各界有识之士的爱心，因此，借此机会，我代表市委、市府向小学的顺利建成表示热烈的祝贺，向关心支持小学建设的各界人士表示衷心的感谢！

百年大计，教育为本。投资迁建××中心小学，是我市教育系统××年的重要工程之一。对此市委、市政府高度重视，专门召开会议研究解决方案、落实目标任务，提出了明确的工作要求。在市教育、建设、规划等部门及××街道的共同努力下，经过近一年的紧张施工，一座占地××余亩，建筑面积××平方米，总投资××多万元的现代化教学楼拔地而起。它设计新颖，设备齐全，环境优美，在全市乡镇小学中堪称一流。但这也明白无误地给我们学校提出了更新、更高、更严的要求，那就是追求卓越，办一流教育、育一流人才。我希望：××中心小学要紧紧抓住当前难得的发展机遇，用发展的眼光，大胆改革，勇于创新，积极引进竞争激励机制，加强学校管理，把学校建成教育机构的典范。

我相信，通过学校老师和同学们的共同努力、社会各界的大力支持，

××中心小学一定能够建成一所名副其实的一流学校。

××中心小学已经成为历史，但××中心小学的优良传统会代代相传。面对新的校名、新的起点，希望全体教师学生加倍努力，为学校的发展不断创新、锐意进取，共同开创××中心小学的美好未来。

最后，我衷心祝愿××中心小学的明天更美好！祝××街道各项事业再创佳绩！祝在场的全体人员身体健康，事事顺心！

谢谢大家！

★★★

范例4：县长在寺庙山门落成庆典上致辞

【致辞人】县长

【场　景】寺庙山门落成庆典

【时　机】在庆典仪式开始时致辞

【风　格】慷慨激昂

【关键词】满怀喜悦　感谢　祝贺　喜事　佛教文化　造福　新贡献

【妙　语】向人们展示了古老黄龙大地的秀美景色和独特的佛教文化。宏扬佛教文化，带动我县商贸发展与旅游开发，造福全县人民。黄龙五月尽芳菲，古寺桃花始盛开。

尊敬的各位领导、各位嘉宾，同志们、朋友们：

今天，我们满怀喜悦地迎来了××寺山门落成庆典，在此，我代表县委、县政府向参加庆典的省、市、县领导及社会各界朋友表示衷心的感谢！对××寺山门的落成表示热烈的祝贺！

××寺山门的落成既是××寺和佛教界朋友的一大喜事，也是我县资源开发和旅游业建设的一大盛事。××寺始建于××年，集悠久的历史和佛教文化建设于一体，以其独特的优美风光与古刹建筑风格相结合，向人们展示了古老黄龙大地的秀美景色和独特的佛教文化。

××寺在县委、县政府的重视下，在已故住持××和现任住持××的努力下，以全新的面貌展现在人们面前。现在的××寺占地面积扩大到四万平方米。县委、县政府打造××寺这一人文景观的目的是，一方面为××寺的僧人和全县信教群众过宗教生活创造优美的环境，体现党的宗教政策；另一方面，宏扬佛教文化，带动我县商贸发展与旅游开发，造福全县人民。

佛教传入中国两千年，形成了许多优良的传统。有爱国爱教庄严国土和利乐有情的传统，重伦理道德、劝人行善的传统，举办慈善事业、扶危济困，反对邪教的传统，注重环保的传统。希望××寺的全体僧人和信教群众，发扬这些传统，继续高举爱国主义的伟大旗帜，在法律、法规和政策允许的范围内开展正常的宗教活动，为维护全县稳定，促进经济发展做出新贡献！

“黄龙五月尽芳菲，古寺桃花始盛开。”让我们张开双臂，热情拥抱××美好的明天！

谢谢大家！

★★★

范例5：县长在武警希望小学教学楼落成典礼上致辞

【致辞人】县长
【场　景】武警希望小学教学楼落成典礼
【时　机】在典礼仪式开始时致辞
【风　格】慷慨激昂
【关键词】落成庆典　感谢　欢迎　贡献　支持　军民鱼水情
【妙　语】百年大计，教育为本。教育的发展离不开社会各界的关心与支持。与时俱进，勤奋学习，刻苦钻研，拼搏进取。

各位领导、老师，亲爱的同学们：

大家好！

在庆祝第××个教师节的喜庆日子里，我们隆重举行武警希望小学教学楼落成庆典。首先，我谨代表中共××县委、××县人民政府对教学大楼的落成表示热烈的祝贺！向前来参加落成庆典仪式的各位领导表示热烈的欢迎！向辛勤工作在教育岗位上的各位老师、教育工作者致以节日的问候和良好祝愿！向捐资兴建“武警希望小学”教学大楼的全省武警官兵表示崇高的敬意和衷心的感谢！

百年大计，教育为本。全面建设小康社会，必须加快发展教育事业，为经济发展提供智力支持、奠定人才基础。近年来，全县上下以学习贯彻“三个代表”重要思想为动力，按照县委、县政府提出的“科教兴县”战略，全面贯彻党的教育方针，不断拓展教育发展思路，进一步深化教育领域的各项改革，优化干部、教师队伍，有效整合教育资源，合理调整教育结构布局，有力推动教育教学质量的稳步提高，取得了可喜的成绩，为促进我县的经济建设和社会发展做出了积极的贡献。

教育的发展离不开社会各界的关心与支持。省武警总队全体官兵继承和发扬光荣的革命传统，心系革命老区，慷慨捐资兴建武警希望小学。武警希望小学教学楼的落成，不仅进一步完善了××的教育教学设施，使××的莘莘学子有了较为舒适的学习、生活环境，更体现了浓浓的军民鱼水深情，必将进一步激发青少年一代奋发进取、建设革命老区的热情。在此，让我们以热烈的掌声，对省武警总队全体官兵再次表示衷心的感谢和崇高的敬意！

我们殷切希望武警希望小学全体师生，不负省武警总队全体官兵的期望，与时俱进，勤奋学习，刻苦钻研，拼搏进取，发扬优良的教风、学风、校风，做到一流管理、一流教学水平，把武警希望小学办成“一流的花园式农村示范小学”，以优异的成绩来报答全省武警官兵的关心与支持！

最后，祝各位领导、老师、同志们身体健康，家庭幸福！祝全省武警官兵工作顺利、万事如意！

谢谢！

范例6：市委副书记在中学校园落成典礼上致辞

【致辞人】市委副书记

【场　景】中学校园落成典礼

【时　机】在落成典礼仪式开始时致辞

【风　格】慷慨激昂

【关键词】祝贺　感谢　问候　意义　基础教育　开局之年　快速发展

【妙　语】春回大地，万象更新。百年大计，教育为本。全面提升教学质量，促进我市教育事业协调快速发展。在这个现代化的校园里，××中学将会谱写出更加壮丽的篇章。

尊敬的××院士、××院士、××院长，尊敬的各位老师、同学们，同志们、朋友们：

春回大地，万象更新。在这个充满希望的季节里，××中学校园落成典礼在这里隆重举行。借此机会，我谨代表××市委、市政府，对××中学校园如期落成表示热烈的祝贺！向所有奋战在××中学工程建设第一线的同志们表示亲切的问候！向所有关心和支持××教育事业发展的各级领导和各界朋友表示衷心的感谢！

百年大计，教育为本。××中学建设工程是××以及全市基础教育发展的一项重要工程，也是××现代化滨海城区长远发展的一项重点工程。××中学校园的落成，将成为××东部城市中心的一个标志性建筑，成为培养优秀人才的重要基地，对于进一步提升××的城区形象，加快××城市中心区建设的步伐，有着积极的推进作用；并且对进一步改善××基础教育的办学条件，促进高标准普及十五年基础教育，更是有着十分重要的意义。

××年是“十一五”发展的开局之年，也是加快“文化大市”建设和“教育强市”建设的关键之年，我们要始终坚持教育优先发展的战略，以“教育强市”为目标，不断深化教育改革，继续推进教育创新，大力实施素质教育，努力改善办学条件，全面提升教学质量，促进我市教育事业协调快速发展。

希望××中学以新校园落成为契机，以创建省市重点学校为目标，按照现代、特色、创新的要求，推进学校全面建设，进一步提高学校教育质量和管理水平，努力把学校打造成为全市一流、富有特色的现代化名校，对××以及全市基础教育的发展起着示范、辐射的作用。

我们相信，有各级党政领导的高度重视，有全社会的关心支持，有全体师生及家长们的共同努力，在这个现代化的校园里，××中学将会谱写出更加壮丽的篇章！

★★★

范例7：县委书记在风景名胜区落成典礼上致辞

【致辞人】县委书记

【场　景】风景名胜区落成典礼

【时　机】在典礼开始时致辞

【风　格】慷慨激昂

【关键词】观光旅游　黄金季节　喜事　盛事　欢迎　祝贺　慰问　契机　突破

【妙　语】在这春光明媚、生机盎然的美好日子里，在这千帆竞发、百舸争流的关键时刻。丰富旅游产业内涵，打造旅游品牌。

尊敬的各位领导、各位来宾、同志们：

在这春光明媚、生机盎然的美好日子里，在这千帆竞发、百舸争流的关键时刻，在这旅游观光、休闲度假的黄金季节，我们在这里隆重举行××风景名胜区落成典礼仪式，这既是我县旅游产业发展中的一件喜事，又是我县经济建设和社会事业发展中的一件大事，更是××景区建设中的一件盛事。首先，我代表××县委、县政府向莅临庆典仪式现场的各位领导、各位来宾、同志们表示热烈的欢迎！向长期以来关心支持××旅游产业发展，关注××风景名胜区建设的各界人士表示衷心的感谢！向××旅游开发有限公司表示热烈的祝贺！向投身景区建设的施工人员表示亲切的慰问！

××景区是××旅游区的东游区，这个景区的建成，有利于提升我县旅游服务的品位，丰富旅游产业内涵，打造旅游品牌；有利于地方政府和群众借势发展第三产业，提高当地群众生活水平，促进县城经济发展。

希望××旅游开发有限公司以本次庆典活动为契机，着力在四个方面实现突破。一是进一步完善基础和配套设施建设，打造精品旅游线路，丰富旅游文化内涵，在加强景区管理和“游、购、娱、吃、住、行”旅游六要素全面发展上实现突破。二是加大对景区涉游人员的培训力度，加强学习，不断增强自身综合素质，在提高旅游接待服务水平上实现突破。三是重视挖掘和整合××佛教文化、历史文化与民俗文化，在打造文化旅游亮点上实现突破。四是进一步加大宣传力度，提高景区知名度，在创新旅游宣传促销、增加旅游市场份额和旅游收入上实现突破。

最后，再一次对各位领导、各位来宾、同志们出席庆典仪式表示衷心感谢！并诚挚欢迎各位来宾多来××观光旅游，指导工作！

祝各位领导、各位来宾，健康快乐、万事如意、心想事成！

谢谢大家！

★★★

范例8：县领导在残疾人服务中心落成典礼上致辞

【致辞人】县领导

【场　景】县残疾人服务中心落成典礼

【时　机】在典礼开始时致辞

【风　格】慷慨激昂

【关键词】喜庆日子　剪彩仪式　祝贺　欢迎　重要标志

【妙　语】残疾人事业是最崇高的事业，是中国特色社会主义事业的重要组成部分。残疾人自身素质不断提高，生活状况明显改善，扶残助残的良好风尚逐渐形成。

各位领导、各位来宾、同志们、朋友们：

在全县人民热烈庆祝党的十六届四中全会胜利召开，满怀豪情迎接建国××周年的喜庆日子里，我们在这里隆重举行××县残疾人综合服务中心落成剪彩仪式。

残疾人综合服务中心的建成使用，不但是全县残疾人事业中的一件大事，也是全县人民政治生活中的一件大事，为此，我代表县委、县政府和县残疾人工作协调委员会向县残联，向全县残疾人工作者，和全县××万残疾人表示热烈的祝贺！向多年来给予残疾人工作重视、关心和支持的各相关部门，向热爱并积极投身于残疾人事业的社会各界友好人士，向为残疾人事业做出重大贡献的领导和同志们表示最诚挚的谢意！特别要向在百忙的工作中前来参加今天剪彩仪式的省、市残联，各县区残联的领导及各位来宾表示最热烈的欢迎！

残疾人事业是最崇高的事业，是中国特色社会主义事业的重要组成部分。广大残疾人的命运同社会发展的进程紧密相连。建县以来，我们××的残疾人事业取得了令人赞叹的成就。残疾人自身素质不断提高，生活状况明显改善，扶残助残的良好风尚逐渐形成。残联机构完善，工作成效显著，在保障残疾人合法权益和维护残疾人切身利益方面发挥着重要的作用。

今天，县残疾人综合服务中心的建成，标志着我县残疾人服务设施建设水平又有了新的提高，残疾人事业又跃上了一个新台阶，这是我县残疾人事业辉煌发展的重要标志。综合楼的启用，将为我县残疾人的康复、就业培训和职业介绍、文化活动等工作起到有力的保障作用，同时也填补了我县残疾人综合服务设施建设上的空白。现在，让我们一起祝福我县的残疾人事业持续健康发展，让我们一起祝愿全县广大残疾人与全县人民一道享有幸福、美好的明天！

★★★

范例9：教育局局长在学校综合教学楼落成典礼上致辞

【致辞人】教育局局长

【场　景】学校综合教学楼落成典礼

【时　机】在典礼开始时致辞

【风　格】满怀激情

【关键词】欢聚一堂 祝贺 谢意 成长 贡献 盛誉 基础

【妙　语】求实创新，与时俱进，大力改善办学条件。深化内部管理体制改革，狠抓教育教学质量。齐心协力，脚踏实地，积极进取。

老师们，同学们，同志们，朋友们：

今天，我们欢聚一堂，共庆××中综合楼落成。首先，在这里，我代表××教育局，向××中全体师生员工表示热烈的祝贺！向各界同仁致以诚挚的谢意！

五十年来，伴随着××市基础教育事业发展的历程，××中不断成长和壮大，为社会主义建设事业培养了大批的建设者和优秀人才，为××市经济、文化和社会的发展做出了重要贡献。在基础教育迅速发展的今天，××中以对祖国和人民的高度责任感，坚定不移地贯彻党的教育方针，求实创新，与时俱进，大力改善办学条件，加强师资队伍建设，着力培养"优秀加特长"的学生，努力实现"重点加特色"的办学目标，逐步形成了"团结、和谐、务实、奋进"的校风。特别是在艺术教育方面硕果累累，办学特色在全市享有盛誉。

××中作为市教育局直属的市级重点中学，在今后的发展中，要以改善办学条件为突破口，加强师资队伍建设，树立"科研兴校"思想，深化内部管理体制改革，狠抓教育教学质量，为学校的长远发展奠定坚实的基础。

……

老师们、同学们，××的进步和发展凝聚着全校师生的智慧和汗水，要创造新的辉煌还要靠广大师生的共同努力，还要靠社会各界一如既往的关心和支持。在今后的发展中，广大师生要抢抓机遇，齐心协力，脚踏实地，积极进取，努力实现学校提出的创建省级重点中学、创建省级文明单位、创建学习型学校的三大目标，为××市基础教育事业增光添彩。

范例10：电力局局长在调度大楼落成典礼上致辞

【致辞人】电力局局长

【场　景】电力局调度大楼落成典礼

【时　机】在典礼开始时致辞

【风　格】慷慨激昂

【关键词】欢迎　感谢　起点　里程碑　迅猛发展　积极作用　家园

【妙　语】清风送爽，丹桂飘香，金色的十月是收获的时节。经济要发展，电力要先行，我们有责任当好先行，我们有能力当好先行。

尊敬的各位领导、各位嘉宾、朋友们、同志们:

大家好!

清风送爽，丹桂飘香，金色的十月是收获的时节，在县委、县政府和上级供电部门的关心重视下，在各相关部门的大力支持下，在承建单位的辛勤努力下，我局电力生产调度大楼于今天落成。值此机会，我谨代表企业全体员工向各位领导、各位来宾和朋友们表示热烈的欢迎！向长期关心和支持地方电力事业发展的社会各界人士表示衷心的感谢!

我局电力调度大楼于××年××月动工兴建,建设用地面积××平方米，建筑面积××平方米，楼高××层，集电力调度自动化、办公自动化、通信、计算机网络系统于一体。电力调度大楼的落成，为提高××电网调度自动化和办公自动化水平打下了坚实的基础，标志着××县地方电力事业进入了一个新的发展阶段，是××电力事业发展史上的又一座里程碑、一个新的起点。

近年来，我县电网建设得到了迅猛发展，上级电网公司支持了××亿多资金用于我县农网改造、城市配网改造和变电站技术改造等电网建设项目，到××年底，我局固定资产达××元，是五年前的五倍，使我县电网的供电可靠性、供电质量和供电能力大大提高，全县年供电量达到××亿千瓦时，是五年前的两倍，为我县的经济发展起到了积极作用。

经济要发展，电力要先行，我们有责任当好先行，我们有能力当好先行。展望未来，任重而道远。我们将在上级电力部门和县委、县政府的领导下，把责任扛在肩上，把困难踩在脚下，把信心树在心里，把机遇握在手中，举全局之力，集全局之智，振奋精神，奋发拼搏，不断创新，积极工作，把我们的企业办成党和人民放心的企业，与全县人民一起共同建设我们美好的家园，迎接更加美好的明天！

祝各位领导、各位来宾、朋友们和同志们身体健康、万事顺意！

谢谢大家！

★★★

范例 11：镇长在镇政府办公大楼落成典礼上致辞

【致辞人】镇长

【场　景】镇政府办公大楼落成庆典

【时　机】在庆典开始时致辞

【风　格】慷慨激昂

【关键词】落成庆典 欢迎 问候 感谢 大楼建设 顺利竣工 新事业

【妙　语】在这蓝天高远、硕果累累的丰收季节。让我们乘着大楼新起的东风。努力创造更加美丽、更加辉煌的新事业。

尊敬的各位领导，各位来宾，同志们，朋友们：

在这蓝天高远、硕果累累的丰收季节，我们迎来了期盼已久的大喜事——我镇政府办公大楼落成。首先，我代表镇党委、镇政府以及全镇广大干部群众，向百忙之中抽空莅临今天庆典的各位领导表示热烈的欢迎！向付出了辛勤劳动的大楼建设者表示诚挚的问候！向鼎力支持大楼建设的有关单位和社会各界人士表示衷心的感谢！

我镇镇政府办公大楼于去年八月开始动工兴建，占地二十亩，建筑面积三千五百平方米，总投资二百多万元，历时十五个月，四百多个工作日。在这四百多个日夜里，大楼的兴建时刻牵动着我镇干部群众的心。县委、县政府领导对大楼的建设也十分关心。尽管条件艰苦，财政紧张，全镇广大干群上下齐心，团结一致，发扬自力更生、艰苦奋斗的精神，克服了重重困难，排除了种种障碍，在没有增加农民一分负担的前提下，顺利完成了大楼建设。

今天，大楼已经耸立在了我们面前，这得益于近年来我镇经济社会各项事业的繁荣发展，得益于县委、县政府和有关部门的亲切关怀，得益于全体干部的和衷共济，更得益于我镇人民的大力支持。应该说，没有各级领导、各界人士、各方力量的支持和帮助，就没有大楼的顺利竣工。

同志们，让我们乘着大楼新起的东风，在新的起点上，以新的风貌、新的姿态、新的作风，戮力同心、勤政务实、与时俱进、奋发进取，努力开创经济繁荣、和谐平安的新局面，努力建设生活富裕、百姓安康的××镇，努力创造更加美丽、更加辉煌的新事业。

谢谢大家。

★★★

范例12：企业家在小学新校舍落成典礼上致辞

【致辞人】企业家

【场　景】小学新校舍落成庆典

【时　机】在庆典仪式开始时致辞

【风　格】满怀希望

【关键词】落成仪式　激动　感谢　关心　事业　榜样

【妙　语】不仅仅是一座建筑，还是为孩子们构筑的一个美好的未来。报效祖国，服务美丽家乡的建设事业。

尊敬的××市长、××博士、培苗行动的董事们、各位女企业家姐妹们、××小学的全体老师、同学们：

下午好！

金秋十月，我们来到美丽的××市，参加××小学新校舍的落成仪式，心情十分激动。首先，我谨代表××省女企业家协会对××小学的落成表示热烈的祝贺，向××女士及香港培苗基金会表示崇高的敬意，向关心教育、重视人才培养的××市政府表示衷心感谢！

这座拔地而起的××小学，凝聚了各位关心下一代同仁志士的努力和辛劳，她不仅仅是一座建筑，还是为孩子们构筑的一个美好的未来。希望入学的同学们能够珍惜得来不易的今天，不辜负大家的期望，努力学习，将来报效祖国，服务美丽家乡的建设事业。

××女企业家协会，是聚集了省内优秀企业精英的女性组织，她们是我省经济和社会发展不可或缺的一支骨干群体，为××的开发建设做出了骄人的业绩。怀着拳拳之心、殷切希望，我们协会会员深知这是件百年树人的大事，在繁忙之中踊跃参加，为的是让我们的下一代能受到好的教育，亲身激励下一代，我们带来的一点心意微不足道，今后我们将会以××女士和香港培苗基金会的董事们为榜样，更多地帮助有需要的人，更多地回馈社会，更多地为我们的教育事业做实事。

最后，祝××小学事业兴旺，越办越好！祝大家身体健康、工作顺利、学习进步！

★★★

范例13：兄弟单位代表在工商所落成典礼上致辞

【致辞人】兄弟单位代表

【场　景】工商所落成典礼

【时　机】在典礼开始时致辞

【风　格】慷慨激昂

【关键词】机遇　乔迁　祝贺　扎实工作　埋头苦干　学习　借鉴

【妙　语】在当前抢抓机遇、加快发展的大好形势下。工商所新址的落成，对我们兄弟单位也是一次鼓励。树立良好的外部形象，赢得自己的位置。

尊敬的各位领导，各位来宾，同志们：

在当前抢抓机遇、加快发展的大好形势下，我镇又传喜讯，工商所办公大楼胜利落成。在此，我很荣幸地代表××派出所和××镇、××乡三十个兄弟单位向××工商所的落成和乔迁表示最热烈的祝贺！

长期以来，××工商所在县工商局和××镇、××乡党委政府的正确领导下，以服务地方经济建设为己任，扎实工作，埋头苦干，不断取得新成绩，为我镇经济发展和三个文明建设做出了很大贡献。工商所在队伍建设、行风建设和服务发展等方面的做法和取得的成效，很值得我们学习和借鉴。

工商所新址的落成，对我们兄弟单位也是一次鼓励，只要积极发挥职能作用，为地方经济发展贡献力量，就能够树立良好的外部形象，赢得自己的位置。

在这里，再次对工商所的落成表示热烈的祝贺，让我们在镇委、镇政府的正确领导下，各项工作再迈新台阶，再上新水平，全面推进经济社会发展，实现新的跨越！

谢谢大家！

★★★

范例14：社区领导在社区综合大楼落成典礼上致辞

【致辞人】社区领导
【场　景】社区综合大楼落成典礼
【时　机】在典礼开始时致辞
【风　格】逻辑清晰
【关键词】喜悦　落成典礼　幸福乐园　力量　美好家园
【妙　语】金风玉露，菊花飘香。社区工作面向基层、面向居民、面向未来、服务大家。与时俱进，开拓创新。服从社区的领导，共创美好家园。

尊敬的各位领导、各位来宾：

金风玉露，菊花飘香。今天我和大家一样怀着喜悦的心情，来参加我们××社区综合大楼落成典礼，我感到十分的高兴。这是我们社区的一大盛事。

我谨代表全社区的居民向上级领导，以及辖区内外的单位领导和个体私营企业的各位同仁对社区建设和工作给予的大力支持和关心，表示衷心的感谢！社区是个家，服务你我他。社区是一个新兴机构，一个实行自我管理、自我教育、自我服务的管理体系。社区工作面向基层、面向居民、面向未来、服务大家。我是社区居民的一员，我一定义不容辞地、一如既往地支持社区工作，为社区工作添砖加瓦，贡献自己的一份力量！

我相信：在市委、市政府及街道办事处的各级领导下，我们社区全体干群高举邓小平理论和“三个代表”重要思想的伟大旗帜，坚持四项基本原则，扎扎实实做好社区工作，为民当家做主，带领全体社区居民安居乐业、共奔小康，创建生态型社区、文明社区和平安社区。我相信我们全体居民一定会全心全意支持社区的工作，服从社区的领导，共创美好家园。我相信，有上级的正确领导，全体社区干群的努力奋斗、团结拼搏、居民的关心，我们的社区一定会更好！

最后祝各位工作顺利、身体健康、万事如意、合家欢乐！

谢谢大家！

★★★

范例15：校长在并校工程落成典礼上致辞

【致辞人】校长

【场　景】两校合一扩建工程落成典礼

【时　机】在典礼开始时致辞

【风　格】慷慨激昂

【关键词】感谢 有益指导 敬意 艰苦努力 发展机遇

【妙　语】两校合一扩建工程的落成，也使学校赢得了前所未有的发展机遇。今天是一个永当铭记的、具有里程碑意义的日子。积土成山，风雨兴焉，积水成渊，蛟龙生焉，积善成德，而神明自得，圣心备焉。

尊敬的各位领导、各位来宾，全校广大师生：

大家好！

首先，请允许我代表学校党政领导和全校师生对大家的到来表示热烈的欢迎和衷心的感谢！长期以来，大家在两校合一及扩建工程的方案的拟定、资金的筹措、施工的指导等多方面对我们给予了具体的支持帮助和有益指导，在此，特向你们致以最崇高的敬意，谢谢你们！

在市教委、区委和区政府的亲切关怀以及社会各界的大力支持下，经过××年的艰苦努力，我校已完成了两校合一扩建工程的改造，学校建筑面积由过去的××平方米增加到今天的××平方米。学校新增了专业教室、微机室、多媒体教室、语音室、实验室，扩建学生操场××平方米，新增塑胶地板篮球场一个。总投资××万元的改造工程已使学校面貌得到了根本性的改观。使学校向规模化、正规化、现代化的发展中迈出了决定性的一步，使学校办学实力得到明显提升。同时。两校合一扩建工程的落成，也使学校赢得了前所未有的发展机遇。

同志们，在××小学的发展史上，今天是一个永当铭记的、具有里程碑意义的日子。大家知道，我们这所学校已有××年的厚重历史。××年来，一代代教育工作者呕心沥血无私奉献，对学校的发展倾注了太多太多的爱。与他们相比，我们赶上了改革开放的好时日，赶上了全社会都在尊师重教的大环境，赶上了学校发展前所未有的最佳历史时机。面对整洁、优雅、清新、漂亮的新校园，我们的心情可谓是感恩与庆幸同在。我们又站在一个更高的起点上。秋的丰收意味着再一次的播种。古人云：积土成山，风雨兴焉，积水成渊，蛟龙生焉，积善成德，而神明自得，圣心备焉。让我们全校师生团结起来，秉承优良传统，不断开拓创新，再一次撒下希望的种子，用我们的勤奋和汗水、才智和热情，去迎接下一个更加丰盈的收获吧。

在此，也请各级领导放心，有你们的正确领导和全力支持，有全体师生的共同努力，××小学必将办得更加富有特色，更具生机和活力。我们的明天将更加美好！

谢谢大家！

范例16：嘉宾代表在党政机关办公中心落成典礼上致辞

【致辞人】嘉宾代表

【场　景】党政机关办公中心落成典礼

【时　机】在典礼开始时致辞

【风　格】热情洋溢

【关键词】祝贺　敬意　活力　无比自豪　无限商机　无比幸福

【妙　语】游子万里盼，故乡捷报传。天涯不改游子心，海角无泯故乡情。水流千里终有源，参天大树终有根。

尊敬的各位领导、各位朋友、家乡的父老乡亲们：

大家好！

游子万里盼，故乡捷报传。今天能够参加党政机关办公中心落成庆典仪式，与故乡人民共同分享发展的快乐，心情十分高兴，也十分激动。在此，我代表××地区××发展促进会的全体会员，以及所有在外发展的××人，向党政机关办公中心的落成致以最衷心的祝贺！向家乡的领导和人民致以最崇高的敬意！

天涯不改游子心，海角无泯故乡情。异乡创业的××人魂牵梦萦的还是家乡的发展。踏上故乡，我们也深切地感受到××翻天覆地的变化，县域经济快速发展，城镇建设日新月异，人民群众安居乐业，城乡处处都洋溢着勃勃生机和活力。这巨大的成就充分体现了××人民的勤劳和智慧，也让我们看到了一个为百姓谋福祉的党政领导班子，也更加证明了××是一个充满商机、充满财富，物华天宝、人杰地灵的宝地。对此，在外的××人感到无比欣慰、无比高兴、无比自豪！

水流千里终有源，参天大树终有根。无论在哪里创业，我们都是××人，报效桑梓是我们义不容辞的责任，××的无限商机也更加坚定了我们回乡创业的信心和决心。在今后的工作中，我们将积极为××发展献计出力，与家乡人民共同建设自己美好的家园。同时，我们也相信，在家乡党委、政府科学发展观和正确政绩观的引导下，在三十二万××人民的共同打拼下，××的明天一定会更加美好，××的人民会无比幸福。

最后，衷心地祝愿家乡越来越美。祝愿各位领导、各位来宾身体健康，万事如意！

谢谢大家！

★★★

范例17：公司经理在分公司办公大楼落成典礼上致辞

【致辞人】公司经理

【场　景】分公司办公大楼落成典礼

【时　机】在落成典礼开始时致辞

【风　格】慷慨激昂

【关键词】欢迎　感谢　高效　万事顺意　投入使用

【妙　语】新年伊始，万象更新。提供更加高效、优质的通信服务。身体健康，工作顺利，心想事成，万事顺意。

各位领导、各位来宾：

大家好！

新年伊始，万象更新。今天，我们在这里隆重举行××分公司综合大楼落成典礼仪式。参加仪式的有：市委常委、统战部长××，××分公司副总经理××，××公司部门和兄弟县公司领导，××县县委书记××、代县长××等县领导班子成员，和各镇区主要领导及县直有关部门负责人。借此机会，我谨代表××分公司全体员工对参加落成典礼的各位领导、各位来宾和各界朋友们，表示诚挚的谢意和热烈的欢迎！并向多年来一直关心、支持××事业发展的各级领导、社会各界朋友和广大客户致以衷心的感谢！

××有限责任公司××分公司是××有限公司的全资子公司。新建的××大楼位于县城××开发区××路，总投资六百万元，建筑面积二千五百平方米，全部由××分公司拨款。该项目的投入使用，将极大地改善××的工作环境和通信质量，更好地为××的经济建设和社会事业发展做出应有贡献，也为××县的各级领导、各界用户提供更加高效、优质的通信服务。

最后，祝各位领导、各位来宾、各界朋友身体健康，工作顺利，心想事成，万事顺意！

下面，请各位领导、各位来宾参观、指导。

谢谢大家！

三、家庭乔迁庆典贺词

在家庭乔迁庆典上，无论是主人致辞还是嘉宾致辞，都要牢牢把握轻松幽默的原则，家庭乔迁庆典往往邀请的是家里的亲朋好友，大家既是为乔迁之喜而欢聚，也是为亲情、友情而欢聚，所以致辞者要努力营造其乐融融的气氛，切莫使发言显得生硬、无趣。

作为来宾，致辞不要忘了对主人的新居赞扬一番，有句话说得好："在人世间所能听到的最动听的歌，就是从我们嘴里说出的赞美的话语"。

★★★

范例1：嘉宾代表在乔迁新居庆典上致辞

【致辞人】嘉宾代表

【场　景】乔迁新居庆典

【时　机】在庆典开始时致辞

【风　格】语言风趣 引经据典

【关键词】欢聚一堂 乔迁之喜 欢迎 祝贺

【妙　语】人逢喜事精神爽，月到中秋分外明，一处良宅双手成，一杯薄酒谢亲朋。日子越过越红火，人生越走越亮堂。

先生们、女士们：

大家中午好！

俗话说：人逢喜事精神爽，月到中秋分外明，一处良宅双手成，一杯薄酒谢亲朋。在这充满激情的美好季节，我们怀着喜悦的心情欢聚一堂，迎来了××先生和××女士的乔迁之喜。

承蒙东道主的厚爱，我很荣幸、更高兴地站在这里为大家讲话。

首先，我代表××夫妇及全家向在座的各位在百忙之中前来参加此次盛宴，表示最衷心的感谢和最热烈的欢迎！

大家都知道，人生有“四大喜”，那就是：久旱逢甘雨，他乡遇故知，洞房花烛夜，金榜题名时。曾有人问：人生第五大喜是什么？据专家组讨论研究，最后认定那就是新居落成乔迁之喜。今天，××夫妇就迎来了这第五大喜，可以说是可喜可贺！既然如此，我就代表在座各位向他们全家表示最诚挚的祝贺！

我们××夫妇作为人民教师，可谓是情系教坛，爱洒学生，呕心沥血，多年来仅凭借着那满是老茧的勤劳之手，用微薄的工资，披星戴月，省吃俭用，经过长期的打拼才喜迁新居。

他们今天的新居，就是他们心血的结晶！是党和人民给他们的回报！现如今家业兴旺，生活美满幸福，和乐安康！我想这个成绩的取得，不仅仅是他们自身努力的结果，更是在座各位多年来对他们关心、支持、帮助与厚爱的结果。在此，我代表夫妇俩向你们再次表示最诚挚的谢意！并顺祝大家理想、梦想、心想，事事皆能成；公事、私事、心事，事事都称心；财路、运路、人生路，路路皆畅通；阴天、雨天、晴天，天天好心情！

为了表达对大家的感激之情，××夫妇借××大酒店这块风水宝地，略备粗茶淡饭，薄酒素菜，不成敬意，还望大家海涵，多多赐谅。

最后再次衷心地祝愿大家虎年快乐、虎年吉祥、虎年幸福、虎年安康！交好运、发大财！日子越过越红火，人生越走越亮堂！

★★★

范例2：男主人在喜迁新居答谢宴上致辞

【致辞人】男主人

【场　景】喜迁新居答谢宴

【时　机】在答谢宴开始时致辞

【风　格】热情洋溢

【关键词】乔迁新居 荣幸 感谢 欣喜 共同分享

【妙　语】时光飞逝，岁月如梭，十年弹指一挥间。每一点进步、每一次成长，都离不开各位领导的关心与培养，离不开各位亲朋的帮助与支持。

尊敬的各位领导，各位同事，各位亲朋好友：

大家中午好！

今天，是我们全家乔迁新居的日子。各位领导、同事、亲人、朋友能够在百忙之中抽出时间，欢聚于此，是我们全家的荣幸。在此，请允许我们夫妻代表全家，对大家的到来，表示热烈的欢迎和衷心的感谢。

时光飞逝，岁月如梭，十年弹指一挥间。从最初的走出校门到后来的成家立业，从以前的身居陋室到现在的喜迁新居，我们的生活在不经意间发生了许多变化，我们虽然因此而欣喜，但我们却时刻没有忘记，我们的每一点进步、每一次成长，都离不开各位领导的关心与培养，离不开各位亲朋的帮助与支持。

今天，我们在此备下薄酒素菜，不仅是想把心中的这份喜悦与大家共同分享，更是想借此机会，对大家多年来的关心、关注与厚爱表示感谢。

千言万语难表心中谢意，在此，就让我们夫妻，真诚地为大家敬上一杯喜庆的酒，祝福的酒，愿尊敬的领导、同事以及所有的亲朋好友，在新的一年里，身体健康、心情愉快、心想事成、万事顺意！

★★★

范例3：嘉宾代表在新居乔迁庆典上致辞

【致辞人】嘉宾代表

【场　景】新居乔迁庆典

【时　机】在乔迁庆典开始时致辞

【风　格】慷慨激昂

【关键词】祝福 微笑 乔迁庆典 感谢 真谛

【妙　语】经过十几年的艰苦创业，踏上了富裕之路。丰富多彩的城市生活，令人向往，令人陶醉。沟通可以增进友谊，常来往才是情感交流的真谛。

各位来宾：

建华堂春风入座，迁新居高朋满堂。今天，大家带着祝福、带着微笑，带着真诚，相聚在××餐厅，一起参加××夫妇乔迁庆典午宴。首先，让我们大家用最热烈的掌声对他们乔迁新居表示祝贺！祝贺他们：新居托北斗，家宅映朝阳，年年添喜庆，岁岁呈吉祥。同时我代表东道主，对大家的到来表示热烈的欢迎和衷心的感谢！

各位来宾，大家都知道，××夫妻恩爱，携手并肩，勤俭持家，自立、自强，经过十几年的艰苦创业，踏上了富裕之路，他们的住所由原来的砖瓦房到楼板房，变成今天宽敞明亮的楼房。在生活上，一年一个样，这正是芝麻开花节节高。

各位朋友，丰富多彩的城市生活，令人向往，令人陶醉！新世纪的曙光为农村通往城市的道路架起了幸福的桥梁！希望大家早日享受城市生活，共同走向繁荣富强。

各位来宾，是朋友、是同学、是亲属，就要常联系，常沟通，常来往，联系可以记住你我，沟通可以增进友谊，常来往才是情感交流的真谛!

为此，我们大家共同希望：幸福和快乐，荣华和富贵，平安和健康，将永远伴随××夫妇全家一生。

顺祝大家：四季康宁、万事如意、财源广进、福寿无疆！

★★★

范例4：家人代表在乔迁庆典上致辞

【致辞人】家人代表

【场　景】乔迁庆典

【时　机】在庆典活动开始时致辞

【风　格】慷慨激昂

【关键词】嘉宾云集　荣幸　感谢　敬意　来之不易　喜悦　鸿运滚滚

【妙　语】冬来梅花盛，客到华生辉。数十载寒来暑往，十几年奋斗兴家。楼舍乐成增如意，新居进住呈吉祥，鹊喜新居财将旺，莺适乔木日初长。

尊敬的各位来宾、各位朋友，女士们、先生们：

大家中午好！冬来梅花盛，客到华生辉。今天，是我们全家乔迁新居的大好日子，各位嘉宾云集于此，高朋满座，是我们全家莫大的荣幸，我谨代表全体家人对大家的光临表示热烈的欢迎和衷心的感谢，并致以崇高的敬意！

数十载寒来暑往，十几年奋斗兴家，能够取得今天的成绩实属来之不易，在构建新居的过程中，我们离不开大家的关心与支持，离不开各位亲戚的帮助与照顾，离不开各位朋友的鼓励与厚爱。正是因为有了大家的无私关爱与援助，才有了我们全家今天微不足道的成绩。在此，我对大家的深情厚意再次表示衷心的感谢！

住进新居，也是我们家史中的一件大事，它浓缩了我们的奋斗与荣耀，它彰显了我们的成长与喜悦，所以我们共同畅享“楼舍乐成增如意，新居进住呈吉祥，鹊喜新居财将旺，莺适乔木日初长”。在畅享喜悦之际，我们也因条件的简陋，招待的不周，深表歉意，只能抱歉地说一声：“天寒酒冷难成醉，茶粗饭淡君莫嫌！”

最后，再次对大家的光临表示热烈的欢迎和衷心的感谢！并送上我们美好的祝福，祝大家心想事成，万事如意，人兴财发，鸿运滚滚！

谢谢！

★★★

范例5：主人在乔迁新居仪式上致辞

【致辞人】主人

【场　景】乔迁新居

【时　机】在乔迁仪式开始时致辞

【风　格】才华横溢 热情洋溢

【关键词】乔迁新居 艰辛劳动 欢迎 祝福 一鼓作气 四季如春 自豪

【妙　语】良辰安宅，吉日迁居。洪光西起，紫气东来。阳光普照，瑞气盈门。脚步蹒跚般地走过来了。乔迁新居是人生奋斗的里程碑，它浓缩了奋斗的荣耀，彰显了成长的喜悦。

良辰安宅，吉日迁居。洪光西起，紫气东来。阳光普照，瑞气盈门。今天是2010年10月16日，农历九月初九，是我们全家乔迁新居的大好日子，更是我们家的一件大事、喜事。在此，我代表全家向百忙中前来祝贺的各位亲朋好友表示热烈的欢迎！向为新居建设鼎力相助并付出艰辛劳动的各位人士，致以诚挚的谢意和美好的祝福！

自今年正月二十二开始动工装修到现在，历时八个多月，历经拆墙改线、地砖粘贴、涂灰抹墙、家具喷漆、内门安装、灯饰装潢、卫浴洁具、整体厨房、家具购置等十几项工程，可谓一鼓作气、风雨无阻。这其中的一沟一线、一砖一木无不渗透着心血和汗水，但不管怎样，总是脚步蹒跚般地走过来了。

回望过去，从住泥土墙、秫秸顶、下雨遍漏的土坯房；到斗砖罩面、方椽铺顶的捶顶房；再到简易的青瓦房；还有吃喝洗涮都挤一间的公家房，今天又住进了三室两厅双卫总面积一百三十七平方米的现代化楼舍。太阳能、热水器、微波炉、数字高清等一应俱全，冬有暖气，夏有空调，四季如春。这生活真是有了翻天覆地的变化，我为有这样的新居感到由衷的高兴，同时也为伟大祖国的繁荣昌盛感到无比骄傲和自豪。

乔迁新居是人生奋斗的里程碑，它浓缩了奋斗的荣耀，彰显了成长的喜悦。让我们全家共同畅享新居的快乐和温馨。这正是：

鹊登枝头高歌唱

一庭梅影花吐芳

紫阳高照门凝瑞

新居进住呈吉祥

聚贤汇雅恒兴旺

立德行品有纲常

和善人家洪福广

李氏门第飘书香

祖功宗德流芳远

子孝孙贤世泽长

乔迁新居只是新的开始，事业需待更进一步。希望孩子们不要住新居走老路，要居安思危，艰苦奋斗，努力学习，承载家庭，争做行端品正、德艺双馨的时代新人，决不辜负父母的一番心血和一片苦心。也希望我们一家人，在新的里程碑前肩靠得更近，手挽得更紧，心心相印，风雨同舟，昂首阔步走向新的明天。

★★★

范例6：主人在乔迁答谢宴上致辞

【致辞人】主人

【场　景】乔迁答谢宴

【时　机】在宴会开始时致辞

【风　格】慷慨激昂

【关键词】欢迎　感谢　美意　愿望　如愿以偿　开怀畅饮

【妙　语】温馨、典雅的宝地，略备薄酒一杯、淡菜一口，以示答谢，实在不成敬意。望大家在这春天里能够开怀畅饮，共度周日美好时光。

尊敬的各位来宾、各位领导、同志们、朋友们：

大家中午好！

首先，我代表我们一家人，对出席今天答谢酒宴的各位来宾，表示热烈的欢迎和衷心的感谢！欢迎你们的光临与捧场！感谢你们的盛情与美意！

说句心里话，拥有一套称心如意的住房，一直是全家人最大愿望。现在我们××的楼市，可谓“天价楼房日日涨，工薪阶层却步望”。如今托在座各位的福，我们终于如愿以偿，实现了这一夙愿与梦想。自打迁入新居以来，我们一家三口感到十分高兴，也十分欣慰。高兴的是，我们经过八年“抗战”，终于告别“蜗居”八载的“陋室”，搬进了宽敞、明亮的十二层“空中楼阁”。欣慰的是，有许多关心我们的亲朋好友、领导同志，对我们的乔迁表示祝贺、送上祝福，与我们共同分享喜悦与幸福。今天借“××山庄”这块——温馨、典雅的宝地，略备薄酒一杯、淡菜一口，以示答谢，实在不成敬意。望大家在这春天里能够开怀畅饮，共度周日美好时光！如招待不周，望请见谅！

今天到场的嘉宾都是××年来，通过工作关系结识的领导同志、新朋老友。难得今天这团聚机会，使我有幸又结识了一些新领导、新朋友。借此机会，向所有关心、爱护××的兄弟姐妹们道一声：“谢谢！”

我们夫妻都是农民子弟，纯真质朴是我们的本质，工作上讲究求真务实，生活中注重真情实意。我们会倍加珍惜因工作机缘而结下的同志加兄弟姐妹般的朋友情谊，我们会怀着一颗感恩的心去工作和生活，我们更铭记每一个支持、帮助和关爱我们的人！

有大家的帮助、托大家的洪福，现在我们生活得很幸福，也很知足。我们好不算真的好，但愿你们过得比我们好！

最后，我衷心地祝愿在座所有来宾生活美满、一生平安！

谢谢大家！

第 6 章

聚会庆典贺词

我国是礼仪之邦，人民历来重视结交朋友，有的是刎颈之交，有的是患难与共，有的是倾盖如故，有的是忘年之交。所谓朋友必重仁德讲义气，守信用同心协力，在思想、学习、工作、生活等方面，相互帮助、相互促进，甚至同甘苦，共患难。

聚会是增进友谊、结识朋友、重拾美好回忆的重要形式。通过聚会，旧友之间能够倾诉多年阔别的思念的之情，共同回味当年的酸甜苦辣；通过聚会，人与人之间可以增进交往，更深层次地了解对方，相互增进友谊。古代许多文人雅士都有把酒言欢、相逢齐聚的习惯，也形成了许多传世之作，《醉翁亭记》的山水阔达、《兰亭集序》的少长咸集，无不诠释着聚会的深层意义。

当今社会，聚会的内涵不断充实，人们不仅可以通过聚会传递友谊，聚会还成为了业务洽谈、合同签订的重要途径和方法。越来越多的人开始重视聚会，聚会的内容和形式也在不断丰富。

人与人之间的交际往来必须遵循一定的礼仪，即使在朋友之间，也存在着这样的礼节。与朋友欢聚，应注意以下几点：

准时：无论参加同学聚会、战友聚会还是知青聚会，都和参加商务洽谈一样，应该准时赴约。有些人认为，都是老朋友了，迟到一会儿无所谓。但是，让大家等待是非常失礼的，如当时确实有些事要晚到，也应当打电话给发起人，说明事情原由，表示歉意，当然，也要说清楚自己到达的时间。

忆旧：朋友们在一起聚会一定要畅谈过往今昔。但是在言谈中也要注意，要充分注意朋友的态度、表情，避免朋友因往事感到尴尬、不安，如果有外人在场，则不能乱喊小时候的绰号等。

饮酒：朋友聚会中，很多人会选择喝酒，但一定要注意有所节制，避免因饮酒过度而失态，成为朋友笑柄，同时与会者还要充分考虑自身的健康状况。

态度：同学中可能会有人当领导，但也有人生活得不如意，同学聚会时彼此的关系就是同学，没有高低贵贱之分，所以，言谈举止要亲切、平和。对于已经比较生疏的同学不妨来个拥抱、握手，以消除陌生感。

禁忌：老同学、老战友在见面时要注意谈话内容有所禁忌，不该问的就不问，比如个人隐私、收入等问题。

名片：接过老朋友的名片时要认真看一下，然后再递名片。接递名片时要用双手。

夹菜：酒席间，有些人为表示亲切、关心，喜欢用自己的筷子给别人夹菜，其实这样很不好。就算是以前很要好的同学，经过几年的变化，生活习惯已经不一样了，这样做，会让人觉得不卫生。

一、同学聚会贺词

毕业前夕，也许我们说过一句话：“十年之后、二十年之后、三十年之后我们再相聚”，转眼间，当年那个约定的日子就要来临。事业、结婚、生子已经成为谈论的主题，当年意气风发的同学们也应该聚一聚了。小范围聚会，大多只是保持联系，而大型聚会则让大家充分交流、沟通，为新的发展提供新的契机。毕业数十年，同学变化都很大，同学聚会可以使业务相近、地域相邻、嗜好相同的同学能够更好地沟通，增进友谊，促进共同发展。

有聚会就必然有聚会致辞，因为聚会致辞不仅能够表达自己的心愿，还可以活跃气氛。那怎样才能做好同学聚会的致辞呢?

第一，要有恰当的称呼。

第二，要有一个简单的开场白。

第三，正文部分要有实在的内容。

第四，要有一个祝愿未来的结尾。

总之，上述四个要求是致辞者必须注意的问题，因为这四项要求就是同学聚会致辞的框架。同时还要注意一些一般性问题，如注意礼节，贺词文雅别致、短小精练，要以情感人等，只有这样才能做出精彩的同学聚会致辞。

★★★

范例1：教师代表在同学毕业聚会上致辞

【致辞人】教师代表

【场　景】毕业二十年同学聚会

【时　机】在聚会开始时致辞

【风　格】情谊满怀

【关键词】重新聚首 财富 师生情 满怀憧憬 自豪 回味无穷

【妙　语】原以为生活的沉淀，时光的流逝，使年已五十的我激情不再。岁月给每个人脸上写满了成熟的沧桑，但同学们风采依旧。今天的聚会，圆了始终萦绕在我们心中的梦。

亲爱的同学们：

大家好！

原以为生活的沉淀，时光的流逝，使年已五十的我激情不再。然而，当我们××班毕业二十年后重新聚首，当我又看到同学们那一张张可爱的笑脸，我不禁热泪盈眶。我似乎又回到了二十年前，那时的情，那时的景历历在目。忘不了你们那青春活泼的身影，忘不了我们之间那真挚的师生情，忘不了教室里渴求知识的眼神，也忘不了晚会上动情的歌声。我们相识时，我正值壮年；分别二十载，我行将步入暮年。与大家共度的，是我人生中最美好的三年。时光如水,岁月如歌,留存在我记忆深处的你们，是我一生中最宝贵的财富！

记得二十年前，我们××班的同学满怀憧憬，带着理想，告别母校，告别老师，走向工作岗位。我关注的视线随着你们的奋斗足迹越走越长。我看到你们已经成为各条战线上的中坚力量和骨干分子，在人生的舞台上尽情地演绎风采；我时时听到你们获得的骄人成绩、精彩的人生瞬间。作为老师，我怎能不感到骄傲和自豪?！是你们的美丽，为我的人生画卷绘制了浓墨重彩的一笔。

岁月给每个人脸上写满了成熟的沧桑，但同学们风采依旧。在我的眼里，你们依然是那么年轻，那么活泼，充满着向上的力量。岁月的无情可以带走我们年轻的容颜，但永远带不走我们彼此的感情。为了重温青春岁月，今天大家放下手头的事务，从四面八方走到一起来，相聚在这里，共叙分别意、畅谈阔别情。尽管由于通讯地址的变化，我们曾经无法联系；由于工作的忙碌，我们疏于联络，可我们的师生情谊没变，我们彼此的思念在日益加深，相互间默默的祝福从未间断。这份情谊如同一首深情的歌，悠远而回味无穷。

今天的聚会，圆了始终萦绕在我们心中的梦。为此，我感谢筹备组同学的精心组织和策划，他们的辛勤努力为大家互相倾诉思念和交流人生感悟，提供了一个良好的平台，而且会后还将做大量的艰苦的工作。让我们报之以热烈的掌声！

最后，我衷心地祝愿同学们身体健康，家庭幸福、工作顺利、万事如意！祝愿我们的友谊地久天长！

谢谢大家！

★★★

范例2：教师代表在同学毕业聚会上致辞

【致辞人】教师代表

【场　景】毕业二十年同学聚会

【时　机】在聚会开始时致辞

【风　格】热情洋溢

【关键词】依恋之情　风采　感谢　事业辉煌　事业永恒

【妙　语】英姿勃发、踌躇满志的青年，满怀对度过美好青春的母校的依恋之情。搏击风浪，历经磨砺；接受了亲情、友情、爱情的诸多幸福和痛苦的洗礼。

亲爱的同学们：

大家好！

二十年前，三百多名英姿勃发、踌躇满志的青年，满怀对度过美好青春的母校的依恋之情，骊歌高唱，执手挥泪，离开了这里。二十年后，他们从大江南北，迈着坚实有力的步伐，带着昂扬成熟的风采，又回来了！作为与莘莘学子共度美好时光又已离开讲坛的教师，应学生之邀，我们也回来啦！作为母校的老师，我们大声说："亲爱的学生，老师欢迎你们！"作为受学生热情邀请的老师，我们也要大声说一句："我们的学生，老师感谢你们!”

你们在改革开放的大潮中，搏击风浪，历经磨砺；接受了亲情、友情、爱情的诸多幸福和痛苦的洗礼；你们在各自的岗位上建功立业，创造着事业与祖国的辉煌，书写着自己生命的乐章。无论你的岗位是工人，是干部；无论你的职务是教授，还是职员，凡从一中走出的都是我们心爱的学生。无论你们贡献大小，都是共和国大厦上一颗颗不可松动的螺钉。我们都献上教师最真诚的祝福：祝你们家庭幸福，事业辉煌！我们老了，但我们有青春永驻的学生，我们有辉煌百年的一中，我们的事业永恒!

最后，向大家献上一首诗，《贺××届师生聚会》:

上溯二十是何年?

放飞青春又凯旋。

同窗捶打是砥砺,

师生祝福两陶然。

谢谢大家!

★★★

范例3：学生代表在毕业聚会上致辞

【致辞人】学生代表

【场　景】毕业二十年聚会

【时　机】在聚会开始时致辞

【风　格】慷慨激昂

【关键词】纪念　人生旅程　沧桑变化　感谢　缘分　人生旅程

【妙　语】畅叙师生情，同学谊，畅叙二十年的风雨征程和沧桑变化。一日为师、终生为父，一日同窗、终生朋友的缘分。

亲爱的同学们:

大家好!

今天是个好日子。对于我们××班的全体同学来说，更是一个值得纪念的日子。二十年前，我们从这里走向社会，走向更重要的人生旅程。

今天，我们带着思念，带着感情，带着对老师和同学们的祝福，又回到这里，畅叙师生情，同学谊，畅叙二十年的风雨征程和沧桑变化。这是一件非常有意义和非常有价值的事情。为了办好这件事情，聚会的发起人和组织者及早筹划，精心安排，做了大量细致而重要的工作。对此，我首先向本次聚会的发起人和组织者致以崇高的敬意，表示衷心的感谢。同时，我也想借此机会向二十年前辛勤耕耘，为我们的成长付出心血，扶我们跨上远征的战马，并在二十年来，一直关心支持扶助我们成长的各位老师表示衷心的感谢。最后，我也十分感谢大家给我这么一次机会，让我在这里谈我的感受，说出我的肺腑之言。

走出××班已二十年。这二十年中，我也进过别的校门，去过几个单位。其间，有成功也有失败，有坦途也有挫折。我感觉，师生情是世界上最真挚的感情，同学谊是天下最崇高的友谊。在我最困难的时候，是老师、同学给了我无私的帮助，使我顺利渡过了难关。我现在不敢说有多大的成功，但以我的家庭背景，以我的个人能力，能走到今天，如果没有老师和同学们的帮助，我是想也不敢想的。很多人都说我很有福气，我自己也觉得我很有福气。

人常说，“十年修得同船渡”。意思是说，要获得一次同船渡河的缘分，需要十年的修行。那么，一日为师、终生为父，一日同窗、终生朋友的缘分，需要多少年的修行呢？我是很相信缘分的。虽然，如果没有有心人专门组织的同学聚会，也许有的同学一辈子都很难见面。更有甚者，也许由于时间的流逝和各自的沧桑变化，有的同学偶然相遇却认不出彼此来，但师生的感情、同学的感情是永远也不会淡化的。

今天的聚会，使我知道了很多过去不知道的同学的情况和老师的情况，希望我们能以今天为新的起点，加强联系，加强合作，在相互提携与帮助中，走上新的人生旅程。我也希望，我们的聚会能形成一个制度，每隔几年举办一次。

范例 4：学生代表在毕业聚会上的致辞

【致辞人】学生代表
【场　景】同窗三十年聚会
【时　机】在聚会开始时致辞
【风　格】情深意长
【关键词】相聚 欢迎 敬意 重逢 贡献 喜悦
【妙　语】回首往事，话短论长。苟富贵，无相忘。在这岁月流逝中，我们不孤独、不寂寞。重叙往日的友情，畅叙非凡的经历，倾诉生活的苦乐，互道别后的思念。

亲爱的同学们：

大家好！

今天大家从四面八方，千里迢迢来到我们日夜思念的母校，相聚在一起，有千言相叙，万语相诉。在这里我首先代表××届同学三十年聚会筹备小组，向来参加聚会的同学们表示最热烈的欢迎！并代表全体同学向辛勤培育过我们的老师表示最诚挚的敬意！

三十年来大家天各一方。我们都希望能有这样一个机会，全体同学再聚到一起，回首往事，话短论长。今天我们终于相聚了，实现了期待已久的愿望！我提议为我们时隔三十年的重逢热烈鼓掌！

在母校短短的两年，我们学到了很多。母校教导我们要脚踏实地，刻苦攻读，做一个对祖国有用的人才，三十年前母校的教诲，我们时刻铭记在心，激励着我们去奋斗，去进取。今天会聚在这里的有大学教授、专家学者、国家干部，有保家卫国的解放军、公安警察，也有企业家，有医生、教师、科研工作者，各行各业，群英会聚，我们能非常欣慰地告诉母校，三十年来，我们这届全体同学没有辜负母校的教诲和培养。我提议为我们这届全体同学取得的巨大成绩热烈鼓掌！同时，为感谢母校的培养，为纪念这次难忘的同学聚会，我们这届全体同学向母校捐款十万元整。今后我们全体同学要有钱出钱，有力出力，为母校的发展献计献策做贡献。

三十年前，我们都是十六岁左右，人生只有一个十六岁，人生又能经历几个三十年？如果说三十年前的我们是充满希望与憧憬的青春少年，今天的我们已经是经历了许多磨炼而成熟的中年人。

今天我们欢聚在一起，“苟富贵，无相忘”，昨天我们是同学，今天还是同学，我们永远是同学。在漫长的人生旅途中，同学这个词的分量太重太重！我们走过了风华正茂的青少年时期，踏上了不惑的中年阶梯，我们还要过渡到“知天命”，还要超越“古稀”，步入“耄耋”之年。

在这岁月流逝中，我们不孤独、不寂寞，我们永不疲惫地探求真理，追求美好，就因为有你，有我，有他，还有她，有亲爱的同学相伴一生。

让我们把握这难得的相聚，重叙往日的友情，畅叙非凡的经历，倾诉生活的苦乐，互道别后的思念，尽情享受这重逢的喜悦吧！

★★★

范例5：学生代表在毕业联谊会上致辞

【致辞人】学生代表

【场　景】毕业联谊会

【时　机】在联谊会开始时致辞

【风　格】情谊满怀

【关键词】欢迎　朝气蓬勃　难忘　感动　牵挂　感慨万分　聚会

【妙　语】朝气蓬勃、风华正茂。共同回味当年的书生意气、四年来的酸甜苦辣。无论走到天涯海角，难忘的还是故乡。

敬爱的各位老师、亲爱的同学们：

大家晚上好！

首先我代表本次联谊会筹备委员对大家的到来，以及在百忙之中赶来的老师表示热烈的欢迎，并预祝联谊会圆满成功。

四年前，我们正是朝气蓬勃、风华正茂的青年，在××师范度过了一生中最美好也是最难忘的岁月。转眼间，我们走过了四个春、夏、秋、冬，今天我们的聚会实现了分手时的约定，又重聚在一起，共同回味当年的书生意气、四年来的酸甜苦辣。

首先我感到非常感动，想不到这次同学会有这么多的同学参加，同学们平时工作都很忙，事情也很多，但都放下了，能够来的尽量都来了，这就说明大家彼此还没有忘记，心中依然怀着对老同学的一片深情，仍然还在相互思念和牵挂。

第二是非常高兴，我们欢聚一起的激动人心的场面，就让我回想起了××年的夏天我们依依不舍挥泪告别的情景，而这一别就是四年啊，确实我们是分别得太久太久，今天的重聚怎么能不叫我们高兴万分、感慨万分呢！

第三是深感欣慰，记得在学校时，我们大多都是孩子气、孩子样，如今社会这所大学校已将我们历练得更加坚强、成熟，各位同学在各自的岗位上无私奉献，辛勤耕耘，成为社会各个领域的中坚力量，这些都使我们每一位老同学深感欣慰。

同学们，无论走到天涯海角，难忘的还是故乡。无论是从教、为官、经商，难忘的还是老同学。我们分别了四年，才盼来了今天第一次的聚会，这对我们全体同学来讲是多么有意义的一次盛会啊，我们应该珍惜这次相聚，就让我们利用这次机会在一起好好聊一聊、乐一乐吧，让我们叙旧话新，谈谈过去、现在和未来，谈谈工作、事业和家庭，如果我们每个人都能从自己和别人四年的经历中能得到一些感悟和收获，那么我们的这次同学会就是一个圆满成功的聚会！

同学们，遗憾的是有些同学因特殊情况，未能参加我们今天的聚会，希望我们的祝福能跨越时空的阻隔传到他们身边。让我们再一次祝愿全体同学们家庭幸福、事业发达、身体安康！

★★★

范例 6：同学代表在同学聚会上致辞

【致辞人】同学代表
【场　景】初中同学聚会
【时　机】在聚会开始时致辞

【风　格】情谊满怀

【关键词】聚首　如愿以偿　企盼　敬意　同学情谊　阶梯　地久天长

【妙　语】令人难忘、令人高兴、令人感到幸福。实现了多少年以来一直萦绕在我们心间的企盼。依依惜别，扬帆远航，开始踏上人生的征程。流水不因石而阻，友谊不因远而疏。

尊敬的各位老师、亲爱的各位同学：

大家好！

今天是个令人难忘、令人高兴、令人感到幸福的日子。在这金秋送爽的十月，我们聚首在××，见到了尊敬的老师、见到了亲爱的同学。

今天，我们终于如约而至，我们终于如愿以偿。在这里，我们要由衷地感谢“三十年同学聚会”筹委会的同学，为这次聚会所做的工作、所付出的努力，是他们，为我们这些在异地工作和生活的同学牵线搭桥，才促成了今天的聚会，才实现了多少年以来一直萦绕在我们心间的企盼。在此，请允许我代表全班同学，向筹委会的各位同学表示衷心的感谢！向满载同学情谊，专程赶来参加这次聚会的各位老师及同学表示诚挚的敬意！

同学相见，分外亲切。三十年前的今天，我们依依惜别，扬帆远航，开始踏上人生的征程。我们有的虽然相距较远，但我们的心却永远相连，我们有的虽然平时联系较少，但同学之间的情谊却没有间断。哪怕是只有一个电话、一条信息、一声问候，都无不饱含着同学的真情。今天的相聚，使我们仿佛又回到了昨天。学生生活的日日夜夜、点点滴滴，我们都历历在目，每一天的拼搏与努力，每一步的成功与喜悦，都是我们一生永远珍贵的记忆，都是我们成长进步不可缺少的阶梯。

流水不因石而阻，友谊不因远而疏。三年的同窗苦读、三年的朝夕相处，使我们结下了不是兄弟姐妹胜似兄弟姐妹的血肉亲情，虽然岁月渐远，但此情正浓，就让我们把握和珍惜这次难得的相聚，度过一个美好而难忘的夜晚。相逢是短暂的，友谊是永恒的，同学们，让我们记住今天的相聚！

最后，祝所有的老师身体健康，心情愉快！祝所有的同学工作顺利，事业有成！祝我们的同学情谊地久天长！

范例 7：学生代表在大学同学聚会上致辞

【致辞人】学生代表
【场　景】大学同学聚会
【时　机】在聚会开始时致辞
【风　格】慷慨激昂
【关键词】共同努力 回忆 师生情 同学情 舞台 期望
【妙　语】共同聆听恩师的教诲、共同接受恩师的指导帮助。不能忘记老师的恩情！不能忘记恩师的言传身教。健康成长、学业有成，稳步走上工作岗位，走上人生的新舞台。

尊敬的老师们、亲爱的同学们：

大家好！

经过××大姐以及全体筹备组同学的积极倡导、精心策划、周密安排，经过老师和同学们的共同努力，我们怀着激动、甜蜜的心情，怀着对××年××月第一次相聚的喜悦和对共同学习生活温馨而美好的回忆，怀着深厚的师生情、同学情，欢聚在××饭店了！

××年××月，我们满怀着对未来美好生活的憧憬、满怀着对知识的渴求相聚在××学院××系，来到了我们终生难忘的恩师身边。几年来，我们相聚在铁匠营、来广营，共同聆听恩师的教诲、共同接受恩师的指导帮助，共同学习、共同生活、共同进步。

我们永远也不能忘记老师的恩情！不能忘记恩师的言传身教，教我们治学要严谨、为人要诚恳、待人要真诚、学业要精进、事业要争先；不能忘记恩师指导我们学习与生活。

……

通过恩师的辛勤付出，在恩师们的精心培养下，我们健康成长、学业有成，稳步走上工作岗位，走上人生的新舞台。

今天，能到场的同学都来了，没能到场的同学也用真挚的情谊在远方祝福老师和同学们明天更美好。

今天，我们自豪地向恩师们汇报：您的学生都事业有成、生活幸福，没有辜负您的培养与期望！

今天，我们向恩师们汇报：我们将继续努力创造更大的成绩，创造更美好的生活！

今天，我们再次感谢恩师——老师，您辛苦了！感谢您的辛勤呵护和精心培养！

今天，我们祝愿恩师身体健康、精神愉快、家庭幸福、万事如意！

★★★

范例8：学生代表在毕业聚会上致辞

【致辞人】学生代表

【场　景】毕业三十年同学联谊会

【时　机】在聚会开始时致辞

【风　格】慷慨激昂

【关键词】无比喜悦　相聚　深表谢意　嬉笑打闹　回忆　言谈欢笑

【妙　语】悠悠岁月，弹指一挥间，三十年前的情景还历历在目，三十年前的欢声笑语还荡漾于耳边，三十年前依依惜别的场面还记忆犹新。在我们今后的人生记忆里抹上浓重而精彩的一笔。

尊敬的老师、亲爱的同学们：

大家好！

今天我们怀着无比喜悦、无比激动的心情，相聚在美丽的××湖畔，隆重举行“××同学联谊会”，首先要感谢为这次活动付出辛勤劳动的联谊会筹备组全体同学们，你们辛苦啦！是你们的热情把我们会聚在一起，我这个在异地他乡工作的游子，从内心感到无比高兴，万分激动。同时感谢组委会给我这个机会，能在这儿面对面地与大家进行交流，在此，深表谢意！

在我们毕业三十年后的今天，当我们又重新回到了美丽的××、回到这温暖的集体，看到了敬爱的老师，亲爱的同学们的时候，我的心情久久不能平静……悠悠岁月，弹指一挥间，三十年前的情景还历历在目，三十年前的欢声笑语还荡漾于耳边，三十年前依依惜别的场面还记忆犹新。忘不了老师的谆谆教诲，忘不了同学之间的纯真友情，也忘不了教室里渴求的眼神，更忘不了同学间无忧无虑的嬉笑打闹。

今天，是三十年前分手时的依依不舍和强烈的思念又把我们召集在一起。此时此刻，我衷心地向在座的老师道一声："敬爱的老师，你们辛苦了！谢谢你们。"向我阔别三十年的同学们，说一声："亲爱的同学们，让我们共同回忆美好的过去，去拥抱更加美好的未来吧！"

今日一聚，实属不易。我相信：这次三十周年的同学聚会一定会在我们今后的人生记忆里抹上浓重而精彩的一笔。今天的一举一动，今天的言谈欢笑，都将成为最美好的回忆。再过三十年，但愿到那时，已经成为爷爷奶奶辈的我们，能再次相会，让我们共同期盼着三十年后再聚首！

最后，我衷心地祝愿在座的各位老师健康！快乐！永远幸福！祝愿我亲爱的同学们吉祥！如意！一帆风顺！祝愿母校的明天更加灿烂辉煌！

★★★

范例9：毕业生代表在同学聚会上致辞

【致辞人】毕业生代表

【场　景】高中同学毕业三十二年聚会

【时　机】在聚会开始时致辞

【风　格】语言连贯　文采绚丽

【关键词】毕业　激动不已　友谊　纯真故事　盛事

【妙　语】荏苒冬春谢，寒暑忽流易。朝夕相处，同窗苦读，学业同长进，友谊倍加深。正是这点点滴滴，情深、意长、味重，我一生都无法忘记。桃花潭水深千尺，不及同学友谊情。

亲爱的同学们：

大家好！荏苒冬春谢，寒暑忽流易。屈指一算，从毕业惜别到现在，三十二年弹指飞逝！想当初，我们稚气未脱入校门，相濡以沫学知识，朝夕相处，同窗苦读，学业同长进，友谊倍加深。今天回想起来，历历在目，仍让人激动不已！

当我们离开校园，走上各自的人生历程，同学间的友谊成为宝贵的人生精神财富。但随着时间流逝，工作变迁，生活环境的转变，手中的通讯簿时过境迁。老友难聚，友情难叙，多少次梦回故里，心中总留些许遗憾。终于，今天圆了相聚的梦，我会倍加珍惜这宝贵的欢聚时光，共叙友情，坦诚相见，延伸三十多年前的真挚友谊，互相了解，互相学习，互相帮助，让高中时期的友谊谱写新的篇章。

犹记得，校园里，我们点点滴滴的纯真故事。正是这点点滴滴，情深、意长、味重，我一生都无法忘记。在十年、二十年、三十年之后，当我细细地回想这一切时，仍会记得那菁菁校园里的良师益友，那流金岁月里的成长故事。

桃花潭水深千尺，不及同学友谊情。同学，这是个多么亲切、美好的称谓！不是兄弟、不是姐妹，而又胜似兄弟姐妹！是朋友、是同志，而又不是一般意义上的朋友和同志！同学是永恒的，友谊是长存的。友谊需要忠诚去播种，热情去灌溉，原则去培养，谅解去护理。今天我们欢聚一堂，这本身就是追求、就是胜利、就是盛事！

最后，我预祝全体同学工作顺意，身体健康，事业有成，合家幸福！祝友谊地久天长！

同学们，古语云：无酒，何以逢知己；无酒，何以诉离情；无酒，何以壮行色。让我们举起杯，为了我们这三十二年后的相聚，为了我们辉煌灿烂的明天，干杯！

★★★

范例10：学生代表在毕业聚会上致辞

【致辞人】学生代表

【场　景】高中同学毕业二十七年聚会

【时　机】在聚会进行时致辞
【风　格】慷慨激昂
【关键词】同学聚会 亲近 沧桑 感情 色彩 灿烂
【妙　语】光阴似箭，岁月如梭。没有贵贱之分，不必有身份的区别。虽然聚会是短暂的，但是很宝贵，天时人事日相摧，冬至阳生春又来。

各位老同学：

今天，是一个好日子。我们怀着无比激动的心情参加同学聚会。

二十七年了，光阴似箭，岁月如梭，当年我们××高中的青春同学都走入中年了。一张张熟悉的面孔，是多么亲切亲近！除了成就，我们多了白发与沧桑。其实人世间除了亲情爱情，最宝贵、最朴素、最纯真的是同学感情！相信在座各位，都是为同学之情来的。今天在座的有的同学成了领导干部、企业老板或知名人士，但我们同学之间，没有贵贱之分，不必有身份的区别，只有朴素的同学称呼。

很多年不见了，高中毕业后如此集中聚会应是第一次吧。我们应简要向同学们汇报一下自己。我带头吧——

现在我在××市××局工作，是副调研员，负责全市教育培训工作。孩子长大了，去年考取了国家公务员，现在与丈夫一起都在××公安战线工作。生活与工作算安稳吧。我的丈夫是××当地人，××是我的第二个故乡了，靠山近海，虽然比不上我们××山清水秀，但也是中国旅游城市、国家园林城市、重要的石油工业城市。海鲜还是有的，欢迎大家到××做客。以后大家备好通讯录，路过××，请别忘记打电话给我！

同学们，二十七年过去了，在人生的道路上有多少个“二十七年”呢？回顾过去，二十多年来我们大家都是为了生活而奔波操劳，为事业奋斗。这种怀念，时常会在每一个同学脑海中出现。现在同学们大都是40多岁吧，正是人生最辉煌最重要的时期。通过今天的聚会，我有个提议，以后此类聚会二三年一小聚，五年一大聚。充分发挥“同学缘”的关系，保留详细的通信资料，以后工作中生活中加强联系，互相帮助、互相体谅，为我们的人生，也为我们的事业，为我们今生的相识和缘分，抹上一笔浓浓的色彩！

同学们，俗话说“天下没有不散的筵席”虽然聚会是短暂的，但是很宝贵。我引用了一名著名诗句“天时人事日相摧，冬至阳生春又来”，我为大家祝福明天！祝福所有老师和同学的明天更加灿烂。

我提议，大家一起来，为我们的相聚干杯！

★★★

范例11：学生代表在毕业聚会上致辞

【致辞人】学生代表

【场　景】同学毕业十七年聚会

【时　机】在聚会开始时致辞

【风　格】慷慨激昂

【关键词】欢聚一堂 憧憬未来 幸运 汗水 事业

【妙　语】在这秋高气爽、硕果累累的美好时节。光阴似箭，十七年离别，弹指一挥间。青春却灼灼闪光，生活依然丰富多彩。

尊敬的老师、亲爱的同学们：

大家好！

在这秋高气爽、硕果累累的美好时节，我们××校××级的老师、同学们久别重逢，欢聚一堂，我们的心情都十分激动，十分高兴。

光阴似箭，十七年离别，弹指一挥间。今天大家相聚在一起，在学校三年生活的日日夜夜、点点滴滴，好像又回到了昨天；学校生活时，每一天的拼搏与努力，每一步的辛酸与喜悦，都是我们一生永远珍贵的记忆，是我们成长不可缺少的阶梯。当时的我们还年轻，我们不懂人生，我们充满理想，我们怀着美好的愿望憧憬未来。作为××校的第××届毕业生，我们都是幸运的，令许多同龄人刮目相看，羡慕不已。我们靠着父辈赢得了难得的学习、就业机会，同样，我们也继承了父辈艰苦创业、拼搏进取的精神，在各自的岗位上勤勤恳恳地工作着，在各自的岗位上奉献着自己的汗水和能力。

经历了十七年的风风雨雨，今天的我们已经成年，已经为人夫，为人妻，担负着生活、事业的双重责任。可以这么说，今天的我们才真正懂得什么是坎坷，什么是成功，什么是真实的人生。在经历了数不尽的磨炼之后，回首过去，我们无怨无悔，我们的第一学历虽然不高，但是我们的青春却灼灼闪光；我们虽然没有跨进大学的校门，但我们的生活依然丰富多彩。我们可以自豪地说，我们已将自己最宝贵的青春和最灿烂的年华，奉献给了我们倾心热爱的工作和事业！

同学相见，分外亲切。我们有的虽然相距较远，但我们的心却永远相连；平时虽然我们有的很少联系，但同学们之间的真挚情感的交流却始终没有间断。今日一聚，实属不易！毕业之后的十七年中，我们第一次团聚在这里，此时此刻，此情此景，我们更应该感谢的是我们的老师，是他们教给了我们学问和知识，教给了我们一技之长，教给了我们做人的本领，教给了我们热爱生活的信念。是他们用辛勤的心血与汗水奠定了我们人生的基础，在这里，我们真诚地对尊敬的老师说一声，你们辛苦了！

最后，祝所有的老师们身体健康，心情愉快！祝所有的同学们工作顺利，事业有成，友谊地久天长。

★★★

范例12：学生代表在毕业聚会上致辞

【致辞人】学生代表

【场　景】高中同学毕业聚会

【时　机】在聚会开始时致辞

【风　格】情深意长

【关键词】相聚　问候　祝愿　相扶相携　生活　回忆

【妙　语】芳草青青，杨柳依依，青山不老，绿水长流。把自己的青涩的果实，挂满枝头。不管是哭是笑，都是我们的收获。

各位老师、同学们：

大家好！

走过了多年的风风雨雨，今天，在这里，我们又一次相聚！谨向在座的老师和同学，表示亲切的问候！向那些因事耽搁没能到场的同学，表达美好的祝愿！芳草青青，杨柳依依，青山不老，绿水长流。

曾经，我们这一群懵懂少年，在这所有着悠久历史的学校中相扶相携，把知识和友情，一点点积累；也把自己的青涩的果实，挂满枝头。如今没有了校园里单纯得像一首小诗的共读，没有了绿茵场上疯狂的呐喊，没有了复习考试的匆忙，没有了空闲时同学的长谈。我们早就打起装满梦想的背包，真实地走进了生活。

那时候没有网络，没有短信，我们的友情却真诚而热烈；那时候没有情人节，没有玫瑰，但彼此间真挚的关怀，却每每让自己感动。不管是哭是笑，都是我们的收获。而今，我们都有不同程度的沧桑感，而今天所取得的所有成就，都得益于那时候留下的坚实脚印，那段季节将是我们一生中最美好、最真实的回忆！

今天，我们又一次相聚，面对当年熟悉的面容，依稀可辨当年的欢声笑语，让我们把回忆珍藏在心灵深处，不管走过的路有多么坎坷，久久地注视你的，依然是彼此真诚的目光；让我们把友情穿成珠链挂在自己的胸膛，因为有了彼此的祝福，我们的笑容，会越来越灿烂！把祝福留给大家，原大家身体健康，家庭和睦，事业成功！愿母校更加美丽，愿我们友情长存！

★★★

范例13：学生代表在毕业聚会上致辞

【致辞人】学生代表

【场　景】大学毕业二十年聚会

【时　机】在聚会开始时致辞

【风　格】慷慨激昂

【关键词】隆重聚会 敬意 久违 自信 奋斗

【妙 语】在这年终岁尾、辞旧迎新之际。一年又一年，春夏又秋冬，年华似水匆匆而过。当年青春年少的我们，如今也都是年届不惑了。

尊敬的老师，亲爱的同学们：

大家好！

在这年终岁尾、辞旧迎新之际，我们××届助产班的班主任老师和全体同学们，在这里隆重聚会，庆祝我们班毕业二十周年。

首先请允许我代表我们班的全体同学，向教我们技术、育我们做人的××老师，向在百忙之中、寒冷之际亲临我们现场的××老师表示衷心的感谢和崇高的敬意。同时代表我们班委会的全体同学向同学们问一声：你们好。尊敬的老师，亲爱的同学们，此时此刻，想着这一个个久违了的名字，看着这一张张似乎快要淡忘的面容，我好像又回到了那个我们曾经拼搏过的当年。同学们让我们找回当年那份自信，那份飞扬吧！一年又一年,春夏又秋冬，年华似水匆匆而过。弹指间，我们离开母校，步入社会，已二十年。

当年青春年少的我们，如今也都是年届不惑了。有的不远万里去了国外，有的远离故土亲人工作在他乡，有的成为政府官员服务百姓，有的自己创建了公司，有的在教书育人桃李满天下。而更多的同学在默默地工作、默默地生活、默默地奋斗着。

同学们，人生是短暂的，三年的同窗时光是我们友谊的基石，二十年后的聚会也许是生命中永恒的灿烂，二十年的时光匆匆而过，然而不少同学毕业后未曾谋过一面，希望今天的聚会能为我们留下美好的记忆。十二月是寒冷的，然而，没有什么能够阻挡住我们的同学情，没有什么能够抵挡住我们这颗期盼相见已久的、滚烫的心。下面让我们共同高歌我们××年代的主旋律吧……

范例14：学生代表在毕业聚会上致辞

【致辞人】学生代表

【场　景】大学毕业十七年聚会

【时　机】在聚会开始时致辞

【风　格】语言绚丽 排比整齐

【关键词】梦想 憧憬 时光 人生百味 无私奉献 恒久

【妙　语】时光荏苒，岁月如梭，从毕业那天起，转眼间十七个春秋过去了。十七年的时光，足以让人体味人生百味。一日同学，百日朋友，那是割不断的情，那是分不开的缘。

亲爱的同学们：

二十年前，我们怀着一样的梦想和憧憬，怀着一样的热血和热情，从××各地相识相聚在××师专××级××班。在那三年里，我们学习在一起，吃住在一起，生活在一个温暖的大家庭里，度过了人生中最纯洁最浪漫的时光。

——为二十年前的“千里有缘来相会”干杯！

为了我们的健康成长，最终能够成为教育战线上的教学骨干，我们的班主任××老师为我们操碎了心。今天我们特意把他从百忙之中请来，参加我们的同学聚会，对他的到来我们表示热烈的欢迎。

——为永生难忘的“师生深情”干杯！

时光荏苒，岁月如梭，从毕业那天起，转眼间十七个春秋过去了。当年十七八岁的青少年，而今已步入了为人父、为人母的中年人行列。

——为人生“角色的增加”干杯！

十七年的时光，足以让人体味人生百味。在我们中间，有的早已改行另谋发展，现在已是事业有成，业绩颇丰；有的已经买断工龄，下海经商挣大钱；有的已经内退，安享天伦之乐。但更多的同学依然坚守在教育第一线，无私奉献，辛勤耕耘，成为各学校的中坚力量。但无论人生浮沉与贫富贵贱如何变化，同学间的友情始终是纯朴真挚的，而且就像我们桌上的美酒一样，越久就越香越浓。

——为同学间“纯朴真挚”的友谊干杯！

来吧，同学们！让我们暂且放下各种心事，和我们的班主任一起，重拾当年的美好回忆，重温那段快乐时光，畅叙无尽的师生之情，学友之谊吧。

一日同学，百日朋友，那是割不断的情，那是分不开的缘。祝同学们家庭幸福，身体安康，事业发达！只要我们心不老，青春友情就像钻石一样恒久远……

——为“地久天长”的友谊干杯!

遗憾的是有些同学因事务缠身，未能参加我们今天这个聚会。希望我们的祝福能跨越时空的阻隔，传到他们身边。在××年的明媚春光里，再一次祝愿同学们和我们的××老师幸福吉祥。

二、战友聚会贺词

人的一生会经历各种各样的情感：其中有与生俱来的亲情，有花前月下的爱情，有亲密无间的友情……而这些感情无一例外每个人都会有所经历，唯独有一种弥足珍贵的感情，是有一些人一生都无法享用的，那就是——战友情。“不当兵后悔一辈子”，是时下流行甚广的一种说法。正是部队这个大家庭，使得战友从天南海北走到一起，在共同的军旅生活中互相了解，增进感情，携手谱写美丽的青春乐章，结下深深的战友情，尤其是在血与火考验中建立起来的战友情，更是生死之交，毫无功利色彩，不带世俗偏见，尤其值得我们珍藏和感动。

战友情是人世间最纯真的一种感情。悠悠十几载，难忘战友情。十几年未见的战友如果有幸再聚在一起，聊聊近况，叙叙家常，回顾充满欢乐和甘苦的军旅岁月，勾起一阵情感的涟漪，互相感觉还是那样亲切和真挚。大家不仅没有因为时光的阻隔而淡化这份感情，相反，经过一段时间的窖藏，战友情谊更为珍贵，甚至演变为一种浓浓的关爱之情。

范例1：战友在聚会上致辞

【致辞人】战友
【场　景】战友聚会
【时　机】在聚会开始时致辞
【风　格】气势磅礴
【关键词】聚会 感谢 时光 珍惜 笑对人生 地久天长 欢乐
【妙　语】回首往事，我们共同走过了人生中最美好的时光。把这份诚挚的感情化作无穷的动力，让我们笑对人生。人生得意须尽欢，莫使金樽空对月。

亲爱的战友们：

此时此刻，我激动的心情无法用语言来表述，我想大家的心情和我是一样的！为了这次聚会，我们的××秘书长、××大姐、××等同志做了大量的工作，让我们以热烈的掌声对他们辛勤的工作表示衷心的感谢！

回首往事，我们共同走过了人生中最美好的时光。我们曾经在一起学习、生活、战斗中，培养了深厚的阶级感情。我们的这份感情来之不易，要倍加珍惜！这次聚会的初衷就是让大家加强联系交流，在面对困难和挫折的时候，能想到有许多亲密的战友站在我们的身后，把这份诚挚的感情化作无穷的动力，让我们笑对人生。

这些年来，大家都在家庭生活和事业上取得了很大的成绩！有的同志在单位走上了领导岗位，有的同志一手创办的企业已经很具规模，更多的同志在各自的工作岗位上做出了不平凡的业绩，这些都得益于在部队养成的扎实作风和吃苦耐劳的精神。我们要继续发扬部队的团队精神，保持军人的先进性，唱响："团结、友爱、互助、进步"的主旋律，让我们的战友协会长盛不衰，让我们的友谊地久天长！

同志们，李白诗曰：君不见黄河之水天上来，奔流到海不复回……人生得意须尽欢，莫使金樽空对月……烹羊宰牛且为乐，会须一饮三百杯。让我们抓紧这短暂的时间，尽情地欢乐，尽情地喝酒吧！

最后，祝愿我们的祖国繁荣昌盛！祝愿我们的军队战无们的明天会更好！

干杯！

★★★

范例2：战友在聚会上致辞

【致辞人】战友

【场　景】战友退伍二十年聚会

【时　机】在聚会开始时致辞

【风　格】情真意切

【关键词】激动 关爱 军旅 成功 记忆 举杯壮怀 辉煌未来

【妙　语】回望军旅，朝夕相处的美好时光怎能忘。杨柳依依，我们折枝送友，举杯壮怀，我们相拥告别。真挚的友情，紧紧相连。已沉淀为酒，每每启封，总是回味无穷。

老战友们：

此时此刻，我的心情非常激动，面对一张张熟悉而亲切的面孔，心潮澎湃，感慨万千。想当初，少年幻想青年盼望，终于在胸前开放为一朵大红花，我们在激动和喜悦中，拥抱了渴望已久的荣耀，实现了当兵梦。从军以来，我们把父老乡亲的叮咛，变成脚踏实地的行动，把领导的教诲、战友的关爱、朋友的提醒化为追求开放思想的动能，才有了军旅岁月一个又一个成功。

回望军旅，朝夕相处的美好时光怎能忘，苦乐与共的峥嵘岁月，凝结了你我深厚的战友之情。训练场上，你我摔打意志；林荫小路上，你我倾吐心声；比武练兵场上，我们大显身手。熠熠生辉的军功章，记录着我们长大的青春，这一切是我们永生难忘的记忆。

杨柳依依，我们折枝送友，举杯壮怀，我们相拥告别。在岁岁年年《送战友》的歌声中，在告别军旗的场景中，我们迈着成熟的步伐，带着梦想，带着期待，带着祝福，走上了不同的工作岗位。在市场经济的大潮中，我们用军人敢于面对挑战、敢于攻坚克难、敢于争先创优的精神，拼搏弄潮，闯出了一条又一条闪光的道路。如今大家都已事业有成，在我们中间，有身居要职的领导，有财运亨通、具有开拓精神的厂长、经理，有其他岗位上的社会中坚，并且，都拥有了幸福的家庭，这是我们彼此期盼的。

二十年悠悠岁月，弹指一挥间。真挚的友情，紧紧相连，许多年以后，我们战友邂逅，依然能表现难得的天真爽快，依然可以率直地应答对方，那种情景让人悲喜交集，恍然如梦，好像是生命中的一部分跨越了漫长的时空之隔，一如既往地停留在一个遥远而葱郁的地方，没有老去。

尽管现在我们由于各自忙于工作、劳于家事，相互间联系少了，但绿色军营留下的美好、结成的友情，没有随风而去，已沉淀为酒，每每启封，总是回味无穷。今天，我们从天南海北，相聚在这儿，畅叙往情，我们想通过这次老战友聚会，灿烂明天，辉煌未来。

最后，我提议让我们举杯，为我们相聚快乐、为我们的家庭幸福、为我们的友谊长存干杯！

★★★

范例3：战友在聚会上致辞

【致辞人】战友

【场　景】战友退伍二十六年聚会

【时　机】在聚会开始时致辞

【风　格】慷慨激昂

【关键词】重逢　激动　军人气质　自豪　战友情

【妙　语】军旅数载，我们结下今生不解的友情；故里聚诸君，共叙军旅情。人生有战友，到老手拉手。

亲爱的各位战友：

今天，可以说是三喜同庆，新中国建国××周年、传统中秋佳节、战友故里重逢！我和刚才几位战友所持的心情一样，感到无比喜悦与激动！

军旅数载，我们结下今生不解的友情；二十六年离别的岁月，却割舍不了我们质朴的情谊！战友情犹如醇烈的美酒，味香久远。二十六年前，我们这些毛头小子，出于对军人的崇敬、对军营的向往、对五星的崇拜，毅然决然地北上，从此开始了我们的绿色军营生活。火热的军旅生活锻炼了我们的身体，锤炼了我们的意志，凝结了我们的友情，形成了我们劲松般坚忍不拔的军人气质。

回首往昔，是部队培养了我们独立生活的能力，教会了我们为人处世的道理。部队生活，练就了我们处变不惊、遇事不乱的军人风范；部队生活，形成了我们青松般坚韧的军人作风；部队生活，铸就了我们似磐石般刚强不屈的性格。部队把我们从懵懂的热血青年，培养教育成一个个热爱祖国和人民，知荣辱明大义的好青年、好党员。虽然我们为党和人民奉献了自己的青春和热血，但我们得到的更多。我们从不后悔自己当过兵，我们为自己曾经拥有军旅生活而备感骄傲和自豪！

故里聚诸君，共叙军旅情。喊一声老战友，胸膛里涌起一股股暖流；叫一声老战友，脑海里闪过一串串难忘的镜头。战友情，就是理解与信任；战友情，就是支持与尊重；战友情，就是宽容与接受。战友头碰头，功名利禄抛脑后；战友手拉手，知心的话儿说不够。我们常说："遇到困难找战友。"

现在我们更要说："人生有战友，到老手拉手。"让我们继续团结拼搏、互帮互助，把我们在事业中获得的成功经验，拿出来让我们一起分享；把生活中遇到的挫折困惑，说出来让我们一起分担。难忘战友一场，在今后的人生路上，让我们携手并进、共创美好的未来！

★★★

范例4：战友在聚会上致辞

【致辞人】战友

【场　景】战友入伍三十周年聚会

【时　机】在聚会开始时致辞

【风　格】慷慨激昂

【关键词】感谢　憧憬　感怀　思念　发展　团结共进

【妙　语】三十年如一日，往事历历在目，无不牵动我们的思念。生死之交风雨同舟，血脉相通兵心依旧。相互支持、相互激励、团结共进。

……………………………………………………………………

亲爱的战友们：

大家好！

今天，我们原××团××年入伍的××籍战友在这里隆重聚会，庆祝、纪念我们入伍三十周年。我提议，让我们以热烈的掌声，向为这次聚会做出积极努力的组委会成员和提供保障的战友表示衷心的感谢，向远道而来的战友表示热烈的欢迎。

三十年前，我们离开这片养育我们的土地，怀着各自青涩的憧憬跨入军营。军旅生涯，难忘新兵训练的紧急集合、五千米越野和刺耳的哨声，难忘为憧憬和期盼去闯荡的辛酸，难忘成功的喜悦和无助的叹息，难忘军营的一次次送别和老乡的鼓励，难忘那乡音的碰撞和杯酒的感怀。

三十年如一日，往事历历在目，无不牵动我们的思念。三十年弹指一挥间，乡情依依如梦，无不激起游子的感怀。曾记否，是谁在打听谁的下落，是谁在老乡小聚中回想当年。这就是老乡的情结，兄弟的情感。今天，浓浓的家乡情、拳拳的战友意再一次让我们相聚在一起，相聚在养育我们的故土，畅叙往情。我们要借这难得的机会，纵情交流，谈人生，论情谊，交流经验，共同发展。

"生死之交风雨同舟，血脉相通兵心依旧。"老乡们，战友们，值此三十周年盛聚之际，让我们携手，用军人的本色，相互支持、相互激励、团结共进，让我们期待更多的周年聚会。同时，也祝愿我们的家乡更加美好，我们的情谊天长地久！

谢谢！

★★★

范例5：战友在聚会上致辞

……………………………………………………………………

【致辞人】战友

【场　景】战友入伍三十周年聚会

【时　机】在聚会开始时致辞

【风　格】情真意切

【关键词】欢聚一堂 联谊会 军旅生涯 骄傲自豪 尽情畅饮

【妙　语】忆往昔，心潮澎湃，感慨万千。三十年悠悠岁月，弹指一挥间。相聚在这美丽的××，畅叙往情。

尊敬的首长、亲爱的战友们：

大家好！

今天，我们怀着无比激动的心情欢聚一堂，以战友联谊会的形式，共同庆祝“八一”建军节，共同纪念入伍三十周年。首先，让我们共同预祝此次聚会取得圆满成功！

亲爱的战友们，三十年前我们响应党和国家的号召，为了保家卫国，完成我们的神圣使命，离别故土踏上征程，满载着青春的热情和理想来到××，开始了军旅生涯。

忆往昔，心潮澎湃，感慨万千。炽热的军旅生涯，铸就了我们钢铁般的意志；严格的军事训练，强健了我们如山的体魄；苦乐与共的峥嵘岁月，凝结了你我深厚的战友之情。军旅生涯虽然短暂，却在我们的人生路上写下了浓重的一笔。我们把最具朝气活力的青春留给军营，军营把人生最大的财富——坚毅和顽强的拼搏精神回赠给了我们。我们从不后悔自己当过兵，我们为自己曾经拥有军旅生活而骄傲自豪！

三十年悠悠岁月，弹指一挥间。我们不因离开了部队而疏远；不因离开了部队而忘却彼此。不时牵挂着生活在异国他乡的各位战友；追忆着几位已经永远离去的战友。战友，这亲切有力的称呼已经伴随我们三十年，而且必将一生相随。许多年以后的今天，我们的战友之情依然能表现难得的天真爽快，依然可以你锤着我的肩膀喊：“战友！”今天，我们从天南海北，相聚在这美丽的××，畅叙往情。战友们，就让我们抓住这短暂的时机，尽情欢歌，尽情畅饮，尽情倾诉吧！

最后，我衷心祝愿我们的祖国更加繁荣昌盛！祝愿我们所有的战友明天会更好！

谢谢各位首长，谢谢战友们！

★★★

范例 6：战友在聚会上致辞

【致辞人】战友
【场　景】战友退伍二十九年聚会
【时　机】在聚会开始时致辞
【风　格】慷慨激昂
【关键词】隆重聚会 情谊 军营生活 军人作风 青春 战友情
【妙　语】忆往昔，我们心潮澎湃、感慨万千。铁打的营盘，流水的兵。二十九年光阴似箭，二十九年弹指一挥间。人生短暂，情义无价。

各位战友：

大家好！

今天，我们在这里隆重聚会，感到无比亲切和异常兴奋。数载军旅生涯，让我们结下今生不解的友情；二十九年离别岁月，却割不断我们浓厚的情谊！海内存知己，天涯若比邻。我们的友情，正如这一杯杯醇烈的美酒，时光越长，其味越香。

忆往昔，我们心潮澎湃、感慨万千！想当年，我们这些在农村插队落户的热血男儿，响应祖国的召唤，紧跟时代的步伐，乘坐开往祖国首都——北京的专列，踏上了华北的土地，从此开始了我们的绿色军营生活。

北京××县九十天的新训，让我们相知、相识。火热的军旅生活锻炼了我们的身体，锤炼了我们的意志，凝结了我们的友情，形成了我们劲松般坚忍不拔的军人作风，也铸就了我们磐石般刚强不屈的硬汉子性格。

那段难以忘却的部队生活在我们每个人的心灵深处打上了烙印，在那块曾浸透着我们青春汗水的炽热的土地上，留下了我们恍如昨日的永远回忆；在我们曾为之献出了宝贵青春时光的××上，刻下了我们的光荣足迹；在我们曾一起经历风雨、一起摸爬滚打的日子里，结下了我们终生难忘的深厚友谊。

铁打的营盘，流水的兵。当我们挥泪告别军营，奔赴祖国各地走上不同工作岗位的时候，我们仍旧以军人顽强拼搏的作风，为祖国的各项事业贡献着青春和热血。

今天，在我们这个特殊的群体当中，尽管我们各自的工作岗位、经历、贫富不尽相同，但是，我们的战友之情依然如故。二十九年光阴似箭，二十九年弹指一挥间，岁月交替，年轮转换，流逝的时光能够苍老我们的容颜，但无论如何也不能拉远我们亲如兄弟的战友情。

战友们，人生短暂，情义无价。我们相识在家乡和异乡，却把彼此的相知留在了那段激情燃烧的岁月和那座古老的同时又焕发美丽青春的古城里。二十九年过去了，今天在我军建军××周年之际，我们××师××团部分战友欢聚一堂，就是要重叙友情，再话当年。

让我们举起酒杯，开怀畅饮，敞开心扉，互诉衷肠。在今后的日子里，让我们携手并肩，以我们曾有的豪情当歌，以我们深厚的友谊为凭，互帮互爱，团结拼搏，一致向前，共同创造属于我们更加美好的明天！

谢谢大家！

★★★

范例7：战友在聚会上致辞

【致辞人】战友

【场　景】庆“八一”战友聚会

【时　机】在聚会开始时致辞

【风　格】慷慨激昂

【关键词】青春永驻　青春年华　洗礼　情深

【妙　语】战友是灯，帮你驱散寂寞，照亮期盼；战友是泪，让你冲淡苦涩，挂满甜蜜。

各位战友，各位兄长、各位小弟：

大家好！

今天是我军建军××周年的日子，在这特殊的节日里，我衷心祝愿我们的军队更加强大，祝在座的各位哥哥弟弟身体健康、青春永驻。祝愿我们每个人的家庭幸福美满，祝我们的下一代生活美满幸福。

我们曾是军人，我们曾是祖国的钢铁长城，我们为了祖国曾献出了我们的青春年华。我们曾让他人羡慕过，我们曾让我们的下一代自豪过，因为我们是军人，因为我们是真正的男子汉。

我们曾经年轻，我们曾穿过军装，我们曾经历军人的洗礼，如今，都已不再年轻，但军人的优良传统却时刻伴随着我们，并影响着我们，我希望军人那“招之即来，来之能战”的风格也体现在今天的酒桌上。

今天在这里相聚，虽然没有把所有的战友聚齐，可没有到的战友还永远是我们的战友，我们的好兄弟。因为战友是灯，帮你驱散寂寞，照亮期盼；战友是茶，帮你滤去浮躁，储存宁静；战友是水，让你滋润一时，保鲜一世；战友是泪，让你冲淡苦涩，挂满甜蜜。

同志们，愿我们的战友之情像四季碧绿的松柏，情深、意深，交往更深。酒越久越醇，水越流越清。世间沧桑越流越淡，战友情意越久越浓。也许岁月将往事褪色，也许空间将彼此隔离，永远值得珍惜的依然是战友情谊。弟兄们，“战友，战友，开怀喝酒”，为我们曾是军人，为我们自己，为我们今天的相聚，干杯！

三、知青聚会贺词

20世纪六七十年代，一场上山下乡运动将数以万计的学生卷向农村，从此，这一代人就有了一个“知青”印记。现在，当年血气方刚的小伙已经霜染双鬓，当年十几岁的姑娘已经年过半百。怀着感恩、感怀、念旧的复杂情感，举办一场知青聚会，是十分有意义的。

在聚会的筹备阶段，最重要的一件事，是争取通知到每一位知青。因为分别多年，也许各自的联系方式已有变动，可以采取大家相互通知的方法，不怕重复，只怕遗漏。可以通知大家准备一些节目助兴，或者准备一段致辞。筹备小组最好事先征集当年珍贵的老照片，这样就可以在聚会时供大家一起回味美好的往事。

★★★

范例1：县委书记在知青聚会上致辞

【致辞人】县委书记

【场　景】知青四十周年返乡聚会

【时　机】在聚会开始时致辞

【风　格】慷慨激昂　回味无穷

【关键词】欢歌笑语　问候　儿孙满堂　深厚情谊　奋力前行

【妙　语】××大地生机勃发，××河畔欢歌笑语。遥想当年峥嵘岁月，往事如昨。艰苦的环境，艰难的岁月，给你们留下了刻骨铭心的记忆。参天之木，必有其根，怀山之水，必有其源。

尊敬的各位知青、各位领导、各位来宾：

大家晚上好！

今天，××大地生机勃发，××河畔欢歌笑语，在全体劳动者共同庆祝的节日里，我们欣喜地迎来了××知青下放××四十周年返乡聚会。在此，我谨代表××县委县政府和六十万××人民，对你们的到来表示热烈的欢迎，并致以节日的问候！

遥想当年峥嵘岁月，往事如昨。当年的满头黑发，如今已渐染霜白，当年孑然一身，如今已儿孙满堂。当年风华正茂的你们，顺应时代之潮，心怀历练之志，上山下乡，插队落户，与善良、勤劳的××人民一道“日出而作，日落而息”，把自己的青春岁月都献给了××这片美丽、富饶的土地。在这个一望无际的××堤垸内，你们经历了由知识青年到插队农民的艰苦转变，干农活，吃农饭，住农家，同舟共济；冒酷暑，战严寒，挨饥饿，同甘共苦。这既是你们人生征途中一段宝贵的光阴，也是你们生活旅途中一段愉快的经历，更是你们人生履历中一段难忘的岁月。乐学好问的你们，丰富了人生阅历；学识广博的你们，展示了知青风采；团结友善的你们，与××的父老乡亲结下了深厚情谊。艰苦的环境，艰难的岁月，给你们留下了刻骨铭心的记忆，磨砺了你们刚毅向上的品格。你们彼此之间的友谊，就像珍藏的老酒，清冽醇厚，历久弥香。

白驹过隙，沧桑巨变。善于创造历史的你们又在繁华的都市中书写出了人生新篇章，创造出了事业新辉煌，××人民为你们骄傲，为你们自豪。改革开放××载，××大地沧海桑田，百业兴旺，城乡面貌日新月异，人民生活幸福安康，打造“工业××、小康××、和谐××”的口号激励着××人民奋力前行。

参天之木，必有其根，怀山之水，必有其源。游子千里梦，依依故乡情。真诚希望各位知青“常回家看看”，在××追忆如歌岁月，互诉阔别情怀，畅谈美好未来。衷心祝愿你们身体健康，家庭幸福，万事顺意！

海上生明月，天涯共此时。最后，预祝本次返乡聚会活动取得圆满成功！

谢谢大家。

★★★

范例 2：县委书记在知青新春联谊会上致辞

【致辞人】县委书记

【场　景】知青新春联谊会

【时　机】在联谊会开始时致辞

【风　格】慷慨激昂

【关键词】祝福　新春　问候　青春　汗水　实现

【妙　语】家乡珍藏的一坛老酒，清冽醇厚，历久弥香。××未来的宏伟蓝图已经绘就。海内存知己，天涯若比邻。争取为××明天的振兴，再次做出自己的贡献。

各位在故乡××工作过的知青朋友，同志们：

大家新年好！

伴随着喜庆的鞭炮声和声声的祝福，我们迎来了新春。在这辞旧迎新的日子里，来自故乡××的县委书记、县人大主任××同志带领我们一行赴上海欢聚一堂。回顾过去，展望未来，共叙友情，更感到乡情的温馨和友谊的可贵！在此，受××书记的委托，我谨代表××县几套班子和全县××万人民向长期关心、支持家乡建设的上海朋友表示衷心的感谢和节日的问候！

遥想当年，各位知青朋友胸怀壮志，辞别亲人，远离繁华的大都市，只身前往××，同勤劳智慧的××人民一道，“日出而作，日落而息”，为改变××贫穷落后的面貌奉献自己的青春和汗水。在火热的劳动生活中，各位知青朋友和××人民凝结的深厚情谊，就像一条穿越时空的纽带，将上海和××紧紧地联结在一起；就像家乡珍藏的一坛老酒，清冽醇厚，历久弥香。

……

各位知青朋友，同志们！××未来的宏伟蓝图已经绘就，要将蓝图变成美好的现实，还有很长的路要走，还有不少困难需要克服。我们相信，有××万勤劳智慧的××儿女的共同努力，有广大上海知青朋友的热情帮助，有关注××发展的社会各界人士的大力支持，我们的目标一定能够实现。

“海内存知己，天涯若比邻。”各位知青朋友，××的山山水水在日日夜夜思念你们，家乡的父老乡亲在翘首盼望你们。作为当年的××人，我真诚地欢迎大家“常回家看看”，看看当年共同奋斗在黄土地上的父老乡亲，亲身感受××在改革开放之后所发生的巨大变化，争取为××明天的振兴，再次做出自己的贡献！

最后，衷心祝愿大家在新的一年里身体健康、事业发达、家庭幸福、万事如意！

范例 3：农场副厂长在知青下乡周年联谊会上致辞

【致辞人】农场副厂长

【场　景】知青下乡四十五周年联谊会

【时　机】在联谊会开始时致辞

【风　格】慷慨激昂

【关键词】岁月　敬意　历史　沧桑巨变　生命轨迹　永恒

【妙　语】忆往昔峥嵘岁月稠，历史的昨天造就我们相聚的今天。往事历历在目、终身难忘。月是故乡明，人是故乡亲，共同的岁月铸就了我们共同的心声。

尊敬的××老知青、同志们：

忆往昔峥嵘岁月稠，历史的昨天造就我们相聚的今天。四十多年前，伟大领袖毛主席号召："知识青年到农村去，接受贫下中农的再教育。"1965 年 12 月和 1971 年 4 月，大家积极响应毛主席的号召，从城市来到农村，从××来到农场，在这荒草丛生、盐碱遍地的黄海滩上，开始了那段令人难忘的岁月。

今天我们相聚在××，往事历历在目、终身难忘。在这值得纪念和难以忘怀的日子里，我谨代表农场党委和××两万人民，向曾经拥有这片蓝天、魂系这片热土的××知青和农场前辈，表示崇高的敬意！

你们扎根××的那段历史，铸就了你们坚强的意志，你们已经把苦难经历转化成生命的财富，事业的发展、生活的幸福也已经证明了你们人生的价值和孜孜的追求。回城后，你们又成了城市各条战线的建设者。上山下乡的艰苦磨炼和艰苦生活，都成了宝贵的精神财富。你们中有的成了公务员，有的成了生产能手和技术骨干，有的成了实业家。

现在，我非常高兴地告诉大家，你们思念的故乡和战斗过的这片热土，如今已沧桑巨变，旧貌换新颜。今天的××，田成方、林成网、渠相通、路相连，农场综合经济实力不断增强。全场国有营业收入是 1960 年的三十倍，国有利润是 1960 年的十五倍，粮食总产量是 1960 年的十八倍，农场人生活水平、集镇规模等都发生了巨大的改变。

抚今追昔，我们今天相聚在这里，不是为了颂扬那场上山下乡的知青运动，也不是为了讴歌那段历史，而是希望人们记住共和国历史上这独一无二的历史人群。因为知青运动毕竟是共和国历史上特别的一页，无论过去的青春无悔还是有悔，成功还是失意，只要回想过去，每个知青的灵魂深处都隐藏着久久不能释怀的生命轨迹。

月是故乡明，人是故乡亲，共同的岁月铸就了我们共同的心声，凝聚着两个地方共同的心愿。没有相聚，就不知道什么是喜悦，没有分离，就体会不出什么叫感情，相聚是短暂的，真情是永恒的。

最后，请允许我再次代表农场党委，代表为农场建设付出毕生精力并与知青并肩作战、共同耕耘在这片热土上的父老乡亲，对你们的回家表示热烈的欢迎，对你们的付出，表示崇高的敬意。

谢谢大家!

★★★

范例4：原农场领导在知青回访聚会上致辞

【致辞人】原农场领导

【场　景】知青下乡三十八年回访聚会

【时　机】在聚会开始时致辞

【风　格】热情洋溢 情真意切

【关键词】欢迎 感谢 笑声 丰富成熟 自豪 共创未来

【妙　语】××山头桃花纷纭，××江畔欢歌悠扬。斗转星移，沧桑巨变。洛阳亲友如相问，一片冰心在玉壶。海上生明月，天涯共此时。

各位老知青朋友：

××山头桃花纷纭，××江畔欢歌悠扬。“有朋自远方来，不亦乐乎!”在这春光明媚、草长莺飞的清明时节，三十八年前来我场劳动与学习的知青，不忘曾经工作与学习多年的故土，带着深深的怀念之情进行回访，在此我代表县原农场近二百位父老乡亲，对你们的到来表示热烈的欢迎!

感谢你们还铭记着这方热土！

峥嵘岁月，往事历历。三十八年前，你们乘着小木船经××，过××，来到××农场，桃树林里留下你们朴素的身影，试验田中有你们诚实的脚印，柑橘园旁有你们欢快的笑声！在那特殊的历史时代，你们一代知青，心怀历练之志，顺应时代之潮，上山下乡，插队落户，来到了××农场。在这个广阔的天地里，你们与农场职工同吃、同住、同劳动，经历了由知识青年到农场工人的艰苦转变，挑百斤担，吃千般苦，乐于奉献；锤炼品格，磨砺毅力，志在千里。这里的生活因为你们的到来而更加亮丽多彩，青年的你们，因为有了这段特殊人生经历而更加丰富成熟。

斗转星移，沧桑巨变，时代华章已翻到二十一世纪，善于创造历史的你们，又在繁华都市中书写着人生新篇章，创造着事业新辉煌，××之山水为你们骄傲，农场乡亲为你们自豪。

“洛阳亲友如相问，一片冰心在玉壶！”三十八年过去了，你们或年近花甲，或年临古稀，××没有忘记你们！你们也依旧怀念着××！今天你们的到来，是我们情谊的重续。昔日，××农场承载了你们厚重的情感和无私的奉献；今朝，你们日夜牵挂的××农场，日夜牵挂着你们的父老乡亲，殷切盼望在艰难岁月里曾经共度时艰的知青朋友，利用你们渊博的学识、广泛的关系，大力宣传××、帮助××，真诚邀请你们再次回到第二故乡投资兴业，共创未来。

海上生明月，天涯共此时。衷心祝愿各位朋友、各位嘉宾，在这片热土上追忆如歌岁月，互诉阔别情怀，畅谈美好未来。衷心地祝愿各位嘉宾身体健康、事业发达、家庭幸福、万事如意！

海内存知己，天涯若比邻。愿我们的友谊天长地久！

谢谢大家！

★★★

范例5：知青代表在三十周年聚会上致辞

【致辞人】知青代表

【场　景】插队知青三十周年聚会
【时　机】在聚会开始时致辞
【风　格】慷慨激昂
【关键词】回忆 怀念 足迹 精神财富 青春无悔
【妙　语】奉献了我们的青春年华，我们做到了无愧于人民，无愧于时代，无愧于历史，更无愧于自己。历史与人生价值。面对未来我们应该健康，乐观，充满信心。

兄弟姐妹们：

你们好！

今天大家欢聚一堂，共同回忆纪念我们人生中那段难忘的岁月，重温过去同甘共苦朝夕相处的兄弟姐妹情谊。我的心情特别激动，千言万语化作一声真诚的问候与祝福：祝您身体健康、精神愉快、家庭幸福、生活美满！同时也更加想念故去的老友，对已故的老友表示深切怀念与哀思。

三十年前也是在这样繁花似锦的五月，我们告别亲人，告别故乡，怀着对党对人民无限的忠诚，怀揣年轻人火一样的理想，响应政府屯垦戍边的号召，登上西去的列车奔向了荒寂的柴达木盆地。从此我们一起转战在江河源头，南起昆仑山北到祁连山，到处都留下了我们这代人的足迹。战严寒、斗风沙，尝尽了常人难以想象的艰难与困苦。在马海，在鱼卡，在格尔木，在昆仑山下奉献了我们的青春年华，我们做到了无愧于人民，无愧于时代，无愧于历史，更无愧于自己。我们曾享受过播种理想的欢乐，但也有迷茫与困惑的痛苦，总之这一切都记录了我们这一代人的历史与人生价值。同时也培育了我们百折不挠的军垦人精神，让我们共同珍惜和经营这一“精神财富”吧！让它永远流传下去。

老友们，兄弟姐妹们，回顾过去，我们可以骄傲地说：我们“青春无悔”！面对未来我们应该健康，乐观，充满信心！在今后的日子里。永远以军垦人的精神相互共勉，经常沟通，走好我们的下半生。

预祝各位今天聊得开心、玩得欢心、吃得顺心，祝愿此次聚会大家高高兴兴、快快乐乐！

范例 6：林业局领导在知青三十周年聚会上致辞

【致辞人】林业局领导

【场　景】知青三十周年聚会

【时　机】在聚会开始时致辞

【风　格】热情洋溢

【关键词】历史盛会　一如既往　感谢　重要历程　山水图画　倾诉

【妙　语】知青上山下乡是特定时代的产物。这段经历是广大上山下乡知青人生中的重要历程。

知青们、场友们：

在中华人民共和国成立××周年之际，××林果场××届知识青年上山下乡三十周年回场欢聚，这是一次难得的历史盛会。××林果场为了迎接自己的儿女回场省亲，做了大量的准备工作；××等同志为了这次聚会做了大量的组织工作；地税局副局长××同志对这次聚会给予了大力支持和协助；知青和场友们抛开了一切事务，如约回场省亲聚会。由于大家的共同努力，才有了今天这场热热闹闹的聚会。这次聚会是××林果场上山下乡知青首次较大规模的聚会，意义非常。我和××、××等同志代表林业局，对知青和场友们回场省亲聚会表示热烈的欢迎和祝贺。并对知青和场友们一如既往地关心、支持、参与××林果场的建设表示衷心的感谢。

知青上山下乡是特定时代的产物，当时的知青上山下乡，促进了城市与农村的思想交流和文化知识的传播，促进了边疆和山区农村的生产建设，更锤炼了当时的一代人。这段经历是广大上山下乡知青人生中的重要历程。

知青们、场友们，今天的××林果场是一幅美丽的山水图画。20 世纪七八十年代的××林果场，像一个热情奔放、神采奕奕的少女；今天的××林果场，像一个成熟又娇羞的姑娘（因为与 20 世纪七八十年代相比，今天的××林果场显得既美丽又宁静）。今天的××林果场，也由过去的物质生产单位转变为以封山育林、涵养水源、净化水质和保护物种为主的公益事业单位。与此同时，××林果场计划适度发展观光和休闲项目。

但是不管××林果场怎么变，××林果场都会敞开胸怀迎接你们回场省亲、旅游观光或者投资建设。诸位离开××林果场后，三十年的思念和情感，不是一两句话可以表达的。××县林业局和××林果场请在座的知青和场友们向不在座的知青和场友们传达一个信息：希望知青和场友们常回家走走，常回家看看，××林果场永远是你们温暖的家！

知青们、场友们，你们回场省亲聚会的时间虽然短，但这是三十年时光和感情的浓缩。在这难得一聚的新老场友、新老建设者们共话家常的珍贵时刻，让我们尽情地倾诉、尽情地留影、尽情地干杯吧！

★★★

范例7：知青代表在聚会时致辞

【致辞人】知青代表

【场　景】知青三十八周年聚会致辞

【时　机】在聚会结束时致辞

【风　格】慷慨激昂

【关键词】峥嵘岁月　知青情谊　再次相聚　自强　真情

【妙　语】三十八年漫长岁月的洗礼，昔日风华正茂的少男少女。时光流逝，隔不断当年知青的情怀，岁月沧桑，抹不掉心头的记忆。让我们的知青情、朋友情一直延续到永远。

知青们、场友们：

今天，我们二十几位当年的知青，怀着无比激动的心情相聚在××，一起重温往日的峥嵘岁月，再叙知青情谊。

三十八年前，毛主席发出了“知识青年到农村去，接受贫下中农的再教育”的号召，我们告别父母、亲人，分别到安宁公社一村一队，芦溪公社一村一队、四村三队，永明公社一村一队、二村一队、二村三队插队，开始了与学生生活完全不同的知青生活。

三十八年漫长岁月的洗礼，昔日风华正茂的少男少女，如今已是饱经风霜年过半百的爷爷奶奶。时光流逝，隔不断当年知青的情怀，岁月沧桑，抹不掉心头的记忆。不论我们过去是否经常联系，不论我们现在是否还在同一座城市，今天大家前来相聚就说明了知青的情谊犹在。沧桑巨变情未变，岁月无情人有情。正是插队的这段经历把我们的心连在了一起。永明坝、包家湾、杨家碥成为了我们人生的转折点。下乡插队使我们步入了社会，正是知青这段丰富的经历教会了我们如何面对人生。

三十八年能再次相聚，凝聚力是什么？是缘分，是你我间那份知青情谊，是我们曾经一起度过的知青岁月烙在你我心中的深深的印迹，在召唤着你我相聚。多少次，我们在脑海里猜想着相互的模样；多少次，我们在梦乡里幻听过相互的声音。但，直到今天，那模糊的记忆才逐渐清晰。相互的音容笑貌才拨开虚幻的面纱，真实地展现在我们的眼前。乡音未改风度添，红颜退去鹤发染，眯眼相识不相认，定睛看去仍青年。

中国自古有“蚌病成珠”的说法，牡蛎的痛苦凝成了珍珠，特殊的经历造就了我们这一代人坚强的性格、不屈的毅力和无限的精神活力。我们是奋斗的一代，是自强的一代。

我们下乡三十八年才再相聚，这样的加法不能再做了，我们不可能再有几个三十八年。人们常说：失去的东西才知道珍惜，为什么要等到失去以后呢？让我们在回忆过去的时候，更加珍惜今天，把握住今天，把握住我们的这份珍贵友谊，在我们的有生之年一起分享欢乐和幸福。让我们的知青情、朋友情一直延续到永远。

朋友们，相见时难别亦难。总是在离别的时候，才知道时光的短暂，挥一挥手，留下一片真情，带走一份关爱，请多保重，来年再相见。

谢谢大家!

第 7 章 婚礼庆典贺词

“婚姻”两个字构成的词其实是现代名词，从前只有“昏”一个字。至于为什么称为“昏”呢？因为古语中有“男以昏时迎女”，以及“娶妻之礼，以昏为期”等。“昏时”是晚上六七点钟的时候，古人认为“昏时”阳气往而阴气来，符合男子迎娶女子的条件，因此，古时婚礼多于此时举行。婚礼最早应属自然趋势，以后才演变成习俗，一般认为是伏羲氏为人类创造的婚礼习俗。

婚礼最详细的礼俗程序记载于《礼记》中，其中说明了六礼各项程序。完整的婚礼习俗在古代有纳采、问名、纳吉、纳征、请期、亲迎六礼。其中亲迎是整个婚礼的主题，新人在亲人朋友的见证下拜堂，结为夫妇。

现在，婚礼的主体已经从亲迎转变为婚宴。婚宴是指为了庆祝结婚而举办的宴会，在中国，婚宴通常称作喜酒。在西方，婚宴通常是在结婚典礼结束之后举行。

庆之礼

相传中国最早的婚礼从伏羲氏制嫁娶、女娲立媒约，才开始有婚姻关系。传说在远古时期洪水泛滥，把世界上几乎所有人和动物都淹死了，只剩下伏羲、女娲兄妹。太白金星叫他们结婚，生育后代，但他们认为两人是兄妹，便不肯答应。但是如果不这样人类就会灭绝。他们提出，如果能将割成许多段的竹子再接起来，就可以结婚。后来果真把竹子接上了，而且留下许多竹节。两人还是不愿答应，又提出，从两座山上往下滚两盘石磨，如果石磨能滚合到一起，就可以结婚。但是当石磨又滚合在一起后，他们仍然不肯答应。女娲又出了一个主意，如果伏羲能够追上自己，就可以成婚。结果，伏羲始终追不上女娲，一只乌龟教伏羲从山的另一面沿着相反的方向追赶。女娲没有防备，果然一下子被伏羲抱在怀里，两人只好成婚。这是中国最早的婚礼仪式。

新文化运动之后，特别是新中国成立以来，中国的婚礼受到西方文化的冲击，传统婚礼的元素日渐消失。19 世纪末 20 世纪初，婚礼从形式到内容明显接受了西式风俗。一般采取了中西合璧的婚礼形式。新娘一般身穿旗袍或长裙。新郎服有西服、有便服、有满清马褂。民国初期，因为国内没有制作婚纱的厂家，有些政府大吏或大商人、大资本家为了赶时髦，托人重金从国外购得婚纱备其子女婚礼。这种风潮源于蒋介石和宋美龄的基督教婚礼，蒋介石着黑燕尾服，白色衬衣，条纹西裤，银色领带，雪白手套；宋美龄穿白色婚纱，拖着银线绣花的白色长纱，令国内无数青年女子羡慕不已。此后，婚纱便在社会上广泛流行起来了。而此前，只有思想进步且有雄厚经济实力的家庭行西式婚礼时才着婚纱。

1935 年后，民国政府倡导新生活运动，集团婚礼成为时尚，又让婚纱进一步深入人心。1935 年上海社会局策划组织的集团婚礼中新郎穿黑马褂和蓝袍，胸前戴花。新娘穿粉色软缎旗袍，头披白色婚纱。后来的集团婚礼进一步西化，新郎西装革履，新娘白裙白纱。民国元年通过的民国服饰制度也是以西服为大礼服和常礼服，中式礼服则为清式马褂。

现代中国的婚礼结合了中国传统以及受西方影响的元素。公民结婚仪式实际上只是到地方政府进行结婚登记，并没有太多的程序，然而喜酒就会举办得非常盛大。现代中国婚礼中很重要的一环就是会拍摄婚纱照。

一、证婚人贺词

证婚人是举行婚礼仪式时男女双方请来做结婚证明的人。一般请双方信赖、尊敬或者德高望重的人来担任，比如家族中的长辈或新人单位领导。请一人或两人均可。证婚人证婚的程序，是先宣读结婚证书，宣读完后表明“特此证婚”，最后致简短的贺词。贺词不必过于冗长，因为其后还有很多致辞安排，表达对新人的祝贺便可。

★★★

范例1：证婚人在婚礼现场致辞

【致辞人】证婚人
【场　景】婚礼现场
【时　机】在婚礼开场时致辞
【风　格】慷慨激昂
【关键词】重托　机遇　珠联璧合　英俊潇洒　忠厚诚实　漂亮可爱　恩爱夫妻
【妙　语】神圣而又庄严的婚礼仪式上，为这对珠联璧合、佳偶天成的新人致证婚词，是情是缘还是爱，在冥冥之中把他们撮合在一起。

各位来宾：

今天，我受新郎新娘的重托，担任××先生与××小姐结婚的证婚人感到十分荣幸，在这神圣而又庄严的婚礼仪式上，能为这对珠联璧合、佳偶天成的新人致证婚词而感到分外荣幸，也是难得的机遇。

各位来宾，新郎××先生现在××单位，从事××工作，担任××职务，今年××岁，新郎不仅外表英俊潇洒、忠厚诚实，而且有颗善良爱心，为人和善；不仅工作上认真负责、任劳任怨，而且在业务上刻苦钻研，成绩突出，是一位才华出众的好青年。

新娘××小姐现在××单位，从事××工作，担任××职务，今年××岁。新娘不仅长得漂亮可爱，而且具有东方女性的内在美，不仅温柔体贴、聪颖善良，而且勤奋好学、品质高贵、心灵纯洁；不仅能当家理财，而且手巧能干，是一位可爱的好姑娘。

古人常说：心有灵犀一点通。是情是缘还是爱，在冥冥之中把他们撮合在一起，使他们俩相知相守在一起。上帝不仅创造了这对新人，而且还要创造他们的后代，创造他们的未来。

此时此刻，新娘新郎结为恩爱夫妻，从今以后，无论贫穷、疾病、环境恶劣、生死存亡，你们都要一生一心一意忠贞不渝地爱护对方，在人生的旅程中永远心心相印、白头偕老，美满幸福。

最后，祝你们俩永远钟爱一生、同心永结、幸福美满。谢谢大家！

★★★

范例2：证婚人在婚礼现场致辞

【致辞人】证婚人

【场　景】婚礼现场

【时　机】在婚礼开始时致辞

【风　格】柔和温馨

【关键词】为人和善　才华出众　温柔　幸福美满

【妙　语】在这神圣而庄重的婚礼仪式上，是爱情让他们结合在一起，此时此刻，新郎新娘结为恩爱夫妻，永远钟爱一生，同心永结，幸福美满。

各位来宾：

在这神圣而庄重的婚礼仪式上，能为这对珠联璧合的新人致证婚词，我深感荣幸。

新郎忠厚诚实，为人和善，不仅工作认真负责，而且在业务上刻苦钻研，成绩突出，是一位才华出众的好青年。

新娘不仅长得漂亮、可爱，而且具有传统东方女性的温柔，不仅能当家理财而且手巧能干，是一位不可多得的好姑娘。

是爱情让他们结合在一起，此时此刻，新郎新娘结为恩爱夫妻，从今往后，无论贫穷、疾病，他们都要一心一意忠贞不渝地爱护对方，在人生的旅程中永远心心相印，最后，祝愿新人永远钟爱一生，同心永结，幸福美满。

★★★

范例3：证婚人在婚礼现场致辞

【致辞人】证婚人
【场　景】婚礼现场
【时　机】在婚礼开始时致辞
【风　格】温情柔和
【关键词】婚礼仪式　婚姻殿堂　爱情　志同道合　责任
【妙　语】他们一经相遇，就一见钟情，一见倾心。互谅所短，爱情不渝，美满幸福。

各位来宾：

大家晚上好！

今天，我十分荣幸地受邀为××先生与××小姐证婚。这是一个令人激动的时刻，我想，这对天造地设的新人一定给在座的亲友留下了永生难忘的记忆。

昨天，新郎新娘是朋友；今天，他们步入婚姻殿堂，成为牵手一生的人。套用一句诗人的话说，黑夜给了他们黑色的眼睛，他们却用它寻找美好的爱情。

他们一经相遇，就一见钟情，一见倾心。他们相爱了，他们志同道合，他们是天生一对，地造一双。

如今，新郎新娘都找到了他们的至爱，执子之手，与子偕老。我想：对于爱情，也许只要两颗心就够了，但婚姻，等于爱情加责任。

在他们新的生活即将开始的时候，我希望新郎新娘互谅所短，爱情不渝，美满幸福！

谢谢大家！

★★★

范例4：证婚人在婚礼现场致辞

【致辞人】证婚人

【场　景】婚礼现场

【时　机】在婚礼开始时致辞

【风　格】柔和无限

【关键词】新婚吉日　高兴　知书达理　贤内助　恩爱夫妻

【妙　语】认真负责，任劳任怨，是一位才华横溢的有为青年。新郎新娘结为恩爱夫妻，从今以后无论贫富贵贱、生老病死，你们都要全心全意爱护对方，照顾对方，在人生的旅途中永远心心相印，白头偕老，美满幸福。

各位来宾：

大家好！

今天是××先生和××小姐的新婚吉日，我作为新郎/新娘的××，受新郎、新娘的委托，担任他们的证婚人，为此感到十分荣幸，在这庄严而神圣的婚礼仪式上，能为这对佳偶致证婚词而感到由衷的高兴！

各位来宾，新郎××在……（单位情况，个人简单的介绍），不仅仪表堂堂，为人忠厚诚实，而且在工作中认真负责，任劳任怨，是一位才华横溢的有为青年；新娘××在……（单位情况），不仅端庄大方，知书达理，而且孝敬父母，温柔体贴，是新郎难得的贤内助，是一位善良的好姑娘！

此时此刻，新郎新娘结为恩爱夫妻，从今以后无论贫富贵贱、生老病死，你们都要全心全意爱护对方，照顾对方，在人生的旅途中永远心心相印，白头偕老，美满幸福。

最后，祝新郎新娘永结同心，幸福一生！

谢谢大家！（宣读结婚证书）

★★★

范例5：证婚人在婚礼现场致辞

【致辞人】证婚人

【场　景】婚礼现场

【时　机】在婚礼现场致辞

【风　格】慷慨激昂

【关键词】结婚典礼　十分荣幸　聪明伶俐　军人精神　依靠

【妙　语】青山为你们作证，秀水为你们作证！在座的亲朋好友们为你们作证，把对方作为自己毕生的依靠，相依走向灿烂的明天。

各位来宾，朋友们：

今天我专程从××来××参加新郎××先生、新娘××小姐结婚典礼，十分高兴，而且让我担任今天新郎新娘结婚的证婚人，更是感到十分荣幸。其实我跟新娘新郎还是十分有缘的，我与新娘××在技术学院一个院内生活了近十年，与新郎××同是出生在××，长大在××。

新娘××我从小就认识，可以说是看着她长大的，她从小聪明伶俐，在幼儿园就被评为市优秀儿童，俗话讲从小看一半，今天依然聪明靓丽。大学毕业后，只身闯荡上海滩，经过几年的奋斗，已小有成就，工作勤奋努力，敢闯敢干，深受老板赏识，现在已成为公司的业务主管。今天又找到了一个如意郎君。新郎××同样优秀，毕业于××大学，现已成为一名优秀律师。一个出身在军人家庭，富有忠诚老实、敢闯敢干的军人精神；一个出身在知识分子家庭，具有脚踏实地、聪慧向上的特点，他们真是天生一对，地造一双。现在，我宣布××先生和××小姐的感情是真挚的，他们对共创未来有了充分的心理和物质准备，他们的婚姻是合乎逻辑的，程序是合法有效的！青山为你们作证，秀水为你们作证！在座的亲朋好友们为你们作证！衷心希望你们在今后的日子中，要互敬、互爱、互谅、互助，无论今后是顺利或坎坷，你们的心总是连在一起，把对方作为自己毕生的依靠，相依走向灿烂的明天。

让我们衷心祝福，祝愿这一对玉人新婚愉快，永结同心，一生恩爱，白头偕老。

★★★

范例6：证婚人在婚礼现场致辞

【致辞人】证婚人

【场　景】婚礼现场

【时　机】在婚礼开始时致辞

【风　格】满怀祝福

【关键词】好伴侣　至爱　证婚人　未来　见证　美满幸福

【妙　语】黑夜给了我黑色的眼睛，我却用它寻找美好的爱情，心有灵犀一点通，上帝不仅创造了这对新人，而且还将创造他们的后代，他们的未来。

各位领导，各位来宾，各位朋友：

很高兴能以证婚人的身份参加婚礼！今天，××先生和××小姐喜结百年秦晋，成为牵手一生的好伴侣。套用一句诗人的话说：黑夜给了他们黑色的眼睛，他们却用它寻找美好的爱情，如今，新郎、新娘都找到了他们各自的至爱。

古人常说：心有灵犀一点通。作为证婚人，我愿说：是情是缘是爱，在冥冥之中把他们结合在了一起，使他们从相识相知到相守。上帝不仅创造了这对新人，而且还将创造他们的后代，他们的未来。

此时此刻，作为证婚人，我宣布：新郎新娘从此结为合法夫妻。

我愿意和大家一起见证，在今后的日子里，你们都会用一生的爱去保护对方、呵护对方，在人生的旅途中永远心心相印，我也愿意和大家一起见证，在未来的岁月里，看到你们白头偕老，美满幸福。

谢谢大家！

★★★

范例7：证婚人在婚礼现场致辞

【致辞人】证婚人

【场　景】婚礼现场

【时　机】在婚礼开始时致辞

【风　格】温馨祝福

【关键词】祝贺　感谢　新婚　希望　养育之恩　幸福生活　贡献

【妙　语】从相识、相知、相爱，到更加深入了解，今天他们终于走到了一起，步入新婚的殿堂，在各自的工作岗位上，刻苦钻研，努力工作，相互支持。

各位来宾，各位朋友，同志们：

今天我们在这里欢聚一堂，共同祝贺××、××两位新人的新婚大喜，请允许我代表各位来宾，向两位同志的新婚表示衷心祝贺，同时也代表两位同志，向今天参加婚宴的各位来宾表示衷心感谢！经过几年的共同工作，从相识、相知、相爱，到更加深入了解，今天他们终于走到了一起，步入新婚的殿堂。这是一个喜庆的日子，一个值得我们在座的各位庆贺的日子。

同时，我也借此机会，向两位同志提出几点希望：一是新婚之后，希望你们要孝敬父母，报答父母的养育之恩。二是希望你们在新婚的生活中，要互敬互爱，互谅互让，共同创造你们的幸福生活。三是希望你们在今后的工作中，要以新婚之喜为契机，在各自的工作岗位上，刻苦钻研，努力工作，相互支持，用出色的业绩为烟草事业做出更大的贡献。

最后，让我们以热烈的掌声，再次对××先生和××小姐的幸福结合，表示最真诚的祝贺！

谢谢大家！

★★★

范例8：证婚人在婚礼现场致辞

【致辞人】证婚人
【场　景】婚礼现场
【时　机】在婚礼开始时致辞
【风　格】温馨柔和
【关键词】奕奕风采 坚韧不拔 宽阔胸怀 辛勤耕耘 永浴爱河
【妙　语】他们辛勤耕耘、艰苦创业，事业有成……这是天合之美。天生一对，地造一双，执子之手，与子偕老。

各位来宾，各位亲朋好友：

让我们一起目睹新郎××先生的奕奕风采、新娘××小姐的靓丽花容：××先生，这位来自××的小伙子，英俊、潇洒、帅气，洋溢着青春活力，有着五岳之尊——泰山的坚韧不拔的气质、浩瀚东海的宽阔胸怀；××小姐，这位来自××的女孩儿，美丽、聪慧、善良，充满着似水柔情，有着西部之都——重庆阳光般的灿烂，滚滚长江似的热情。几年来，他们通过辛勤耕耘、艰苦创业，已事业有成，新郎××先生现是一家企业的精英。尤其令我们羡慕的是，他们从相识、相知、相爱，到今天终成眷属，喜结良缘。这是天合之美。他们是天生一对，地造一双。在这里，让我们以热烈的掌声表示祝贺！

所谓“夫妻同心，其利断金”，我们殷切地希望新郎、新娘，在今后的工作中，勤勤恳恳、兢兢业业、开拓创新、携手前进！在今后的生活中，恩恩爱爱、甜甜蜜蜜、幸福美满、白头偕老！永浴爱河！

中国有一句古话：“执子之手，与子偕老。”这里，我想借用西方结婚的礼俗，用神父在教堂上主持婚礼仪式时的一句话问新郎：

“××先生，你是否愿意××小姐成为你的妻子？无论贫穷还是富有、无论疾病还是健康，都爱她，照顾她，尊重她，接纳她，永远对她忠贞不渝直至生命的尽头？”（新郎：愿意）

同样的话，我要问新娘：

“××小姐：你是否愿意××先生成为你的丈夫？无论贫穷还是富有、无论疾病还是健康，都爱他，照顾他，尊重他，接纳他，永远对他忠贞不渝直至生命的尽头？”（新娘：愿意）

最后，请新郎、新娘铭记一句话：“牵着你的手，永远跟你走！”

谢谢大家！

★★★

范例9：证婚人在婚礼现场致辞

【致辞人】证婚人

【场　景】婚礼现场

【时　机】在婚礼开始时致辞

【风　格】喜庆祥和

【关键词】欢迎　感谢　英俊潇洒　忠厚诚实　优秀青年　幸福美满

【妙　语】才子配佳人，仙女配董郎，相依花好月圆，相伴地久天长。婚姻既是爱情的结果，又是爱情和生活的开始。

各位来宾：

大家好！

首先，请允许我代表在座的各位来宾，向二位新人致以真诚的祝福！同时受新郎、新娘委托，向参加今天婚礼的各位来宾表示热烈欢迎和衷心感谢！

新郎××现在××工作，担任××长。小伙子英俊潇洒、忠厚诚实、工作认真，是一位才华出众的优秀青年。新娘××现在××工作，有典型东方女性的内在美；不仅温柔体贴、纯美善良、聪明能干，而且有一种高贵典雅的气质之美；不仅心灵手巧、勤奋敬业、积极向上，而且有一种不可言状的神秘之美。新郎因此深深为她而倾倒。他们的结合，真是才子配佳人，仙女配董郎，相依花好月圆，相伴地久天长！我们相信他们一定能建立一个幸福美满的家庭。

婚姻既是爱情的结果，又是爱情和生活的开始；婚姻既是相伴一生的约定，更是一种永恒的责任。希望你们在今后的人生旅途中互敬互爱、互学互让，事业上做比翼鸟、生活上做连理枝，共同创造美好生活，实现事业家庭的双丰收。希望你们饮水思源，用拳拳赤子之心，报答父母和长辈的养育之恩；以出色的工作来回报社会、领导和朋友的关怀和支持。

最后，祝愿二位新人新婚愉快，早日收获爱情的结晶。也祝各位来宾在新的一年里：身体健康、工作顺利、爱情甜美、家庭幸福！

谢谢大家！

二、介绍人贺词

“介绍人”即媒人，也称红娘。介绍人致辞一般要注意语言的感染力，以便调动婚宴气氛。介绍人可以讲述新人经自己介绍，从相识到相恋的过程，使宾客对新人的爱情故事有所了解。

★★★

范例1：介绍人在婚礼仪式上致辞

【致辞人】介绍人

【场　景】婚礼现场

【时　机】在证婚完毕后致辞

【风　格】喜气祥和

【关键词】祝福　至善至美　秀外慧中　才子佳人

【妙　语】清风拂面流淌着醉人的甜蜜，流云飞扬传递着诚挚的祝福，红妆带绾同心结，碧沼花开并蒂莲，情之所钟，爱之所系，倾心如故，白首如新。

……………………………………………………

各位来宾：

你们好！

清风拂面流淌着醉人的甜蜜，流云飞扬传递着诚挚的祝福。今天，作为介绍人，很荣幸地与两位新人及各位亲朋好友共享这喜庆的时光。新郎××仪表潇洒、气质儒雅、才华横溢。新娘××温柔贤淑、通情达理、秀外慧中。俊男和靓女，各自家庭幸福和谐，至善至美。他们的结合真可谓是：才子佳人世间两美，金童玉女耀眼双星。

6月28日，农历初六，这是个特别吉祥的日子，二六永顺，二八即发。天上人间最幸福的一对即将在这良辰佳日喜结连理，共续良缘。今天，高朋满座，美乐轻扬，欢声笑语，天降吉祥。在这美好的日子里，在这大好时光中，天上人间共同舞起了美丽的霓裳。今夜，必将星光璀璨，多情的夜晚又将增添两颗耀眼的新星。新郎和新娘，情牵一线，踏着鲜红的地毯，业已步入幸福的婚姻殿堂，从此，他们将相互依偎，徜徉在爱的海洋。这正是：红妆带绾同心结，碧沼花开并蒂莲。

××先生和××小姐，是我作为介绍人的第一篇习作，开头竟是出乎意料的完美，在深感得意的同时，我还特别想祝愿两位新人，要将你们今后的人生续写得更加精彩动人。为此，我以介绍人的名义，以长辈的姿态，希望你们结婚以后，工作上相互鼓励，事业上齐头并进，生活上互相照顾，遇到困难要相濡以沫、同舟共济，出现矛盾要多理智少激动、多理解少猜疑。新娘要孝敬公婆、相夫教子，做一位人人称赞的贤媳良妻；新郎要为妻子撑起能遮风挡雨的保护伞，做妻子雷打不动的坚固靠山。要情之所钟，爱之所系，倾心如故，白首如新。

最后再次祝福新郎××、新娘××：你们要让恋爱时期的浪漫和激情一直延续到永远。做到白首齐眉鸳鸯戏水，青阳启瑞桃李同心。海枯石烂心永远，地阔天高比翼飞。

让我们一起举杯，衷心祝福这一对新人情切切，意绵绵，百年偕老，永浴爱河。干杯！

★★★

范例2：介绍人在婚礼仪式上致辞

【致辞人】介绍人

【场　景】婚礼现场

【时　机】在婚礼开始时致辞

【风　格】喜气祥和　祝福温馨

【关键词】缔结良缘　荣幸　端庄秀丽　英俊潇洒　永浴爱河

【妙　语】贤伉俪，情切切，意绵绵，百年偕老，永浴爱河，选择婚姻，也就是在选择稳定的同时，选择了限制；选择温馨的同时，选择了琐碎；选择幸福的同时，选择了责任。

新郎、新娘，证婚人、主婚人，各位来宾：

大家好！

今天是××先生和××小姐缔结良缘，百年好合的大喜日子。作为他们的介绍人，参加这个新婚典礼，我感到非常荣幸。同时，我也感到惭愧，因为我这个介绍人只做了很少的工作，他们的认识、通信、约会，花前月下的卿卿我我等等，都是他们自己完成的。

这也难怪，你们看新娘这么端庄秀丽，新郎这么英俊潇洒，又有才干，确实是女貌郎才，天作之合。我衷心祝福贤伉俪，情切切，意绵绵，百年偕老，永浴爱河。

选择婚姻，也就是在选择稳定的同时，选择了限制；选择温馨的同时，选择了琐碎；选择幸福的同时，选择了责任。

最后，愿他们开心幸福一辈子！！

范例3：介绍人在婚礼仪式上致辞

【致辞人】介绍人

【场　景】婚礼现场

【时　机】在证婚仪式结束后致辞

【风　格】温馨祝福

【关键词】心情激动 爱心永恒 白头偕老 情比海深

【妙　语】佳缘逢佳日，百年两相知，恩恩爱爱，意笃情深，此生爱情永恒，爱心与日俱增，百年恩爱双心结，千里姻缘一线牵。

尊敬的各位来宾：

大家好！

佳缘逢佳日，百年两相知。

今天，在这美好的时刻，我荣幸地成为两位新人的婚礼介绍人，心情格外激动。

俗话说，有情人终成眷属。看着××先生和××小姐从相识到步入结婚礼堂，我感到特别高兴！因为，他们用自己的行动，谱写出了人生最动听的爱情之歌。让我们用祝福的掌声为他们加油吧——爱心永恒，幸福永远！

愿你俩恩恩爱爱，意笃情深，此生爱情永恒，爱心与日俱增！让这缠绵的诗句，敲响幸福的钟声。愿你俩永浴爱河，白头偕老！相亲相爱好伴侣，同德同心美姻缘。花烛笑迎比翼鸟，洞房喜开并头梅。愿你俩情比海深！伸出爱的手，接住盈盈的祝福，让幸福绽放灿烂的花朵，迎向你们未来的日子……祝新婚愉快，百年好合！新婚愉快，甜甜蜜蜜！早生贵子！百年恩爱双心结，千里姻缘一线牵。海枯石烂同心永结，地阔天高比翼齐飞。

为你们祝福，为你们欢笑，因为在今天，我的内心也跟你们一样的欢腾、快乐！祝你们，百年好合！白头到老！

三、父母贺词

男大当婚，女大当嫁。儿女要结婚了，父母的心情是十分复杂的。一方面，他们为儿女寻觅到幸福的爱情而喜悦；另一方面，他们又为儿女开始一种崭新的生活而期盼而担忧。父母在致贺词时，宜喜不宜悲，致辞要让人感动，但不要让人落泪。同时，对于在座来宾来说，新人父母是主人，应该在致辞中表达对来宾的感谢之情。接下来，要表达作为长辈对新人的期望，也可以谈一些婚姻生活的经验。最后对新人的结合致以最真切的祝福。

★★★

范例1：新郎父亲在婚礼上致辞

【致辞人】新郎父亲
【场　景】婚礼致辞
【时　机】在婚礼开始时致辞
【风　格】祝福期待
【关键词】欢迎　感谢　未来　孝敬父母　幸福美满
【妙　语】通过相知、相悉、相爱到今天成为夫妻，希望他们能互敬、互爱、互谅、互助，以事业为重，用自己的聪明才智和勤劳双手去创造自己美好的未来。

各位来宾：

今天是我儿子与××小姐喜结良缘的大喜日子，承蒙各位来宾远道而来，在此表示最热烈的欢迎和衷心的感谢！

我儿子与××小姐结为百年夫妻，身为家长感到十分高兴。他们通过相知、相悉、相爱到今天成为夫妻，从今以后，希望他们能互敬、互爱、互谅、互助，以事业为重，用自己的聪明才智和勤劳双手去创造自己美好的未来。不仅如此，还要孝敬父母，正如一句歌词中唱的那样："常回家看看！"

最后，祝他们俩新婚愉快、幸福美满。

也祝大家身体健康、万事如意。谢谢大家！

★★★

范例2：家长在子女婚礼上致辞

【致辞人】新人家长

【场　景】婚礼现场

【时　机】在婚礼开始时致辞

【风　格】温馨祝福 满怀期望

【关键词】大喜日子 感谢 祝愿 互敬互爱 希望

【妙　语】各自展现自己的才华，用自己的努力和付出去创造自己美好的生活，新婚愉快，幸福美满。

各位来宾、各位亲朋好友：

大家好！

今天是××和××喜结良缘的大喜日子，我和我的亲家都感到非常高兴。承蒙在座各位亲朋好友在百忙之中的到来，在此向大家表示衷心的感谢和良好的祝愿！

缘分使××和××结为夫妻，同时使我们两家增添了一个好儿子，一个好女儿。希望你们在今后的日子里，互敬互爱，在今后的工作中，各自展现自己的才华，用自己的努力和付出去创造自己美好的生活，这也是我们做父母的对你们最大的希望。

最后，祝你们俩新婚愉快，幸福美满，也再次向今天所有出席婚礼的亲友佳宾表示衷心感谢！

谢谢大家！

范例3：家长在儿子婚礼上致辞

【致辞人】新郎家长
【场　景】婚礼现场
【时　机】在婚礼开始时致辞
【风　格】温馨期望
【关键词】欢迎 感谢 孝顺 成家 同心同德 同舟共济
【妙　语】一生一世、一心一意，忠贞不渝地爱护对方，在人生的路途中永远心心相印，白头偕老；无论身处顺境还是逆境，都要矢志不移，永葆本色。

各位来宾，各位领导，各位长辈，各位亲友：

大家中午好！

今天是我儿子××与儿媳××喜结良缘的大喜日子，承蒙各位来宾远道而来参加我儿子的婚礼，在此我代表我们全家向大家表示最热烈的欢迎和最衷心的感谢！

此时此刻，我的心情无比激动，我有好多话要对我的儿子和儿媳说：孩子们，你们很孝顺，你们完成了父母的心愿。从今天起你们就成家了，你们建立了一个新的家庭。希望你们在今后漫长的人生路途中同心同德、同甘共苦、同舟共济、互敬互爱、互谅互助，一定要以事业为重，用你们的聪明才智和勤劳的双手去创造你们美好的未来。

孩子们，你们还要记住，不管你们以后的行囊里装的是沉甸甸的石头还是白花花的银子，无论贫困还是富有，你们都要一生一世、一心一意，忠贞不渝地爱护对方；在人生的路途中永远心心相印，白头偕老；无论身处顺境还是逆境，都要矢志不移，永葆本色。爸爸妈妈是你们生活和事业上的坚强后盾，永远都是你们的依靠。同时我也希望你们尊敬父母的孝心不要改变，你们依然是好儿子、好女儿，还要当好女婿、好媳妇。就像歌词中唱的那样：一定要“常回家看看！”

老爸老妈想念你们。

最后衷心祝愿各位来宾身体健康、万事如意！希望大家开怀畅饮，吃好喝好。

谢谢大家!

★★★

范例4：家长在儿子婚礼上致辞

【致辞人】新郎家长
【场 景】婚礼现场
【时 机】在婚礼开始时致辞
【风 格】温馨祝福
【关键词】隆重 圆满 感谢 孝敬 责任
【妙 语】正是你们的辛勤培养，才使他从一个不懂事的孩子成长为一个对社会、对国家有用的人。好好工作、好好做人，在外与朋友们好好相处，在家里要好好孝敬双方老人。

各位来宾，各位领导，各位长辈，各位亲友：

大家好!

今天是小儿××和儿媳××新婚大喜的日子，我和我的家人心情非常激动，感谢各位来宾的光临，使他们的新婚典礼更加隆重、更加圆满。

在这个大喜的日子里，我要感谢在××成长过程中付出了艰辛努力的单位领导及亲朋好友，正是你们的辛勤培养，才使他从一个不懂事的孩子成长为一个对社会、对国家有用的人，我代表××的母亲向各位领导及亲朋好友表示衷心的感谢!

同时，今天我还要向亲家表示衷心的感谢，谢谢你们把这么好的女儿嫁给了××。尽管今天结婚了，我还是要对××说几句话，以后你要好好工作、好好做人，在外与朋友们好好相处，在家里要好好孝敬双方老人，对××要好，一定要尽到一个做丈夫的责任，维护好自己的小家庭。

最后，让我再次感谢各位来宾的光临，祝愿各位来宾身体健康、万事如意！希望大家开怀畅饮，吃好喝好。谢谢大家!

范例5：家长在儿子婚礼上致辞

【致辞人】新郎家长
【场　景】婚礼现场
【时　机】在婚礼开始时致辞
【风　格】温馨祝福
【关键词】大喜日子 荣幸 婚姻的殿堂 新篇章 新人 时光
【妙　语】结婚是人生的大事，也是每个家长的大事。和和睦睦、相亲相爱、相扶相助、相互理解包容、同舟共济。自强不息、勤勉努力、团结奋斗。

各位来宾，各位领导，各位长辈，各位亲友：

大家好!

今天是我儿子××和儿媳××结婚的大喜日子，我感到非常高兴和荣幸。高兴的是这对新人今天携手走进了他们婚姻的殿堂，开始了他们人生的新篇章，我们也算完成了一个光荣的任务。荣幸的是有这么多的亲朋好友送来了你们真挚的祝福。在此，我谨代表双方家长向这对新人表示由衷的祝福，对各位的光临表示热烈的欢迎和衷心的感谢！同时，我也借这个机会，向多年来关心、爱护、培养、教育、支持和帮助××和××成长、进步的各位领导、各位长辈、各位同事、各位亲朋好友表示最衷心的感谢!

结婚是人生的大事，也是每个家长的大事。今天我送几句话给你们：

一是希望你们在今后的日常生活中，和和睦睦、相亲相爱、相扶相助、相互理解包容、同舟共济；二是在以后的人生道路上，要自强不息、勤勉努力、团结奋斗、不断进取，应对各种挑战，承担起更多的责任和义务，用实际行动来回报社会、单位和所有关爱着你们的人。

最后，我还想感谢我的亲家，你们培养教育出了这么好的一个女儿，给了我们一个这么好的媳妇。请亲家放心，今天，你们的女儿虽然出嫁了，　孩子们成家了，但是，女儿永远是你们的女儿，我也会把她视为自己的亲女儿，我的儿子也就是你们的儿子。我们仍然会一如既往地关爱他们，支持、照顾他们。尽量为他们提供好的家庭生活条件，不会让我们的女儿为难，让他们更加孝顺你们，我们两家变成一家。

借此机会，我再一次祝福新人生活幸福，并且衷心祝福来参加我儿子、儿媳婚礼的各位来宾身体健康、家庭幸福！希望大家在今天的婚宴上畅怀尽兴，度过一段愉快的时光。

谢谢大家！

★★★

范例6：家长在儿子婚礼上致辞

【致辞人】新郎家长

【场　景】婚礼现场

【时　机】在婚礼开始时致辞

【风　格】温馨祝福　满怀希望

【关键词】永结同心　感谢　征途　互敬互爱　创造　婚姻幸福

【妙　语】希望你们牢记父母的教诲之情、培育之爱，有勤俭之德、感恩之心；牢记共同的责任，共同的目标，共同的未来，为生活续写最新、最美的华章。和谐元素充满生活，充满家庭，充满事业。

各位亲朋、各位来宾：

今天是我儿子××和儿媳××喜结良缘、永结同心的大喜日子。首先，我要对各位亲朋、各位来宾的光临致以最衷心的感谢！表示最诚挚的欢迎！欢迎你们共同见证共和国又一对新人注册，一个新家庭诞生。

如今立业了、成家了，这是人生的大事、喜事。同时，也是人生新征途的开始。在今后的日子里，希望他们能互敬互爱、互谅互助，用他们的聪明才智和勤劳的双手，去创造他们美好的未来。

在享受幸福、温馨生活的同时，希望你们牢记父母的教诲之情、培育之爱，有勤俭之德、感恩之心；牢记共同的责任，共同的目标，共同的未来，为生活续写最新、最美的华章。

在大喜的日子里，今天我想重提家训：在任何时候，任何情况下，“和是立家之本，勤是发家之本”。生活的核心，就是生‘和’，让和好、和气、和睦、和美、和顺等和谐元素充满生活，充满家庭，充满事业。

此时此刻，我的心情无比激动。我有千言万语要对儿子、媳妇讲，其实，父母对你们没有什么要求，只要你俩好，只要你俩比我们更好。

最后祝你们俩婚姻幸福，夫妻恩爱，相敬如宾，心心相印，百年好合。请宾朋开怀畅饮，共度美好时光。

谢谢大家！

★★★

范例 7：家长在儿子婚礼上致辞

【致辞人】新郎家长

【场　景】婚礼现场

【时　机】在婚礼开始时致辞

【风　格】满怀期望

【关键词】美好时节　隆重举行　感谢　祝福　白头偕老　永结同心

【妙　语】终于牵手走入了婚姻的殿堂，成为一对让人羡慕的伴侣。走上人生新旅途后，能满怀感恩之心，牢记今天彼此的承诺。美酒敬嘉宾，希望大家开怀畅饮。

尊敬的各位来宾、各位亲朋好友：

大家上午好！

在这冰雪消融、万物复苏、生机盎然的美好时节，今天，我儿子××与儿媳××的结婚庆典在这里隆重举行。在这神圣喜庆的时刻，我代表××家族向在百忙之中抽出时间，尤其是远道而来的各位嘉宾、各位亲朋好友，表示最热烈的欢迎和最衷心的感谢！

缘分使我儿子和儿媳结为夫妻，作为父母，我们见证了他们相识、相知、相恋的过程。今天，他们终于牵手走入了婚姻的殿堂，成为一对让人羡慕的伴侣。在这美好温馨的时刻，我代表双方的家长向这对新人表示由衷的祝福，祝福你们白头偕老，永结同心！

我们是天底下最平凡的父母，我们的孩子也是天底下最平凡的孩子。

因此，我们不奢求太多，只是希望他们在踏上婚姻之路，走上人生新旅途后，能满怀感恩之心，牢记今天彼此的承诺，牢记各位来宾和朋友们对他们的祝福，牢记父母对他们的无限期望，在今后的生活中，相互理解、相互包容、相互关爱、相互尊敬，让友好、和睦、幸福、甜蜜相伴一生；在工作中互勉互励，共同进步，一生风雨同舟，相濡以沫。同时，也希望这对新人，孝敬双方父母，肩负起为人父、为人母的家庭责任，共享天伦之乐。

各位嘉宾、各位亲朋好友，今天，我特别激动，要说的话很多，你们送来了温暖，送来了友情，送来了吉祥，送来了美好的祝愿，但今天是婚庆喜宴，我把剩下的话都装在酒里，美酒敬嘉宾，希望大家开怀畅饮。

最后，我再一次感谢各位来宾的光临！并向婚礼筹备组的所有工作人员和××宾馆的全体员工道一声：辛苦了！谢谢你们！真诚地祝愿所有来宾天天开心，日日快乐，家庭和睦，永远幸福！

谢谢大家！

★★★

范例8：家长在儿子婚礼上致辞

【致辞人】新郎父母
【场　景】婚礼现场
【时　机】在婚礼开始时致辞
【风　格】温馨祝福
【关键词】荣偕伉俪　喜结丝萝　感谢　相守　依恋　同甘共苦
【妙　语】良缘由夙缔，佳偶自天成。一心一意创事业，全心全意创家业。同甘共苦，风雨同舟，永结百年之好，长鼓瑟瑟和谐。

尊敬的各位来宾、各位领导：

今天，小儿××与儿媳××荣偕伉俪、喜结丝萝，承蒙各位嘉宾的光临，在此，我们表示衷心的感谢和深深的敬意。

良缘由夙缔，佳偶自天成。小儿与儿媳的美满结合，不仅意味着一个幸福家庭的妙合，更意味着一份责任道义的担当，意味着一种鱼水相依的相守，意味着一腔互敬互爱的依恋。我们祝愿，你们两夫妇，今日赤绳系足，未来一定同心。

我们希望，你们一心一意创事业，全心全意创家业。生活中无论是阳光灿烂，还是斜风细雨，你们都要同甘共苦，风雨同舟，永结百年之好，长鼓瑟瑟和谐，这就是你们对双方父母养育之恩的最好回报，这就是你们对周围一直关爱你们成长的人的一片苦心的最大感恩。

我们相信，你们会不畏辛劳地付出，不吝辛勤的汗水一定会浇出生活的枝繁叶茂，一定会收获事业的花红果硕。

最后，祝各位来宾身体健康，幸福快乐。谢谢大家！

★★★

范例9：家长在子女婚礼上致辞

【致辞人】新人家长

【场　景】婚礼现场

【时　机】在婚礼开始时致辞

【风　格】温馨祝福

【关键词】婚庆喜宴　支持与厚爱　幸福　欢迎　感谢　永结同心　争光添彩

【妙　语】在百忙之中抽时间大驾光临致贺。在生活中互相照顾，在工作上互相支持，做对社会有用的人，做对家庭有责任的人。用勤劳和智慧去创造美好的生活和未来。

尊敬的各位领导、各位亲朋好友：

大家好！

今天，我和亲家一起为孩子举办婚庆喜宴。承蒙各位领导、各位亲朋好友的支持与厚爱，在百忙之中抽时间大驾光临致贺。你们的光临是我们的荣耀和幸福，不胜感激之至。首先请允许我代表我的夫人、代表我的亲家和两个孩子对你们的莅临致贺表示诚挚的欢迎和衷心的感谢！

在这温馨美好的时刻，我也对两个孩子表示由衷的祝福。希望你们两个结婚以后，在生活中互相照顾，在工作上互相支持，做对社会有用的人，做对家庭有责任的人。要孝敬长辈，和睦家庭，忠诚友爱，永结同心，用勤劳和智慧去创造美好的生活和未来。更要努力工作，在各自的工作岗位上做出优异成绩来报答各位领导、亲朋好友，为我们当家长的争光添彩。

同时，我也特别希望各位领导、亲朋好友共同分享我们的幸福与快乐。衷心祝愿各位领导、亲朋好友合家幸福、万事如意！

有招待不周的地方，敬请各位嘉宾多多包涵。

谢谢大家，谢谢！

★★★

范例10：家长在女儿婚礼上致辞

【致辞人】新娘母亲

【场　景】婚礼现场

【时　机】在婚礼开始时致辞

【风　格】满怀期望 温馨祝福

【关键词】喜结良缘 感谢 激动不已 欣慰 成家立业 祝愿

【妙　语】热爱学习、热爱工作、热爱生活。成家立业是人生旅途中的重要课题。用他们的聪明才智和勤劳的双手去创造他们美好的未来。

各位领导，各位至亲，各位好友：

大家好！

今天是我女儿和女婿喜结良缘的大喜日子，承蒙各位应邀前来，在此我表示最热烈的欢迎和衷心的感谢！

感谢你们在百忙中抽空来参加我女儿女婿的婚礼。我和我的女儿女婿，因为你们的如约而至而激动不已！我女婿的父母因年事已高，不能承受远途颠簸之累，未能到达这里参加儿子和儿媳的婚礼，但他们也委托我向大家转达他们的真诚谢意！

我的女婿虽然远离父母，我的女儿也有她特殊的生活和工作环境，但是他们俩都得到了各位领导的关心，得到了各位亲朋的厚爱，这使他俩能够热爱学习、热爱工作、热爱生活，为此，我感到十分欣慰和骄傲。

成家立业是人生旅途中的重要课题。我的女儿和女婿从相互知晓、相互理解到相互爱恋，直到今天走上婚姻的红地毯，喜结良缘。作为母亲，我对此从内心发出欢笑，也衷心地祝愿我的女儿和女婿从今以后更加互敬互爱，携手并肩，用他们的聪明才智和勤劳的双手去创造他们美好的未来，把人生旅途走得更加有意义！同时也祝愿我在远方的亲家公、亲家母和各位至亲安康、幸福！

最后，我再次感谢各位领导、各位至亲、各位好友！感谢你们长期以来对我以及我女儿女婿的关心、爱护、支持、帮助，感谢你们今天又送来了温暖，送来了吉祥，送来了美好的祝福。在此，我祝愿各位身体健康，事业顺利，生活美满，吉祥幸福！虽然我们今天只是置办几份小菜和一些薄酒，但我们依然希望大家吃好，喝好，快乐开心！谢谢大家！

四、朋友贺词

在婚宴上致辞的朋友一般是新郎、新娘的知己，因为相互之间的忌讳较少，又都是年轻人，所以致辞的内容往往比较活泼，除了向新郎、新娘祝贺新婚之喜，还可以讲述新郎、新娘往日的趣事、恋爱故事等。朋友要从一个新的角度介绍新郎和新娘，这个角度应该是人们不熟悉的一面，能引起人们的兴趣的一面，争取让人们发出会心一笑。但是注意不要在众人面前透露新人的隐私。

范例1：新人朋友在婚礼上致辞

【致辞人】新人朋友
【场　景】婚礼现场
【时　机】在婚礼开始时致辞
【风　格】温馨祝福
【关键词】喜结良缘　幸福美满　永寿偕老　关怀　白首同心
【妙　语】在这春暖花开，群芳吐艳的日子里。正所谓天生一对，地造一双。良缘由夙缔，佳偶自天成。今日赤绳系足，未来一定白首同心。

各位来宾：

大家好！

今天是我的朋友××先生与××小姐喜结良缘的日子，我代表我的家人祝贺你们，祝你俩幸福美满，永寿偕老！作为他们的朋友，我首先衷心地感谢各位来宾的光临。

此时此刻，我看到二位新人携手步入神圣的婚姻殿堂，并举行这样隆重的婚礼，我无比激动，无比喜悦。

在这春暖花开，群芳吐艳的日子里，你俩永结同好，正所谓天生一对，地造一双！祝愿你俩恩恩爱爱，白头偕老！愿你俩用爱去绾着对方，彼此互相体谅和关怀，共同分享今后的苦与乐。

敬祝百年好合，永结同心！

★★★

范例2：新人朋友在婚礼上致辞

【致辞人】新人朋友
【场　景】婚礼现场
【时　机】在婚礼开始时致辞
【风　格】温馨祝福
【关键词】阳光绚美　情牵一线　幸福不已　喜结良缘　指腹为

婚 辉煌

【妙　语】两人在长辈的呵护下一帆风顺牵手走过了二十六个春夏秋冬。用我们的脊梁同千千万万个脊梁一道筑起坚不可摧的钢铁长城。拥抱新郎，喜气洋洋，拥抱新娘，吉祥满堂。

各位来宾：

大家好！

今天，阳光绚美，天上人间共同舞起了美丽的霓裳。今夜，星光璀璨，多情的夜晚又增添了两颗耀眼的新星。新郎××先生和新娘××小姐，情牵一线，踏着鲜红的地毯幸福地走入了婚姻的殿堂，从此，他们将相互依偎着牵手撑起一片爱的蓝天。我作为他们的同学，也是二人从小到大的朋友，此时激动不已，幸福不已，欢喜不已。

10月1日，一个特别吉祥的日子。天上人间最幸福的一对在今天喜结良缘。今天，西班牙王子费利佩正式迎娶他美丽的平民新娘。此时，××先生也与西班牙王子一样，幸福地拥有了人间最美丽的新娘。我想说，其实最幸福的当属我们眼前的这二位了。因为，新郎新娘各自的细胞刚刚在娘胎构成的时候，就被军中戍边的父辈们在不经意的玩笑中指腹为婚了。他们从小青梅竹马，从小到大不曾分开。幼时牵手走进军中幼儿园，儿时牵手走进小学校园，少男少女时牵手走过初中和高中，长大了又双双考进了同一所重点军事大学，两人在长辈的呵护下一帆风顺牵手走过了二十六个春夏秋冬。他们是天定姻缘，是最幸福的一对，今天的大典之后他们将永远牵手，一起走到夕阳红霞耀满天。

在激动、幸福、欢喜的时刻，我诚心地对新郎新娘说：我们身为军人，同时又都是军人的后代，无论何时都不可忘记祖国之重托，今后的路还很长，让我们一如既往，以祖国为重，用我们的脊梁同千千万万个脊梁一道筑起坚不可摧的钢铁长城。

自从离开家乡，我们就很难见到爹娘，不是我们不爱，而是爱得更深，爱得更广，爱得不同凡响，我们会用报效祖国的一片赤诚回报我们的爹娘。祖国需要我们，人民也需要我们，请相信我们的新郎和新娘，为了国家和人民的安宁，为了天下所有爹娘的幸福安康，一定会继续努力，比翼双飞，在绿色军营中镌绣幸福、吉祥和辉煌。

有一句话是这样说的：拥抱新郎，喜气洋洋，拥抱新娘，吉祥满堂。最后，请允许我代表各位来宾热烈地拥抱新郎和新娘，让我们在座的每一位都同沾喜气、共享吉祥！

谢谢大家！

★★★

范例3：新人朋友在婚礼上致辞

【致辞人】新人朋友

【场　景】婚礼现场

【时　机】在婚礼开始时致辞

【风　格】温馨祝福

【关键词】祝愿 新婚快乐 幸福美满 成就 白头偕老

【妙　语】在生活中互相照顾，在工作上互相鼓励、支持，取得了很大的成绩。互敬、互爱、互助。

各位朋友：

大家中午好！

今天是××先生和××小姐新婚大喜的日子，我代表今天所有的来宾，向你们表示最衷心的祝愿，祝你们新婚快乐，幸福美满！

新郎××先生和新娘××小姐都是我的好友，从他们相知、相识、相爱，到今天走进婚姻的殿堂，我一直是他们的见证人。新郎××先生……(个人情况，简单赞美)；新娘××小姐……（个人情况简单介绍和赞美几句)。两人相爱以来，在生活中互相照顾，在工作上互相鼓励、支持，取得了很大的成绩，希望他们在以后的人生中更加互敬、互爱、互助，取得更大的成就。

今天我作为来宾代表，也作为你们的朋友，为你们能够走到一起，成就一段美好的姻缘而感到由衷的高兴，再一次祝愿你们生活幸福，白头偕老！

谢谢！

五、领导贺词

领导致辞要体现领导对下属的关心和重视，好的贺词能够拉近领导和下属之间的关系，使工作关系更加和谐。领导致贺词要突出赞扬新人的优点、在工作中的良好表现，并真诚地祝福新人婚姻美满。在致辞时，要注意放下领导的架子，不可以领导的身份在台上宣讲，要以普通人的身份，对新人致以衷心的祝福。语言方面越生动越好、越简单越好，切不可长篇大论。

★★★

范例1：新郎领导在婚礼上致辞

【致辞人】新郎领导

【场　景】婚礼现场

【时　机】在婚礼开始时致辞

【风　格】慷慨激昂

【关键词】欢聚　希望　恩恩爱爱

【妙　语】希望你们忠心献给祖国，孝心献给父母，爱心献给社会，痴心献给事业，诚心献给朋友，信心留给自己。

各位来宾，朋友们：

大家好！

今天我们欢聚一堂，共庆××先生和××女士喜结良缘，感到无比的荣幸和由衷的喜悦。在此，我谨代表新郎工作单位，××有限公司，衷心祝愿二位新人新婚愉快，幸福美满。

同时，我也代表各位来宾献上大家殷切的希望和美好的祝愿：一是希望你们在婚后的生活中，互帮互助，共同进步，真正做到恩恩爱爱，甜甜蜜蜜，心心相印；二要不忘父母的养育之恩，孝敬双方父母，团结兄弟姐妹，凭仁爱、善良、纯洁之心，用团结、勇敢、智慧之手去营造一个家园，修筑避风的港湾，共创灿若朝霞的明天。

在此，我以“六心”相赠：希望你们忠心献给祖国，孝心献给父母，爱心献给社会，痴心献给事业，诚心献给朋友，信心留给自己。最后，让我们共同祝愿新郎新娘永结同心、白头偕老、幸福常在。

谢谢大家！

★★★

范例2：新郎领导在婚礼上致辞

【致辞人】新郎领导

【场　景】婚礼现场

【时　机】在婚礼开始时致辞

【风　格】温馨祝福

【关键词】祝福　谢意　出类拔萃　升华　责任　港湾

【妙　语】温柔可爱、美丽大方。天生一对，地造一双。珠联璧合、佳偶天成。婚姻既是爱情的升华，又是责任的开始。

尊敬的各位来宾：

在这个浪漫温馨、喜庆祥和的日子里，我们欢聚一堂，为××、××两位新人举行婚礼，请允许我代表××公司全体领导及职工向两位新人表示热烈的祝贺和衷心的祝福，向前来参加婚礼的各位来宾和朋友表示诚挚的谢意！

新郎××是我们的一名优秀员工，不仅仪表堂堂而且工作出类拔萃。新娘××温柔可爱、美丽大方，他们可谓是天生一对，地造一双。在这神圣庄严的婚礼仪式上，再次向这对珠联璧合、佳偶天成的新人表示最热烈的祝贺！

婚姻既是爱情的升华，又是责任的开始。今天，你们在所有来宾的见证下，共同组建了新的家庭，在以后的人生道路上，就要肩负起这份爱的责任，互帮互助，携手共进，共同面对人生的喜怒哀乐，共同分担生活的酸甜苦辣。互相包容理解，把自己的小家打造成温馨幸福的港湾，以工作上的进步、事业上的成功、生活上的幸福来报答各位长辈和亲朋的厚爱。

最后，让我们共祝两位新人百年好合，婚姻幸福，早生贵子。祝各位来宾身体健康，万事如意，吉祥满堂！

谢谢大家！

★★★

范例3：新娘领导在婚礼上致辞

【致辞人】新娘领导

【场　景】婚礼现场

【时　机】在婚礼开始时致辞

【风　格】温馨祝福

【关键词】浪漫温馨 喜庆祥和 谢意 广泛赞扬 欣慰 人生欢愉 携手共进

【妙　语】携手人生，共结连理。愿你们良宵花烛更明亮，新婚更甜蜜。共同面对人生的喜怒哀乐，共同分担生活的酸甜苦辣。

尊敬的各位来宾：

大家好！

在今天这个浪漫温馨、喜庆祥和的日子里，我们欢聚一堂，为××、××两位新人举行隆重的婚礼，请允许我代表新娘的工作单位××公司向两位新人表示热烈的祝贺和衷心的祝福，向前来参加婚礼的各位来宾和朋友表示诚挚的谢意！

今天，能够和各位来宾朋友共同见证这美好的时刻，分享两位新人的幸福甜蜜，我感到非常高兴，也非常荣幸。新娘××自参加工作以来，认真学习，勤奋工作，尊敬领导，团结同事，得到了公司领导的充分肯定和同事们的广泛赞扬。

作为单位领导，半个“娘家人”，看到她能够找到一位风度翩翩的帅哥作为爱人和伴侣，携手人生，共结连理，在高兴之余我更感到非常欣慰。千里姻缘一线牵，二人相距甚远，能够在××这片热土上相识、相知、相恋，直到今天走进婚姻的殿堂，可谓是天作之合。在对未来的美好追求中建立的新家，正是你们谱写的美妙爱情交响曲的延伸。希望你们珍惜这份缘分，永结同心，恩爱百年！中国有句俗话：“男大当婚，女大当嫁。”两性结合的爱情是人间最美好的事情。今天洞房花烛夜，来年生个胖娃娃。愿你们良宵花烛更明亮，新婚更甜蜜。真诚祝愿共浴爱河的俊男靓女，尝遍人生欢愉和甘甜。

婚姻既是爱情的升华，又是责任的开始，是人生的重要新篇章。今天，你们在所有来宾的见证下，共同组建了新的家庭，在今后的人生道路上，就要肩负起这份爱的责任，互帮互助，携手共进，共同面对人生的喜怒哀乐，共同分担生活的酸甜苦辣。把恋爱时期的浪漫和激情，在婚姻现实和物质生活中，一直保留到永远。

从今天起你们将成为漫漫人生路途中的伴侣。常言道:十年修得同船渡，百年修得共枕眠。希望你们倍加珍惜这百年修来的姻缘，恩恩爱爱，举案齐眉，用勤劳智慧之手创造灿若朝霞的明天。

生我者父母，育我者先辈，助我者朋友。希望你们不要忘记双方父母的养育之恩，先辈的提携之情，朋友的相助之意。事业上相互支持，相互勉励，比翼齐飞；生活上相互关心，鸾凤齐鸣，相敬如宾。家庭中孝敬父母，和睦邻里。把自己的小家打造成温馨幸福的港湾，同时为双方的大家庭增添和谐与欢乐。

最后，让我们共同祝福两位新人百年好合、婚姻幸福、早生贵子、白头偕老。也祝各位来宾朋友身体健康，万事如意，吉祥满堂！

谢谢大家！

范例 4：新郎领导在婚礼上致辞

【致辞人】新郎领导

【场　景】婚礼现场

【时　机】在婚礼开始时致辞

【风　格】言语恳切 温馨柔和

【关键词】祝福 感谢 优秀青年 内在美 幸福美满 新婚愉快

【妙　语】才饮长沙水，又食武昌鱼。才子配佳人，仙女配董郎，相依花好月圆，相伴地久天长。婚姻既是爱情的结果，又是家庭生活的开始。

各位来宾：

大家好！

就在前天，我们单位的另一位小伙子娶到了县邮政局的邮政之花儿；今天，××又为我们迎娶了一朵林业公安警花儿。我也有幸又一次当上了主婚人，正所谓“才饮长沙水，又食武昌鱼”，和大家一样，心情非常激动。首先，请允许我代表在座的各位来宾，向二位新人致以真诚的祝福！同时受新郎、新娘的委托，向参加今天婚礼的各位来宾表示热烈的欢迎和衷心的感谢！

新郎××现在××工作，担任××长。小伙子英俊潇洒、忠厚老实、工作认真，是一位才华出众的优秀青年。新娘××现在××工作，关于她的介绍，婚礼前新郎××找到我，谈了他眼中的新娘，他说：“正如××的名字一样，新娘不仅俊俏美丽、漂亮可爱、小鸟依人，而且具有典型东方女性的内在美；不仅温柔体贴、纯美善良、聪明能干，而且有一种高贵典雅的气质美；不仅心灵手巧、勤奋敬业、积极向上，而且有一种不可言状的神秘美。”新郎因此深深被她吸引。他们的结合，真是才子配佳人，仙女配董郎，相依花好月圆，相伴地久天长！我相信他们一定能建立一个幸福美满的家庭。

婚姻既是爱情的结果，又是家庭生活的开始；婚姻既是相伴一生的约定，也是一种永恒的责任。希望你们在今后的人生旅途中互敬互爱、互谅互让，事业上做比翼鸟，生活上做连理枝，共同创造美好生活，实现事业家庭的双丰收。希望你们饮水思源，用拳拳赤子之心，报答父母和长辈的养育之恩，以出色的工作来回报社会、领导和朋友的关怀和支持。

最后，祝愿二位新人新婚愉快，早日收获爱情的结晶。也祝各位来宾在新的一年里：身体健康、工作顺利、爱情甜美、家庭幸福！

谢谢大家！

★★★

范例5：新人领导在婚礼上致辞

【致辞人】新人领导

【场　景】婚礼现场

【时　机】在婚礼开始时致辞

【风　格】满怀祝福

【关键词】新婚愉快 幸福美满 同德同心 浪漫 激情

【妙　语】海枯石烂同心永结，地阔天高比翼齐飞。相亲相爱幸福永，同德同心幸福长。互敬互爱，共同创造两人美好的未来。

尊敬的女士们、先生们：

大家好！

今天是××先生和××小姐新婚大喜的日子，我在这里祝福新郎、新娘新婚愉快，幸福美满，白头到老。××同志作为××主任，工作积极向上，勤奋好学，思想进步，是不可多得的人才。今天是你们喜庆的日子，也是一生难忘的日子，愿你俩海枯石烂同心永结，地阔天高比翼齐飞。相亲相爱幸福永，同德同心幸福长！希望两位新人在今后的生活中孝敬父母，互敬互爱，共同创造两人美好的未来。

在此我祝愿新郎、新娘：在工作上相互鼓励；在事业上齐头并进；在生活上互相关心、互敬互爱；遇到困难时同舟共济、共渡难关。新娘要孝敬公婆、相夫教子；新郎要爱老婆如爱自己，但不要演变成怕老婆。最后再次祝福新郎××先生、新娘××小姐：你们要把恋爱时期的浪漫和激情，在婚姻现实和物质生活中，一直保留到永远。永结同心，白头到老。

愿在座的各位亲朋好友共同分享这幸福的时刻，尽兴而归。

多谢各位！

★★★

范例6：新郎部队领导在婚礼上致辞

【致辞人】新郎部队领导

【场　景】婚礼现场

【时　机】在婚礼开始时致辞

【风　格】衷心祝愿 满怀期望

【关键词】祝贺 家庭幸福 珠联璧合 相得益彰 光彩照人

【妙语】良辰伴美景，新人喜成双。两位新人真是珠联璧合，相得益彰。永远像今天这样青春洋溢、光彩照人。

各位首长、各位战友，各位来宾：

良辰伴美景，新人喜成双。在即将跨入××大门的时候，我们迎来了我们部队的又一件大喜事——××和××在这里喜结良缘，将要踏上幸福的坦途。我向他们表示热烈的祝贺，衷心祝愿他们家庭幸福、生活美满、事业兴旺！

今天，我感到非常高兴，参加年轻人的婚礼，特别是参加有为的年轻人的婚礼，本身就是一种幸福。因为祝贺别人幸福的人自身也是幸福的。当然，得到别人祝福的人肯定是更幸福了。两位新人真是珠联璧合，相得益彰。看他们，一个有军官的英姿俊俏，一个有知识女性的高贵典雅；一个有才子之乡的聪慧过人，一个有西子湖畔的天姿国色；一个是矢志翱翔蓝天的飞行员，一个是匠心描绘宏图的工程师。真是天生一对，地造一双！这样的“强强联合”，真是可喜可贺！为此，我再次祝福他们：永远像今天这样青春洋溢、光彩照人！

在这喜庆的气氛里，我作为××同志的领导、战友，作为一个“过来人”也谈谈对你们今后的希望：

一是希望你们要恩爱长久。婚后生活如糖似蜜，无比香甜，但要想夫妻永远恩爱如初，就必须不断给爱情赋予新的内容。爱就是奉献，要经常想到尊重对方的感情和个性，不要老想着如何“改造”对方；要从细微处体贴关心对方，不要马马虎虎、简单化。相互为对方着想越多，爱情才能越来越甜蜜。

二是希望你们的爱情要以事业为基础。没有事业的家庭将是空中楼阁。离开了事业而沉溺于小家庭之中，爱情就会枯燥无味，暗淡无光。因此，既要在生活上互相体贴，又要在工作上互相帮助，更要在事业上互相支持。各自都要在事业上奋发进取，有所建树。让爱情为事业提供动力，让事业为爱情提供依托，在为崇高事业的奋斗中使爱情之花更加灿烂。

三是希望你们要有面对困难的思想准备。结婚意味着家庭生活的开始。家庭生活也是多姿多彩的，是晴雨相间的，既有甜蜜和幸福的一面，又有困苦和艰辛的一面。从现在起，你们就要承担起家庭的责任，共同担负家务。特别是当家庭生活遇到困难和挫折的时候，不要互相埋怨，而是要相互扶持，共同搏风击浪，用爱心、热情、信任来克服所有的困难和烦恼。

最后，再次祝愿一对新人永远幸福，万事如意！祝愿他们的幸福之花早日结出甜蜜之果！

★★★

范例7：新娘领导在婚礼上致辞

【致辞人】新娘领导

【场　景】婚礼现场

【时　机】在婚礼开始时致辞

【风　格】真诚祝福

【关键词】甜蜜携手　祝福　幸福美满　青年才俊　忠贞不渝　心心相印　爱情永恒

【妙　语】春回大地，万象更新，在这个春意融融、喜气洋洋的日子里。落落大方，热情诚恳。珍惜缘分，互敬互爱，在人生旅途中永远忠贞不渝，心心相印。

各位嘉宾：

大家好！

春回大地，万象更新，在这个春意融融、喜气洋洋的日子里，一对新人——××和××甜蜜携手，共同组成新的家庭。首先，我代表新娘单位——××公司的领导和员工为新人送上最真诚、最美好的祝福！××是我们公司××部的一名业务骨干。日常工作中，她才华出众，任劳任怨，深受客户的好评；文体活动中，她积极参与，出类拔萃，在联欢会上展示的优美舞姿获得大家的一致好评；待人接物方面，她落落大方，热情诚恳，是一名领导信任、同事喜欢的优秀员工。相信这位美丽可爱、聪慧伶俐的好姑娘一定会在事业上进一步展示才华，在生活中更加幸福美满。

今天，我看到新郎是这样一位英俊潇洒、温文尔雅的青年才俊，是与××非常般配的好青年，我作为娘家人也感到十分欣慰和高兴。美好的情缘让你们相知相恋，长相厮守，希望你们珍惜缘分，互敬互爱，在人生旅途中永远忠贞不渝，心心相印。

最后再次祝福一对珠联璧合、佳偶天成的新人——生活甜蜜、事业辉煌、爱情永恒、早生贵子！谢谢！

★★★

范例8：新郎领导在婚礼上致辞

【致辞人】新郎领导

【场　景】婚礼现场

【时　机】在婚礼开始时致辞

【风　格】真诚祝福

【关键词】喜结良缘　传奇　难忘时光　佳偶天成　互帮互助

【妙　语】四月岛城，春意盎然，吉日良辰，新人成双。万水千山总是情，网络情缘一线牵。在今后共同生活的道路上，互帮互助，互敬互爱，美满幸福，取得爱情、事业的双丰收。

各位领导、各位来宾：

大家好！

四月岛城，春意盎然，吉日良辰，新人成双。今天是××和××喜结良缘的大好日子。我受新郎、新娘之托，担任他们的证婚人，感到十分荣幸。这对新人的爱情充满着浪漫与传奇的色彩，他们相识、相知、相爱的过程，可以说是“万水千山总是情，网络情缘一线牵”。

今天，他们走过了难忘时光，结成恩爱夫妻，对此让我们表示热烈的祝贺和真诚的祝福！××是我们公司的××部的员工，他英俊潇洒，诚恳善良；在业务上刻苦钻研，成绩突出；在活动中积极踊跃，才华出众。他是一位让领导欣赏，同事喜欢的好小伙。新娘××美丽大方，气质高雅，聪明乖巧，温柔贤淑，两人可以说是珠联璧合，佳偶天成。

作为证婚人，我对两位新人的婚姻状况做了认真的了解。现在我可以郑重地向大家宣布：××和××已经在相关部门办理了结婚登记手续，他们的婚姻合法有效。我真诚希望这对新人在今后共同生活的道路上，互帮互助，互敬互爱，美满幸福，取得爱情、事业的双丰收。

谢谢！

★★★

范例9：新人领导在婚礼上致辞

【致辞人】新人领导

【场　景】婚礼现场

【时　机】在婚礼开始时致辞

【风　格】满怀期望 真诚祝福

【关键词】欢聚一堂 新婚大喜 祝贺 殿堂 相濡以沫 白头到老

【妙　语】经过无数个花前月下，今天他们终于走到了一起，走进了新婚的殿堂。亲亲密密、相互理解、相互支持、举案齐眉、比翼双飞。孝敬双方父母，做尊老爱幼的模范。

同志们，朋友们：

今天我们在这里欢聚一堂，共同庆祝××、××两位新人的新婚大喜，我谨代表××县××局、二位新人及双方父母向参加今天婚宴的全体嘉宾表示热烈的欢迎和衷心的感谢！也代表××县××局，以及在座的全体同志向二位新人的美满结合表示热烈的祝贺。经过漫长的相识、相知、相恋，经过无数个花前月下，今天他们终于走到了一起，走进了新婚的殿堂。此时此刻我想大家都和我一样，怀着一颗真诚祝福的心来到这里，为他们的美满姻缘叫好，为他们的幸福结合欢呼。借此机会，我向二位新人提以下几点要求：

1. 新婚之后，少了婚前的激情浪漫，多了日常生活的琐碎小事，希望你们能够像以往那样亲亲密密、相互理解、相互支持、举案齐眉、比翼双飞，做家庭团结和睦的模范。

2. 我们山东是孔孟之乡、礼仪之邦，尊老爱幼是我们的传统美德，希望你们婚后能够孝敬双方父母，做尊老爱幼的模范。

3. 结婚之后，希望你们能正确处理家庭和工作的关系，生活上相互关心，工作上相互支持，做勤奋工作的模范。

4. 计划生育是我们国家的基本国策，希望你们严格遵守国家的有关规定，争取早日生一个健康美丽的小宝宝，当然更欢迎龙凤双胞胎，做计划生育、优生优育的模范。

最后，让我们共同举杯，祝他们相濡以沫，白头到老！

六、新人答谢词

当证婚人、介绍人、长辈、领导致辞完毕后，新郎新娘自然不能一言不发，新人致辞主要分为答谢词、宣誓、幽默讲话三种。新人致辞不但能渲染气氛，让婚礼达到高潮，而且能够在来宾心中留下一个良好的印象，更可以借此机会，发挥自己的聪明才智，展现自己的魅力。如果有出众的才艺，也可以在致辞完毕后进行一小段才艺表演，以飨来宾。

范例1：新郎在婚宴上致辞

【致辞人】新郎

【场　景】婚礼现场

【时　机】在婚礼开始时致辞

【风　格】幸福洋溢

【关键词】开心　感谢　见证　幸福　初出茅庐

【妙　语】一时间纵有千言万语却不知从何说起。世界上最幸福的女人。让他学知识，教他学做人，让他体会到世界上最无私的爱，给了他世界上最温暖的家。

尊敬的各位来宾：

大家好！

今天我很开心、很激动，因为我终于结婚了。一时间纵有千言万语却不知从何说起。但我知道，这万语千言最终只能汇聚成两个字，那就是"感谢"。

首先要感谢在座的各位朋友在这个美好的周末，特意前来为我和××的爱情做一个重要的见证，没有你们，也就没有这场让我和我的妻子终生难忘的婚礼。

其次，还要感谢××的父母，我想对您二老说，您二老把你们手上唯一的一颗掌上明珠交付我这个年轻人"保管"，谢谢你们的信任，我也绝对不会辜负你们的信任，但我要说，我可能这辈子也无法让您的女儿成为世界上最富有的女人，但我会用我的生命使她成为世界上最幸福的女人。

最后，我要感谢在我身边的这位在我看来是世界上最漂亮的女人。我觉得能和××在一起，是我今生最大的幸福。所以我想说，××，谢谢你，谢谢你答应嫁给我这个初出茅庐、涉世不深的毛头小子。

但是此时此刻，我的心里却有一丝深深的对你的愧疚，因为我一直都没有告诉你，在认识你之前和认识你之后，我还一直深深地爱着另一个女人，并且就算你我的婚姻，也无法阻挡我对她的思念，这个女人今天也来到了婚礼现场，亲爱的，她就是，我的妈妈。妈，谢谢您，谢谢您在二十八年前做出了一个改变了您一生的决定，您不惜用您的靓丽青春和婀娜身姿，把一个生命带到了这个世界上，让他学知识，教他学做人，让他体会到世界上最无私的爱，给了他世界上最温暖的家。您告诉他做人要老实，您告诉他家的重要，可是这个小生命时常惹祸，惹您生气，让您为他牵肠挂肚。几年前父亲的过世，更是让我体会到您在我生命中的重要，我也不会忘记我们在大洋的两岸，度过的那几千个思念的日日夜夜。现在，我想说，妈，您辛苦了，咱家好了，儿子长大了，儿子结婚了，您可以放心和高兴了，我很幸福，因为我遇上了这世界上两位最善良最美丽的女人。

最后，不忘一句老话，粗茶淡饭，吃好喝好！

★★★

范例2：新郎在婚宴上致辞

【致辞人】新郎

【场　景】婚礼现场

【时　机】在婚宴开始时致辞

【风　格】感谢之情　溢于言表

【关键词】难忘　激动　喜悦　祝福　幸福家庭

【妙　语】人生能有几次最难忘、最幸福的时刻。带来了欢乐，带来了喜悦，带来了真诚的祝福。勤劳智慧的双手，去创造幸福美满的家庭。

各位领导，各位来宾：

人生能有几次最难忘、最幸福的时刻，今天我才真正从内心里感到无比激动，无比幸福，相信更会无比难忘。

今天我和心上人××结婚，有我们的父母、长辈、亲戚、知心朋友和领导在百忙当中远道而来参加我俩婚礼庆典，给今天的婚礼带来了欢乐，带来了喜悦，带来了真诚的祝福。

借此机会，让我俩再一次地特别是要真诚地感谢父母把我们养育成人，感谢领导的关心，感谢朋友们的祝福。

请相信我，我会永远深深爱我的妻子，并通过我们勤劳智慧的双手，去创造幸福美满的家庭。

最后，请大家与我们一起分享这幸福快乐的夜晚。祝大家万事如意、心想事成。

★★★

范例3：新郎在婚宴上致辞

【致辞人】新郎

【场　景】婚宴现场

【时　机】在婚宴开始时致辞

【风　格】愉悦 激动 深情款款

【关键词】激动 幸福 难忘 修成正果 欢乐 苦心 感恩

【妙　语】内心深处感到无比激动，无比幸福。给今天的婚礼带来了欢乐，带来了喜悦，更带来了真挚的祝福。相恋时的矛盾、相爱时的漫长、相处时的艰辛、相定时的憧憬。

尊敬的各位来宾：

此时此刻，我的内心深处感到无比激动，无比幸福，相信更会无比难忘。因为我和我的爱人××终于结束了长达五年的爱情马拉松长跑，修成正果，于此时此地步入有责任的、有担当的、神圣的婚姻殿堂；更因为有在座各位亲朋放弃宝贵的“五一”假期，不计远近前来参加我俩的婚礼庆典，给今天的婚礼带来了欢乐，带来了喜悦，更带来了真挚的祝福。这一刻，我真的很高兴、很激动、很幸福，我发自肺腑地表达“四个感谢”：

首先，感谢我的岳父、岳母大人。我和××相识、相恋、相爱至今，您二老不仅不嫌弃当初家境贫困、母亲常年卧病且还是学生身份的我，还一如既往地在我们的感情上给予先哲般的支持。对此，我将铭记终生，并用自己毕生努力、毕生情感、毕生成果来回报您二老的苦心。

其次，感谢我的父亲、母亲，特别是我的父亲。现在，我想说，爸爸，您辛苦了！同时，您也可以放心了！因为您的坚持和努力没有白费，儿子长大了，儿子结婚了，咱家的日子也会越来越好了！

再次，感谢站在我身边的这位在我看来是世界上最睿智、最贤惠、最知性、最可爱、最漂亮的女人，我的爱妻，××。近几天来，我一直在回味我们五年来的恋爱历程，可谓五味杂陈、幸福满屋：相识时的青涩、相恋时的矛盾、相爱时的漫长、相处时的艰辛、相定时的憧憬，以及她对我学业上的支持和鼓励，对我生活上的关心和照顾，对我事业上的理解和宽容，还有我俩近四年的相隔两地的厮守和坚持，都一幕幕浮上心头。

此刻，我想对我的妻子说，你是我的唯一，你是我的心肝宝贝，你是我生命中的一首歌。我要爱你一万年！我答应你的每一件事都要做到，对你讲的每一句话都要真心。当别人欺负你时，我第一时间出来帮你；当你开心时，我陪着你开心；当你不开心时，我哄着你开心；当我梦中有异性出现时，那个人一定是你！

最后，感谢在座的在百忙之中出席我和××婚礼的所有亲朋。俗话说，“在家靠父母，出门靠朋友”，有亲戚朋友，我们的生活才更完整、更充实、更有意义，感谢你们一直以来的关心、帮助和支持，我们将怀着一颗感恩的心，珍惜生命中的每一位亲戚朋友。希望大家今天能吃得开心、喝得高兴、玩得尽兴！

★★★

范例4：新娘在婚宴上致辞

【致辞人】新娘

【场　景】婚宴现场

【时　机】在婚宴开始时致辞

【风　格】情真意切

【关键词】爱情　千山万水　关爱　祝福　归宿

【妙　语】我相信此时此刻，他们一定能感受到我们的幸福和快乐。相亲相爱，白头偕老。

各位来宾：

大家中午好！

首先诚挚地感谢在座的各位百忙之中抽空出席我们的婚礼，见证我们的这份爱情。更要感谢双方父母对我们的支持、关爱和祝福。××与××距离××千米，我和××的爱情真可说是穿越了千山万水。今天，我们终于结婚了。

虽然由于工作和路途的原因，我的亲友没能来参加我们的婚礼。但是我并没有感到失望和孤单。因为从今天开始，在座的各位来宾都成为了我的亲友。

在此，我要特别地感谢我的爸爸妈妈对我的培养和关爱，我相信此时此刻，他们一定能感受到我们的幸福和快乐。借此机会，我想对他们说，爸爸妈妈，请放心，你们的女儿找到了一个美好的归宿，我相信××会是一个优秀的丈夫，我们一定会相亲相爱，白头偕老。

最后，再次感谢大家的出席，祝大家身体健康，生活幸福！

七、集体婚礼贺词

集体婚礼是与中国旧式婚礼相对而言的，是西风东渐的舶来品。集体婚礼尽管在21世纪初盛行，却并非近几年才肇始，早在民国时期便已开先河。20世纪三十年代，当时的民国政府提倡新生活运动，在婚礼形式上也推行西式礼仪，并由社会局出面组织，开了近代集体婚礼之先河。现代集体婚礼作为一种新形式，是提倡节俭朴素的风尚，引导人们树立积极健康的婚姻价值观和婚庆消费观，也确实为现代青年所推崇、喜爱。

在集体婚礼上致辞，既要庄重，又要突出喜庆的特点；既要有一定的思想高度，又要内容充实具体，言之有物；既要中心突出，又要旁征博引。总之，越贴近生活，越结合现场实际，却亲切，越有感染力。

范例1：团市委书记在集体婚礼上致辞

【致辞人】团市委书记

【场　景】婚礼现场

【时　机】在婚礼开始时致辞

【风　格】热情洋溢

【关键词】喜庆　祥和　帷幕　祝贺　白头偕老

【妙　语】等闲识得东风面，万紫千红总是春。新的世纪，新的时代，呼唤新的观念。新婚新起点，喜事喜开端，终身大事今已毕，百年事业刚起步。白首齐眉鸳鸯比翼，青阳起瑞桃李同心。

尊敬的各位领导，各位来宾，各位新人：

“等闲识得东风面，万紫千红总是春。”在这喜庆、祥和的日子里，××对新人在这里举行隆重热烈、文明高雅的婚礼庆典仪式，首届“青春××”婚庆文化节系列活动首场“真爱永恒”大型集体婚礼正式拉开帷幕。首先，请允许我代表××团市委向今天喜结良缘的新人以及新人的亲属表示衷心的祝福和热烈的祝贺！

新的世纪，新的时代，呼唤新的观念。举行集体婚礼，旨在推进婚俗改革、倡导婚事新办、弘扬文明新风。本次集体婚礼活动得到了各级党政领导、社会各界的广泛关注和大力支持，也得到了广大适龄青年的积极响应，并踊跃参与。这次集体婚礼团市委联合了××参加，得到了××的大力支持，这充分反映了社会各界和广大群众关心社会公益事业、勇树文明新风的强烈社会责任感，展现了我市创建文明城市活动取得的明显成效。在此，我代表此次集体婚礼的主办单位××市委向出席今天活动的各位领导表示衷心的感谢，向支持本次集体婚礼的有关单位和社会各界致以诚挚的谢意！

我市广大青年，不仅是经济建设主战场的生力军，更是精神文明建设的建设者与实践者。今天参加集体婚礼的朋友，“弘扬社会新风、倡导婚事新办”，率先转变婚俗观念、改革陈旧婚俗，以婚事新办为荣，以大操大办为耻，积极参与文明婚礼，大力弘扬社会新风，为全市××万青年移风易俗开了先河，走在了时代的前列，用自己的行动践行社会主义荣辱观，为自己的人生写下了精彩的一笔。

新婚新起点，喜事喜开端，终身大事今已毕，百年事业刚起步。在这阳光明媚、歌声飞扬、欢声笑语、天降吉祥的美好日子里，天上人间共同舞起了美丽的霓裳。今夜，星光璀璨，多情的夜晚又有××对青年朋友喜结良缘，共结秦晋之好。

白首齐眉鸳鸯比翼，青阳起瑞桃李同心，希望各位新人永结同心、白头偕老!

最后，衷心祝愿各位领导和嘉宾工作顺利、万事如意！祝愿各位新人的父母和亲属身体健康、家庭美满！

谢谢大家!

★★★

范例 2：区委书记在广场集体婚礼上致辞

【致辞人】区委书记

【场　景】第二届人民广场集体婚礼

【时　机】在婚礼开始时致辞

【风　格】满怀期望 气势磅礴

【关键词】关心 慰问 美好未来 共创辉煌 雅俗共赏 幸福美满

【妙　语】金秋送爽，丹桂飘香。携手共赴美好未来。爱情花常开不谢，幸福泉源远流长。在××区的土地上盛开更多的精神文明之花，结出更多的丰硕之果。

各位新人、各位嘉宾：

金秋送爽，丹桂飘香。今天，由团区委、××有限公司联合举办的××区第二届人民广场集体婚礼在这里隆重举行，这是我区青年生活中的一件大喜事。这次活动，区委、区政府非常重视和关心，在此，我代表区委、区政府对各位新人致以衷心的祝福，对为这次活动付出辛勤劳动和给予支持的单位和个人表示亲切的慰问。

今天，参加婚礼庆典的每对新人将度过人生中最幸福的时刻，携手共赴美好未来，希望你们在今后的学习、工作和生活中，互相帮助，互相支持，互敬互爱，继承和发扬中华民族的传统美德，共同担负起家庭的责任，尊老爱幼，正确处理婚姻、家庭、工作之间的关系，让爱情之树常绿，共创辉煌的事业。

青年，是社会的未来，是国家兴旺发达的希望所在，新时代的青年应该与时俱进，有新的气象、新的追求。这次集体婚礼，以隆重热烈、简朴温馨的形式，弘扬移风易俗、婚事新办的社会新风，倡导文明节俭、健康向上的生活方式，符合时代的要求和青年的特征，是一次形式新颖、意义深远的活动。它是深入开展讲文明、树新风活动的具体体现，必将有力推进我区精神文明建设。希望各级团组织不断创新工作形式和方法，多组织这样的青年喜闻乐见、雅俗共赏、富有情趣的活动，发挥好团结青年、引导青年的作用。

爱情花常开不谢，幸福泉源远流长，在这里，我再次衷心地祝愿，天下有情人终成眷属，幸福美满，在××区的土地上盛开更多的精神文明之花，结出更多的丰硕之果。

最后，祝这次活动圆满成功！

谢谢大家！

★★★

范例3：县委书记在集体婚礼上致辞

【致辞人】县委书记

【场　景】“五一”劳动节集体婚礼

【时　机】在集体婚礼开始时致辞

【风　格】慷慨激昂

【关键词】婚礼大典　意义重大　婚姻的殿堂　感召　开拓者　白头偕老

【妙　语】社会在发展，时代在进步。希望你们胸怀大志，树立远大的理想和抱负。希望你们勤奋学习，不断增强服务社会的本领。心情愉快，工作顺利，永结同心，白头偕老。

各位新人，各位来宾：

今天是“五一”国际劳动节。在这个属于劳动者的伟大而光荣的节日，县委宣传部、团县委共同举办“圆梦·钟爱一生”青年婚礼大典，意义重大而又深远。在此，我代表县委、县政府向活动的倡导者、组织者、支持者表示崇高的敬意，向踊跃参加这项活动的××对青年朋友表示热烈的祝贺，并致以真诚的祝福。

今天，你们敢于冲破旧俗，勇倡文明新风，步入婚姻的殿堂。你们以蓬勃的朝气，昂扬的斗志，为××增添了勃勃生机。你们是全县广大青年的先进代表。我县的改革开放和经济建设需要你们这样的青年。在你们的感召下，必将会有更多的有志青年加入到你们的行列中来。

社会在发展，时代在进步。在县委、县政府的正确领导下，全县人民昂首阔步，行进在了全面建成小康社会的行程上。面对新的机遇和挑战，要进一步巩固和发展全县的大好形势，需要全县人民的共同努力，尤其需要广大青年朋友的努力。因为，你们是推动我县经济建设和社会各项事业发展的生力军。参加婚礼庆典的××对青年要继续发扬敢为天下先的精神，积极主动地做精神文明建设的带头人，做推动经济发展的弄潮儿，做维护社会稳定的带头人，做加快社会进步的开拓者。

希望你们胸怀大志，树立远大的理想和抱负。要把个人理想融入到全面建成小康社会的共同理想之中，把个人奋斗融入到在中国特色社会主义道路上实现中华民族伟大复兴的共同奋斗之中。个人利益服从大局利益和长远利益，以勤奋的工作态度、扎实的工作作风、良好的工作业绩树立起青年崭新的社会形象。

希望你们勤奋学习，不断增强服务社会的本领。青年人要担负起历史所赋予的重大使命，就要增强学习新知识的紧迫感和责任感。要向书本学习，向实践学习，向人民群众学习。要视野开阔，思维超前，勇立潮头。

这是新的形势对青年朋友们提出的新的要求。

希望你们尊老爱幼、孝敬父母。尊老爱幼、孝敬父母是我们中华民族的传统美德，在新的历史时期，青年人一定要继承好、示范好、发扬好。

希望你们互敬互爱，勤俭持家。家庭是社会的细胞，青年人要以对社会高度负责的态度，搞好家庭建设。敬爱出和睦，勤俭持家久。这是千古遗训，青年人要牢记在心。

“世界是你们的，也是我们的，但是归根结底是你们的，你们青年人朝气蓬勃，正在兴旺时期，好象早晨八九点钟的太阳，希望寄托在你们身上。”在此，我把毛泽东同志的这段话赠送给你们，让我们共勉。

最后，祝新婚夫妇心情愉快，工作顺利，永结同心，白头偕老。

★★★

范例4：公司领导在员工集体婚礼上致辞

【致辞人】公司领导

【场　景】公司员工集体婚礼

【时　机】在集体婚礼开始时致辞

【风　格】温馨祝福

【关键词】殿堂 婚姻大事 祥和 凝聚力 突破

【妙　语】增添一种祥和的气氛，从而进一步增强企业的凝聚力和向心力。结婚是人生的一个转折，也是生活的一个新的起点。永结同心，百年好合，同心协力，共同创建和睦、美好的家庭。

各位新人、各位来宾：

大家好！

今天我们公司的十对年轻员工，同时走进婚姻的殿堂，这充分说明了我们××是一个年轻的企业。是的，我们公司五百多名员工中，三十岁以下的员工占了将近80%，他们都将陆续面临人生的婚姻大事，今天我们在这里为今年结婚的十对员工举行集体婚礼，这既体现了公司对员工婚姻大事的关心，同时也体现了“以人为本”的××文化，这是很有意义的。通过举办集体婚礼，它将会给我们××这个大家庭增添一种祥和的气氛，从而进一步增强企业的凝聚力和向心力。在这里，让我们向新郎、新娘致以深深的祝福！十多年来，我们××公司的经济效益一直在稳步增长，特别是××年成功改制以来，每年都以递增40%的速度迅猛发展，到目前为止，我们已在全国各地建立了十六家分公司，拥有了广州、上海两大生产基地，去年营业额超过1.3亿元，固定资产达5000多万元，而且今年将会有新的突破。我说的这个意思是，××从一家濒临破产的企业发展到今天这样的规模，离不开全体员工的共同奋斗，是大家的汗水和智慧创造了××今天的辉煌！

参加今天集体婚礼的新婚夫妇，有来自管理、生产岗位的骨干，有来自科研战线的精英，也有来自销售一线的优秀业务员，他们都在各自的岗位上为××的发展做出了自己应有的贡献。在这里，我要向他们表示感谢！

我们有理由相信，我们有如此众多的充满活力的员工，我们的××将永远朝气蓬勃，××的事业定能不断发展，××的明天一定会更加辉煌！

新郎、新娘们，结婚是人生的一个转折，也是生活的一个新的起点。今天你们正式组建了自己的家庭，这也意味着从此你们肩上多了一份责任。刚才，每对新婚夫妇都在××公司总部栽种了一棵“同心树”，表明你们扎根企业、奉献企业的决心，同时表达你们战胜生活风雨的一种信念。树苗的成长离不开雨露的滋润，爱情的恒久也离不开真情的雨珠。我深深地祝愿你们，永结同心，百年好合，同心协力，共同创建和睦、美好的家庭！

谢谢大家！

★★★

范例5：新人代表在集体婚礼上致辞

【致辞人】新人代表

【场　景】青年集体婚礼

【时　机】在集体婚礼开始时致辞

【风　格】激情四射

【关键词】喜悦 关注 感谢 幸福 殷切希望 合家欢乐

【妙　语】今后在家做一对孝敬父母、恩恩爱爱的好夫妻；在单位做恪尽职守、勤于工作的好职工。决不辜负父母的养育之恩、各位领导及各位亲朋好友的殷切希望。

尊敬的各位领导，各位来宾：

你们好！

今天是“五一”国际劳动节，也是普天同庆的好日子，我们怀着无比喜悦和激动的心情，参加共青团举办的“携手激情五月天，共创和谐××城”青年集体婚礼。在此，请允许我代表参加今天集体婚礼的××对新婚夫妇，向给予这次集体婚礼高度关注、亲切关怀、大力支持和热情帮助的市委市政府领导、各有关部门领导，各新闻媒体等社会各界表示崇高的敬意和衷心的感谢！向前来参加今天婚庆典礼的各位亲朋好友表示热烈的欢迎和诚挚的谢意！特别是要向辛勤养育我们的父母说一声：爸、妈，你们辛苦了！

我是一名团市委的干部，曾经具体操作和举办了四期青年集体婚礼，深深地感受到了新人们的幸福和喜悦，所以今天我和我的爱人也积极参加本期青年集体婚礼。

我们在这里庄重承诺：今后在家做一对孝敬父母、恩恩爱爱的好夫妻；在单位做恪尽职守、勤于工作的好职工；在社会上做对社会对人民有用的好公民。决不辜负父母的养育之恩、各位领导及各位亲朋好友的殷切希望！

最后，祝各位领导、各位来宾身体健康、工作顺利、合家欢乐！

第 8 章

生日庆典贺词

生日文化的由来，人们一直众说纷纭。早在先秦《礼记·内则》中就有记载："子生，男子设弧于门左、女子设帨于门右。"这句话的意思是说孩子生下来时，如果是男孩儿就在家门的左侧挂一张弓，如果是女孩儿就在门的右面挂佩巾。从此以后，每年的今日，人们都要设宴庆祝，也就是通常说的"过生日"。

过生日是一个古老的传统，中国已经形成了完整的祝寿礼俗。唐宋时期，则是祝寿礼俗发展的高峰。到了明清时期，中国已经形成了独具民族特色的生日礼仪文化，成为中国灿烂民族文化的重要组成部分。

庆生、祝寿无一定的仪式，古时通常是晚辈宾客向寿堂行三鞠躬礼，寿星可定时出堂受贺；其余时间则由子侄辈在礼堂答礼。新式寿诞，常在宴会之前，由寿星分切蛋糕飨客。寿庆的招待：庆祝寿诞，一般都是经济较富余者方能进行，所以在招待上比较讲究。

古时在寿诞前夕，就开始宴请至亲好友，称为"暖寿"；中午为面席，取其“长寿”口彩；晚间为大宴。次日，尚有宴席，以谢执事。

现在的寿庆宴席，有两项内容似乎是必不可少的：一是要由寿星吹生日蛋糕上的蜡烛，然后分吃蛋糕；二是要吃面条，以讨长寿的口彩。

一、一周岁生日贺词

婴儿的一周岁生日最受重视。婴儿一周岁纪念日的庆祝活动也非常隆重。婴儿生日到来之际，婴儿的妈妈会将自己打扮得漂漂亮亮的，然后给孩子穿上一套精心制作的服装，并把孩子抱到已准备好的生日桌前，让婴儿“过目”专门为他（她）摆设的“涉猎物”。这就是民间所称的“抓周”。抓周，又称拭儿、试晬、拈周、试周。这种习俗，在民间流传已久，它是小孩周岁时举行的一种预测性情和志趣的仪式，是第一个生日纪念日的庆祝方式。它与产儿报喜、三朝洗儿、满月礼、百日礼等一样，同属于传统的诞生礼仪，其核心是对生命延续、顺利和兴旺的祝愿，反映了父母对子女的舐犊情深，具有家庭游戏性质，是一种具有人伦味、以育儿为追求的信仰风俗，也在客观上检验了母亲是如何进行启蒙教育的。现在，随着生活水平的提高，抓周这种习俗，被越来越多的家庭所重视，许多地方也在有组织地集体举行抓周活动，以此来庆祝宝宝的生日。

★★★

范例1：父亲在女儿周岁生日上致辞

【致辞人】小寿星的父亲

【场　景】女儿一周岁生日

【时　机】在生日宴开始时致辞

【风　格】真情流露

【关键词】祝贺 感谢 幸福 烦恼 忧愁 烟消云散

【妙　语】从我一脸的灿烂足可以看出我内心的幸福。她的笑声，比天堂唱诗班里天使的歌声还动听；她的一颦一笑时时刻刻牵动着我的心。

各位来宾，朋友们：

大家好！

首先感谢诸位的光临。在女儿生日之际有这么多的朋友前来祝贺，我深表感谢！

大家提议让我讲几句，其实也没什么可讲的。你们从我一脸的灿烂足可以看出我内心的幸福。说真的，有女儿，我真的很幸福。再多的烦恼，再多的忧愁，只要一看到我的女儿，一切都烟消云散了。她的笑声，比天堂唱诗班里天使的歌声还动听；她的哭声，比《马赛曲》还激昂，她的一颦一笑时时刻刻牵动着我的心。我这么多年的生活，好像就是为了等待她的到来，我在怀疑我的上辈子是不是欠她的。

我不是一个注重仪表的人，这么多年了基本上没有到商店给自己买过衣服，说句不怕大家见笑的话，我连商店的门朝哪里开都不知道。但是，为了给女儿买衣服我几乎逛遍了所有的幼儿用品商店，但我把这看作是一种对幸福的体味。在为女儿花钱的同时，我要说：当爸爸的感觉真好！

让我们大家共同举杯，为我女儿一周岁生日干杯！

谢谢大家！

★★★

范例2：父亲在女儿周岁生日上致辞

【致辞人】小寿星的父亲

【场　景】女儿周岁生日晚宴

【时　机】在生日晚宴开始时致辞

【风　格】热情洋溢

【关键词】欢迎 谢意 济济一堂 无比辛劳 提携奖掖

【妙　语】初为人母、初为人父的幸福感和自豪感，但同时也真正体会到了养育儿女健康成长的无比辛劳。亲戚是命中注定的，朋友是自己选择的。菜虽不丰，但是我们的一片真情，酒纵清淡，但是我们的一份热心。

……………………………………………………………………

各位领导、各位亲友：

新年好！

首先对大家今天光临我女儿的周岁宴会表示最热烈的欢迎和最诚挚的谢意！此时此刻，此情此景，我们一家三口站在这里，心情很激动，面对这么多的亲朋好友济济一堂为我女儿畅畅的周岁生日庆祝，我们感慨颇多，想“借题发挥”一吐为快。

为人父母，方知辛劳。××今天刚满一周岁，在过去的三百六十五天中，我和××尝到了初为人母、初为人父的幸福感和自豪感，但同时也真正体会到了养育儿女健康成长的无比辛劳。今天在座的有我的父母，还有岳父、岳母，对于他们三十年的养育之恩，我们无以回报。今天借这个机会向他们四位老人深情地说声：谢谢了！并衷心地祝他们健康长寿！

助我者朋友也。这些年来，我和××以“出身贫农本质好”的朴实与友善结交了许多好朋友，过去的日子里，在座的各位朋友曾给予我们许许多多无私的帮助，让我们感到无比的温暖，人们常说：“亲戚是命中注定的，朋友是自己选择的。”“财富不是朋友，朋友却是财富。”今天，我和××为有这样一笔宝贵的财富而感到骄傲和自豪。在此，请允许我代表我们一家三口向在座的各位亲朋好友表示万分的感激！未来的时光里，我们仍奢望各位亲朋好友善意的批评教导、真诚的提携奖掖。

今天以我女儿畅畅周岁生日的名义相邀各位至爱亲朋欢聚一堂，菜虽不丰，但是我们的一片真情，酒纵清淡，但是我们的一份热心，若有不周之处，还望各位海涵。

让我们共同举杯，祝各位新年吉祥、万事如意！谢谢。

范例3：父亲在儿子周岁生日上致辞

【致辞人】小寿星的父亲

【场　景】儿子周岁庆生宴

【时　机】在庆生宴开始时致辞

【风　格】语言朴实 真情流露

【关键词】激动 感谢 祝福 多彩的人生 健康

【妙　语】坚强、理解和宽容，让我很感动也很佩服。健康的身体、平和的心态、宽厚的性格、生存的技能。每一天都有属于自己的故事。

各位亲友，各位来宾：

时间过得真快，一转眼，××一周岁啦！我的心情非常激动，也非常希望讲几句话。因为根据我的估算，下一次我作为爸爸的公开讲话，应该是在××的婚礼上，到时候我应该也是一个老头子啦！儿子肯定会嫌我唠叨，趁现在儿子还没有怨言的时候，我就多说两句！

首先，感谢各位长辈、亲属的到来和祝福，也要谢谢大家一直以来对我们的关心和帮助！

其次，借今天这个特别的场合，我要特别感谢我的岳父、岳母，大家知道，××出生后，我们就一直住在岳父、岳母家，这一年来，他们真的非常辛苦，不仅要帮着带孩子，还要买菜、做饭，收拾屋子，每天都是从早忙到晚。如果没有他们二老的帮忙，我真的都不知道该怎么把孩子带大，谢谢你们二老啦！

同时，我也要谢谢我的老婆，平时我工作比较忙，也经常出差，我清楚地记得，××出生十几天，我就出差去广州，我老婆表现出来的坚强、理解和宽容，让我很感动也很佩服。此外，我儿子比较胖，别人看着挺好玩，其实苦着呢，老婆抱孩子累得现在肩周、腰都有毛病，老婆，你也辛苦了！

最后，爸爸对儿子说几句话，××，今天你1岁了，我认为今天对于你是一个特别重要的日子，因为有一种说法，人的一辈子如同一个“1”，后面的"0"代表幸福、财富、地位、荣誉等等，爸爸妈妈希望你能端端正正地竖好这个"1"，这里面包括了健康的身体、平和的心态、宽厚的性格、生存的技能。然后用你的"1"把后面的"0"串联起来，爸爸妈妈会鼓励你、帮助你，但绝不勉强你，希望你有一个多彩的人生。

最后，爸爸妈妈希望今后你每一天都健康、快乐，每一天都有属于自己的故事。

谢谢大家！

★★★

范例4：母亲在女儿周岁生日上致辞

【致辞人】小寿星的母亲

【场　景】女儿周岁庆生宴

【时　机】在庆生宴开始时致辞

【风　格】真情流露

【关键词】生日庆典　感谢　幸福　高兴　蒸蒸日上　呵护倍加　家和万事兴

【妙　语】让人永远都无法忘记，给家人带来了无限的快乐；孝敬父母是儿女的福气，养育儿女是父母的运气。用爱心去体会，用恒心去许愿，用信心去实现，用诚心去感恩。

各位嘉宾及亲朋好友们：

大家中午好！

在今天这个特殊的日子里迎来了我的爱女周岁生日庆典，首先感谢大家能来参加庆生宴为我们的女儿一起庆祝，我感到非常幸福和高兴。同时我代表女儿向长辈们送上最美好的祝福和感激之情，愿你们天天开心、事事顺心、年年发财、事业蒸蒸日上。

这一年来作为一个全职妈妈对宝宝的照看和教育真是费尽心思，呵护倍加，不是三言两语就能诉说我的心声的。女儿成长中的点点滴滴呈现出的可爱，让人永远都无法忘记，给家人带来了无限的快乐；女儿调皮捣蛋的表情时常会出现在眼前，让人记忆犹新，从而觉得更加幸福！

孝敬父母是儿女的福气，养育儿女是父母的运气。人要有爱心、恒心、信心、诚心。用爱心去体会，用恒心去许愿，用信心去实现，用诚心去感恩。最后忠心地祝愿我们的长辈们健康长寿、亲朋好友们幸福美满、兄弟姐妹们事业有成、小朋友们健康快乐。希望我们天下家和万事兴！

★★★

范例5：父亲在儿子周岁生日上致辞

【致辞人】小寿星的父亲

【场　景】儿子周岁庆生宴

【时　机】在庆生宴开始时致辞

【风　格】语言微妙 逻辑清晰

【关键词】降生 精心的呵护 无限的惊喜 感激 友谊

【妙　语】怀着期盼、激动的心情。如是种种，带给初为人父、初为人母的我们无限的惊喜！无私地伸出援手，给予我们帮助、给予我们力量！希望各位干下这杯象征着友谊的薄酒，接受我们夫妇诚挚的敬意、谢意。

亲爱的来宾：

大家好！

感谢各位百忙之中前来参加犬子××一周岁的生日！

一年前，怀着期盼、激动的心情，我们迎来了××的降生。这一年里，我们付出了很多的辛劳，给予宝宝精心的呵护，我们看着我们的宝宝第一次打哈欠、第一次微笑、第一次发出声音、第一次转动眼睛探寻奇妙的世界、第一次翻身、第一次坐立、第一次爬行、第一次长出可爱的小牙，如是种种，带给初为人父、初为人母的我们无限的惊喜！可以说，这一年里我们是累并快乐着！也正是从当父母的辛苦里，我们终于体会到“不养儿不知父母恩”这句老话的含义，对于我们的父母，我们又多了一份感激和敬重。所以今天我们首先要在这里对我们的父母表达我们的谢意，谢谢你们赐予我们生命并精心地抚育我们长大成人，并在我们已经身为父母的今天继续给予我们无尽的关爱。你们辛苦了！

我还要感谢在座的各位亲朋好友！这么多年来，我们大家共同成长，共同进步，在很多时候，是诸位无私地伸出援手，给予我们帮助、给予我们力量！从小儿还在妈妈腹中的时候，就开始得到各位善意的关心、温暖的祝福，提供平安度过孕期的方法、帮忙寻找合适的医院医生，在产后各位各尽其力，跑前跑后，送来补品、送来衣物、送来各位善良的祝福，提供很多帮助产妇补养身体的方法，提供很多养育幼儿的经验，这些我们夫妇都铭记在心，可以说小儿的茁壮成长离不开各位的关心和爱护！在此我们夫妇要对各位由衷地道一声“谢谢！”

现在请各位举起酒杯，我们夫妇要敬各位一杯酒，希望各位干下这杯象征着友谊的薄酒，接受我们夫妇诚挚的敬意、谢意！干杯！

二、成人礼贺词

成人礼是为承认年轻人具有进入社会的能力和资格而举行的人生礼仪，是个体走向社会的一道不可少的程序。一个人，当他经过漫长的成长过程之后，逐渐走向成熟，脱离了亲人的养育监护，拥有了所在集团和社会赋予的权利，并承担起义务。在这个时候，人们要举行一系列礼仪，来纪念当事人由不成熟走向成熟的过渡，这种礼仪叫成人礼。有的民族，成人礼过程十分隆重而且带有考验的性质，中国一些少数民族的成人礼的这种特征十分明显。成人礼是人生中最为重要，并且具有多重特性的礼仪，是一种普遍存在的文化现象。

★★★

范例1：市委书记在成人礼上致辞

【致辞人】市委书记

【场　景】××市第七届十八岁“成人礼”宣誓仪式

【时　机】在成人礼开始时致辞

【风　格】满怀期望

【关键词】成年公民　生力军　祝贺　谢意　实践　振兴　贡献

【妙　语】在这孕育着收获、孕育着成熟的季节里。十八岁是人生中的一个重大转折和新的起点。为祖国的强盛和家乡的繁荣建功立业，创造奉献。用你们的青春和智慧为××的发展做出自己应有的贡献。

青年朋友们，同志们：

在这孕育着收获、孕育着成熟的季节里，在全国人民学习贯彻党的××全会精神之际，又有一批年轻的朋友步入成年人的行列，成为共和国的年轻成年公民，成为建设××的生力军。在这个激动人心而富有纪念意义的时刻，我代表市委、市人大、市政府、市政协，向你们表示热烈的祝贺！向为培养青少年健康成长的家长、老师及社会各界致以诚挚的谢意！

十八岁是人生中的一个重大转折和新的起点，从今天开始，你们将享有宪法赋予的权利，并履行宪法规定的义务；担负起国家、社会、家庭所赋予的神圣而庄严的使命，为祖国的强盛和家乡的繁荣建功立业，创造奉献。借此机会，我向广大青年朋友提出几点希望：

第一，要加强道德修养，坚定理想信念。正确的理想是推动社会进步的重要动力，也是人们知难而进、走向成功的重要精神支柱。要带头实践爱国守法、明礼诚信、团结友善、勤俭自强、敬业奉献的基本道德规范，明确人生目标，肩负时代使命。

第二，要勤奋学习知识，积极参与实践。在21世纪的今天，不学习就要落伍，就会被时代所淘汰。青年时代是学习的黄金时期，你们一定要珍惜宝贵的青春年华，发愤读书，刻苦学习，努力提高自身本领，打牢人生成长进步的根基。

第三，要继承光荣传统，弘扬民族精神。民族精神是一个民族赖以生存和发展的精神支撑，是一个民族实现共同理想和发展目标的内在动力，不断为民族精神增添新的时代内涵。

青年朋友们：时代因青年而亮丽，民族因青年而振兴。衷心希望你们在十八岁的起跑线上，努力学习，茁壮成长，做一名无愧于党、无愧于祖国、无愧于青春的优秀人才！希望你们牢记誓言，履行职责，忠于祖国，忠于宪法，肩负起历史的重任，用你们的青春和智慧为××的发展做出自己应有的贡献！

谢谢大家！

★★★

范例2：市委领导在成人礼宣誓仪式上致辞

【致辞人】市委常委、宣传部长

【场　景】学生十八岁“成人礼”宣誓仪式

【时　机】在宣誓仪式开始时致辞

【风　格】殷切希望 气势磅礴

【关键词】成人 祝贺 成熟 挑战 求知之路 优良品格 努力奋斗

【妙　语】每一个人都有十八岁，每一代人在十八岁时都有美好的梦想和远大的抱负。青年朋友们，走好人生之路，担负起历史使命和社会责任。用坚定执着的理想，用只争朝夕的精神，用如火如荼的青春。

青年朋友们：

今天，是一个青春靓丽的日子，一个生机无限的日子，一个魅力飞扬的日子。××中学一千余名年满十八岁的同学在这里欢聚一堂，共同面向国旗宣下成人誓言，标志着你们开始独立享受公民权利，独立承担公民义务，标志着你们成人了！在此，我代表市委、市政府向你们和全市年满十八岁的青年朋友们表示热烈的祝贺！

青年朋友们，每一个人都有十八岁，每一代人在十八岁时都有美好的梦想和远大的抱负。你们生逢盛世，有广阔的舞台可施展，有无限的机遇可把握。成人意味着成熟。青年的成熟需要努力地学习，知识经济的浪潮正扑面而来，唯有努力学习，用知识武装自己，才能更好地成长；青年的成长需要积极地进取，前进的道路充满着挑战和坎坷，唯有迎难而上，才能取得成功；青年的成功更需要不断地创新，要在新的挑战和机遇面前，用创新的精神、创新的智慧投身于自我充实的求知之路。

青年朋友们，走好人生之路，担负起历史使命和社会责任，关键是要树立正确的世界观、人生观和价值观，要确定成长成才的正确方向，并以努力学习、勤奋工作、勇于创新、自觉奉献的实际行动，去弘扬和体现社会所迫切呼唤的时代精神。希望你们树立远大的理想和坚定的信念，切实把爱国之情、报国之志化作振兴中华、繁荣××的实际行动，把个人的理想和追求，融汇到社会主义现代化建设的伟大事业中去，塑造爱党爱国、关心集体、尊敬师长、勤奋好学、团结互助、遵纪守法的优良品格。

青年朋友们，青春是一首诗，青春是一幅画，青春是美丽的风景。十八岁，如旭日东升，朝气蓬勃，希望无限，生机无限，在你们心中要永远珍藏这美好的一刻。青春是美好的，也是短暂的，你们是祖国的未来、民族的希望，你们要牢记誓言，抓住机遇，满怀信心地去迎接时代赋予你们的考验，以自己的智慧和激情共同塑造××新青年的群体形象，用坚定执着的理想，用只争朝夕的精神，用如火如荼的青春，投身科学发展的伟大实践，为建设美丽繁荣的新××而不懈追求，努力奋斗！

最后，祝青年朋友们学习进步，事业有成！

★★★

范例3：校长在成人礼上致辞

【致辞人】学校校长

【场　景】学生成人礼

【时　机】在成人礼开始时致辞

【风　格】言语恳切 满怀希望

【关键词】成人仪式 祝贺 感谢 栋梁之材 人生抱负 履行职责

【妙　语】只有在为远大理想的奋斗中，青年的人生抱负才能真正实现。须以只争朝夕的紧迫感，勤于学习，敏于求知，不断充实和提高自己。牢记誓言，履行职责，忠于祖国，忠于宪法，肩负历史的重任。

青年朋友们：

今天，我们在这里举行庄严而隆重的十八岁成人仪式，很有意义。首先我代表学校向步入十八岁的同学们表示热烈的祝贺！祝贺你们迈入成年人的行列，同时也向为你们的健康成长付出心血和汗水的老师、家长表示衷心的感谢！感谢他们为国家、为社会培育了大批的栋梁之材。

十八岁，是人生的转折点，预示着你们将以一名成人的身份，承担起建设祖国、保卫祖国的责任。当今世界，政治多极化和经济全球化趋势的深入发展，对人类政治、经济和文化生活产生了广泛深刻的影响，为生产力的发展和社会的进步开辟了新的广阔前景，对我们来讲这是新的历史机遇，也是严峻的挑战。每一位十八岁的青年都应该胸怀祖国，树立远大理想——就是在中国共产党领导下，走中国特色社会主义道路，实现中华民族伟大复兴。只有在为远大理想的奋斗中，青年的人生抱负才能真正实现。

十八岁的青年要勤奋学习，用人类创造的一切优秀文明成果丰富自己。必须认识到，人类同知识的关系从来没有像现在这样密切，知识对经济和社会发展的作用也从来没有像现在这样重要。当代青年要跟上时代前进的步伐，就必须以只争朝夕的紧迫感，勤于学习，敏于求知，不断充实和提高自己。

十八岁的青年要注重修养，努力追求高尚的精神境界。优良品德的养成对人的一生至关重要，十八岁是人生的起步阶段，是品德养成的关键时期，每一位同学都要树立正确的世界观、人生观、价值观，树立正确的名利观，努力培养良好的品德，提高自身素质，完善人格品质，做有益于祖国和人民的人。

十八岁的青年要不断开拓视野、勇于进取创新。当今世界发展很快，变化很大。青年要承担起实现中华民族伟大复兴的光荣历史使命，就要把目光投向世界、投向未来，而不能闭目塞听、坐井观天。只有全面了解中国和世界发展的历史、现状和趋势，才能更好地把握现在和未来；只有用人类创造的一切文明成果努力充实自己，才能具备与世界上任何一个民族的青年相媲美的素质。

青年朋友们，希望你们能牢记誓言，履行职责，忠于祖国，忠于宪法，肩负历史的重任，用你们的青春和智慧托起明天的太阳！

★★★

范例4：教师代表在学生成人礼上致辞

【致辞人】教师代表
【场　景】学生成人礼
【时　机】在成人礼开始时致辞
【风　格】殷切希望
【关键词】长大成人 青春征程 珍贵 灿烂 温馨 甜蜜 勇于面对 敢于担当
【妙　语】青春无价，而十八岁的年华更是无价青春中最珍贵、最灿烂的时刻。十八岁，充满希望与活力的年华，充满激情与斗志的年华。青春的美丽与珍贵，就在于它的无邪与无瑕，在于它的可遇而不可求，在于它的永不重回。

亲爱的同学们，青年朋友们：

你们好！

今天，在你们十八岁成人的时候，请允许我以师长及朋友的身份向你们表示祝贺！祝贺你们长大成人！祝贺你们成为共和国最年轻的公民！祝贺你们从此踏上美好的青春征程！

亲爱的同学们，人们常说，青春无价，而十八岁的年华更是无价青春中最珍贵、最灿烂的时刻。站在这里陪伴十八岁的你们见证这一时刻，享受青春的美丽，我为此而感到喜悦、自豪。同时也让我想起了我的十八岁，相信，也会勾起很多走过青春的人们的回忆。是什么让我们记住这一时刻？是什么让我们的回忆温馨而甜蜜？我想，是因为青春与责任同在，青春与梦想同在。

十八岁，充满希望与活力的年华，充满激情与斗志的年华。青春的日子里你们可以随心所欲地奔放着、热烈着；青春的生命可以痛快淋漓地蓬勃着、绽放着；青春的理想可以无拘无束地憧憬着、放飞着；但同时，十八岁也是人生旅途的一个里程碑，一个标志。因为，从今天开始，你们不再是未成年人，而是法律意义上的成年人。这意味着你们要承担更多的责任和义务，从今天开始，你们的一言一行都将接受社会、法律、道德的考量，因而，在你们十八岁的时候，我要送你们一句话：从今天起，做一个真正成熟的人，做一个勇于面对、敢于担当的人。

诗人席慕蓉曾说，青春的美丽与珍贵，就在于它的无邪与无瑕，在于它的可遇而不可求，在于它的永不重回。的确，人的一生只有一次十八岁，只有一回青春，当你把自己的青春与梦想连在一起时，创造的才是永恒的青春。亲爱的同学们，成年后你们接受的第一个考验是毕业考试，今天十八岁成人仪式已经擂响了战鼓！作为一名高三年级的教师，我有一个希望，希望所有的高三年级的同学在接下来的时间里，树立必胜的信念，保持清醒的头脑，增强只争朝夕的紧迫感，锁定目标，努力向前！××的一草一木会为你们作证，证明你们是最棒的！

最后，祝愿同学们成年后一路凯歌，一生幸福！

★★★

范例5：父亲在儿子成人礼上致辞

【致辞人】父亲

【场　景】儿子成人礼

【时　机】在成人礼开始时致辞

【风　格】殷切希望

【关键词】转变　纪念　深刻　尊重　有作为　使命

【妙　语】从一株细小的幼苗变成了一棵参天的大树。责任是成年人最重要的标志，也是生活中的重要内容和原则。世界上的每一个生命都有自己不可替代的意义和使命。

亲爱的儿子：

时间过得真快，转眼你已经到了十八岁，步入成年人的行列了。如果说人的生命中有哪一个时刻是最有意义、最值得重视的，那无疑应该是此刻了。这是一个人一生中最重要的转折——经过十八年的培育和成长，你已经从一株细小的幼苗变成了一棵参天的大树，从现在起，你将要告别天真稚嫩的少年时代，完成从一个不经世事的孩童到成熟独立的成年人的转变。这是一件多么值得庆贺和纪念的事情啊！

成人，这两个字写起来并不复杂，但蕴含的内容却丰富而深刻。其中最需要记住的应该是这两样：责任和价值。

首先，我们希望你做一个负责任、肯担当的人。责任是成年人最重要的标志，也是生活中的重要内容和原则。当你拥有了独立选择和行动的能力时，也便有了相应的责任和义务。只有懂得负责而又能够负责的人，才能被社会认同和接纳，成为一个真正受人尊重的人。

其次，我们希望你是一个有价值、有作为的人。世界上的每一个生命都有自己不可替代的意义和使命。不论你在哪里，从事什么工作，不论成就大小、财富多少、位置高低，人生真正的成功其实在于能够施己所长、益人益世、有所奉献、无愧于心，生活得快乐而充实。在这个特别的时刻，作为你的爸爸妈妈，我们还要发自内心地向你表示感谢！感谢你带给我们的许多快乐和美好的记忆，也感谢在养育你的过程中我们所获得的许多人生启示，从这个意义上说，你也在带领我们不断成长。这些都会成为我们一生中最宝贵的精神财富。也许我们从未这样明确地表达，但在我们的心目中，你一直是我们最大的骄傲。你是一颗非常优秀的种子，从小聪明可爱、正直善良、纯真大气，你的身上有许多我们所不具备的才情和品质。

儿子，在你今后成长的道路上，我们依然是你最坚强的精神依靠，并愿意做你最贴心的朋友和最亲密的伙伴。不论你走到哪里，不论你遇到成功或失败，我们都永远爱你，我们的心永远陪伴你、支持你、信任你，为你的今天喝彩，为你的未来祝福！

范例6：父亲在儿子成人礼上致辞

【致辞人】父亲
【场　景】儿子成人礼
【时　机】在成人礼开始时致辞
【风　格】言语恳切 满怀希望
【关键词】茁壮成长 青春健康 美丽人生 承诺
【妙　语】坚定自己的信念，汲取前人丰富的经验，塑造健美的体魄。放弃的是杂草和异景，把握的是自己的未来，放弃只是暂时的，有所得必有所失。不因虚度年华而悔恨，也不因碌碌无为而羞耻。

亲爱的儿子：

在你即将告别少年时代、步入成人行列之际，爸爸妈妈以朋友和长辈的身份由衷地祝福你茁壮成长、青春健康！

十八岁，人生崭新的起点。跨过这道门槛，你将肩负起太多太多的责任：对自己负责，创造美好的未来，创造快乐健康的生活；对父母负责，分担他们的忧愁；对未来的爱人负责，共享美丽人生；对未来的孩子负责，给予他（她）快乐和幸福；对社会负责，创建和谐美好的社会……这么多的责任，你将如何去面对？你应该坚定自己的信念，汲取前人丰富的经验，塑造健美的体魄，用渊博的学识和才华，用刚毅和自信，去实现自己那不悔的承诺！

不管你是否做好了准备，你的十八岁已经到来了。伴随你的成人礼而来的，是你一生中最重要的考试，在对他人、社会承担责任之前，你首先要对自己承担责任。你要不懈努力，我们在期待着。机会，对每个人都是平等的，但是，它只留给勇于吃苦、敢于拼搏、善于舍弃的人，留给已经准备好了的人。只有付出努力，才能够得到回报。所以，从现在起，你要学会把握和放弃，放弃的是杂草和异景，把握的是自己的未来，放弃只是暂时的，有所得必有所失。总之，不要做让自己后悔的事。

儿子，感谢命运赐予我们阳光般热情善良的你；感谢每一位在你成长道路上给予指导的师长；感谢每一个和你共同走过童年、少年，一同步入青年的同龄朋友。感谢你，我的宝贝，感谢你给我们机会重温生命的成长并且分享你成长中所有的喜怒哀乐，我们的生活也因此充满了快乐。

十八岁以前，你是属于我们的，十八岁成人以后，你将属于你自己。你会庆幸，你是我们的儿子，我们也庆幸，能够给你一个健康的生命，我们知道这个生命是我们存在于这个世界的最好的理由。最后，还是想用保尔·柯察金的名言作为我们给你的十八岁寄语的结尾：当他回首往事时，不因虚度年华而悔恨，也不因碌碌无为而羞耻。

★★★

范例7：母亲在女儿成人礼上致辞

【致辞人】母亲

【场　景】女儿成人礼

【时　机】在成人礼开始时致辞

【风　格】满怀希望 言语恳切

【关键词】象征 人生坐标 一帆风顺 金色年华

【妙　语】十八岁是希望、是憧憬、是未来。人生不会一帆风顺，有阳光也会有风雨。十八年转瞬即逝，快乐的童年随岁月融进生命的记忆。珍惜生命、珍惜时间、珍惜机会，珍惜现在拥有的一切。

亲爱的女儿：

祝贺你十八岁的生日，祝贺你即将踏入成年。十八岁是成熟的标志，十八岁是青春的象征，十八岁是希望、是憧憬、是未来。此时此刻，语言是那么苍白，我感慨、羡慕，甚至有些嫉妒。步入成年的你将开始承担起对自己、对家庭、对社会的责任，人生从此开始新的一页。你将交上怎样的答卷，对生活该有怎样的判断，该怎样定位新的人生坐标，这些都是值得你认真思考的。

人生不会一帆风顺，有阳光也会有风雨，无论遇到挫折还是困难，都应该坦然面对，把它看作上苍的赐予、人生的锤炼，你要勇敢去闯，见到风雨后的彩虹。记住，你的父母永远是你的坚强后盾，我们会尽一切力量帮助你。

十八年转瞬即逝，快乐的童年随岁月融进生命的记忆。你不再是小孩子了，你将洗去稚气步入成年，你将迎来多姿多彩的金色年华。珍惜吧，你的青春、未来和希望！

十八岁了，你应该懂得独立面对和开拓未来的人生道路，不能再撒娇、偷懒、依赖父母；

十八岁了，你应该坚强和自信，不要因为拥有的机会不同而抱怨；

十八岁了，你要知道把责任扛在自己肩上，一路走得坚实沉稳；

十八岁了，你应该学会无论面对鲜花还是荆棘，都以昂扬的姿态大步向前，满怀激情地谱写出自己最绚丽的青春之歌！套用电影《青春万岁》里的台词：所有的日子，所有的日子都来吧，让我编织你们！你已经长大了，你可以自己飞了，过去的十八年，我们所做的一切，无论关怀、付出，还是训斥、责备，都是为了你将来能生活得幸福。你的聪明伶俐、活泼开朗、善良孝顺是爸爸妈妈的骄傲和自豪。十八年来，你带给我们无尽的欢乐和喜悦，你使我们的人生有了意义，使我们的奋斗有了目标，你是我们生命的延续，谢谢你，我们的宝贝！

现在你成年了，我们更愿意成为你的朋友，继续关注你、关心你、尊重你，分担你的痛苦，分享你的快乐。当我们步入老年的时候，希望你也能承担起照顾我们的责任！还有啊，十八岁的你拥有青春、美丽和梦想，这是个播种爱情的季节，但是爱情就像是一个青苹果，还不到成熟的时候，会让你觉得青涩，不必过早去摘取，等金秋的季节将会自然收获。要珍惜生命、珍惜时间、珍惜机会，珍惜现在拥有的一切，不要给自己留有遗憾。爸妈相信你，你一定是好样的！

范例8：家长代表在学校成人礼上致辞

【致辞人】家长代表

【场　景】学校成人礼

【时　机】在仪式开始时致辞

【风　格】言语连贯 情理交融

【关键词】成人礼 典礼 激动 见证 风华正茂 年龄 奋勇前行

【妙　语】十八岁，风华正茂，那是花一样的年华，那是黄金般的岁月，那是诗也似美好的时光；物换星移几度秋，光阴荏苒，岁月悠悠。长风破浪会有时，直挂云帆济沧海。

尊敬的领导、老师们，同学们，来宾们：

今天，××在这里举行高三学生十八岁成人礼，作为家长代表，我有幸参加这个神圣而庄严的典礼，心里既高兴又激动：高兴的是，我的孩子也十八岁了，已经长大成人了；激动的是，作为一个父亲，可以亲临现场，见证这一历史性的时刻。此时，我心潮起伏，难以平静。

十八岁，风华正茂，那是花一样的年华，那是黄金般的岁月，那是诗也似美好的时光；教室里，你们指点江山、激扬文字；实验室里，你们不断探索，寻求真知；图书馆里，你们勤奋学习，孜孜不倦；运动场上，你们锻炼身体，奋发昂扬。校园里到处都有你们忙碌的身影。十八岁的天空里，没有阴霾，只有阳光、蓝天和白云；十八岁的字典里，没有困难，只有奋斗、拼搏和成功。

作为你们的父辈，我们也有过十八岁，也有过青春，也曾奋斗拼搏过。回首往事，我们也就无怨无悔。然而物换星移几度秋，光阴荏苒，岁月悠悠，转眼间，我们已是人到中年，我们的孩子——也就是你们，也已经十八岁了。

孩子们，十八岁，成人了，那就意味着你们的肩膀上多了一份责任:对国家、对民族、对社会、对家庭、对父母、对自己的责任。古人云：“国家兴亡，匹夫有责。”我要说：“振兴中华，青年有责。”你们的双肩将扛起父母的寄托和老师殷切的期望，我们这一代的生命在你们这一代身上得到延续，我们未曾实现或来不及实现的梦想在你们身上得以实现。你们“任重而道远”，应该像屈原般坚韧：“路漫漫其修远兮，吾将上下而求索。”

十八岁，是可以有五彩梦想的年龄。同学们，“人生能得几回搏?”“让我们真心面对，超越梦想一起飞”。我们不应该挥霍青春，更不应该浪费青春，“莫等闲，白了少年头，空悲切!”

此刻，学校举行这个成人礼，具有现实和梦想的双重意义，这不仅仅是一次活动，更会成为你们成长中一个美好的记忆，更是你们人生旅程中一个新的起点。从此，带上梦想，你们开始新的航程，乘风破浪，奋勇前行!

作为你们的父母，我们会一如既往地关注你们，做你们坚强的后盾，加油吧！孩子们。“长风破浪会有时，直挂云帆济沧海!”

三、而立之年生日贺词

《论语·为政》中有：“吾十有五而志于学，三十而立，四十而不惑，五十而知天命，六十而耳顺，七十而从心所欲，不逾矩。”人到三十岁是可以自立的年龄，“而立”后来成为了三十岁的代称。孔子认为，随着人的年龄的增长，思想境界是不断提高的。就思想境界来讲，整个过程分为三个阶段：一是学习领会阶段；二是安身立命阶段，也就是不受外界环境左右的阶段；三是主观意识和做人的规则融而为一阶段，这个阶段人的道德修养达到最高的境界。三十而立是指在学习阶段从被动接受到主观认知、获得知识，是该学有所成的时候，并有了自己独立的思想看法，是走向四十不惑的必经之路，也是第一阶段走向成熟的转折性标志。一般说一个人到了而立之年，是指这个人具有了独立人格、独立思想。而生活中，我们也常常用这个词指一个人的自立和应该成家立业的年龄。

庆祝自己的而立之年生日，既能够为自己之前的生活做一次总结，同时也能够为自己未来的生活注入动力。因此，此类贺词应当既热情洋溢，充满对美好生活的向往，同时又要踏实稳重，体现责任的担当。

★★★

范例1：寿星本人在而立之年庆典上致辞

【致辞人】寿星
【场　景】三十周岁生日庆典
【时　机】在庆典开始时致辞
【风　格】感慨万千
【关键词】纪念 幸福 欢乐 祝愿 青春常在 宝贵财富
【妙　语】欢快的乐曲声中，我吹灭了象征着自己人生历程的蜡烛。风雨同舟，共同生活、学习和工作，是我人生的最好机缘。一如既往地以自己热爱生活的真情。

尊敬的各位来宾：

大家好！

今天，是我人生中又一个值得纪念的日子。在幸福、欢乐的气氛中，我迎来了自己的三十周岁生日。此时此刻承蒙各位从百忙中抽空，光临我的生日便宴，并为我带来了许多真诚的祝愿，给这个生日宴会增添了无限喜庆的气氛。在此，我谨代表我全家对各位高亲贵友的到来表示最热烈的欢迎和衷心的感谢。（鼓掌，接着大厅响起《生日之歌》的乐曲声，礼仪小姐推出生日蛋糕及点燃的生日蜡烛……）

在幸福、欢快的乐曲声中，我吹灭了象征着自己人生历程的蜡烛，默默地许下几个心愿，那就是：祝各位嘉宾天天有个好心情，笑口常开；月月有个好收入，四季发财；年年有个好身体，青春常在；终生有个好家庭，夫妻恩爱。（又爆发出热烈的掌声）

我深深地感到，与大家风雨同舟，共同生活、学习和工作，是我人生的最好机缘。多年来，承蒙各位的厚爱、关心、支持和帮助，使我有勇气、有毅力、有能力胜任自己的工作。同时，更感悟到了人生的真谛和生活的意义。这一切将成为我人生征程中的宝贵财富。

今后，我将一如既往地以自己热爱生活的真情，悉心地浇灌我们共同培育的友谊之树，让它扎根大地，枝繁叶茂；我将以只争朝夕的紧迫感，勤奋不懈地成就我们共同关注的事业。

最后，让我们高举手中的酒杯，为我们拥有一个更美好的明天干杯！

★★★

范例2：妻子在丈夫而立之年庆典上致辞

【致辞人】寿星妻子

【场　景】丈夫三十周岁生日庆典

【时　机】在庆典开始时致辞

【风　格】温馨祝福

【关键词】三十而立　掌上明珠　快乐无限　实力

【妙　语】童年的你快乐无限；少年的你帅气可爱；大学里的你更加帅气十足。珍惜现在，珍惜所有，你现在拥有的已经是很多人梦寐以求的。

来宾们，朋友们：

俗话说：男人三十而立。男人，三十岁，说年轻不年轻，说成熟不成熟，就是这样一个年纪，今天也轮到了你——我的老公。

那天不知从哪儿看到一句话，说三十岁的男人不是人家说一句生日快乐就会快乐的，我觉得说得对。但是，我觉得，你有足够的理由过这个快乐的三十岁生日。

你三十岁了，让我来帮你盘点三十年来走过的日子——你出生在一个幸福的家庭，你是继四个姐姐以后出生的唯一一个男孩，是父母的掌上明珠。你的出生给整个家庭带来了希望和欢乐。童年的你快乐无限，可以赤脚奔跑在乡村的土地上，用自制的吊钩在小溪旁吊螃蟹、抓小鱼；少年的你帅气可爱，中学的时光没有荒废，拥有打劫同学的顽皮经历，拥有助人抓劫犯的光辉历史，又有醒悟过后的悔过自新，更拥有初恋的美好感觉；

大学里的你更加帅气十足，总有女生打你主意，希望能得到你的垂青，让你度过了四年众星捧月的生活；你工作了，你用自己的实力证明了你的能力，你用你的劳动所得还清了家里所有因你上大学所欠下的债。

所以说，你是幸福的，你是快乐的，你是被人羡慕的；珍惜现在，珍惜所有，你现在拥有的已经是很多人梦寐以求的。不要要求太多，太多的要求会让你看轻家人，看轻那些本该“重”的东西，到时候，你可能会追悔莫及。

你三十岁了，而立之年，我要让你觉得你是真正幸福的。

最后，衷心地谢谢各位亲朋好友的光临，今天是××年××月××日，是个吉祥的日子，在这个美好的日子里，祝大家在家顺，在外顺，心顺意顺；事业顺，前程顺，一顺百顺；天地顺，人情顺，风调雨顺；现在顺，将来顺，一帆风顺。同时恭祝各位：万事顺利，当官的升大官，做买卖的发大财！

★★★

范例3：朋友在寿星而立之年庆典上致辞

【致辞人】寿星朋友

【场　景】三十周岁生日庆典

【时　机】在庆典开始时致辞

【风　格】温馨祝愿 语言连贯

【关键词】蒸蒸日上 而立之年 祝愿 万事如意

【妙　语】愿你的生日充满无穷的快乐，愿你今天的回忆温馨，愿你今天的梦想甜美。将快乐的音符，作为礼物送给你。

亲爱的朋友：

当事业家庭蒸蒸日上时，你已步入而立之年！“三十而立”应该是人生“和”的阶段，就是既不像十来岁时觉得眼前一片光明，也不像二十多岁时感觉一片惨淡。从此以后，我相信你的新天地将会更加美好！

在你的生日之际，诚挚地献上我的三个祝愿：一愿你身体健康；二愿你幸福快乐；三愿你万事如意！

愿你的生日充满无穷的快乐，愿你今天的回忆温馨，愿你今天的梦想甜美，愿你这一年称心如意！

在你生日来临之际，请让我对你说声："祝你生日快乐！"外加打包一份："心想事成！天天好心情！"

老友，今天是你的生日！在这个时刻，我要送给你千万个嘱咐与问候，这是最值钱的"寒酸"！

祝你脸蛋越来越漂亮，身材越来越魔鬼，女人味越来越浓烈，笑容越来越迷人，气质越来越优雅，三十岁生日快乐！

在你生日的这一天，将快乐的音符，作为礼物送给你，愿您拥有三百六十五个美丽的日子，衷心地祝福你——生日快乐！

多歇歇别太累，到时吃按点睡。看上就买甭嫌贵，绝不跟环境来作对。得空与朋友聚聚会，既有清醒又有醉。能挣钱会消费，生活才算有滋味。

献上我对你的爱，祝你生日充满温馨，感谢你一直以来对我的关怀和照顾，祝我美丽的、乐观的、热情的、健康自信的、充满活力的姐姐生日快乐！

四、不惑之年生日贺词

当你告别而立之年，并年复一年地想不惑之年迫近时，也许会有一些老之将至的感怀吧。是啊，童年时捉迷藏的纯净还记忆犹新，少年时各种稀奇古怪的念头仿佛还未消失尽，可这一切与自己的年龄已相距很远了，怎么能不令人感慨呢！

人到中年，对自己认识得更透彻、更全面了，不仅知道什么发型和颜色适合自己，而且也找到了生活中最适合自己、能使自己最大限度发挥出能量的位置。

诚然，秋天离冬天不远了，但它却是个收获的季节。中年的确有着许多特定的烦恼，但给人们带来的喜悦远远多于烦恼。所以，中年朋友们，你们还有什么未遂的心愿、未实行的计划吗？那就切莫迟疑，赶快抓住中年这个闪光的年轮吧！

为自己或别人庆祝四十岁生日致辞，要诠释寿星本人对于长辈和晚辈的责任，言语中也不要缺乏对长辈的感激和对晚辈的希望，同时也要突出对美好生活的向往。

★★★

范例1：寿星在自己不惑之年生日庆典上致辞

【致辞人】寿星

【场　景】四十周岁生日庆典

【时　机】在庆典开始时致辞

【风　格】满怀憧憬

【关键词】纪念　喜悦　含辛茹苦　父爱如山　孜孜以求　灿烂辉煌

【妙　语】四十年弹指一挥间，走过的是岁月，留下的是记忆。命运之神原来是如此眷顾我，给了我健康的身体，给了我温暖幸福的家庭。抚今追昔只是为了展望更加美好的未来。

各位亲朋好友：

欢迎你们前来参加我的四十岁生日宴会，对你们的光临我和家人表示由衷的感谢！谢谢大家！

常言道："三十而立，四十而不惑，五十而知天命"，四十岁是一个承上启下的年纪，今天是一个值得纪念的日子。非常荣幸今天能够邀请到大家与我共同来见证生命中的这一时刻，与我一起来分享这份生命历程中的喜悦！四十年弹指一挥间，走过的是岁月，留下的是记忆。尽管我的人生是那样平淡，没有跌宕起伏、波澜壮阔的经历，没有引以为豪的事业，没有让人称道的功名，没有富贵和荣华——但我感到自己是幸运的，命运之神原来是如此眷顾我，给了我健康的身体，给了我温暖幸福的家庭，而在四十年流逝的光阴中还有太多太多值得我感激的人。

首先要感谢我的父母，是他们给了我生命。在成长的岁月中，平凡的母亲用自己柔弱的双肩撑起那个风雨飘摇的家，为我们撑起一片天，含辛茹苦地把我们三姐弟养大。在那段没有父亲在身边的日子里，弱小的母亲是我们最强大的庇护和最坚实的依靠！在离开父亲的童年，父亲是最美好的向往，是我的骄傲。感谢父亲和母亲，是你们给了我一颗善良、勇敢的心，是你们让我学会了坚韧和勤奋！人说“大恩不言谢”，但在这里我还是想说一声：谢谢您——妈，您是一位伟大的母亲！谢谢您——爸，父爱如山！

……

今天我想说，正是有这许许多多值得我感激和缅怀的人，才有了我的今天，才有了我生命之花的绽放，才使我永远拥有一颗年少的孜孜以求的心。

今天，在这样的时刻，我想记忆的宣泄不应该是一种负担，怀念的告白不应该是一种悲伤，抚今追昔只是为了展望更加美好的未来！满怀一颗感恩的心，它会让我懂得珍惜，懂得宽容和谅解；满怀一颗感恩的心它会让我在以后的人生路上不畏风雨，迈步向前！

最后，我要祝愿大家：

祝愿在座的各位长辈，祝你们的生命之树常青，祝你们身体健康，拥有一个幸福舒心的晚年！

祝愿我的同龄人，祝你们在各自的行业中工作顺利，事业蒸蒸日上，愿你们青春永驻，欢乐常在！

祝愿我们的晚辈，祝你们快乐成长，学习进步，锐意进取，祝你们拥有一个更加灿烂辉煌的明天！

感谢大家的倾听！谢谢大家！

★★★

范例2：寿星本人在不惑之年生日庆典上致辞

【致辞人】寿星

【场　景】四十周岁生日庆典

【时　机】在庆典活动开始时致辞

【风　格】慷慨激昂

【关键词】不惑之年　感恩　馈赠　故乡　信心　一片真情　自豪友谊长存

【妙　语】父爱如山的“山”是一份责任、一面镜子、一本书、一盏灯；人生的快乐莫过于有朋友相伴。提振信心，转危为“机”，迅速实现“弯道超车”。

……………………………………………………

各位亲朋好友：

今天，是我进入不惑之年的生日，我相信有各位亲朋好友的莅临，我的生日会过得快乐而充实。

在这里，我最想说的是感恩。为自己已有的感恩，感谢生活对我的馈赠。我要感谢我的母亲在四十年前经历怀胎十月痛苦分娩以及辛苦哺乳；我要感谢父母亲多年来对我最朴素最真挚的抚养和教育，对上以敬、对下以慈、对人以和、对事以真，至今这些散发着书香的做人道理依然照亮我前行的道路；感谢我的故乡，一座如沈从文笔下边城一样美丽的古镇，尽管我不能像沈从文那样从边城走向世界，但儿时的梦想仍然强有力地支撑我的希望和信心。在这里，请允许我向我的故乡、我长眠于故乡的双亲深深地敬礼。我要感谢我的岳父、岳母为我生养教育了温柔贤淑的妻子，感谢妻子十一年来和我风雨相伴不离不弃的爱；感谢我可爱的儿子，你的天真童趣使我再度体验童真，你的出生让我感到父爱如山的“山”是一份责任、一面镜子、一本书、一盏灯；感谢我所有的亲人，感谢你们多年来对我和我全家的关照，使我感受到了一个大家庭无私的包容和温暖；感谢为我的生日专程从老家千里迢迢赶来的亲朋好友，一路风尘，一片真情。

人生的快乐莫过于有朋友相伴，今天我最想感谢的，还是在座各位领导、同事、老乡和同学。在××工作十五年来，是你们用支持和关爱为我构筑了一个事业的平台，是你们用乡音、乡情建立起我们共同的精神家园，是你们用友谊和理解构建了我在异乡的全新生活，让我过得平和而充实，能感受自己真实的存在！今天借这个机会，我想对大家说的是，对在我人生中，给予我真诚关心、关爱的人，提出善意批评、诤言的人，引导我修身养德“仰望星空”的人，我永怀温情和敬意！岁月流转，情怀依旧。感谢你们，我因为有你们而自豪！

孔子说四十不惑。四十岁的我，深深地懂得，人生有几件绝对不能失去的东西，男人的责任、相互尊重的情怀、自制的力量、冷静的头脑、宽容、希望和信心，我相信这些都将伴随我走过未来的人生道路。最后，让我们把最美好的祝愿送给今天来自××、××等企业界的朋友，愿你们面对金融危机，能够提振信心，转危为“机”，迅速实现“弯道超车”。

让我们共同举杯，期待人生的精彩，共祝友谊长存！

★★★

范例3：女儿在母亲不惑之年生日庆典上致辞

【致辞人】寿星女儿

【场　景】母亲四十周岁生日庆典

【时　机】在庆典开始时致辞

【风　格】满怀深情

【关键词】生日宴会　谢意　经久不衰　崇高　伟大

【妙　语】母爱崇高有如大山，深沉有如大海，纯洁有如白云，无私有如大地。言语永远不足以表达母爱的伟大。永远快乐、永远健康、永远幸福。

各位亲朋好友，各位来宾：

今天是我敬爱的妈妈的生日，首先，我代表我的母亲及全家对前来参加生日宴会的各位朋友表示热烈的欢迎和深深的谢意。第一杯酒我想提议，大家共同举杯，为我们这个大家庭干杯，让我们共同祝愿我们之间的亲情、友情越来越浓，经久不衰，绵绵不绝，一代传一代，直到永远！

尽管我已经参加工作，可母亲事事都在为我操心，时时都在为我着想。母亲对儿女是最无私的，母爱是崇高的爱，这种爱只给予，不求回报。母爱崇高有如大山，深沉有如大海，纯洁有如白云，无私有如大地，我从妈妈的身上深刻地体会到这种无私的爱。所以，这第二杯酒我敬在座的最令人尊敬和钦佩的各位母亲。常言道，儿行千里母担忧，言语永远不足以表达母爱的伟大，也希望你们能理解我们心中的爱。

最后这杯酒要言归正传，回到今天的主题，再次衷心地祝愿妈妈生日快乐，愿您在未来的岁月里永远快乐、永远健康、永远幸福！

★★★

范例4：女儿在父亲不惑之年生日庆典上致辞

【致辞人】寿星女儿

【场　景】父亲四十周岁生日庆典

【时　机】在庆典开始时致辞

【风　格】深情满怀

【关键词】甜蜜　微笑　温情　祝福　健康成长　榜样　路程　梦想成真

【妙　语】您的爱宽容，让我绽放笑容；您的爱严厉，让我学会做人；您的爱博大，让我健康成长；今天的回忆无限的温馨。

敬爱的爷爷奶奶、叔叔阿姨，可爱的小朋友们：

大家中午好！

今天中午，我们带着甜蜜，带着微笑，带着温情，带着祝福，欢聚在××宾馆，共同为我的爸爸庆祝四十岁生日。岁月的年轮记下了爸爸一步一个脚印、一步一个阶梯的人生历程，今天，我们迎来了他生命中的又一个春天。

爸爸，相比母亲的温暖，您的爱是宁静的；相比母亲的呵护，您的爱是冷静的；相比母亲的叮嘱，您的爱是安静的。您的爱厚重，让我学会尊重；您的爱宽容，让我绽放笑容；您的爱严厉，让我学会做人；您的爱博大，让我健康成长。您是我此生最可敬的榜样！

记得小时候，您牵着我的小手在夕阳下散步，我背诵着妈妈教我的儿歌。夕阳下的风是那么无私，那么柔美，暖暖的。至今我仍记得那夕阳，那风，还有那笑声……

无声的爱伴着无声的雨，滋润我成长的路；无言的情伴随着无言的期盼，呵护我成长的路程。请相信我，一定不会让您和妈妈失望的！

爸爸，您是世界上最幸福的人，您有一个最爱您的妻子和一个最爱您的女儿！在今天这个特殊的日子里，所有的祝福都带着我们的爱，融化在您的酒杯里，红红的，深深的，直到心底。

愿爸爸的生日充满无穷的快乐，愿爸爸今天的回忆无限温馨，愿爸爸的梦想甜美成真！

谢谢大家！

五、知天命之年生日贺词

五十岁的人不一定像孔子那样“知天命”，但至少会对命运的把戏已懂得大半。年过半百，星星发白，但暮年方兴未艾，来日方长。

五十岁的人对乐山乐水之说，已有另一种新的体会。他们多半会重视历史。半世纪前如何如何，一说出口又不禁莞尔一笑。他们多半会注重保养身体。白居易说：五十岁是美好生活的开端，七情六欲已敛，病尚少。

五十岁的人岁月开始加快速度。昆德拉说得好：“一个人的一生就像人类的历史：最初是静止般的缓慢状态，然后才渐渐加快速度。”也有人说：“五十岁这种年龄，我们已不再受外界的影响了，同时到了这种年纪，我们已不再有任何东西可以丧失了。”这大概就是孔子所说的“知天命”的境界吧。

年过半百，儿孙满堂，双亲犹在，事业有成，其乐融融，可以说这是人的一生中最为美好的阶段。因此，在庆祝五十岁生日时，要格外突出喜庆祥和的气氛，在享受生活的同时，又不忘对未来生活的憧憬和对过往岁月的感慨。

范例1：寿星本人在知天命之年生日庆典上致辞

【致辞人】寿星

【场　景】自己五十周岁生日庆典

【时　机】在生日庆典开始时致辞

【风　格】感慨万千

【关键词】生日宴会 光荣 时光 孩提时代 发扬光大 勇气 感谢 心想事成

【妙　语】呱呱坠地。洋洋万言，诉说不了父母对我的爱，倾缸之墨，写不尽父母对我的关怀。五十年的人生旅程漫长而又充满着欢乐、喜悦、痛苦和哀愁。

尊敬的女士们、先生们：

晚上好！今天有幸请到诸位前来参加我的五十周岁生日宴会，本人感到无比光荣，无比荣幸，在这里我代表我的全家向各位的到来表示衷心的感谢，热烈欢迎大家光临晚宴，共同分享这幸福的时光。

五十年前的今天，我在母亲万难之劫中呱呱坠地。在半个世纪的历程中，父母给了我无限的爱，抚育我成长，教育我做人，帮助我成家，协助我立业。我能有今天，都是父母的功和劳。洋洋万言，诉说不了父母对我的爱，倾缸之墨，写不尽父母对我的关怀。在这里，我要向养育我的父母问一声好，祝二老身体健康，福如东海长流水，寿比南山不老松。

五十年，在历史的长河里仅是短暂的一刻，而我和我的兄弟姐妹共同生活在这个幸福的大家庭里。孩提时代我们一同嬉戏、玩耍；求学阶段我们共同学习、互相勉励；工作期间我们互相帮助、相互支持。手足之情，同胞之爱，充分地体现；借此机会，向我的兄弟姐妹表示感谢，愿我们在今后的岁月里加强团结，共存共荣，让我们的大家庭日益兴旺，发扬光大。

五十年的人生旅程漫长而又充满着欢乐、喜悦、痛苦和哀愁。诸位亲朋好友，是你们在我困难的时候帮助了我，支持了我，给了我信心，给了我力量，给了我智慧，给了我勇气。我的成绩是大家赋予的，我的事业是大家赐予的。在这里我要再次向你们表示诚挚的感谢，请你们在今后的岁月里继续给予我支持和帮助。在这里，让我们举起酒杯，共同祝愿我们的友谊天长地久，原我们大家都能心想事成，马到成功，合家幸福，身体健康。

谢谢！

★★★

范例2：寿星本人在知天命之年生日庆典上致辞

【致辞人】寿星
【场　景】自己五十周岁生日庆典
【时　机】在庆典开始时致辞
【风　格】回味无限
【关键词】生日聚会 温暖 祝愿 喜庆 美好回忆 真情
【妙　语】在我人生岁月里留下的足迹和令人怀想的美好回忆。五十岁，人生的知天命之年，想想这五十年忙忙碌碌的人生，虽然平凡，却也充满着亲情与友情。时间的流逝。

尊敬的各位亲朋：

大家好！

今天，是我人生中一个值得纪念的日子。在幸福、欢乐的气氛中，我迎来了自己的五十岁生日。此时此刻承蒙各位抽空光临我的生日聚会，你们为我送来了温暖和真诚的祝愿，更给这个生日聚会增添了无限的喜庆。

在座的各位中，有多年以来与我相扶相帮的老战友、老同事和相互关心的老朋友，在这里，我要谢谢你们，谢谢你们多年以来对我及我全家的关心、照顾与支持，谢谢你们在我人生岁月里留下的足迹和令人怀想的美好回忆。

五十岁，人生的知天命之年，想想这五十年忙忙碌碌的人生，虽然平凡，却也充满着亲情与友情。也经历过人生的挫折与沧桑，品尝过人世的多滋与多味，懂得了怎样从容地看待成败得失，学会了怡然欣赏人生的风景。在今后的岁月里，还要跟在座的各位一起分享和品味有生之年美好的人生。时间的流逝，虽然带走了我们曾经共同拥有的岁月，然而它留下和沉淀下来的，才是我们之间的友情、亲情与真情。

在此，我代表我全家对各位高亲贵友的到来，表示衷心的感谢。请大家端起酒杯，让我们一起饮下这杯醇香的美酒，祝愿大家幸福，快乐！

★★★

范例3：寿星儿子在父亲知天命之年生日庆典上致辞

【致辞人】寿星儿子

【场　景】父亲五十周岁生日庆典

【时　机】在庆典开始时致辞

【风　格】慷慨激昂

【关键词】庆典　欢迎　感谢　激动　责任　万寿无疆

【妙　语】在风风雨雨五十年中，阅尽人间沧桑。如月之恒，如日之升，如南山之寿，如松柏之茂。

尊敬的各位长辈，各位来宾，各位至爱亲朋：

大家中午好！

今天我们欢聚在××酒店，隆重举行我父亲五十岁生日庆典。我代表我父亲，代表我们全家向前来参加庆典的所有嘉宾表示热烈的欢迎！向××酒店提供的周到服务表示衷心的感谢！（鞠躬）

今天是我父亲的五十寿辰，我的心情十分激动。正是我的父母用超过常人的艰辛养育了我们。他们用成龙成凤的严爱供养我们读书成人，从而奠定了我们人生的基础；用永不气馁的鼓励和高标准的要求激励我们开拓事业，从而造就了我们的今天。父亲做了二十几年警察，在风风雨雨五十年中，阅尽人间沧桑，积累了很多财富：勤劳节俭的朴素品格，宽厚待人的处世之道，严爱有加的朴实家风。这一切不仅得到单位领导和同事的认可，更深深地埋藏在我们的心里。我们绝不辜负他的期望，会吃苦耐劳，认真工作，教育好下一代；同时我们会担当起赡养老人的责任，让二位老人的晚年更加幸福。虽然父亲不是高官显贵，只是一个普通人，但在我们子女的心中,他永远是神圣的、伟大的！五十岁是人生旅途中的一个里程碑，在此我祝愿我的父亲如月之恒，如日之升，如南山之寿，如松柏之茂，身体健康，万寿无疆！（鞠躬）

同时，感谢各位来宾一直以来对我父亲的关心、厚爱和支持，谢谢你们！

最后我祝各位来宾：天天有个好心情，笑口常开！月月有个好收入，四季发财！年年有个好身体，青春常在！终生有个好家庭，幸福美满！让我们共同举杯，祝我父亲生日快乐，干杯！

★★★

范例4：学生在老师知天命之年生日庆典上致辞

【致辞人】学生代表

【场　景】老师五十周岁生日庆典

【时　机】在庆典开始时致辞

【风　格】热情洋溢 温馨祝愿

【关键词】欢聚一堂 芬芳 温情 桀骜不驯 记忆犹新 福寿延年

【妙　语】酝酿出岁月的芬芳。老师在人生的旅途上，风风雨雨，历尽沧桑五十载。散发出智慧的光辉，蕴含着脉脉温情。视名利淡如水，看事业重如山。

尊敬的各位来宾、各位朋友，亲爱的同学们：

大家好！

值恩师五十寿辰之际，我们欢聚一堂，共同为恩师祝寿，畅谈昔日友谊，共勉青云之志。这美好的时刻，将永远地保存在我们的记忆里，直至酝酿出岁月的芬芳！

老师在人生的旅途上，风风雨雨，历尽沧桑五十载。他少而好学，聪慧灵敏、智识过人。三尺讲台上，彰显人文关怀；谈笑风生间，不减豪情壮志。而今到了“知天命”之年，他的生命越加笃厚、醇和，散发出智慧的光辉，蕴含着脉脉温情。

“逝者如斯夫，不舍昼夜。”遥想当年，我们九七级（二）班全体同学正值青春年少，风华正茂、书生意气，我们曾经桀骜不驯，曾经年幼无知，曾经迷惘彷徨。×老师那温文尔雅的气质，耐心细致的性格，循循善诱的讲课风格，都让我们获益匪浅。时至今日，同学们都已长大，但×老师那渊博的知识，睿智的眼光，不凡的谈吐，让我们每位同学仍然记忆犹新。

×老师在乡村教育的田野里，日复一日、年复一年地耕耘着、奉献着。从教三十二年，他热爱教育，献身教苑，视名利淡如水，看事业重如山；他学高为师，身正为范，望浩荡之江河，眺巍峨之泰山。“虽与日月争光，可也。”他是一位儒雅的君子，如切如磋、如琢如磨，用高尚的品行感染学生；他是一名辛勤的园丁，春风化雨、春光暖人，用无私的精神熏陶学生。这些是×老师一生的追求和坚持！

回想——恩师当年惠泽播春雨，喜看——桃李今朝九州竞争妍。

今天，在这样一个春光明媚、百花盛开的美好日子里，让我们一起举起酒杯，祝老师身体健康、万事如意！祝老师生日快乐、福寿延年！

★★★

范例5：儿子在母亲知天命之年生日庆典上致辞

【致辞人】寿星儿子

【场　景】母亲五十周岁生日庆典

【时　机】在庆典开始时致辞

【风　格】慷慨激昂 诙谐幽默

【关键词】生日晚宴 勤劳 智慧 愉快美好

【妙　语】一位勤劳的、勇敢的、善良的、智慧的妈妈。祝大家度过一个愉快美好的夜晚。

各位亲朋好友：

大家好！

首先感谢大家在这样炎热的天气里来参加我妈妈的生日晚宴。本人及全家在不胜感激的同时也感到万分抱歉，主要是替妈妈感到抱歉，因为她选择了在这样的季节出生，实在是不太明智。

今天中午我父亲要求我准备一下晚上的生日致辞，说实在的，我感到很为难。虽然我学了六年的新闻学，本科四年，研究生两年，但一向自认为是个不善表达的人。可跟妈妈吵架的时候发挥倒是很好，那叫一个出口成章、妙语连珠。昨天晚上还操练了一回。我想借此机会真诚地跟妈妈说一句对不起，并发誓从今往后洗心革面、重新做人。

妈妈今年五十岁了。在这五十年里，前二十五年我由于各种原因未能参与，后二十五年则有幸目睹。我的妈妈是一位勤劳的、勇敢的、善良的、智慧的妈妈，也是一个好女儿、好媳妇、好妻子。我是个不会吹牛拍马的人，我相信我说出这样的话在座的没有人会反对。同意的请鼓掌，谢谢！

我感到相当汗颜的是我以二十五岁的高龄仍旧在家吃闲饭。借此机会我忏悔一秒钟。忏悔完了，谢谢。这一点我的父亲绝对比我做得好，因为今天的晚饭是他付钱。

我想跟妈妈说的还有很多，但我想找个更为私下的场合。而在今天，我最想说的是，祝妈妈生日快乐。

感谢大家听我啰嗦了这么多，最后祝大家度过一个愉快美好的夜晚。谢谢！

六、花甲之年生日贺词

人到六十岁便到了花甲之年，孔子称作耳顺之年。多年来，人们对“耳顺”一词有不同的理解，有的认为人到六十之后可以耳听忠言而不逆耳，有的认为人到了六十岁之后，什么话都能听得顺耳了。

其实，人到六十，进入不温不火、不急不躁、不气不急、不张不扬的境界。走过了一个甲子，历经了坎坷和磨炼，便具备了顺耳之德，恭听八方之声，择其善者而从之，从耳顺走向从心所欲不逾矩。

过六十六岁生日，是风俗中最为隆重的，按中国的风俗习惯，象征着六六大顺。俗有“六十六，不死掉块肉”之说，因而逢老人六十六岁生辰，女儿要为老人包六十六个饺子，意为补上所掉之肉，使老人转凶为吉。

六十六岁的生日庆典致辞，要更加注重历史性的回忆，追忆主人公峥嵘岁月，在回忆过往的基础上完成对当下的审视和对未来的展望，以及对主人公真挚的祝愿。

★★★

范例1：寿星在自己花甲之年生日庆典上致辞

【致辞人】寿星本人

【场　景】自己六十周岁生日庆典

【时　机】在庆典活动开始时致辞

【风　格】深情回首

【关键词】激动 感谢 生日聚会 沧桑轮回 巨大贡献 欣慰

【妙　语】转眼六十年，沧桑轮回，有多少往事如烟似梦。将自己的青春奉献给自己所钟爱的事业。每当回首往事的时候，不因碌碌无为而羞耻，不因虚度年华而悔恨。

尊敬的领导、同事、同学以及各位好友：

作为一名从事人民教育工作几十年的老人，受到党和组织如此的关心，受到同学、好友们如此的厚爱，此时此刻，我的心情非常激动。我由衷地感谢同志们对我的祝福，感谢今天在场的各位，特别感谢××为我安排了此次六十岁生日聚会。

转眼六十年，沧桑轮回，有多少往事如烟似梦。花甲之年看××教育，更是备感欣慰、振奋。从我从事教育工作几十年的经历中可以看到，我市的教育发展日新月异、欣欣向荣，走上了持续、健康、稳步发展的轨道。一批批优秀的学子走上了祖国建设的重要岗位，在各行各业中发挥着自己的聪明才智，为祖国的经济建设和社会发展做出了巨大的贡献。

生命的意义在于将自己的生命奉献给一心热爱的祖国，在于将自己的青春奉献给自己所钟爱的事业。回顾自己的从教经历，我感到十分欣慰，我能以满腔的热忱和一颗赤子之心，孜孜不倦地工作在教书育人的第一线，把自己的一生奉献给学生，奉献给人民的教育事业。在工作中，我与同事们、同学们建立了深厚的感情，这份感情让我深深觉得自己的人生丰沛饱满，可以说，这份深情厚谊造就了今天健康、自信的我。我很庆幸，庆幸我的身体还很健康，生活也过得充实、愉快，庆幸自己还能够从容地走入夕阳。

保尔·柯察金说过：每当回首往事的时候，不因碌碌无为而羞耻，不因虚度年华而悔恨。我感觉我做到了。

回忆一起共事的领导、同志们，我要感谢他们对我的关心、支持和尊重；我也殷切希望年轻的朋友们能够脚踏实地努力工作，为我们祖国的富强而拼搏、奉献。作为新时代的年轻人，生活中可能会遇到这样那样的挫折，但你们不应该失去对生命的热爱。在太阳落山之后，好好地睡上一觉；在恢复活力之后，以开朗的心情去迎接新的一天。生命中有许多美好的东西值得我们珍惜，年轻的朋友们，希望你们好好把握。

最后，我谨对大家的祝福表示深深的感谢！

★★★

范例2：儿子在父亲花甲之年生日庆典上致辞

【致辞人】寿星儿子

【场　景】父亲六十周岁生日庆典

【时　机】在庆典开始时致辞

【风　格】慷慨激昂　温馨祝福

【关键词】欢迎　感谢　温暖　情谊　新起点　享受生活

【妙　语】点点滴滴，如人饮水，冷暖自知。六十岁是阅历丰富的标志，是一个从容的年纪。人生的新起点，干自己想干的事，圆自己未圆的梦。

尊敬的各们长辈、各们亲朋好友：

在这阳光明媚的日子里，我们高兴地迎来了我的爸爸××六十岁的生日。在这里，我代表我们全家，对大家在百忙中抽出时间参加今天的聚会表示热烈的欢迎和衷心的感谢！

大家都知道，我的爸爸是个地道的云南人。本来，他跟着我的爷爷奶奶在××的农场。年轻的他高大英俊，有个响当当的外号“××”。当时，在大城市的我妈妈他们那一代人，响应毛主席的号召，以“知识青年”的名义支援边疆。我的爸爸也正是在这个时候认识了来自四面八方的同龄知青朋友。他们在生活上互相关爱，事业上互相帮助，精神上互相扶持，大家建立了深厚的情谊。在和这些知青的接触当中，有个漂亮的重庆女知青和我爸爸的情谊特别深——对！她那就是我的妈妈，××。后来他们就结了婚，还生了个云南娃儿——××。再后来，我的爸爸为了跟我和妈妈团聚，就离开了他的故乡，告别了他的父亲母亲、兄弟姐妹、亲戚朋友，来到了重庆，当起了上门女婿。虽然背井离乡、远离亲人，有时会让我的爸爸感到痛苦和无奈。但是令他感到欣慰的是，我的妈妈一直陪伴在他的身边，支持他、照顾他；我妈妈的所有的亲戚朋友也把我爸爸当成真正的一家人，关心他、喜欢他；还有在云南就结下深厚情谊的知青朋友，也来往密切、友情不减；再加上，我爸爸为人温和憨厚，在工作上也兢兢业业，来到重庆的二十年间，也结识了更多的同事、朋友。点点滴滴，如人饮水，冷暖自知，让我爸爸感受到在重庆的这个大家庭中的温暖和情谊。

今天，我爸爸六十岁了。六十岁是阅历丰富的标志，是一个从容的年纪。祝愿我的爸爸把六十岁当成人生的新起点，干自己想干的事，圆自己未圆的梦，和我妈妈一起享受人生，享受生活！在此，我要向我的爸爸妈妈说一声感谢，感谢你们的养育之恩！祝你们身体健康，天天快乐！同时，再次感谢各位长辈和亲朋好友的光临。希望大家在这里吃好，喝好！

下面，就请大家端起手中的酒杯，我们一起干杯——干杯！

★★★

范例3：女儿在母亲花甲之年生日庆典上致辞

【致辞人】寿星女儿

【场　景】母亲六十周岁生日庆典
【时　机】在庆典开始时致辞
【风　格】真情流露
【关键词】光临　欢迎　感谢　人间沧桑　善良　和睦邻里
【妙　语】通情达理、宽厚待人、和睦邻里。慈母手中线，游子身上衣。临行密密缝，意恐迟迟归。谁言寸草心，报得三春晖。

……………………………………………………………

尊敬的各位长辈，各位亲朋好友，各位来宾：

大家上午好！

值此国庆佳节之际，迎来了我妈妈的六十岁生日。在这个喜庆的日子里，首先我代表我们全家对你们的到来表示最热烈的欢迎和最诚挚的感谢！

我的妈妈出生于××年农历×月初×，风风雨雨六十年，我的妈妈阅尽人间沧桑，她勤劳、善良，为家庭为我们操了不少的心；她在家孝敬老人，虽然自己身体不好，还常常给八十的老人洗澡洗脚；她通情达理、宽厚待人、和睦邻里，和邻居从未吵过嘴红过脸；她热情好客，对亲戚朋友总是热情相待；她节约简朴，虽然只有爸爸一个人工作，但她还是节衣缩食地供我们姐弟二人读书。她一辈子从不铺张浪费，这个生日是我们一再要求才办的。她虽然文化水平不高，但她的一言一行教会了我们做人的道理，教会了我们生活。妈妈也十分支持我们的学习和工作，不但养育了我们，还带大了我的孩子，××，她对儿女的殷殷关怀之心，儿女无以为报。有首古诗说得好：慈母手中线，游子身上衣。临行密密缝，意恐迟迟归。谁言寸草心，报得三春晖。请让我诚挚地祝福妈妈：生日快乐！在此我祝愿我的爸爸妈妈，在步入花甲之年之后，越活越年轻，越活越精神，再陪女儿六十年！

今天是个高兴的日子，希望各位吃好、喝好、玩好，也祝愿所有的亲朋好友合家欢乐，幸福安康！

谢谢！

范例4：朋友在寿星花甲之年生日庆典上致辞

【致辞人】寿星朋友

【场　景】在朋友六十周岁生日庆典上致辞

【时　机】在庆典开始时致辞

【风　格】语言连贯　文采飞扬

【关键词】心愿　祝福　感动　梦想　辉煌　幸福　健康

【妙　语】六十岁是人生新的里程碑，六十岁的人生浓缩了精华。六十岁是阅历丰富的标志，六十岁是人生新的起点。走向百年美好的生命！

各位来宾，朋友们：

大家中午好！

当春风吹来××年的春天时，今天我们怀着一份共同的心愿，相聚在××大酒店，庆贺××先生六十岁的生日。此时此刻，我和所有的来宾向××先生表示生日的祝福！

××先生，已经走过六十年的风雨长路！他六十年的艰苦奋斗，换来了他六十年以后的成功！他的人生经历让我们感动！

××先生热爱工作，他年轻时从农民家庭中走出，带着美好的梦想，走进绿色的军营。在那火红的年代，他在军营那所大学里面，奉献了自己的青春！当青春岁月的激情燃烧以后，他从部队转业，回到家乡，又戴上国徽，扛起红盾，不辱使命，热爱工商！在六十年的岁月里，他为国防事业、为工商事业付出了全部！他的人生经历让我们激动！

××先生热爱生活：作为丈夫他给了妻子一个温暖的家，为了家庭，他努力地付出！作为父亲他给儿女们的是永远的爱护！为了儿女，他默默付出！作为同事，他给同事们的是永远的帮助！为了同事，他用心付出！他人生中许多的付出让我们感动！

朋友们，人的生命到了六十岁是辉煌的！因为，六十岁是人生新的里程碑，六十岁的人生浓缩了精华。应该风光！值得庆幸！因为，六十岁以后可以卸去工作的重担，走出繁杂事务的空间，告别工作的压力和厌烦，读自己想读的书，做自己想做的事，把自己的梦来圆。

朋友们，六十岁是阅历丰富的标志，六十岁是人生新的起点！六十岁再次规划人生，开始再创新的辉煌！六十岁以后的岁月，是智慧结晶的岁月，是经验总结的岁月，是学识积累的岁月，是能力展现的岁月，是品尝天伦之乐的岁月！

我们相信××先生六十岁以后的思想会更先进，心态会更年轻，快乐地生活，与时俱进！

我们希望××先生六十岁以后，用智慧、用快乐、用激情，在健康的道路上，快乐地，开心地，和你身边所有的人携手并进，走向百年美好的生命！

各位来宾，朋友们，最后让我们一起祝愿××先生：

年近六十人健康，精神焕发再向上，

儿孙围绕天伦乐，快乐开心寿更长！

最后，我代表××先生及其全家再次向参加今天生日宴会的所有来宾表示衷心的感谢！并祝福大家开心、快乐、幸福、健康！

★★★

范例5：弟弟在哥哥花甲之年生日庆典上致辞

【致辞人】寿星的弟弟

【场　景】哥哥六十周岁生日庆典

【时　机】在庆典开始时致辞

【风　格】真诚祝愿

【关键词】生日庆典　感谢　祝福　无比幸福　绵绵真情

【妙　语】福如滔滔东海，寿比巍巍南山。一语天然万古新，豪华落尽见真淳。几度悲欢，百种滋味，潮来浪往，暮至晨归。世间最干净的水，是深山淙淙流淌的清泉。

尊敬的各位来宾、各位亲朋好友：

在这个欢乐祥和的日子里，我们迎来了我哥六十岁生日庆典，我代表他个人及我们家族向光临宴会的各位领导、各位常来常往的朋友、各位员工表示最热烈的欢迎和最诚挚的谢意！感谢各位为你们之间牢不可破的友谊所付出的辛勤劳动，感谢你们在工作中对他的支持和帮助，感谢你们在生活中，对他的关心和照顾，感谢你们在今天对他的深深祝福！

请我们举起酒杯，祝福我们的老寿星——我的哥哥，心想事成，身体健康！福如滔滔东海，寿比巍巍南山！干杯！一语天然万古新，豪华落尽见真淳。今天是我哥哥的六十岁生日，不经意间，他的人生走过了六十年的风雨历程。几度悲欢，百种滋味，潮来浪往，暮至晨归。

世间最干净的水，是深山淙淙流淌的清泉；最真的关怀是互相之间的帮助；最深的记忆是真挚的友谊；最刻骨的爱是相执一生的牵肠挂肚。六十年的人生道路，虽然尝尽酸甜苦辣，历尽人间艰辛，但他也拥有了这一切，所以今天感到无比幸福。

今天，我代表我们的家族祝福他，代表他感谢出席生日宴会的各位朋友，是你们，给他带来生活的阳光与雨露，让他感受到人间的绵绵真情。

再一次感谢各位的关爱！谢谢大家！

★★★

范例6：女婿在岳父花甲之年生日庆典上致辞

【致辞人】寿星的女婿

【场　景】岳父六十周岁生日庆典

【时　机】在庆典开始时致辞

【风　格】真情祝福

【关键词】美好季节　休闲时光　感谢　敬意　寿比南山

【妙　语】饱尝人间冷暖，付出无数艰辛，历经坎坷风雨。六十岁是美丽多彩的夕阳，六十岁是人生的另一道亮丽风景。

各位长辈、各位来宾、各位亲朋好友：

大家中午好！

在这春光明媚、暖意融融的美好季节里，各位宾朋不顾舟车劳顿、抛开琐碎家事、牺牲难得的休闲时光，从四面八方特地赶来，共同庆祝岳父六十岁生日，我们感到万分荣幸。大家对岳父大人及我们全家的这一份份真挚的血肉亲情、同学友情、同事感情、邻里真情，值得我们做儿女的永远深刻铭记，长久满怀感恩！在此，我谨代表我们全家，对各位的光临表示最热烈的欢迎、最衷心的感谢和最真诚的敬意！

饱尝人间冷暖，付出无数艰辛，历经坎坷风雨，勤劳、宽厚、坚强的父亲如今已到了花甲之年。六十年来，父亲那勤劳节俭的优秀品格，他那严爱有加的朴实家风，他那高调做事、低调做人的处世之道，以及他那深埋心底、对儿女们克制的柔情，都深深地感染着我们，影响着我们。在我们子女心中，父亲永远是神圣的、伟大的，父亲是山，父亲是海，他永远是我们坚实的依靠，永远是我们温馨的港湾！

六十岁是一个从容的年纪，六十岁是阅历丰富的标志，六十岁是人生浓缩的精华，六十岁是美丽多彩的夕阳，六十岁是人生的另一道亮丽风景，六十岁是人生又一个新的辉煌阶段的开始！在这里，请允许我代表所有的宾朋，祝愿我们最敬爱的父亲：生日快乐！健康平安！福如东海，寿比南山！在人生新的旅程中活得更加精彩！

在今天这个特殊的日子里，我还要提到另外一个重量级人物，那就是我们现已年近八十高龄，我们最慈祥、最和蔼可亲的奶奶，六十年前，是她老人家承受十月怀胎一朝分娩的痛楚，成就了父亲的生命。在此我们衷心地祝愿她老人家身体健康、长寿！

另外，借此机会我还要感谢我的岳母，是她与岳父一道，扛起了生活的重担，几十年默默无私的奉献，为我们这个大家庭撑起了一片晴朗的蓝天！我深深祝福他们，愿他们在今后的岁月里，彼此相扶相携，安度幸福晚年！

为答谢各位亲朋好友多年来对父亲和我们家庭的关心和支持，我们置办了花甲宴席略表寸心，粗茶淡饭，薄酒一杯，不成敬意，希望大家吃得开心，喝得如意！最后让我们举起手中的酒杯，为我父亲的六十大寿干杯，并祝愿大家生活愉快、工作顺利、身体健康、万事如意！

谢谢大家！

七、古稀之年生日贺词

“古稀”是指七十高龄。它源于唐代大诗人杜甫的《曲江二首》，杜甫吟咏道：“酒债寻常行处有，人生七十古来稀。”一千二百多年前的杜甫慨叹人生苦短，能活到七十岁，自古以来十分稀少。

后来到了明朝，著名书画家唐寅读了杜诗后，感慨自己已活过了“古稀”，他填了一首《七十词》：“人生七十古稀，我年七十为奇。前十年幼小，后十年衰老，中间止有五十年，一半又在夜里过了，算来止有二十五年在世，受尽多少奔波烦恼。”唐寅虽活过古稀，仍感叹唏嘘人生几何。

老人的七十岁生日亦成为大寿。到了老人的寿辰之日，晚辈们就要怀着尊重长者、孝敬老人之心为老人举办寿宴祝寿，宴请亲朋好友。同时，晚辈与亲朋还都要为老寿星送上一份祝寿的礼物，以示祝贺。老人的女儿和儿媳等人往往要亲手送上绣有吉语的绣花枕，表达希望老人增寿永生的美好愿望。

七十岁历经风雨、饱经沧桑，七十岁的生日庆祝致辞要充满岁月的历练，要树立寿星伟岸的形象，在歌颂寿星的同时，还要切合实际地对寿星的言行进行描述，以增强庆贺者对于寿星往事的回味。

★★★

范例1：学生在老师古稀之年生日庆典上致辞

【致辞人】学生代表

【场　景】老师七十周岁生日庆典

【时　机】在庆典开始时致辞

【风　格】慷慨激昂

【关键词】吉祥喜庆　沧海桑田　兢兢业业　精神源泉　欣慰

【妙　语】福星高照满庭庆，寿诞生辉合家欢。亲朋共享天伦乐，欢声笑语寿满堂。七十年风风雨雨，七十载沧海桑田。春秋迭易，岁月轮回。福如东海长流水，寿比南山不老松。

尊敬的各位来宾，各位朋友：

大家中午好！

福星高照满庭庆，寿诞生辉合家欢。亲朋共享天伦乐，欢声笑语寿满堂！

今日吉祥喜庆，今日喜气洋洋！我们欢聚一堂，共同庆祝一位品行高洁、德高望重的长者，一位精神矍铄、慈眉善目的母亲，一位循循善诱、诲人不倦的前辈——××老师七十华诞，请允许我代表所有来宾、朋友，祝××老师福与天地同在，寿与日月同辉！

七十年风风雨雨，七十载沧海桑田。××老师怀着对党的无限赤诚、对教育事业的一片忠心，数十年如一日，老老实实做人，兢兢业业工作，任劳任怨从教，传播知识，播种文明，培育栋梁，为祖国输送了一批批优秀的建设者和接班人，谱写了一曲曲可歌可泣的奉献和创造之歌。同时，她丰富的教学经验、管理经验、高尚的师德至今仍是我们宝贵的精神财富，至今仍是我们学习的榜样，至今仍是我们爱岗敬业的精神源泉。

春秋迭易，岁月轮回。几十年来，××老师含辛茹苦，勤俭持家，养老育幼，阅尽世道沧桑，尝遍酸甜苦辣！因此形成了勤劳善良的朴素品格，宽厚仁慈的处世之道，严爱有加的朴实家风，至今还为人津津乐道！她的品格、为人、家风、精神、智慧、人生观就像一座巨大的丰碑，永远矗立在子女的心灵深处，是他们一生的楷模，也奠定了他们人生的起点！现在，看到她体贴的女儿，能干的女婿，更有一群活泼可爱、聪明伶俐、成绩优异的外孙和外孙女，她终于可以欣慰了！

亲爱的朋友们，最美不过夕阳红，夕阳是晚开的花，夕阳是陈年的酒，夕阳是迟到的爱，夕阳是未了的情，让我们祝愿××老师福如东海长流水，寿比南山不老松，同时祝愿所有的长辈增福增寿增富贵，添光添彩添吉祥，也祝每个家庭都幸福安康、事业发达、工作顺利！更祝所有的小字辈健康成长，学业有成！

谢谢大家!

范例 2：儿子在母亲古稀之年生日庆典上致辞

【致辞人】寿星的儿子

【场　景】母亲七十周岁生日庆典

【时　机】在庆典开始时致辞

【风　格】温馨祝福

【关键词】欢迎　纯朴　无可挑剔　摇篮　开怀畅饮　共享天伦

【妙　语】有一种爱，是世间最无私的爱；有一种付出，是世间最真诚的付出；有一种关怀，是世间最永久的关怀。我们用一生都难以报答。

尊敬的各位领导、各位同事，亲爱的同窗、亲朋挚友，还有亲爱的小朋友们：

大家中午好！

今天，很兴奋让我们欢聚在××宾馆宴会大厅，为我们的妈妈举行七十寿辰宴会，首先，我代表我们全家对各位的到来表示热烈的欢迎，对各位多年来对我们全家的关心和支持表示深深的谢意！谢谢，谢谢你们！

时光匆匆，转眼间我们的妈妈已经七十岁了，她虽然是一位普普通通的农妇，但她也和在座的各位妈妈一样纯朴、善良、勤劳、宽厚和无私。母亲有六个儿女，如今都有自己的家，现在我们是四世同堂。在我的记忆里，我们的妈妈无论是在生产队大集体，还是农田分到户后，做起农活来像个男子汉，推车、耕田、耙地样样都会，家务事更是无可挑剔。

我还记得，小时候，每逢过大年，妈妈您总会带着我们给村子里那几户生活很困难的人家，送上碗酸菜、两碗小麦，还有山芋干儿什么的给他们家过年。

在我们村的前后三庄，人人都知道我们的母亲是个好媳妇，因为我们的奶奶在我们父亲几岁的时候就过世了，在我们爷爷最后生病、卧床不起的一年多里，都是您一个人毫无怨言地照顾他。

我们的左邻右舍，每个人都知道我们的母亲是个好妈妈，因为她从没有和她的三个儿媳妇红过一次脸，拌过一次嘴，就是我的媳妇摔伤、卧床不起三个多月，也是妈妈您像照顾自己亲生女儿一样，无微不至地照顾她，直到她下地走路，生活能自理。

在我们家每个孩子的眼里，我们的妈妈是这个世界上最好的奶奶，在他们的心中，奶奶的怀抱永远是他们暖和、幸福的摇篮。

有一种爱，是世间最无私的爱；有一种付出，是世间最真诚的付出；有一种关怀，是世间最永久的关怀，这便是妈妈给予我们的一切。妈妈的爱是无声的；妈妈的爱是细腻的；妈妈的爱是伟大的；妈妈的爱是永恒的。妈妈给予我们的不仅仅是生命，更重要的是养育之恩，那份伟大的爱，我想，我们用一生都难以报答。

生日快乐！亲爱的妈妈，希望您能理解我们心中的爱。

生日快乐！亲爱的妈妈，感谢您为这个家庭所付出的一切，感谢您教会您的儿女为人处世、与人为善，感谢您教会我们如何关心下一代，感谢您教会我们如何尊敬老人、如何尽孝。

生日快乐！亲爱的妈妈，您的儿女愿您在未来的岁月中健康长寿、幸福快乐！

再次感谢各位亲朋挚友的光临，诚望诸位：开怀畅饮，和我共享天伦。

并祝愿各位在新的一年里工作顺利、永远幸福平安！

★★★

范例3：儿子在母亲古稀之年生日庆典上致辞

【致辞人】寿星的儿子

【场　景】母亲七十周岁生日庆典

【时　机】在庆典开始时致辞

【风　格】慷慨激昂

【关键词】欢迎　感谢　桃李满天下　港湾　福乐绵绵

【妙　语】金秋十月，丹桂飘香。七十年风风雨雨，七十载生活沧桑。谁言寸草心，报得三春晖。我们要让您在爱的氛围里安度幸福的晚年。

尊敬的各位来宾：

大家好！

金秋十月，丹桂飘香。在这怡人爽朗的大好日子里，迎来了我们的妈妈的七十大寿。

首先，我谨代表我们全家向参加今天宴会的至爱亲朋表示热烈的欢迎，并且对大家的恭贺表示衷心的感谢。

在这个喜庆的时刻，我最想说的是：妈妈——您辛苦了！妈妈——我们永远爱您！

七十年风风雨雨，七十载生活沧桑。妈妈是一名光荣的令人尊敬的退休教师。在三尺讲台上，妈妈默默地耕耘了近三十年，她为人师表，勤勤恳恳，教书育人，桃李满天下。

妈妈最大的心愿就是我们成为有知识、有文化、对社会有用的人。多年来，妈妈一直用高标准的要求奠定我们人生的起点，用发愤图强的精神激励我们开拓事业，用自己的言传身教，造就儿孙们今天的幸福生活。为了我们，妈妈日夜操劳，她的每一根白发，每一条皱纹，都是劳作的见证。妈妈的养育之恩是我们儿女永远报答不完的，妈妈的爱是我们儿女心灵的港湾。

妈妈是平凡的，她把一生的勤劳和智慧都献给了我们这个大家庭；妈妈是伟大的，她优良的品质，使我们一生受用；妈妈是个吃苦耐劳、勤俭持家、善良忠诚的女性。我们说，有这样的妈妈是我们这一生最宝贵的财富。

“谁言寸草心，报得三春晖。”今天是妈妈的七十大寿，这杯酒献给劳苦功高的妈妈，祝您健康如意，福乐绵绵！您用伟大的爱养育了我们，我们要让您在爱的氛围里安度幸福的晚年。祝您开开心心、快快乐乐。

同时祝愿所有的长辈增福、增寿、增富贵，添光、添彩、添吉祥；也祝每个家庭都幸福安康，事业发达，工作顺利；更祝所有的小字辈健康成长，学业有成！

谢谢大家！

范例4：儿子在父亲古稀之年生日庆典上致辞

【致辞人】寿星的儿子

【场　景】父亲七十周岁生日庆典

【时　机】在庆典活动开始时致辞

【风　格】温馨祝愿

【关键词】感谢 言传身教 斑斑白发 幸福 寿比南山

【妙　语】人生七十古来稀，自古称稀尊上寿。满脸的皱纹都铭刻着我们记忆中那些难以忘记的岁月。父爱如山，亲情如天。

各位亲朋好友，各位来宾：

大家好！

首先我代表我们兄妹四个，向各位的光临表示热烈的欢迎和由衷的感谢！

父亲一路走来，经历了风风雨雨，多谢各位给老人家的关心和支持，你们的到来，给予父亲力量和温暖。

本人深感才疏学浅，恐不能表情达意，难以言明事理，在这里，我虽无彪炳之笔，华丽的词藻，但我们会铭记父亲的恩德，铭记父亲点点滴滴的言传身教。

今天是我父亲的七十寿辰。人们常说："人生七十古来稀，自古称稀尊上寿。"望着眼前的父亲，看着父亲那满头的斑斑白发，我们兄妹四个都感到心酸，感到百感交集，可以说：父亲的每一根头发都是为我们操劳的见证，满脸的皱纹都铭刻着我们记忆中那些难以忘记的岁月。1966年由于生活困难，难以维持生计，父亲、母亲自愿下放到农村，以减轻负担。刚到农村，父亲由于从小在城里长大，不适应农村生活，生活的艰辛可想而知，是父亲默默地用他那孱弱的臂膀为这个家撑起一片天。难忘父亲白天在学校当民办教师教学，夜晚在灯光下给别人裁剪衣服，我们是听着熟悉的缝纫机声睡着，听着熟悉的缝纫机声睡醒。父亲用自己勤劳的双手换来些微薄收入来养活我们兄妹四个，来养活这个家。在父亲、母亲的省吃俭用、勤俭持家、艰辛努力下，我们在农村建房，使我们有了一个安定的住所。父亲教我们蹒跚学步，读书做人，父亲在我们的家庭经济非常困难时，供我们兄妹四人上学，教育我们做人，帮助我们成家立业。1980 年在父亲、母亲的奔波操劳下，克服重重困难，我们才得以回城，为我们的将来打下了坚实的基础。正因为有父亲、母亲的艰辛才把我们养大成人，由于有父亲、母亲的真情呵护才有了我们今天的幸福。

父亲是勤劳的、善良的，您对我们的养育之恩、教育之情，我们终身难忘。父爱如山，亲情如天，我们兄妹不会忘记您的养育之恩，我们一定会好好孝敬您老人家，让您安度晚年，尽享天伦之乐。

在此祝愿父亲福如东海，寿比南山。

也在此祝愿大家，身体健康，合家欢乐。希望大家吃好，喝好，如有招待不周，请原谅！

最后，请大家共同举杯，祝愿我们的父亲七十岁的年龄，十七岁的心态。

谢谢大家！

★★★

范例 5：儿子在父亲古稀之年生日庆典上致辞

【致辞人】寿星的儿子

【场　景】父亲七十周岁生日庆典

【时　机】在晚宴开始时致辞

【风　格】慷慨激昂

【关键词】寿辰 感谢 生活经历 严于律己 神圣 伟大 寿比南山

【妙　语】胸怀宽广而博大，性格开朗。平易近人，为人厚道。精神焕发，口笑颜开。忠孝传代，遗风子孙。

尊敬的各位来宾、各位长辈、各位亲朋好友：

首先我代表我们全家向各位的到来表示热烈的欢迎和由衷的感谢！

今天是公元××年××月××日，是我父亲的七十寿辰，回顾我父亲七十年的生活经历，在这里我可以非常自豪地说：我的父亲虽然是一位普普通通的农民，但他的一生却是不平凡的一生。他胸怀宽广而博大，性格开朗；他平易近人，为人厚道；他孝敬父母，关怀姊妹，呵护儿女；他热爱家庭，更热爱事业。俗话说："人生七十古来稀"，七十年风风雨雨，七十载生活沧桑，我们的老父亲已经是白发苍苍，但他精神焕发，口笑颜开，使我们兄弟十分高兴，也十分激动，是老人那种艰苦朴素的精神影响了我们，那种严格管教使我们读书成人，从而奠定了我们人生的起点，是老人永不气馁的鼓励和高标准的要求激励我们开拓事业，造就了我们的今天。

他一生的苦，一生的累，对我们的爱，我们终身难以报答。他对亲戚老乡有着无微不至的关怀，嘘寒问暖，用实际行动鼓励他们在××开创事业，在他的激励和鼓舞下，我们的老乡和亲戚朋友在××生活得都不错，过上了好日子。虽然他是一位普通的农民，但他的一生却是创业的一生、不平凡的一生，在我们子女心中是神圣的一生、伟大的一生！

之所以我们今天四世同堂，各位亲朋好友能在××宾馆欢聚一堂，都是因为老人的培养给了我与大家共勉人生的机会。

在此，我代表您的儿女向您表示：我们要牢记您的教导，发扬您的精神，忠孝传代，遗风子孙，团结和睦，刚毅进取，事业有建树，生活更富庶。使我们家族蒸蒸日上。我代表我们兄妹向您鞠躬了！

最后让我们共同祝愿老人：福如东海，寿比南山，年年有今日，岁岁有今朝。

再次感谢各位亲朋好友的到来，诚望诸位：金樽满豪情，玉箸擎日月，开怀且畅饮，共享天伦乐。并祝大家能够在这里度过美好的一天，欢快的一天。

谢谢大家！

八、耄耋之年生日贺词

七八十岁称耋，八九十岁称耄，八十大寿和九十大寿是人生中极为重要的两个生日，既然“人生七十古来稀”，那么八十、九十岁的高寿老人更被称为老寿星。庆寿的规律是年龄越大，庆祝得越隆重，八十大寿往往为寿礼之极，因为百岁老人毕竟为少数，对大多数老人来说，八十大寿可能是最后一个“上十”的正寿了。而且到了这个年龄的人，大多已经有三四代子孙，祝寿的隆重程度自然不同一般。

给老人祝寿时，提前五六天就要派人向亲友下请帖。请帖不能由过寿者自己具名请客，一般是由晚辈集资设宴，由长子或子孙中声望高的人具名发柬邀客。请柬分单柬和联柬两种，用最佳红纸或红绸制成。单柬是一人一柬，专人专请，用于邀请父辈的客人或同辈中有名望的尊贵客人；联柬是将被邀请的许多人的名字都写在一张请帖上，如同一张通知单，被请的人在自己名字下签上“敬知”二字。

八十岁生日庆典贺词，应当注重对寿星及寿星所在家族的颂扬，一方面表现对老人八十大寿的庆祝和祝福，同时还要表现对寿星家族的无限仰慕和尊敬，此外还要表现对老寿星身体健康的祝愿。

★★★

范例1：孙子在奶奶八十岁寿辰庆典上致辞

【致辞人】老寿星的孙子

【场　景】奶奶八十周岁生日庆典

【时　机】在庆典开始时致辞

【风　格】慷慨激昂

【关键词】寿诞　感谢　沧桑　人生之路　榜样　笑口常开

【妙　语】岁月的风霜早已悄悄地爬上了她的脸庞。见证了人生百态。如月之恒，如南山之寿，永远健康。

尊敬的各位来宾，亲朋好友们：

大家中午好！

今天是我奶奶八十寿诞的大好日子，在这幸福、欢乐、吉祥的气氛中，感谢各位拨冗参加，我代表今天的寿星本人和我们全家对各位嘉宾的光临表示热烈的欢迎和衷心的感谢！

风风雨雨八十年，我奶奶经历了太多的沧桑，太多的磨难，但她一生中积累的最大财富是她那勤劳善良的朴素品格，她那宽厚待人的处世之道，她那严爱有加的朴实家风。数十年来，奶奶把自己的心血和汗水都洒在了这块黄土地上，洒在了她充满艰辛坎坷的人生之路上。

如今，奶奶已成了一位满头银发的老人，人生大部分的青春年华和宝贵时光都奉献给了儿女。在艰苦的生活条件下，奶奶为了晚辈的成家立业，含辛茹苦，日夜操劳，不知耗费了多少心血和汗水！可以说，奶奶为了我们这个家，为了自己的子孙，奉献了一切！岁月的风霜早已悄悄地爬上了她的脸庞，也将她满头的青丝染成了白发，可以说奶奶饱尝了生活的酸甜苦辣，也见证了人生百态。在这里，我们向奶奶由衷地说一声：奶奶，您坚强果敢的高尚品质永远是我们学习的榜样。

在今天的这个时刻，承蒙各位来宾、亲朋好友前来庆贺我奶奶八十华诞，我们非常感激，在这里略备薄酒淡饭。愿所有的来宾开怀畅饮，与我们共同度过难忘的时光。

最后，祝愿在座的来宾、长辈们和各位亲朋好友，身体建康，家庭幸福，事业兴旺，心想事成！也在此祝愿我的奶奶如月之恒，如南山之寿，永远健康，笑口常开。

谢谢大家！

★★★

范例2：儿子在父亲八十岁寿辰庆典上致辞

【致辞人】老寿星的儿子

【场　景】父亲八十周岁生日庆典

【时　机】在生日庆典开始时致辞

【风　格】深情祝福

【关键词】生日庆典 感谢 任劳任怨 饱经风霜 深深的祝福

【妙　语】春秋交替，岁月轮回。八月桂花飘香之际。河深海深，不如父母的教诲之情深。八十年的风雨历程，八十年的辛酸苦辣。

尊敬的父亲、母亲，尊敬的各位来宾：

大家好！

春秋交替，岁月轮回，八月桂花飘香之际，正值我父亲八十岁生日庆典，我代表我父亲母亲及我们兄妹六人向前来祝寿的各位长辈、各位嘉宾，表示热烈的欢迎和衷心的感谢！

天大地大，不如父母的养育之恩大；河深海深，不如父母的教诲之情深；我们都有自己的父亲、母亲，今天，我很自豪地告诉大家：我们兄妹六人拥有最可敬、最可亲、最可爱、世界上最伟大的父亲、母亲。

我曾经有过许多的不眠之夜，遥望着满天繁星，就会常常想起我的父亲——在孩提时代，父亲为了这个家，任劳任怨，把困难留给自己、把快乐留给儿女，为了这个家早出晚归，供儿女们上学，教儿女们做人，抚养我们长大成人。无论我们走到哪里都会浮现您那慈祥的面容、慈爱的目光。当我们受到委屈，经受挫折的时候，总把一切辛酸洒向您那饱经风霜、宽厚慈爱的胸怀。我们更不会忘记：伴随着父亲一生忙碌的还有我们亲爱的母亲，她慈祥和蔼，但也已是两鬓成霜。这些往事是我们做儿女的人生中最珍贵的记忆，最美好的画卷，我们永远刻骨铭心。如今我们兄妹六人都有了自己幸福的家庭，真是寿星高堂坐，儿孙堂下乐。如今我们儿孙满堂、根深叶茂。您就是那棵大树深深的根。您把所有的父爱，全部奉献给了我们。如今，岁月已悄悄爬上了您的额头，染白了您的双鬓，父亲的苦，母亲的爱，我们、儿孙们将终身难忘。我们将永远牢记您的养育之恩。为此我代表我们兄妹六人、我们的后辈儿孙，向老父亲、老母亲鞠躬以表达我们、儿孙们深深的祝福。

八十年的风雨历程，八十年的辛酸苦辣，迎来了父母晚年的儿孙满堂，尽享天伦之乐。我们要发扬你们的精神，拧成一股绳，互相帮助，使我们的家庭更加幸福、更加和谐。

在此，祝愿父母老人家福如东海、寿比南山。最后也祝各位来宾身体健康，家庭幸福。

谢谢大家！

★★★

范例3：女儿在母亲八十岁寿辰庆典上致辞

【致辞人】老寿星的女儿

【场　景】母亲八十周岁生日庆典

【时　机】在庆典开始时致辞

【风　格】感恩祝福

【关键词】寿辰 感谢 勤劳 善良 艰辛 家风 恩德

【妙　语】风风雨雨八十载，母亲历尽人间沧桑。曾经的您是辛苦的，现在的您是幸福的。嘉宾旨酒，笑指青山来献寿；百岁平安，人共梅花老岁寒。

各位亲朋好友：

你们好！

在这喜迎新春之际，迎来了我母亲八十岁的寿辰。为表达我们做儿女的一片孝心，一份对母亲的感恩之情，特举办这次寿辰庆典。各位在百忙之中抽空前来为我母亲祝寿，给我们带来了喜庆和吉祥，在此我们表示衷心的感谢！

风风雨雨八十载，母亲历尽人间沧桑。正因为有您年轻时养育我们的艰辛，才换来了您今天的满堂儿孙，满堂孝心。我们感谢您给予了我们勤劳、善良、正直的品格；感谢您教会我们如何待人，如何接物；感谢您宽厚待人的处世之道；感谢您给予这个家族厚道朴实的家风，这一切都将作为最宝贵的精神财富伴随您的儿孙走好以后的路。

曾经的您是辛苦的，现在的您是幸福的。因为您不仅拥有至爱的亲朋好友、邻里乡亲，还有孝顺的儿子儿媳，体贴的女儿、能干的女婿，更有一群活泼可爱、聪明伶俐的小字辈。

这次生日庆典，是在儿女们的一再要求下才举办的。老人家再三要求我们不张扬、不奢侈、不给亲朋添麻烦，但我们想到大家庭现在的幸福祥和，看到第三代成长进步，目睹第四代的天真活泼。想借母亲寿辰这个契机，来回顾母亲美德，弘扬长辈风范，增进邻里友谊，再叙亲朋之情，同时共享老人家在时间年轮上的重大收获，反复酝酿终于决心诚邀今天的亲朋至交光临！借此机会，感谢各位亲朋好友以往给予我们家庭无私的关怀和帮助，我们永远记得你们的恩德。

嘉宾旨酒，笑指青山来献寿；百岁平安，人共梅花老岁寒。今天，这里高朋满座，让寒冷的冬天有了春天般的温暖。君颂南山春不老，我倾北海量尤深。最后，祝愿母亲生活之树常绿，生命之水长流，寿诞快乐，春辉永绽！同时祝愿各位亲朋好友生活愉快、工作顺利、家庭幸福！

谢谢大家！

★★★

范例4：单位领导在退休员工九十岁寿辰庆典上致辞

【致辞人】老寿星的单位领导

【场　景】退休员工九十周岁生日庆典

【时　机】在庆典开始时致辞

【风　格】慷慨激昂　深情祝愿

【关键词】祝福　艰苦朴素　兢兢业业　宽厚待人　戎马生涯　独善其身

【妙　语】但平凡并非意味着平庸。在曾经污浊的社会环境中出污泥而不染，洁身自好，独善其身。无欲则心宽，心宽则体健。希望老前辈百岁华诞再共同举杯。

尊敬的亲友，各位乡邻：

大家好！

再过三天就是×老先生的九十寿辰，值此宗族同贺之际，我谨代表××全体职工，向老前辈表示衷心的祝贺：祝老前辈福如东海长流水，寿比南山不老松。

九十年，在历史长河中只是弹指一挥间，但对于人生来说，却是漫长而曲折的。九十年来，老前辈阅尽了人间沧桑，经历了新旧时代的变化。他一生中积累的最大财富是他勤劳善良、艰苦朴素的本色，兢兢业业、任劳任怨的品质，宽厚待人、与世无争的立身之道。这一切，伴随他经历了坎坷的岁月，更伴随他迎来了今天幸福的晚年。

老先生出生于××村，1937年，日寇入侵，国难当头，他毅然参加了八路军，戎马生涯十一年，参加了抗日战争和解放战争。在部队里，做过通讯员，在后勤卷过烟，造过炮弹。他把人生中最美好的青年年华都献给了祖国，他是人民的功臣，是我们的骄傲！这些祖国没有忘记，人民没有忘记，在纪念反法西斯战争胜利××周年之际，国家颁发了纪念勋章，我公司为能有这样的功臣而自豪！

老前辈的一生，是平凡的一生，但平凡并非意味着平庸。他的人品、学养、才气、精神，乃至形象仪表都不落人后。

老前辈是从旧时代走过来的，他的身上没有沾染不良习气，在曾经污浊的社会环境中出污泥而不染，洁身自好，独善其身。

老前辈不论在什么岗位上，在任何环境中，总是能泰然处之，以平常心看待生活。无欲则心宽，心宽则体健，耄耋之年，头脑清醒，身体硬朗，实为难得！

杜甫诗云“人生七十古来稀”，老前辈已逾“古稀”二旬，堪称仁者之寿，智者之寿。如此高寿，除得益于自身的体质、心态与调养外，也与子孙的仁孝，各位亲友的关心分不开。今天欢聚恭贺老前辈九十华诞，希望老前辈百岁华诞再共同举杯！

最后我送老前辈对联一副：

人登高寿犹赤子

天留老祖育玄孙

谢谢！

范例5：在父亲九十岁寿辰庆典上致辞

【致辞人】老寿星的儿子

【场　景】父亲九十周岁生日庆典

【时　机】在庆典开始时致辞

【风　格】慷慨激昂

【关键词】举家欢庆 晚年 贡献 美满如蜜 畅饮长寿酒

【妙　语】人生七十古来稀，九十高寿是福。与人为善心胸宽，知足长乐顺自然。福如东海长流水，寿比南山不老松。

各位来宾：

大家好！

值此举家欢庆之际，各位亲朋也前来祝寿，使父亲的九十大寿倍增光彩。父亲及其子孙对各位的光临，表示最热烈的欢迎和最衷心的感谢！

人生七十古来稀，九十高寿是福；与人为善心胸宽，知足长乐顺自然！

我们的父亲在九十个春秋寒暑中，阅尽世道沧桑，尝遍人间苦辣酸甜，欣逢改革开放的盛世，安度幸福的晚年！

我们的父亲总把“清白做人，与世无争”作为行动指南。他当店员、做小生意，待人亲亲热热，说话和和气气，靠信誉生财，凭良心致富、发展！

我们的父亲心慈面软，与人为善。他扶贫济困，友好四邻；他尊老爱幼，重亲情，讲友情，使家族的老亲故友保持来往！

我们的父亲只上了六年学，却很爱学习。他喜欢看报，关心国家大事；他以读书为乐，他更以书中的警句名言勉励子孙耿直做人，勤奋学习，努力工作，为×氏增光，为社会做贡献。

今天，在欢庆我们的父亲九十华诞之际，他的近在身边的子孙亲人，他的远在美国以及国内沈阳、哈尔滨和齐齐哈尔的儿孙后代，有的前来、有的写信、有的致电，或给钱、或汇款、或送礼物，都发自内心地用不同的方式祝福他老人家：福如东海长流水，寿比南山不老松！

今天，在欢庆我们的父亲九十高寿之时，我代表他老人家的儿子、儿媳、女儿、女婿及其孙辈后代，衷心地恭祝各位嘉宾：诸事大吉大利，生活美满如蜜！

为庆贺我们的父亲的九十华诞，为加深彼此的亲情、友情，让我们共同举杯畅饮长寿酒，喜进长乐餐。

八、期颐之年生日贺词

百岁称期颐，百岁老人被称为人瑞，祝寿更加隆重。至亲好友、地方乡里都来拜寿，主人设宴款待。昔日富裕之家做寿，寿礼一般为寿面、寿糕、寿桃、寿酒等；也有亲友联合送寿幛、寿匾或中堂的，内容或以金粉书写贺词，或画上福禄寿三星像。

百岁寿辰庆典贺词主要包括老寿星的官职、生平经历、事迹、高尚品德、为人作风等。于寿日悬于堂上，叩头拜寿，笑语满堂，气氛十分欢畅。对老寿星的事迹进行歌颂，将老人的言行进行典范化的颂扬，同时还要送上对老人及其家族、晚辈的真挚祝福。

★★★

范例1：子孙代表在老寿星百岁寿辰上致辞

【致辞人】老寿星的子孙代表
【场　景】老寿星百岁生日庆典
【时　机】在庆典开始时致辞
【风　格】慷慨激昂　热情洋溢
【关键词】百岁大寿　群贤毕至　天伦永享　后继有人　美好的时光
【妙　语】增福增寿增富贵，添光添彩添吉祥。亲朋共享天伦乐，欢声笑语寿满堂。，福如东海，日月昌明。松鹤长春，春秋不老。古稀重新，欢乐远长。

各位来宾、各位亲朋好友：

大家下午好！

又是一个万物复苏的季节，在公元××年××月××日这个美好的日子里，我们欢聚一堂，在这里为我们的老寿星××老太爷举行百岁大寿仪式，在此，我谨代表××，祝愿老太爷增福增寿增富贵，添光添彩添吉祥。

诸位朋友，各位来宾，今天真是群贤毕至，鼓舞欢欣。前来祝贺的有老朋友，老乡亲，还有不少海外特地归来拜寿的亲友人士。这正是：亲朋共享天伦乐，欢声笑语寿满堂。不知道大家注意没有，老寿星的脸上始终泛着红光，寓意就是福寿满堂，欢乐远长。在这里让我们共同祝愿老寿星寿比南山、天伦永享。

在这百年的风雨中，老太爷含辛茹苦地将他的子女抚养成人。一百年的风风雨雨，一百载生活沧桑。岁月的痕迹悄悄地爬上了他的额头，将老人家的双鬓染成白霜。大千世界里，孩子们把心中的话语都向老人倾述。“严于律己，宽以待人，认真工作，发愤图强”，简单的话语，让儿女镌刻在心，永记不忘。老人的辛苦并没有白费，在他的教育下，子女们都已经长大成人，为老人赢得了无上的荣光。他的儿女——受人尊敬的××先生已经成为名振一方的成功人士。现如今老寿星一家四世同堂，正可谓儿子孝，儿媳能，女儿贤，女婿强。就连在校学习的孙子、孙女、外孙、外孙女们也是聪明伶俐，成绩优异，捷报频传，真是后继有人。

让我们一起恭祝老寿星，福如东海，日月昌明。松鹤长春，春秋不老。古稀重新，欢乐远长。同时也祝愿在场的每一位来宾都幸福安康！最后祝各位来宾万事如意，心想事成，让我们共同度过这美好的时光。

谢谢大家！

★★★

范例2：来宾代表在老寿星百岁生日庆典上致辞

【致辞人】来宾代表

【场　景】老寿星百岁生日庆典

【时　机】在庆典开始时致辞

【风　格】慷慨激昂

【关键词】祝福　百年风云　延年益寿　兴旺　百岁殿堂

【妙　语】秋色染大地，亲情暖如春；南山欣作颂，东海喜开樽。和睦家庭百事顺，善良老人福寿长。五代同堂，百岁寿星不老。

尊敬的××夫人、尊敬的××家族、各位来宾：

大家中午好！

秋色染大地，亲情暖如春；

南山欣作颂，东海喜开樽。

受××朋友的委托，代表全体来宾，在××夫人百岁庆典之际，向百岁寿星××夫人祝福，向××家族致以热烈祝贺。

百岁寿星××夫人的一生，经历了推翻清王朝的封建统治、推翻三座大山的压迫和人民当家作主的百年风云；见证了辛亥革命、抗日战争、解放战争、中华人民共和国的成立和改革开放的世纪春秋；亲历了相夫教子、儿孙满堂和后代学有所长××家族的兴旺。

××夫人生活俭朴，为人善良，勤俭持家，帮亲济友，街坊邻里皆称颂，至爱亲朋赞慈祥；××夫人重德行、讲仁义、有智慧，胸怀豁达，开心无限，这必延年益寿；百善孝为先，××家族各个贤惠，真是和睦家庭百事顺，善良老人福寿长。

××家族、各位来宾，××夫人长孙××先生的朋友在此前经常与其说起为老人庆贺百岁华诞，今日喜事成真，这不仅是××家族的想法，也是来宾的心愿。××夫人让人羡慕，××家族让人羡慕！

我曾经问过百岁老人：您作为一位百岁老人，现在感到最轻松的是什么？老人想了想说：没有同龄人带来的就业压力和攀比。我想此时此刻××夫人有同样的轻松，这是一般人所不能及的轻松。

喜今日××夫人百岁华诞，这才是花甲又添四十岁月，古稀更添三十春秋。让我们金樽情满怀，喜庆升华堂，开怀且畅饮，共享天伦乐。祝在座的各位沾沾××夫人的喜气，身体健康、万事顺达，都能和××夫人一样步入人生的百岁殿堂。

最后，送给××夫人和今日庆典一副对联：

五代同堂　百岁寿星不老

蓬荜生辉　亲朋好友吉祥

让我们用掌声祝福××夫人幸福安康！

第 9 章 登科庆典贺词

古人云，人生有四大喜事，“金榜题名”是四大喜事之一。对于读书应考的学子来说，金榜题名或许比其他三喜更加让人欣喜。金榜题名后的人们得意到什么程度？看看近五十岁才中了进士的孟郊的那首名诗便知：“昔日龌龊不足夸，今朝放荡思无涯，春风得意马蹄疾，一日看尽长安花。”

今天，当学子考上理想的学府的时候，常常会摆设喜宴，这种习俗古已有之。在古代，为了笼络天下士人通过科举考试踏上仕途为统治者效劳，古代科举制度还组织顺利通过科举考试的士子参加由官方、朝廷主办的盛大庆祝宴会，以示恩典，这就是我国古代著名的科举四宴。由于科举制度自唐代以来，分设文武两科，故四宴中鹿鸣宴、琼林宴为文科宴，鹰扬宴、会武宴为武科宴。盛大的宴会有时会引起皇帝的关注，也会在紫云楼垂帘观看。当时宴会盛行，由此产生了一个专门包办宴会的组织，叫作“进士团”，“进士团”为新中进士举办宴席办出了经验，一年的没有办完，第二年的已经在准备之中。五代王定保《唐摭言·散序》记载，“进士团”的宴会，“四海之内，水陆之珍，靡不毕备”。

亲情、友情、师生情，情情相连。中国最注重一个情字，这是我们中华民族互敬互爱的传统美德，是一种爱的传承，更寄予着一颗感恩的心。

现在，中、高考结束后，经过一段时间焦急的等待，考生何去何从，终会尘埃落定。当录取通知书陆续到达考生手中时，各种庆祝活动也开始上演了。金榜题名，是莘莘学子梦寐以求的结果，也是家长们最欣慰最自豪的事情。为了表达自己高兴的心情，请亲朋好友欢庆一番是人之常情。作为被邀请的客人，赴宴时可以携带鲜花、对联、香槟、学习用品等作为礼物，当然也要事先准备好恭喜学子升学的贺词。

一、来宾致升学贺词

升学庆祝宴会上，来宾致贺词的主旨一是庆祝，二是祝愿。如果是学子的长辈致贺词，可以谈谈学子成长过程中的有趣往事，最后从一个长辈的角度，对学子提出希望、忠告或谈一些经验。如果是学子父母的朋友致辞，可以谈谈自己看见的父母培养孩子的辛苦，不仅要向学子表示祝贺，更要向学子的父母表达恭喜之情。

★★★

范例1：来宾代表在朋友女儿升学庆典上致辞

【致辞人】来宾代表

【场　景】朋友女儿升学庆典

【时　机】在升学宴开始时致辞

【风　格】慷慨激昂

【关键词】欢聚一堂　祝贺　祝愿　一帆风顺　美好未来　生活幸福

【妙　语】金风传喜讯，丹桂颂华章！秀外慧中、活泼向上。今天迎来好日子，明天生活更美好。

……………………………………………………………………

尊敬的各位老师，各位来宾，各位亲朋好友：

大家好！

金风传喜讯，丹桂颂华章！

今天，我们欢聚一堂，共庆××先生与××女士的爱女××同学金榜题名，我作为××先生的老朋友、好兄弟，心情也格外高兴。在这里，我受××先生的托请，也是代表大家讲三句话，算是宴席开席的致辞，不到之处请大家再分别补充表达！

我讲的第一句话是祝贺。××同学秀外慧中、活泼向上，这次成功通过高考，升上大学，不仅为自己争了气，为家庭争了光，也为我们这些人的子女树了榜样，我们为她感到高兴，为她感到自豪！我们向她表示热烈的祝贺，祝贺你，××同学！

同时，在这里我也代表××先生全家，向多年来为××的进步向上给予谆谆教诲的她的所有任教老师，为××的健康成长给予关心帮助的所有亲朋好友表示敬意和感谢，谢谢你们！

我讲的第二句话是祝愿。在××同学即将跨入大学校门，翻开她人生崭新一页的时候，我们真诚祝愿她：在新的学习生活中，在新的人生旅程上，遇事像这次高考一样顺利、吉祥，一帆风顺、步步登高，学业辉煌、前程似锦！拥有更加美好灿烂的未来！

我讲的第三句话是祝福。祝福××先生全家生活幸福，××考上大学是喜事才开头，今天迎来好日子，明天生活更美好！

最后，我提请大家斟满酒、举起杯，一起为××同学喝彩，为××同学干杯！

范例 2：来宾代表在朋友女儿升学庆典上致辞

【致辞人】来宾代表
【场　景】朋友女儿升学庆典
【时　机】在升学庆典开始时致辞
【风　格】热情洋溢
【关键词】欢聚一堂　欢迎　感谢　聪明伶俐　祝贺　智慧　努力
【妙　语】高考是人生的一个重要转折，步入大学是人生的一个崭新开始。在未来的人生旅程上，遇事同样能够像这次高考一样一帆风顺、吉祥如意。

尊敬的各位老师、各位来宾、各位亲朋好友：

大家好！

今天，我们欢聚一堂，共庆××先生与××女士的爱女××同学金榜题名。在这里，我受××先生的托请，首先代表他们全家对大家的如约光临表示最热烈的欢迎；同时，还要借此机会，代表他们全家，向多年来为××同学的进步向上给予谆谆教诲的她的所有任教老师，为××同学的健康成长给予关心帮助的所有亲朋好友表示最诚挚的敬意与感谢，谢谢你们！

作为××同学的长辈，我了解到，这个小孩从小就显得聪明伶俐、有礼貌，学习上一直肯动脑筋、自强不息，因此，这次她能顺利考入大学，完全在我的意料之中。在这里，我只想说，我为她高考成功感到由衷的高兴，我要向她表达我最真诚的祝贺，××同学，祝贺你！

高考是人生的一个重要转折，步入大学是人生的一个崭新开始。在这里，我还要祝福××同学在即将开始的大学生活中，在未来的人生旅程上，遇事同样能够像这次高考一样一帆风顺、吉祥如意。我相信，凭着她的智慧与努力，她的明天一定会更好！

最后，我提请大家斟满酒，举起杯，共同为××同学金榜题名喝彩、干杯！

范例3：来宾代表在朋友儿子升学庆典上致辞

【致辞人】来宾代表
【场　景】朋友儿子升学庆典
【时　机】在升学宴开始时致辞
【风　格】慷慨激昂
【关键词】欢聚一堂　升学　潜龙腾渊　智慧　努力
【妙　语】江腾波浪绘美景，船挂云帆展宏图。在未来的人生旅程上，如河出伏流，一泻汪洋。人生得意须尽欢，莫使金樽空对月。

尊敬的各位老师、各位来宾、各位亲朋好友：

大家好！

江腾波浪绘美景，船挂云帆展宏图！今天，我们欢聚一堂，共庆××先生与××女士的儿子××同学金榜题名。在这里，我受××先生的托请，首先代表他们全家对大家的如约光临表示热烈欢迎和衷心感谢！同时，也借此机会代表他们全家，向多年来，为××同学的进步向上给予谆谆教诲的他的所有任教老师，为××同学的健康成长给予关心帮助的所有亲朋好友，表示由衷敬意与诚挚感谢！谢谢你们！

我觉得，今天（9月1日），是一个特别的日子，因为9月1日在咱们中国已经成为一个与升学、开学、上学密切关联的文化符号。今天还是一个喜庆的日子，因为从9月份开始，凡是接到高校录取通知书的学子将陆续迈入他们崭新的大学生活。因此，我觉得，××先生与××女士选择今天为小孩举办升学喜宴，不仅创意巧妙，而且寓意深远！在这里，我不仅要向××先生与××女士表达我的恭喜与敬意，最重要的是，我要借此机会向××同学表达我最热烈的祝贺与最真诚的祝福：祝贺他——这次成功通过高考，顺利考入大学；祝福他——在即将开始的大学生活中，在未来的人生旅程上，如河出伏流，一泻汪洋。如潜龙腾渊、鳞爪飞扬，凭着自己的智慧与努力，创造出更加美好灿烂的明天！

道不尽的感谢，表不完的心意！李白诗云：人生得意须尽欢，莫使金樽空对月。还有，烹羊宰牛且为乐，会须一饮三百杯！现在，我提请大家斟满酒、举起杯，为××同学金榜题名喝彩、干杯！

★★★

范例4：来宾代表在朋友女儿升学庆典上致辞

【致辞人】来宾代表

【场　景】朋友女儿升学庆典

【时　机】在升学宴开始时致辞

【风　格】温馨祝愿

【关键词】欢聚一堂　金榜题名　人生旅途　光辉　提高自己

【妙　语】在这个满怀喜悦，收获成功的季节。光辉和灿烂正在招手，鲜花和荣誉就在脚下。带着甜美，带着微笑，带着真诚，带着祝福。

各位来宾、各位亲朋：

大家晚上好！

初秋时节，金风送爽。在这个满怀喜悦，收获成功的季节，我们怀着同一个心情欢聚一堂，共同庆祝××荣登科第，金榜题名。

站在这里，我很荣幸，也很激动。十载寒窗苦读，今天对××可说是春华秋实，硕果累累。一分耕耘，一分收获。在人生旅途上，××已通过自己的努力迈出了她扎实的第一步。光辉和灿烂正在招手，鲜花和荣誉就在脚下。我们相信××能以大学的生活为起点，珍惜宝贵的四年时光，磨砺自己、充实自己、提高自己！我们相信××一定会承载着理想，翱翔在人生天地间，用优异的成绩回报父母，回报家人，回报亲朋，成为一个自尊、自爱、自立、自强的好姑娘！

带着甜美，带着微笑，带着真诚，带着祝福，让我们再次祝愿××学习进步，明天更美好！

在此，也祝愿所有的来宾朋友合家欢乐，幸福安康，事业进步，万事顺达！

谢谢大家！

★★★

范例5：来宾代表在朋友女儿升学庆典上致辞

【致辞人】来宾代表
【场　景】朋友女儿升学庆典
【时　机】在升学宴开始时致辞
【风　格】慷慨激昂
【关键词】收获 欢聚一堂 金榜题名　寒窗苦读 祝贺 心想事成 学业有成
【妙　语】八月，是收获的季节；八月，更是充满喜气的季节。金榜题名，荣登科第。父爱如山，母爱如海。一分耕耘，一分收获。数载寒窗苦读，今朝鲤跃龙门。

尊敬的各位来宾、各位亲友：

大家好！

八月，是收获的季节；八月，更是充满喜气的季节。在这个美好的季节里，我们欢聚一堂，共同庆祝××先生、××女士的爱女××同学金榜题名，荣登科第。十年寒窗终有报，春风得意马蹄疾。××同学经过十年寒窗苦读，努力拼搏，终于以优异的成绩考入××大学。首先让我们大家以热烈的掌声向××同学表示祝贺！

父爱如山，母爱如海。××同学能取得今天的成绩，离不开老师的苦心栽培和自己的努力拼搏，更离不开父母多年来的精心哺育和培养，离不开爸爸妈妈的谆谆教导与关心。他们夫妇能培育出这样出色的女儿，既是他们的骄傲，也是我们的榜样。在此，让我们大家把最好的祝福送给他们，祝他们身体健康，事业成功，心想事成！

一分耕耘，一分收获。数载寒窗苦读，今朝鲤跃龙门。小树已经长大，小鸟就要离开爸妈的怀抱。今天，是一个吉祥的日子，此时，更是一个醉人的时刻。让我们把最良好的祝愿送给××同学，祝她在新的求学路上，一帆风顺，学业有成！也祝愿在座各位亲朋好友、各位来宾家庭幸福，和谐美满，身体安康，事业有成！

谢谢大家！

★★★

范例6：来宾代表在朋友女儿升学庆典上致辞

【致辞人】来宾代表

【场　景】朋友女儿升学庆典

【时　机】在升学宴开始时致辞

【风　格】慷慨激昂

【关键词】升学喜宴　喜悦　寒窗三载　祝贺　成功　社会栋梁

【妙　语】大鹏一日同风起，扶摇直上九万里。珍惜时光，自强不息。明确人生方向，提高个人修养，努力积累知识，早成社会栋梁。人为情而聚，酒为情而喝。

尊敬的各位来宾、各位朋友：

大家晚上好！

能参加××同学的升学喜宴，分享一份成功的喜悦，感受浓浓的情谊，我感到非常高兴，非常荣幸。此时此刻我想说三句话。

第一句话，××同学，寒窗三载，终于考入自己的理想大学，这是××的荣光，也是××夫妇的骄傲，更是在座每一位的自豪。大鹏一日同风起，扶摇直上九万里。让我们共同为××的高考成功表示热烈的祝贺！

第二句话，在人的一生里，高考成功仅仅是一个阶段性的成功。在中华文化里，大学的真正之道在明明德，在亲民，在止于至善。朱子曾说：读书志在圣贤，为官心存君国。希望××在大学四年里，珍惜时光，自强不息。敬天爱人，厚德载物。希望××在大学四年里，明确人生方向，提高个人修养，努力积累知识，早成社会栋梁！

第三句话，人为情而聚，酒为情而喝。真挚的情谊总是让人感动，精彩的瞬间总是让人怀想。在亲情、友情洋溢的时刻，让我们共同祝愿：友谊天长地久！

谢谢大家！

★★★

范例7：来宾代表在朋友女儿升学庆典上致辞

【致辞人】来宾代表

【场　景】朋友女儿升学庆典

【时　机】在庆典开始时致辞

【风　格】温馨祝福

【关键词】欢聚一堂　祝福　回报社会　对酒当歌

【妙　语】人生的一次成功跨越，未来的一次幸福开启。大学是思想的策源地，是文化的发祥地，是人才的集聚地，是知识的创新平台，是人生的发展高地。

尊敬的各位老师、各位来宾、各位亲朋好友：

大家中午好！

今天我们欢聚一堂，共同见证一位漂亮女孩人生的一次成功跨越，未来的一次幸福开启，作为××先生的同事，我高兴，更为他们祝福！

大学是思想的策源地，是文化的发祥地，是人才的集聚地，是知识的创新平台，是人生的发展高地。××同学通过自己的十年苦读，十年耕耘，终于收获了人生旅途中第一次喝彩。我们相信她一定会带着我们真诚的祝福，带着我们美好的期待，以百倍的努力历练自己、提高自己，从而用优异的成绩回报父母、回报老师、回报社会。

古人云“对酒当歌”，在这样一个特别的日子，我作了两首小诗，一则为××同学庆贺，一则为在座各位祝福！

《××升学宴二题》

其一：

数载寒窗写春秋，露白霜风一倚楼。

晶天不负凌云志，万里晴空竞风流。

其二：

陌路轻尘拂晓天，万家灯火照无眠。

晶波绰约月下影，露白风轻玉阶前。

谢谢大家！

★★★

范例8：在同学升学庆典上致辞

【致辞人】同学

【场　景】××升学庆典

【时　机】在宴会开始时致辞

【风　格】语言绚丽

【关键词】恩师 身影 足迹 舐犊情深 感恩 增长学识 新天地

【妙　语】一时一刻，不忘哺育之责。一举一动，不忘关爱之心。数载寒窗终有报，春风得意马蹄疾。笑傲风雨，勇往直前，走出一方人生的新天地。

各位好友：

今天，有恩师就于高座。三尺讲台上，留下了你们敬业的身影和耕耘的足迹。师者，传道，授业，解惑也；师者，启迪心智铺就坦途也；师者，燃烧自己播撒光明也。老师，让我们把感谢送给你们！

今天，有父母亲朋同座。舐犊情深，一时一刻，不忘哺育之责；爱女情深，一举一动，不忘关爱之心。慈母手中线，游子身上衣。临行密密缝，意恐迟迟归。谁言寸草心，报得三春晖。父母长者，让我们把感恩送给你们！

今天，更有我们青春美丽的主角人物——××在场。仿佛就在昨天，荧荧灯盏伴你苦读；仿佛就在昨天，谆谆教诲伴你成长。数载寒窗终有报，春风得意马蹄疾。让我们把祝福送给你！愿你在象牙塔内，增长学识，丰富阅历；愿你在求学路上，笑傲风雨，勇往直前，走出一方人生的新天地！

在座的朋友们，让我们共同举杯，庆祝我们共同的努力和成功！

二、父母致升学贺词

学子的父母致辞，要包含以下三方面内容：

第一，对孩子表示祝贺。即使你们是平时比较严格的父母，很少当众夸奖孩子，在此时，你们也不能吝啬赞美的话语，因为这一天是孩子最光荣的日子。

第二，感谢亲朋好友多年来对孩子的关心和帮助。孩子的成功离不开父母的培养，更离不开亲朋好友、老师的关爱和帮助，而孩子取得成绩的这一刻正是答谢众人的最好机会。

第三，感谢来宾赴宴，表明：如果宴会有招待不周之处，希望来宾包涵原谅。

★★★

范例1：父亲在女儿升学宴上致辞

【致辞人】父亲
【场　景】女儿升学庆典
【时　机】在宴会开始时致辞
【风　格】殷切祝福
【关键词】升学之喜 感谢 美好的记忆 高兴 成绩 一路高歌 万事如意
【妙　语】今夜秋风送爽，细雨绵绵。雄关漫道真如铁，而今迈步从头越。三杯薄酒酬亲友，一席淡菜宴嘉宾。

各位领导，各位来宾，各位亲朋好友：

大家晚上好！

今夜秋风送爽，细雨绵绵，我们欢聚一堂，来共同庆祝小女××升学之喜。各位的光临，使宴会更添光彩，气氛更加热烈，也使我们多了一份珍贵、美好的记忆。借此机会，我谨代表我们全家，向各位致以衷心的感谢！

作为父亲，我为女儿实现自己的梦想感到无比激动和高兴。女儿能够取得今天的成绩，和在座各位的关心、爱护是分不开的，在此，我郑重地说声：谢谢你们！

雄关漫道真如铁，而今迈步从头越。女儿的进步让我感到自豪和骄傲。金榜题名也只是她人生旅途步入社会前所踏出的第一步，希望她在今后的日子里百尺竿头，更进一步，学业有成，一路高歌。

三杯薄酒酬亲友，一席淡菜宴嘉宾。各位领导、各位来宾、各位亲朋好友一直关注、支持、帮助着我们，你们是我们最尊重的人。今晚，谨以薄酒淡菜表达我们感恩的心，万望大家多吃几口，多饮几杯。

最后，我衷心地祝愿大家合家幸福！事业兴旺！万事如意！

再次谢谢大家！

★★★

范例2：父亲在儿子升学宴上致辞

【致辞人】父亲

【场　景】儿子升学庆典

【时　机】在宴会开始时致辞

【风　格】满怀期望

【关键词】欢迎 感谢 高兴 关心 鼓励 帮助 辛劳

【妙　语】感到高兴和自豪。离不开各位长辈、各位亲朋好友对他的关心和鼓励。我们取得的每一点成绩都凝聚着您的辛劳。

尊敬的各位亲朋好友：

大家中午好！

首先，我代表我们全家对各位亲朋好友和各位同学能在百忙之中抽空参加我儿子的升学宴会，表示最热烈的欢迎和最衷心的感谢！（鞠躬）

儿子通过十二年求学苦读，考入了自己比较满意的××大学，圆了自己的大学梦，我对儿子取得的优异成绩感到高兴和自豪。

孩子能取得今天的成绩，除了他自身的努力和学校老师的教育外，离不开各位长辈、各位亲朋好友对他的关心和鼓励。

感谢所有的亲朋好友和孩子的同学们，感谢你们对我们全家的支持，感谢你们在孩子的成长过程中给予的帮助。（鞠躬）

感谢我们全家人对孩子的关注与照顾。特别是孩子的外婆，在孩子成长的过程中的默默付出和对我们夫妻工作的支持，我们取得的每一点成绩都凝聚着您的辛劳。谢谢你们！（鞠躬）

最后祝愿大家身体健康，万事如意！

谢谢大家！

★★★

范例3：父亲在儿子升学宴上致辞

【致辞人】父亲

【场　景】儿子升学宴庆典

【时　机】在宴会开始时致辞

【风　格】言语清晰

【关键词】关注 付出 欢笑 激动 欣慰 如愿以偿 感激不尽 学业有成

【妙　语】我为他无怨无悔地付出，其间有过欢笑，也有过眼泪，有过抱怨，也有过幸福。你们的每一份恩情，我们都铭记在心，你们的每一份关爱，我们都感激不尽。

尊敬的各位亲朋好友，各位老师：

大家中午好！

从儿子出生那一天开始，我就每天关注他的成长，关注他的学习。十八年过去了，在他成长的十八年里，我为他操心，为他无怨无悔地付出，其间有过欢笑，也有过眼泪，有过抱怨，也有过幸福。直到高考成绩公布，我再也无法掩饰内心的激动，无论过去付出过多少，我认为一切都是值得的。儿子成年了，他考上了理想的大学，有什么比这还要令天下父母感到欣慰的呢？今天，我特意借儿子升学的机会，举办宴席，其实我更多的是想表达谢意。

首先，我代表我们全家，对各位亲友的光临，表示最热烈的欢迎和最诚挚的谢意！

然后，我还感谢我的父母、我的岳父岳母、我的兄弟姐妹，这么多年来，是你们的关爱、支持和帮助，使我们如愿以偿！大家的每一份关心和期待，都是我们的动力，我们一直在努力！

其次，我还要感谢我的领导与同事，感谢我的单位。是单位给我提供了宝贵的机会，让我有个宽广的舞台大展拳脚，是领导与同事们在工作中给予我大量的关心与照顾，让我的工作无忧、生活无忧。你们的每一份恩情，我们都铭记在心，你们的每一份关爱，我们都感激不尽。

最后，我要特别感谢儿子的老师与同学们。从幼儿园开始，我的儿子就一直受到老师的诸多照顾，学习上给予了帮助，最重要的是，我们做父母的很忙，有时候忽略了孩子的教育，但是因为有了这群老师，教导我的儿子读书，做人。现在，我的儿子不仅学习成绩好，而且还心地善良，乐于帮助他人，这一点是我们最愿意看到的，真诚地感谢你们。还有儿子的朋友们，你们在他孤单的时候陪伴他，在他失落的时候鼓励他，这份友谊，我们将永远珍藏，祝愿你们学业有成。

还有太多太多要感谢的人，我已经无法用语言来一一表达。今天的升学宴会，只是薄酒素菜，但是，其中却蕴含了我们全家的真挚情感。哪怕是几杯水酒几碟小菜，也会成为美酒佳肴，供大家来回味过去的美好时光，来品味今天的幸福与快乐，来畅谈未来的愿望与理想。请大家不要客气，尽情享用。

最后，让我们大家共同举杯，为我儿子的升学干杯，为各位亲友幸福快乐的明天干杯！

范例4：父亲在女儿升学宴上致辞

【致辞人】父亲

【场　景】女儿升学宴庆典

【时　机】在宴会开始时致辞

【风　格】殷切希望

【关键词】欢迎 感谢 激动 高兴 自豪 骄傲 殷切希望

【妙　语】是和在座亲友的鼎力相助分不开的。一如既往地支持我的女儿以及我们全家。金榜题名也只是她人生旅途步入社会前所踏出的第一步，希望女儿在今后的日子里百尺竿头，更进一步。

尊敬的各位来宾、各位亲朋好友：

首先我代表全家向光临宴会的各位来宾及亲友们表示热烈的欢迎和衷心的感谢！

我的女儿考入了××大学××学院，作为父亲我为女儿实现了自己的梦想而无比激动和高兴。女儿能够取得今天的成绩，是和在座亲友的鼎力相助分不开的，所以我还要郑重地说声“谢谢你们”，同时希望你们在以后的岁月里一如既往地支持我的女儿以及我们全家。

女儿的进步让我感到自豪和骄傲。金榜题名也只是她人生旅途步入社会前所踏出的第一步，希望女儿在今后的日子里百尺竿头，更进一步，学业有成，回报社会，不辜负亲朋好友对她的殷切希望。

最后我再次向多年来关心、帮助我们全家的来宾和亲友表示衷心的感谢，并祝你们家庭幸福，身体健康，事事如愿，万事通达。薄酒素菜不成敬意，希望大家能开怀畅饮，共同度过一段美好的时光。

谢谢大家！

范例5：父亲在儿子升学宴上致辞

【致辞人】父亲
【场　景】儿子升学宴庆典
【时　机】在宴会开始时致辞
【风　格】慷慨激昂
【关键词】欢聚一堂　幸福　诞生　家庭　亲情　转折　精彩
【妙　语】含辛茹苦的希望之旅。老天赐予我儿聪慧，是做父母的福气。人生道路才刚刚开始，未来还需要你自己去创造。

各位亲朋好友：

大家好！

今日有幸幼子高考上榜，而能和大家在此欢聚一堂！这是我们全家的幸福，也是各位亲朋好友的幸福！

通常，我们说："孩子是世界的未来！"可我要说，孩子首先是一个家庭的希望和未来！孩子含辛茹苦的求学历程，其实也是我们作为父母含辛茹苦的希望之旅！

在座有作为爸爸妈妈的，有作为孩子的，都能体会一个家庭凝聚力的诞生正是从一个孩子的诞生开始的，老天赐予我儿聪慧，是做父母的福气。作为父母，我们从不懈怠孩子的人生！所以我们起早贪黑，以身作则，为孩子做出榜样！我们努力工作，乐观生活，为孩子创造一个舒适的环境！孩子的每个进步成为父母最骄傲的事！孩子的每个挫折也深深地刺痛着父母的心！孩子凝聚着我们的家庭和亲情。

有幸，孩子在学习中成长，在挫折中进步，如今迎来了人生的一个转折！

我为我儿骄傲，从乳臭未干成长为大学学子！像一个大人了！但是我也要在此告诫我儿，你自己的人生道路才刚刚开始，未来还需要你自己去创造！你要戒骄戒躁，继续努力，走出一条真正属于自己的精彩人生道路！从大学开始，你就离开父母开始独自飞翔的生活了，我相信你会做得更好，飞得更高，超越你的父母！

在此，代表我儿，我的家庭，感谢一直以来关心支持我们的每一位亲朋好友和师长！在座的和没有到席的，你们都是我们生命里最值得尊敬的人！

谢谢你们！谢谢！

★★★

范例6：父亲在女儿升学宴上致辞

【致辞人】父亲

【场　景】女儿升学宴庆典

【时　机】在宴会开始时致辞

【风　格】慷慨激昂

【关键词】欢迎 感谢 良宵 成绩 鼎力相助 一路高歌 万事通达

【妙　语】芳林新叶催陈叶，流水前波让后波。百尺竿头，更进一步，学业有成，一路高歌。

尊敬的各位来宾和亲友们：

你们好！

首先让我代表全家向光临宴会的各位来宾及亲友们表示热烈的欢迎和衷心的感谢！

作为父亲，我为女儿实现了自己的梦想而无比激动和高兴。所以我今天宴请各位，请各位来分享我们全家的幸福与快乐。希望大家能开怀畅饮，共同度过一个良宵。

女儿能够取得今天的成绩，是和她的恩师的谆谆教诲，在座亲友的鼎力相助分不开的，所以我还要郑重地说声“谢谢你们！”

芳林新叶催陈叶，流水前波让后波。女儿的进步让我感到自豪和骄傲，金榜题名也只是她人生旅途步入社会前所踏出的第一步，希望她在今后的日子里百尺竿头，更进一步，学业有成，一路高歌。

最后让我再次向多年来关心和帮助我们的来宾和亲友表示衷心的感谢，并祝福你们家庭幸福，身体健康，事事如意，万事通达！

同时也衷心感谢为庆典忙碌的主持人、琴师、歌手、摄影师和××酒店的工作人员！

★★★

范例7：父亲在女儿升学宴上致辞

【致辞人】父亲

【场　景】女儿升学宴庆典

【时　机】在宴会开始时致辞

【风　格】逻辑清晰

【关键词】欢迎 感谢 健康 意义 出类拔萃 成功 辉煌

【妙　语】祝愿你们家庭幸福，万事亨通，祝愿在座风华正茂意气风发的学子们百尺竿头，更进一步。

各位亲朋好友：

大家中午好！欢迎你们在百忙之中抽出时间来参加我女儿的升学宴会，在这里的都是我们×氏家族的亲属、挚友和孩子的同学，我们一家感到万分的激动和高兴。感谢多年以来你们对我们一家的支持和帮助。

孩子从出生到现在，一直都是健健康康的。孩子健康，这是我们做父母的第一件高兴的事情——没有健康的身体，做什么事情都无意义。

孩子从出生到现在，除了父母的培育以外，还离不开在座亲朋好友的关怀和帮助，所以孩子一直都是在快乐幸福的光环下长大的。孩子快乐成长，这是我们做父母的第二件高兴的事情——没有快乐，一个人的世界将会多么暗淡。

孩子从小学到初中，又从初中到高中，虽然不是那么出类拔萃，但是我们的女儿很努力，一直不放弃，今天终于如愿以偿地考入了自己理想的大学，实现了自己的梦想。孩子取得了学业上的成功，这是我们做父母的第三件高兴的事情。

在这里我不是表白自己，而是衷心地希望在座的每一位，你们的孩子健康、快乐、成功。祝愿你们的孩子在以后的高考当中金榜题名，考上理想的大学。祝愿你们家庭幸福、万事亨通，祝愿在座风华正茂、意气风发的学子们百尺竿头，更进一步，谱写明天的辉煌。

希望大家在这里开怀畅饮，酒薄些，情在；菜素些，谊在。最后我们一家三口给大家行礼了。

谢谢!

★★★

范例8：母亲在女儿升学宴上致辞

【致辞人】母亲

【场　景】女儿升学宴庆典

【时　机】在宴会开始时致辞

【风　格】殷切祝福

【关键词】欢聚一堂 成绩 起点 扬帆远航 感谢

【妙　语】把它作为新的起点，整装待发，扬帆远航。不管你走多远，不管你飞多高。在以后的学习生涯中能够继续努力，好好地学习，快乐地生活。

各位领导、各位来宾、亲朋好友们：

大家中午好!

很感动大家冒着酷暑来到这里欢聚一堂，共庆小女××的升学之喜，为此我代表我们全家向各位的到来表示热烈的欢迎，并致以衷心的感谢!

多年以来，由于各位领导、师长以及亲朋好友们给予我们小家庭的热情的关心、支持和帮助，我们才得以取得这样一点点成绩，今后我们会把它作为新的起点，整装待发，扬帆远航。当然也拜托各位能一如既往地关心我们、支持我们、帮助我们。

同时，我还要感谢一个我生命中最重要，我最想感谢的人，正是因为她让我们体会到为人父母的艰辛与不易，让我们痛并快乐着，她就是我聪明可爱、乖巧懂事的女儿。我还要感谢她为了实现我们家庭的目标以及达成她个人的愿望，十几年来所付出的辛苦与努力。我想要跟女儿说：女儿，不管你走多远，不管你飞多高，你永远都是妈妈心头最牵挂的宝贝。我希望你在以后的学习生涯中能够继续努力，好好地学习，快乐地生活，以取得更好更优异的成绩，努力使自己成为一个优秀的人从而来回报社会，回报大家！

最后，我要把我们心底最美好最诚挚的祝愿送给各位，祝愿你们在以后的日子里：

事业顺风顺水！

爱情甜蜜浪漫！

家庭幸福美满！

老人寿比南山！

孩子健康长大！

略备薄酒，各位请慢用！愿你们开心快乐地度过每一天！

★★★

范例9：父亲在儿子升学宴上致辞

【致辞人】父亲

【场　景】儿子升学宴庆典

【时　机】在宴会开始时致辞

【风　格】自豪激动

【关键词】欢迎　感谢　骄傲　梦寐以求　幸福　开怀畅饮　栽培　一路高歌

【妙　语】芳林新叶催陈叶，流水前波让后波。金榜题名也只是他人生旅途步入社会前所踏出的第一步，也是一个起点。百尺竿头，更进一步，学业有成，一路高歌。

尊敬的各位来宾、各位亲友：

大家中午好！

首先，请允许我代表全家，向百忙中抽空光临今天宴会的各位来宾及亲友们表示热烈的欢迎和衷心的感谢！

作为一个父亲，儿子能以优异的成绩被优先录取，我感到很骄傲。儿子能以国家一级运动员的身份由××大学自主招生，并以同类考试第一名的成绩考入××大学更是让我感到很激动，我为他而高兴、为他而自豪。孩子能考上中国高等学府，实现了梦寐以求的理想，这不仅仅是我们一家的光荣，也是我们大家的荣耀与自豪。所以我今天宴请各位，请各位来分享我们全家的幸福与快乐。希望大家能开怀畅饮，共同度过美好的一天。

儿子能够取得好成绩，是与教育他的所有小学老师、中学老师和班主任老师，以及各级教练的谆谆教诲分不开的，是与在座亲友的鼎力相助分不开的，当然更与他本人付出的艰辛汗水分不开的，所以在此，我还要郑重地再次说声：谢谢你们的培养教育，谢谢大家对他的帮助与栽培。

芳林新叶催陈叶，流水前波让后波。儿子的进步让我感到自豪和骄傲。金榜题名也只是他人生旅途步入社会前所踏出的第一步，也是一个起点，希望他在今后的日子里百尺竿头，更进一步，学业有成，一路高歌。

最后让我再次向多年来关心和帮助我的领导、同事、朋友和亲人表示衷心的感谢，并祝福你们家庭幸福，万事如意，心想事成。

同时也感谢为庆典而忙碌的同事以及××大酒店的总经理和全体员工。

谢谢大家！

★★★

范例10：父亲在儿子升学宴上致辞

【致辞人】父亲

【场　景】儿子升学宴庆典

【时　机】在宴会开始时致辞

【风　格】热情洋溢

【关键词】欢聚一堂 感谢 梦想 永记心中 恩情 高兴

【妙　语】盛夏时节，阳光灿烂。考上大学，只不过是人生事业旅途刚刚迈出的第一步。盛情邀嘉宾，薄酒敬亲朋。

各位来宾：

大家好！

盛夏时节，阳光灿烂。在今天这样一个吉祥的日子里，我们在××欢聚一堂，共同祝贺我儿保送××大学。在此，我们全家对各位亲朋好友的光临表示最热烈的欢迎和最衷心的感谢！

今年，我的儿子能够以优秀的成绩被保送到自己心仪的大学，实现自己的梦想，源自他一直保持着清新纯洁和好学上进，更源自各位亲朋好友的关心、关爱和关照，我们全家会对所有的亲情，所有的友情，所有的关心和帮助，所有的鼓励与期待都念念不忘，永记心中！

考上大学，只不过是人生事业旅途刚刚迈出的第一步。我们希望我儿进入××大学以后能够充分利用××的优质资源，并通过自己的努力，以更加优异的成绩来报答各位亲朋好友的恩情。同时，我们也祝愿并相信他，一定会有一个更加美好的明天！

盛情邀嘉宾，薄酒敬亲朋。虽然我们备的是粗茶淡饭，但我们的谢意是真诚的，希望各位亲朋好友吃得开心，饮得高兴，喝得痛快！

最后，我们全家衷心地祝愿各位亲朋好友身体健康，合家幸福，工作顺利，万事顺意！

★★★

范例11：母亲在儿子升学宴上致辞

【致辞人】母亲

【场　景】儿子升学宴庆典

【时　机】在宴会开始时致辞

【风　格】激情澎湃

【关键词】梦想　感谢　关爱　成功　回报社会　万事如意

【妙　语】是我的榜样，是我的骄傲，更是我动力的源泉。以优异的学习成绩来回报社会，回报家乡的父老乡亲，回报他所有的老师和同学。祝愿各位来宾合家欢乐，万事如意。

各位来宾：

大家好！

今天，我儿子终于如愿以偿地考上了中国最好的美术学院××，实现了他的梦想。此时此刻，我的心情非常激动，想说的话实在是太多，首先我想代表×氏家族说几句感谢的话。

首先我要感谢在座的亲朋好友和我的父老乡亲们，感谢你们二十年来对我们一家人的关爱和帮助。我还要感谢我和老公的同学们，感谢你们在百忙的工作中抽出时间来参加我儿子的升学宴，我的同学中大多数都取得了事业上的成功，他们都是我的榜样，是我的骄傲，更是我动力的源泉。

我更要感谢我儿子的所有的老师，感谢园丁们的辛勤培养。特别是我儿子的书法启蒙老师××和他的爱人××，没有他们就没有我儿子的今天，在此我应该特别感谢他们。××老师自己办学很忙，家里本来不招住宿生，我的儿子却成了他们家唯一的一个住宿生，他们待他就像自己的孩子一样，就这样孩子自然而然地成了我们两家的孩子。我想这份恩情××一辈子也不会忘记的，他到大学里也一定会更加勤奋刻苦地学习，以优异的学习成绩来回报社会，回报家乡的父老乡亲，回报他所有的老师和同学。

我还应该感谢一个人，那就是我儿子。我当年没有实现的愿望是我儿子替我实现了，这比我自己考上大学还要高兴。他永远是我今生最大的骄傲，他让我在吃苦受累时总有一种特殊的动力。

今天是××年××月××日，今天是个好日子，是个喜庆的日子。我和老公为了答谢各位来宾的厚爱，在××大酒店为儿子举办了升学宴，希望各位来宾在品尝美味佳肴的同时都能有一个好心情。

最后我衷心地祝愿各位来宾合家欢乐，万事如意！

★★★

范例12：父亲在女儿升学宴上致辞

【致辞人】父亲

【场　景】女儿升学宴庆典

【时　机】在宴会开始时致辞

【风　格】感激涕零

【关键词】激动　自豪　幸福　谆谆教诲　鼎力相助　念念不忘　厚爱

【妙　语】芳林新叶催陈叶，流水前波让后波。一家喜事千人喜，无限欣慰在心里。值此日丽风清、秋实累累的季节。

尊敬的各位领导、各位老师、各位至亲好友，××的同学们：

大家中午好！

今天是我的爱女××升学宴会的大好日子。此时，我的心情万分激动，也无比高兴，激动的是“芳林新叶催陈叶，流水前波让后波”，爱女××在走向成年的同时又金榜题名，以优异的成绩叩开了大学之门，成功地迈出了她人生旅途步入社会前的第一步，作为没有进过大学校门的父母，为女儿的进步感到自豪和骄傲。高兴的是“一家喜事千人喜，无限欣慰在心里”，在这花红柳绿，百蝶纷飞，瓜果飘香的季节里，各位领导、各位老师、各位至亲好友，在百忙之中抽出时间前来捧场，前来分享我们全家的幸福与快乐，非常感激，非常高兴。

我想对爱女××表示祝贺。衷心祝愿她年年有进步，岁岁有成就，前程远大，一路高歌，将来成为人类文明建设的栋梁之材。与此同时，我代表我们全家对前来捧场的各位领导、老师、亲朋好友表示最衷心的感谢！爱女××能够取得今天这样的成绩，与她的恩师的谆谆教诲、同窗的帮助和在座亲朋好友的鼎力相助是分不开的。

在此，非常感谢各位恩师对××的教诲，谢谢所有关心和帮助过××的老师、同学和亲朋好友。我们会对所有亲情，所有友情，所有关心和帮助，所有鼓励与期待都念念不忘。值此日丽风清、秋实累累的季节，我与妻子××宴请各位，以表谢意，我有千言万语，她有万语千言感谢各位对我们的厚爱。

我将千言万语化作一副对联送给大家：上联是：吃××美味不要伤胃，下联是：喝自备淡酒不要喝醉。横批是：吃饱喝好。

谢谢大家！

范例13：父亲在女儿升学宴上致辞

【致辞人】父亲
【场　景】女儿升学宴庆典
【时　机】在宴会开始时致辞
【风　格】慷慨激昂
【关键词】欢迎 心血 汗水 鼓励 感激之情 希望 祝愿
【妙　语】能尽快适应新的环境，调整心态，面对更强的对手，积极参与竞争，自信、自立、自强。长者健康长寿，中青年事业兴旺，年少者学习进步。

尊敬的各位老师，各位来宾：

大家好！

首先我代表全家对大家的到来表示最热烈的欢迎！小女××有幸拿到她心仪已久的大学的录取通知书，实现了自己的理想。这其中饱含着老师的心血和汗水，饱含着领导、同事的关怀和爱护，饱含着同学、亲朋的支持和帮助。今天你们又冒着高温酷暑在百忙之中抽出时间莅临升学喜宴，更是对小女的莫大鼓励。作为家长，除了感谢之外还是感谢，纵有千言万语，也难表达感激之情。

此时此刻，我想讲两个方面的意思：一是希望，二是祝愿。希望女儿进入大学以后，能尽快适应新的环境，调整心态，面对更强的对手，积极参与竞争，自信、自立、自强，以更好的成绩报答在座各位的厚爱。祝愿各位来宾，长者健康长寿，中青年事业兴旺，年少者学习进步。

最后对承办这次酒宴的××大酒店的领导和员工表示最衷心的感谢！

谢谢大家！

★★★

范例14：父亲在女儿升学宴上致辞

【致辞人】父亲

【场　景】女儿升学宴庆典

【时　机】在宴会开始时致辞

【风　格】真挚祝愿

【关键词】饯行 感谢 关照 爱护 欢庆时刻 学有所长 殷切期望

【妙　语】揭开人生新的一页。能够学有所成、学有所用、学有所长。既学好知识，掌握本领，又健全心智，陶冶情操。人，不是因为美丽才可爱，而是因为可爱才美丽。

……………………………………………………

各位来宾：

今天，在小女××即将跨入大学校门的时候，我们全家借××酒楼这方宝地，略备淡酒，一来是向各位老师、亲友、领导和同事表示感谢，二来是想替女儿进行学前饯行。

首先，衷心地感谢在座各位，感谢各位老师对××的教育，感谢各位亲友对我家的关照，感谢各位领导对本人的爱护，感谢各位同事对我的帮助，正因为有了大家，才有了我家今天这样的欢庆时刻，在此，我们衷心地向各位致以深深的谢意。

有目共睹，台上的××，并不是一个外表十分靓丽的女孩，我跟她妈妈戏称她是“三不女孩”：身材不高，皮肤不白，容貌不靓。但令人高兴的是，女儿自小就诚实、善良、乐观、聪明，而且勤奋，这次高考能够顺利通过，既得益于各位的关心帮助，同时也是她自身努力的结果。

再过两天，××就将跨入××大学的校门，揭开人生新的一页，此时此刻，作为父母，最想说的就是“祝福”二字，祝福××大学生活，能够健健康康、平平安安、快快乐乐；祝福××未来四年，能够学有所成、学有所用、学有所长。

同时，更祈盼××在今后的人生道路上，既学好知识，掌握本领，又健全心智，陶冶情操。希望她能以太阳般的热情对待生活，用水晶一样纯净的心来对待世间的人和事，不断锤炼和提升自己的内在美，以实际行动去印证“人，不是因为美丽才可爱，而是因为可爱才美丽”这样一句至理名言，做一个健康、快乐、美丽的人，做一个对社会、对亲人、对朋友都有用的人，不辜负在座各位对她的殷切期望。

最后，我们全家再一次深深地感谢大家！

★★★

范例15：父亲在女儿升学宴上致辞

【致辞人】父亲

【场　景】女儿升学宴庆典

【时　机】在宴会开始时致辞

【风　格】言语连贯 逻辑清晰

【关键词】欢聚一堂 教育 呵护 收获 学无止境 殷切 希望

【妙　语】十年寒窗苦，一日金榜名。十年树木，百年树人。上大学是人生的一大转折，是求学路上的又一里程碑。书山有路勤为径，学海无涯苦作舟。

尊敬的各位来宾：

大家中午好！

今天是我女儿××考取××大学的喜庆日子，作为父母倍加欣喜。承蒙在座各位来宾的抬举，欢聚一堂，前来祝贺，在此，我谨代表××的母亲对莅临喜宴的各位嘉宾、亲朋好友表示最热烈的欢迎，并致以最诚挚的谢意！

××的成长，得益于小学、初中、高中老师的精心培养和教育，得益于亲朋好友和社会各届人士的关爱和呵护，得益于自己的勤奋和刻苦，也得益于父母双亲的心血和汗水，因此，十年寒窗苦，一日金榜名。常言道：十年树木，百年树人。上大学是人生的一大转折，是求学路上的又一里程碑。书山有路勤为径，学海无涯苦作舟，靠拼搏，才能成功；靠勤奋，才有今天；靠奋斗，才能有收获！

天下父母心，人间儿女情。在女儿即将踏入××大学校门之际，我和你母亲只有一个共同的心愿：祝你在校刻苦攻读，学业有成；尊敬师长，团结学友；学无止境，成就人生。并希望你不辜负父母的殷切希望，不辜负亲朋好友的期望，不辜负老师对你的培养，用优异的成绩回报社会。用自己的努力占领人生的制高点。

最后用一首诗，聊表父母的祝贺之情：

天高鹏展翅，

海阔凭鱼跃，

书山唯勤奋，

学海自拼搏。

成就人生时，

忠心报祖国。

谢谢大家！

三、学子致答谢词

学子是整个庆祝活动的主角，学子的发言也是庆祝活动的高潮。在致辞过程中，一是"总结"，比较系统地回顾和总结自己十多年的成长历程，尤其是在学生和生活关键环节的得与失；二是"感恩"，感谢十多年来老师、家人、朋友的关心与支持，特别是在人生的重要阶段家人所给予的无私关怀与帮助；三是"励志"，总结过去的得失，明确今后的努力方向，在充分彰显个性的同时，激励自己向着更高的目标奋进。

★★★

范例1：学子本人在升学答谢宴上致辞

【致辞人】学子

【场　景】自己升学宴庆典

【时　机】在升学宴开始时致辞

【风　格】慷慨激昂

【关键词】升学宴　幸福　祝福　金榜题名　短暂　铭记一生　永

远珍惜

【妙　语】十几年的寒窗苦读，迎来的就是我这金榜题名的一刻。即将步入大学，可我不会就此停住脚步，我会继续努力，以此为新的起点去攀登人生的更高峰。路漫漫其修远兮，吾将上下而求索。

尊敬的各位来宾：

大家好！

首先感谢大家来参加我的升学宴，预祝大家用餐愉快。此时我感到非常幸福，因为父母为我准备了这么多，又有这么多的叔叔阿姨、朋友同学来支持我祝福我，为的就是我今年可以金榜题名。

十几年的寒窗苦读，迎来的就是我这金榜题名的一刻，虽然这一刻如此短暂，可我却会铭记一生。即将步入大学，可我不会就此停住脚步，我会继续努力，以此为新的起点去攀登人生的更高峰，借用屈原的一句话就是“路漫漫其修远兮，吾将上下而求索”。

在这“求索”的过程中有人比我付出的更多，那就是我的父母，从我呱呱坠地，到咿呀学语，再到开始上学，直到现在他们为我付出了太多太多，他们给予我太多的爱，这是我难以回报的，因为我能做的抵不上他们给我的千万分之一，感谢的话我不必说得太多，因为我知道现在我说得再多，将来却一事无成，无力去回报父母，那么现在所说的一切将是子虚乌有，所以我将用行动去回报他们，让所有的人知道我懂得父母的爱。

当然，在求学过程中，父母的爱是不可或缺的，但是在此期间也有许多的朋友和同学陪伴着我。在我伤心痛苦时，他们带给我支持和安慰；当我孤独寂寞时，他们用欢笑驱走一切。所以我知道这些同学朋友将是我今生很大的一笔财富，我将永远珍惜。

最后还是感谢大家能来参加我的升学宴会，祝愿叔叔阿姨工作顺利，祝愿同学朋友前途广阔，祝愿大家身体健康，万事如意！

谢谢！

范例2：学子本人在升学答谢宴上致辞

【致辞人】学子

【场　景】自己升学宴庆典

【时　机】在升学宴开始时致辞

【风　格】逻辑清晰 文采奕奕

【关键词】金榜佳话 感激 恩师 悉心教育 成绩 永恒久远

【妙　语】悉心教育，授业解惑。敬是真情，是感激，永藏在心底。越久就越香越浓。学海无涯，知识无边。

尊敬的老师及亲朋好友们：

大家中午好！

金秋八月，乡里我家喜迎八方宾朋；秋风送爽，众亲好友齐贺金榜佳话。

在如此美好、如此喜庆的日子里，大家抛开百忙的工作，接受我家诚挚的邀请，冒着酷暑前来参加我考上××大学的升学宴会。今天的宴会大厅，因为有你们的光临而蓬荜生辉，我和我的全家因你们的如约而至甚感激动，此时此刻，我的心里充满了感激，感谢各位专程远道而来，谢谢你们！

今天，我很荣幸请来我的恩师，是他们的悉心教育、授业解惑，才使我有今天的成绩。俗话说“名师出高徒”，尽管我不是高徒，但你们却是名师。因此，师恩难以言尽，千言万语汇成一个字——敬。敬是真情，是感激，永藏在心底。我要把内心最真诚的谢意送给你们！

今天，我还要特别感谢在我的成长中悉心呵护和照料我的父母，这份深情我铭记于心。天下没有父母不疼爱自己的孩子，虽然你们平时的工作都很繁忙，但是你们所有的付出都是为了我，你们在背后默默地支持着我，关心着我，鼓励着我。无论你们的爱是鼓励还是批评的方式，你们都无时无刻不让我感受到你们就是我最坚实的后盾，在这里我想说一声：“爸爸妈妈，你们辛苦了！”“我永远地你们！”

今天，在座的还有很多我的同学，一日同学，百日朋友，那是割不断的情，那是分不开的缘。但无论人生浮沉与贫富贵贱如何变化，同学间的友情始终是纯朴真挚的，而且就像我们桌上的美酒一样，越久就越香越浓。让我们的青春友情就像钻石一样永恒久远。

学海无涯，知识无边。我会以大学生活为新的人生起点，勤奋学习，刻苦钻研，争取早日成为国家建设的栋梁之材，因为只有这样，才不会辜负老师和同学、各位亲朋好友对我和我全家的关爱。最后，祝大家身体健康，万事如意，合家欢乐。

谢谢！

★★★

范例3：学子本人在升学答谢宴上致辞

【致辞人】学子

【场　景】自己升学宴庆典

【时　机】在升学宴开始时致辞

【风　格】感慨万千

【关键词】升学宴　激动　支持　祝福　回报　喜悦　报效祖国

【妙　语】宝剑锋从磨砺出，梅花香自苦寒来。今天不是我学习生活的终结，而是我人生新的征程的开始。路漫漫其修远兮，吾将上下而求索。

尊敬的各位来宾：

大家好！

首先感谢大家在百忙之中抽出时间来参加我的升学宴，并预祝大家用餐愉快！现在我的心情特别激动，因为我的付出终于有了回报，并且在我金榜题名之时，得到各位叔叔阿姨和朋友的支持和祝福！

十二年寒窗苦读，终于在今年的高考中有了回报！我考上了梦寐以求的大学。“宝剑锋从磨砺出，梅花香自苦寒来。”在人生的道路上，在我为了心中的理想拼搏的过程中，付出的不只有我自己，更有我的父母和我的老师！

在我最苦最累的高中三年里，我的父母甚至比我还累，多少次我看见白发悄悄爬上父亲的鬓角，多少次我看见皱纹轻轻走上妈妈的眼角！我暗暗发誓，要做出成绩来报达我的父母！在此我要深深感谢我的父母！

为了这一天我苦读了十二年，尤其是在一中的一千多个日日夜夜，有过成功的喜悦，也有失败的痛苦，但是青春没有失败，为了心中的理想，我可以忘记苦累，“亦余心之所善兮，虽九死其犹未悔”。一分耕耘就有一分收获，今天我终于可以高兴地说我终于看见我的梦想开花了！在此我要谢谢在我最苦最累的日子里陪我一路走来的我最亲爱的朋友，是你们在我难过时给我安慰，在我疲惫时给我打气，让我快乐地走完高中，走向大学！今天不是我学习生活的终结，而是我人生新的征程的开始！马上我就要成为一名大学生了，一只脚已经踏入社会，我会不断用知识去武装自己，“路漫漫其修远兮，吾将上下而求索”，用我所掌握的知识去奉献社会，报效祖国！

现在我的心情无以言表，今天是我人生中最难忘的一天，因为我站在了一条新的起跑线上，马上要去冲刺我人生新的高峰！“天行健，君子以自强不息！”在我人生重要的转折点上，有各位亲朋好友的祝福，我相信未来的我会更出色！

再一次感谢大家的到来！祝愿各位叔叔阿姨工作顺利，各位同学学习进步！

祝愿大家万事如意！

★★★

范例4：学子本人在升学答谢宴上致辞

【致辞人】学子

【场　景】自己升学宴庆典

【时　机】在升学宴开始时致辞

【风　格】慷慨激昂

【关键词】升学宴 感谢 幸运 日日夜夜 梦想 抉择 喜怒哀乐

【妙　语】感谢所有亲人的关心和爱护；感谢妈妈的同事给予的很多无私的帮助；感谢我亲爱的同学们分担我的喜怒哀乐。

尊敬的各位长辈，尊敬的老师，亲爱的同学们：

大家好！

诚挚地感谢大家能在炎炎夏日里参加我的升学宴！很幸运被××大学这所神圣的学府录取，虽带着幸运，但我仍忘不了高三这一年里的每一个日日夜夜，一路走来的艰辛与坚持不仅仅是幸运二字可以代表的。

大多数人知道，我五岁就开始练体操，从××练到省体队，手上磨出的茧就像农民伯伯的手一样，当时的我心中只有一个梦想：成为世界体操冠军，但同时意味着我将放弃学业。后来爸爸妈妈再三考虑，不希望21世纪的我是一个没文化的人，决定放弃体操。这对幼小的我是很大的伤害，我的“冠军梦”破碎了。体操毕竟是我人生的第一个梦想，再加上基本没上小学的我要想跟上六年级学习的步伐是多么不易，要付出很多很多。爸爸妈妈也很怕伤害我，他们耐心细致的说服让我相信他们的抉择是对的。走入校园，面对慈祥的老师而不是严厉的教练，热情的同学而不是竞争的队友，我开心极了。什么苦都能吃的我还怕学习不成？因此我很快适应了校园的学习生活。我感谢爸爸妈妈的抉择。

短暂而漫长的高三，是我永远无法忘却的记忆。高考前连续几次考试成绩都不甚理想，我告诉自己要咬牙挺住，我知道练体操带给我的是什么——坚持与执着。想起在体操队时练倒立，我总是要坚持到最后一个才肯下来，当压力逼着我想要后退的时候，我总对自己说只有坚持才能赢得最后的胜利。但我的信心总会被现实击退，我开始对自己产生怀疑。关键时刻是我的班主任老师、我所有的科任老师鼓励我、支持我，他们对我始终不放弃、不抛弃。因此我今天的成绩是对老师们给予我的帮助的最好回报，更是为我高中三年的努力画上了完美的句号。我感谢我永生不忘的老师们！

当然在这样美好的日子里，我还要感谢所有亲人的关心和爱护；感谢妈妈的同事给予的很多无私的帮助；感谢我亲爱的同学们分担我的喜怒哀乐。

十九天前我刚过完十七岁生日，我感谢我的父母给予我生命与希望，十七岁是多么闪亮的日子，我将带着大家的祝福与期望去成就我的梦想。

谢谢大家！

★★★

范例5：学子本人在升学答谢宴上致辞

【致辞人】学子
【场　景】自己升学宴庆典
【时　机】在升学宴开始时致辞
【风　格】满怀信心
【关键词】并肩作战　升学宴会　感谢　呵护　光彩　鼓励　珍惜
【妙　语】昂首挺胸，勇往直前。蓦然瞥见绝美的月光。即将步入大学殿堂的我，有憧憬的同时也有忐忑。在逆境中抗争，骄傲地用我的姿态活出绚丽的人生。

亲人们，爸爸妈妈的同事、好朋友们，还有和我一起并肩作战的兄弟姐妹们：

非常开心你们能来参加我的升学宴会。此时此刻我们有缘欢聚一堂，在此，我对诸位来宾致以最真诚的感谢！

首先我要感谢我的父母。在家里，你们总是包容我的坏脾气，现在我长大了，不能再任性了，谢谢你们一直陪伴我，呵护我，让我在经历无数的风雨后依然能够绽放出独属于我的光彩。

然后我要感谢我的朋友们。生命的每一站都很特别，我很幸运地遇到你们，你们一路陪我走，逗我笑。在我低迷时鼓励我，在我后退时支撑我，也正是因为我的身边有你们，我才能在人生的道路上昂首挺胸，勇往直前。

同时我要感谢在座的各位来宾，谢谢你们对我的关心，你们当中有在学习上指导过我的良师，有在思想上帮助过我的益友，是你们的关怀和鼓励，让我在冰封的深海中寻找希望的出口，午夜惊醒时，蓦然瞥见绝美的月光。

最后我要感谢时光，是它教会我懂得珍惜，珍惜出现在我生命中的每一个人，让我懂得感谢，感谢那些曾经看轻我伤害过我的人，让我在那些暗淡的岁月里重新振作。

即将步入大学殿堂的我，有憧憬的同时也有忐忑，离开了家人，离开了熟悉的环境，要去自己打理不熟悉的一切。但是不管等待我的是什么，我相信我会勇敢地走下去。我也坚信，大学的我，将不再让父母担心，成长到有能力去守护我所珍视的一切！

漫漫人生路，我定当脚踏实地。我愿做高尔基笔下的那只永不言败的海燕，在风浪中搏击，在逆境中抗争，骄傲地用我的姿态活出绚丽的人生。

谢谢大家！

★★★

范例6：学子本人在升学答谢宴上致辞

【致辞人】学子

【场　景】自己升学宴庆典

【时　机】在升学宴开始时致辞

【风　格】激情澎湃

【关键词】满怀喜悦　春华秋实　鼓励　感谢　自信　教诲　创造未来

【妙　语】宝剑锋从磨砺出，梅花香自苦寒来。高考路上，一丝忧虑，几多彷徨，浓浓的寂寥和更多的希望。八风吹不动，独坐紫金台。用智慧去开拓和创造未来。

尊敬的各位长辈、各位来宾：

大家中午好！

“宝剑锋从磨砺出，梅花香自苦寒来。”在这个满怀喜悦、收获成功的季节，在这个播种希望、描绘锦绣的季节，通过十二年的勤奋耕耘、艰苦历练，在人生的旅途上，我通过自己的努力，迈出了坚实的一步，收获了属于自己的春华秋实。

此刻，我无比激动和感动，激动的是，寒窗数载，今天终于可以站在刚刚结束的跑道上分享胜利的喜悦和欢愉；感动的是，在匆匆而逝的岁月里，亲友们给予我默默的关怀，殷殷的鼓励。

首先，我要感谢我的父母。高考路上，一丝忧虑，几多彷徨，浓浓的寂寥和更多的希望。我觉得自己就如同走在戴望舒《雨巷》里的姑娘，心存疑惑，承受打击。然而，我是幸运的，父母的日夜相伴给了我无穷的力量，是他们的默默支持使我坚定信念，静静坚守；是他们的默默支持给了我“八风吹不动，独坐紫金台”的冷静与执着，平淡与自信。

其实，我能从爸爸那句“万事俱备，只欠东风”中，感受到他对女儿金榜题名的希望，也能从妈妈送的那本《泰戈尔诗选》里写在扉页上的“即使天空中没有留下飞鸟的痕迹，但你已飞过”中领悟到她对女儿顽强拼搏、无悔青春的祝愿。而我，则在父母爱的沐浴中，承载着父母爱的守候，迎接这梦想开花的时刻。此刻，千言万语无法表达我内心的感激之情，请允许我深鞠一躬表达我对你们的谢意。感谢你们一千多个日夜风雨无阻的接送，感谢你们对女儿无怨无悔的付出与教诲。

我知道考上大学只是万里长征刚走完第一步，人生的道路还很漫长。然而，“路漫漫其修远兮，吾将上下而求索”。在此，我向我的父母以及各位亲友保证，大学四年我一定努力磨砺、充实、提高自己。用知识去构建创新思维，用智慧去开拓和创造未来。

最后，我口占一副对联代表全家忠心祝愿各位亲友、嘉宾：工作顺利，身体健康，合家欢乐，万事如意。

上联是：感亲友日夜相伴夺金榜

下联是：谢宾朋今日相聚庆提名

横批：进餐愉快

谢谢大家！

范例7：学子本人在升学答谢宴上致辞

【致辞人】学子
【场　景】自己升学宴庆典
【时　机】在升学宴开始时致辞
【风　格】慷慨激昂
【关键词】如愿以偿 感谢 帮助 回忆 相知相伴 茁壮成长
【妙　语】在我失落的时候安慰我，在我孤独的时候陪伴我。师恩难忘，同窗之谊更是弥足珍贵。

各位老师、亲戚朋友们：

非常感谢大家在百忙中抽空来参加我的升学宴。十二年的寒窗苦读，今天，我终于如愿以偿，考上了理想的学校。这不是我一个人的功劳，这离不开老师的关心与照顾，离不开家长的培养，离不开朋友们的支持。

在此我首先要感谢我的老师和同学。十二年的校园生活，师长和同学们在学习上和生活上都给了我很大的帮助，在我失落的时候安慰我，在我孤独的时候陪伴我，是你们陪伴我度过了最美好的时光，这将会成为最美好的回忆。师恩难忘，同窗之谊更是弥足珍贵。一张张单纯的脸上，带着真诚的笑容，谢谢你们的真诚，谢谢你们的热情，谢谢你们的相知相伴。

其次，还要感谢所有在座的长辈。因为你们，我生活在牵挂和关爱之中，这是我最大的福气。你们的夸奖和鼓励是我前进的动力，你们的呵护和照顾是我成长的“兴奋剂”。正因为有你们的存在，我这棵小树才能茁壮成长。谢谢你们！

最后，我最要感谢的就是生我养我的父母亲。虽然他们平时都很忙，但是他们一直在背后默默地支持着我，关心着我，鼓励着我，做我最坚实的后盾。你们伴我一路成长，小心地呵护我，我的要求你们从来都不会拒绝，你们宁愿自己吃苦受累，也不会让我受一丁点的委屈。在这里，我真诚地对你们说：“爸爸妈妈，我爱你们，你们辛苦了。”

“其实不想走，其实我想留。”曾经的我是一只小鸟，是躲在父母温暖的怀抱中成长的，是爸妈教会了我坚强，教会了我要勇敢面对生命中的挑战。如今，这只小鸟已经长大成人，即将离开你们的怀抱，展翅高飞。人们都说孩子是父母手中的风筝，孩子越长越大，线也就越放越长，可线是有两头的啊，正如风筝把线隐于空中一样，孩子也把牵挂隐于自己的心中。爸，妈，我会想你们的。

感谢的话语有很多，但是，我不想一一说出，我将永远铭记于心。最后，请大家再次接受我的谢意，谢谢你们。希望你们今天能够尽情地享用，吃好喝好！

★★★

范例 8：学子本人在升学答谢宴上致辞

【辞　人】学子

【场　景】自己升学宴庆典

【时　机】在升学宴开始时致辞

【风　格】慷慨激昂　诙谐幽默

【关键词】独辟蹊径　风味　祝贺　勉励　鞭策　起点

【妙　语】一种让我有勇气面对人生的激励，一种让我在困难面前无法后退的鞭策。未翻天何谓鹏，未覆海何谓鲲，金鳞虽非池中物，未遇风云何化龙。

各位来宾：

大家好！

首先我要感谢今天到场的诸位，谢谢你们来参加我的升学宴。不过我知道，在此之前来宾中的许多人可能已经不知参加过多少次这种宴会，也不知听到过多少种餐前演讲或致辞，恐怕会有些审美疲劳。很遗憾不能成为第一个请你们吃螃蟹的人，而今天若我仍只谈些感谢的话未免有些太不识相了，那我索性上几个馒头、一盘小菜，不敢说独辟蹊径，但求别有风味。

好，下面进入正题。

今天来的大多是长辈，也有一部分同学和弟弟妹妹，我想没有谁会单纯为一顿饭而来，大家更多的是想表示对我父母和我的祝贺，而我更想将这祝贺看作是一种勉励，一种让我有勇气面对人生的激励，一种让我在困难面前无法后退的鞭策。

所谓人生三大喜事，金榜题名位列其一，而这个“一”不是“万象归一”的“一”，它不是终点，它是老子口中那“道生一，一生二，二生三，三生万物”中的“一”，它是一个起点，它是我真正独立面对人生的起点。今天我还想说，我希望它能成为我辉煌人生的一个成功的起点。

此去求学，将到××，不可谓不远，圣人孔子曾说过：“父母在不远游，谓之孝。”然而未翻天何谓鹏，未覆海何谓鲲，金鳞虽非池中物，未遇风云何化龙？相比之下我倒是更欣赏这样一句话：“少不离家老离家，谓之困。”这里的困是失败的意思。

人们都说孩子是父母手中的风筝，孩子越长越大，线也就越放越长，可线是有两头的啊，正如风筝把线隐于空中一样，孩子也把牵挂隐于自己的心中。爸，妈，我会想你们的。

虽然感谢的话总是苍白而又词不达意，却是我今天最该说的，其实高三并不苦，因为我可以感到自己被厚厚的爱紧裹，而这爱就来自我的父母。谢谢你，爸；谢谢你，妈。

我要说的就这么多，谢谢你们的聆听，谢谢。

第 10 章

学校及培训机构庆典贺词

校园是充满青春活力的地方，除了朗朗的读书声之外，展现校园文化、提升学生素质的重要途径就是各种各样的校园活动。菁菁校园就像一个万花筒，各类活动每天都在举行。青涩而充满活力的校园生活总是为人所向往和怀念。

校园活动，顾名思义，就是在校园举办的文化、娱乐、体育、户外素质拓展活动及其他相关活动。从活动的形式、内容上主要分为三大类：

1. 庆典类。如开学典礼、毕业典礼等重头戏。

2. 体育类。包括一年一度的运动会、球类比赛等。

3. 文化艺术类。包括各种大型比赛、文艺汇演、电影节、话剧节、舞蹈比赛、辩论赛等。

为什么校园活动任何时候都开展得如火如荼？也许，只是因为年轻。学生们用火一样的激情、梦一样的理想经营着这几项“事业”，而学生们就在这一轮又一轮的忙碌中渐渐长大。这些与青春有关的日子终将成为一生中最美的回忆。

校园活动在教育中应当发挥重要的作用。校园文化是常新的，也是能够保持永恒魅力的，是能够唤醒青年一代心灵的，是能够激发青年学生激情的，是能够唤起年轻的一代独立的人格追求和高尚的道德追求的。

近年来，随着我国教育体制改革的不断加深，校园的概念也在不断充实，各类培训机构也被囊括到了教育体系当中。因此，校园庆典也因此有了新的内涵，各个培训班的开班、结业仪式也举办得十分隆重，在很大程度上突出了人们对各类教育形式的重视。

校园活动是自发的，也是自觉的；是既受社会生活影响，也受自我心灵主宰的；是无处不在的，是充满现代意识的，也是反映大学生复杂心态的；是心灵的自然流露，也是充满创造力的；是受着时代文化潮流影响的，也是苦乐兼备的。人生与社会，理想与追求，善与爱，都会在校园活动中表现出来，让人思索，引人前进。

校园庆典活动作为校园文化、校园生活的诠释途径，其在举办的过程中，应当遵循一定的原则，遵守一定的规范。

首先，校园庆典活动的内容应当积极向上，将激励学生奋进、凝聚校园精神作为活动发起的主要目的，切忌浮华无实；

其次，校园庆典活动的举办应当与校园的相关规定相一致，在遵守校园规定的前提下开展各项校园活动；

再次，举办大型的校园庆典活动，要最大程度地保证学生的安全，强化秩序管理；

最后，校园庆典活动不拒绝商业气息，但不能过度渲染，以免给学生的心理带来不良影响。

一、开学、开班典礼贺词

开学典礼是新学期开始时举行的仪式。开学典礼是对学生、学员进行入学教育的第一课，不仅可以使新生了解学校的历史、现状，而且可以使学生明确学校的培养目标和管理制度，明确学校学习生活的新特点，为尽快适应在校学习和生活做好思想准备。同时，对所有学生来说，开学典礼也起到教育规范的作用，让学生明白本学期的学习任务，学校的要求和开展的活动等。

开学典礼在升旗仪式之后，校长、教师代表、学生代表依次致辞，有的大会也邀请知名的校友致辞。既然是学期之始，致辞要充满激励性。青年学生内心最需要的是激励和肯定，所以措辞和语气就要体现这样的感情色彩。

★★★

范例1：市委书记在公务员培训班开班典礼上致辞

【致辞人】市委书记
【场　景】公务员培训班开班典礼
【时　机】在公务员培训班开班典礼开始时致辞
【风　格】慷慨激昂　逻辑清晰
【关键词】贯彻落实　统一思想　管理能力　珍惜　矛盾　顺利完成
【妙　语】统一思想，认清形势。明确任务，增强能力。努力打造一支政治坚定、业务精湛、作风优良、人民满意的公务员队伍。

各位领导、各位学员：

大家好！

这次培训班是今年干部教育培训的重要内容，也是我市贯彻落实××全会精神和市党代会、人代会、政协会议精神的集中体现。

主要目的是通过学习培训不断提升公务员队伍职业道德水平和依法行政能力，打造一支“忠于国家、服务人民、恪尽职守、公正廉洁”的公务员队伍。

全体参训学员要统一思想，认清形势，充分认识加强公务员培训的重要性。公务员队伍是市人才队伍的重要组成部分，促进经济社会发展的重要力量。对公务员进行培训是贯彻落实《公务员法》的需要，促进全市经济社会发展的需要，加强公务员队伍自身建设的需要。要明确任务，增强能力，全面提高公务员队伍整体素质。

公务员的整体素质决定着政府的管理能力，公务员队伍的整体水平决定着政府的管理水平。只有全面提高公务员学习创新能力、依法行政能力，才能从根本上提高政府的管理能力。要严明纪律，圆满完成培训任务。

各位学员要端正态度，遵守纪律，联系实际地学习，抓住并利用好这个机会，按照集中培训的要求，反复学习、认真学习、系统学习，真正把依法行政和职业道德理念入心入脑，外化为具体行动。要珍惜学习机会，妥善处理好工学矛盾，排除一切干扰，确保学有所获、学有所用。

市委组织部、市人力资源和社会保障局要积极为办好这次培训班搞好服务，组织好这次培训活动，加强与党校的沟通，派人做好跟班服务工作，确保这次培训活动取得实实在在的效果。

市委党校要为这次培训活动提供最好的设施设备，为广大学员营造舒适轻松的学习环境，严格教学管理，严格考勤制度，严明培训纪律，结合学员实际，采用座谈讨论、典型发言、经验交流等灵活多样的教学方法，提高课堂教学质量，确保所授知识学得懂、用得上。

参加培训的学员要深刻认识加强公务员职业道德是公务员队伍建设的根本和关键；要深刻认识提高公务员依法行政能力是公务员能力建设的重要内容；要深刻认识加强公务员培训是提高公务员综合素质和能力的重要

途径。通过本次轮训班学习，要认真结合实际工作查找自身存在的问题，把学习活动转化为谋发展、促治理、抓落实的过程。

进一步立德增智，真正做到依法行政，执法为民，全面提升我市公务员队伍的整体素质，努力打造一支政治坚定、业务精湛、作风优良、人民满意的公务员队伍。

希望每一位学员都能够珍惜机会，利用很短的时间静下心来学习，力求学有所获，学有所用，确保今年公务员职业道德和依法行政培训班各项任务的顺利完成。

★★★

范例 2：公务员培训中心主任
在公务员初任培训班开班典礼上致辞

【致辞人】市国家公务员培训中心主任

【场　景】公务员初任培训班开班典礼

【时　机】在公务员初任培训班开班典礼开始时致辞

【风　格】慷慨激昂　逻辑清晰

【关键词】欢迎　祝贺　角色转换　业务能力　初任培训

【妙　语】阳春三月，春光明媚。按照新的教学计划，针对新录用人员特点。把转换角色、规范行为、明确职责、树立公仆意识、做合格公务员作为培训教学目标。

同志们：

阳春三月，春光明媚，在这个美好的季节里，我市××年市直公务员初任培训班今天开班了，我代表市国家公务员培训中心全体干部职工向大家表示热烈的欢迎，并对你们加入到公务员队伍表示由衷的祝贺！新录用公务员参加初任培训是法定培训，《国家公务员培训暂行条例》明确规定："初任培训合格者方能任职定级，不合格或未参加培训的不能任职定级。"

初任培训的目的就是帮助大家实现角色转换，提高政治素质和业务能力，以适应工作要求。所以，初任培训是新录用公务员上岗之前必不可少的重要内容。

我们这期初任培训班，按照新的教学计划，针对新录用人员特点，把转换角色、规范行为、明确职责、树立公仆意识、做合格公务员作为培训教学目标。围绕这个目标，设置了公务员制度和法规、行为规范、行政管理职责和程序，以及心理调整、角色转换、必备业务能力等多门课程。通过培训使大家认识到作为国家机关工作人员应具备的思想政治素质和职业道德，了解自己的义务、权利和职责，掌握依法处理行政业务、协调各种关系的能力，为做合格公务员打下坚实基础。

在教师的选聘上，我们从××学院、××党校、政府部门聘请了既有丰富的教学经验又有行政领导经历的教师任教，其中有市政协领导和在政府部门工作的负责同志，有长期从事干部培训教学工作的教授和老师。我们对教师的备课、教学设计等提出了建议，并同每位教师进行了教学磋商，力求使整体培训教学达到最佳效果。

在培训宏观管理上，按照市委组织部、市人事局的要求，认真落实培训登记制度。每位参训人员的学习科目、课时、成绩以及鉴定都要在"国家公务员培训证书"和"国家公务员培训登记表"上进行登记，并由组织人事部门验印生效，以此作为初任公务员任职定级的依据。

在教学管理上，我们制定了严格规范的管理制度。设立一名班主任跟班听课。每日进行考勤，严格履行请假制度。建立班委会，发挥学员主体作用，实现自我管理。

同志们，尽管我们做了大量的准备工作，由于我们的能力、水平所限，肯定还有许多不尽如人意的地方，请同志们给予理解和支持，特别是欢迎大家多提宝贵意见，以便我们进一步改进、做好今后的培训教学工作。

最后，预祝同志们圆满完成学习任务。

谢谢大家！

范例3：企业领导在后备管理干部及技术骨干培训班开班典礼上致辞

【致辞人】集团领导

【场　景】后备管理干部及技术骨干培训班开班典礼

【时　机】在后备管理干部及技术骨干培训班开班典礼开始时致辞

【风　格】热情洋溢　逻辑清晰

【关键词】祝贺　慰问　感谢　择优　新陈代谢　贡献

【妙　语】书山有路勤为径，学海无涯苦作舟。师者，所以传道授业解惑也。为提升工厂效率和配合公司的发展做出更大的贡献。

各位同事、各位学员：

大家早上好！

首先我代表工厂对首届后备管理干部及技术骨干培训班的开班，以及各位学员顺利通过首轮面试，成为我们首届后备管理干部及技术骨干培训班的成员，表示最热烈的祝贺！对各位培训讲师的辛勤付出表示最真挚的慰问！对人力行政部门的大力支持表示最由衷的感谢！

我们首届后备管理干部及技术骨干培训班，分为管理班（包括段长与班长）和修理班两个班，整个培训分三个阶段进行。其中第一阶段从11月20日到12月4日，主要培训公共课程，在座的所有学员都必须参加。这一个阶段的课程共有七门，合计二十四个课时。

所有的培训课程结束后，我们将会综合每一位学员在各个阶段的考试成绩以及综合表现，确定后备班长、后备段长及后备修理工的人选。而该批确定下来的后备人选，将根据在今年年终D类淘汰以及明年劳动合同续签后所产生的岗位空缺情况，择优上岗。

从明年开始，我们的后备培训将会正规化，将会作为工厂的一项例行工作进行开展。在每年的3月与7月，我们都会各举办一期后备管理干部及技术骨干培训班，培训一定数量的后备人选，并通过岗位任职资格制以及岗位竞聘制度等两项制度的推行，促进后备人员与现岗位人员之间的新陈代谢，不断提升我厂基层管理干部及技术岗位人员的素质。

古语有云："书山有路勤为径，学海无涯苦作舟！"对于在座的各位学员，我在这里想提出两点要求：首先，要珍惜这次难得的培训机会，认真听讲，做好课堂笔记，对于不懂或者不明白的地方，要做到不耻下问。并将所学到的理论知识与实际工作相结合，掌握好上岗所需的所有知识及技能！其次，要遵守培训纪律，不迟到、不早退、不旷课，认真对待讲师的课间提问及按要求完成课后的作业！

对于在座的各位讲师，我同样也想提出两点要求：首先，要认真准备教案，并用图文并茂的方式将所需要传授的知识深入浅出地曾现给学员。其次，要认真地上好每一堂课，认真地对待学员提出的每一个问题，认真地布置及点评每一次作业，使学员能够真正掌握好每一个知识点。要知道，"师者，所以传道授业解惑也！"所以，各位讲师的肩上，并不轻松！

最后，祝愿在座的每一位学员能在我们集训的三个月内，学有所成，并能将在本次培训中所学到的知识和技能充分应用到今后的工作中去，为提升工厂效率和配合公司的发展做出更大的贡献！

谢谢各位！

★★★

范例4：校长在开学典礼上致辞

【致辞人】××大学校长

【场　景】新生开学典礼

【时　机】在开学典礼开始时致辞

【风　格】慷慨激昂

【关键词】开学典礼　成就　共同努力　人格魅力　开端　严峻挑战

【妙　语】21世纪是人类纪元史中第三部千年史的开端。创造一切条件让同学们尽快进入到学科的前沿，让同学们领略和继承×大人"嚼得菜根，做得大事"的文化精髓和人格魅力。

……………………………………………………………………

亲爱的各位同学、各位老师：

大家好！

今天，我们在这里隆重举行××级本科生开学典礼。首先，请允许我代表全校师生员工，向各位新同学表示最诚挚的祝贺和最热烈的欢迎！你们代表着××大学未来的希望与成就！我坚信，若干年以后，你们当中，一定会出现让×大这座百年名校在21世纪更加光彩照人的杰出人才。

当然，要想让这一美好理想转变为现实，需要学校、学生和教师共同努力，需要最充分地发挥和展现同学们的学习主动性、创造性和各方面的潜能、才华，需要为同学们成长为各学科的优秀人才打好坚实的基础，需要创造一切条件让同学们尽快进入到学科的前沿，让同学们领略和继承×大人"嚼得菜根，做得大事"的文化精髓和人格魅力！

21世纪是人类纪元史中第三部千年史的开端。如今，21世纪前××年已经翻过，这是惊心动魄的××年，人类文明经历了前所未有的严峻挑战。在预测、设计和创建21世纪人类新文明的艰难探索中，世界各国的名牌大学承担着更加繁重的历史重任。围绕着能否培养出各领域、各学科解决21世纪各类重大难题的杰出人才，各国大学之间展开了最激烈的竞争。希望各位能把握难得的发展机遇，能超越各种个人的眼前功利，能真正成为时代、民族所需要的优秀人才。为了实现这一点，我给大家提两点建议：

一是正确地选择发展目标。……

二是提高创造性学习能力。……

我希望大家都能更深刻地认识和重视提高自身创造性学习能力的意义，并将此作为每个新生在制定本科四年学习发展规划中的一个重要目标，尤其在一年级，使自己的创造性学习能力获得较大提高，打好这最重要的基础。

希望我的发言能引发你们一种新的人生思考，并用四年珍贵的×大本科生经历奠定今后三十年、五十年人生历程的基石。

谢谢各位！

范例5：校长在开学典礼上致辞

【致辞人】校长

【场　景】开学典礼

【时　机】在开学典礼开始时致辞

【风　格】慷慨激昂　文采奕奕

【关键词】欢迎　和谐校园　秩序井然　拼搏　脊梁

【妙　语】充满阳光、充满魅力的和谐校园。九年寒窗诚然艰苦，三载春华更须拼搏。成为学海骄子，成为业界英才，成为民族的脊梁。

尊敬的老师，亲爱的同学们：

上午好！

秋高气爽，丹桂飘香！××又是一番新的气象！

首先，我代表全校师生向来自本县各地的一千多名新同学及外地的六十多名新同学表示热烈的欢迎！欢迎新同学走进××这个充满阳光、充满魅力的和谐校园，美丽的××因为有大家的到来而更加充满生机，更加亮丽多姿，我们是××学校新的主人！

开学初，学校全员全身心投入到新老同学的报到接待及安顿工作中，学校秩序井然，同学们个个热爱学校，尊敬老师，互相学习，互相帮助，为和谐校园建设做出了贡献。许多同学捡到饭卡、人民币和手机都主动交到学工处。特别是今年暑假，高二10个班的同学为市二运会开幕式排练节目，顶烈日，战酷暑，表现非常优秀。

同学们，九年寒窗诚然艰苦，三载春华更须拼搏。高中时代是人生旅途中的一个加油站，对大家的道德水准和知识技能的培养和提高至关重要。我们正值风华正茂的大好年华，一定要珍惜这个学习机会，珍惜自己的美好青春和大好前途。为了使同学们在新的学期里学有所成，把自己塑造成对社会有用的人才，我借此机会向大家提出几点希望和要求。

……

同学们，近几年来，一批批××学子以其严谨的治学精神，过硬的专业素质和非凡的创业精神，铸造了“××之光”的名校品牌和质量信誉。我们相信，在座的每一位师生将会使“××之光”这一品牌更加亮丽，将会使××这个灿烂的名字更加光彩，我们热切地希望通过在××的学习和深造，成为学海骄子，成为业界英才，成为民族的脊梁。

同学们，学校爱我们，我们也应全心全意爱我们的学校，让我们用自己的实际行动为学校添砖加瓦，以优异的成绩为学校增光添彩。让我们一起来珍惜学校所取得的成绩，积极向社会展现学校良好的办学业绩和形象，以实际行为来表示对学校的热爱，真正做到“今天我以××为荣，明天××以我为荣”，我相信，明天的××会更加美好！

谢谢大家！

★★★

范例6：校长在开学典礼上致辞

【致辞人】小学校长
【场　景】小学开学典礼
【时　机】在小学开学典礼开始时致辞
【风　格】情理交融
【关键词】快快乐乐　与时俱进　优异成绩　挑战　永远温馨
【妙　语】外塑形象，内强素质。营造我们整洁、舒适、美丽的校园。策马扬鞭，与时俱进，开拓创新，以饱满的热情迎接新的挑战，寻求新的发展，为××的未来而奋斗。

尊敬的老师们、亲爱的同学们：

大家好！

今天，是新学期的第一天，首先我祝愿同学们每天都能快快乐乐。过去的一学年，我们全体师生迎难而上，与时俱进，开拓创新，各方面的工作稳步推进，教育教学方面取得了优异成绩。

新的学期迎着凉爽的秋风已经向我们走来，我们将面临新的机遇和挑战。我相信，我们的老师、同学是好样的，我们的学校也同样是优秀的。

新的学期我们将强管理、重服务、抓落实，高扬创新精神，坚持以人为本，外塑形象，内强素质。关注师生的互动发展，使每一位同学都拥有快乐，学会创造，学会做人；让每一位老师都爱岗敬业、爱校如家。

同学们，面对飘扬的五星红旗，你们在想什么呢？作为一个小学生，新的学期如何使自己成为家庭的好孩子、学校的好学生、社会的好少年呢？将来如何更好地适应新形势的要求，把自己塑造成符合时代发展的、能为社会做出贡献的合格人才呢？以下是新学期我对大家提出的希望和要求：

首先，要学会做人。第二，同学们要学会学习。第三，要拥有强健的体魄和良好的心理素质。第四，要团结友爱，遵纪守法。第五，要讲卫生、讲文明，爱我校园从我做起，营造我们整洁、舒适、美丽的校园。

同学们，你们是21世纪的主人，是祖国未来建设的生力军，是中华民族的希望！过去，我们学校为各中学输送了一批批优秀的生源，赢得了有关中学和广大学生及家长的信任和支持。今天我们要将新学期视为一个新的起点，以全新的精神面貌投入到学习生活中。老师们、同学们，收获的季节不在自然界，它蕴藏在我们每一位××人的心中。让我们在前进的道路上策马扬鞭，与时俱进，开拓创新，以饱满的热情迎接新的挑战，寻求新的发展，为××的未来而奋斗！让鲜花和掌声永远与××小学相伴，让我们共同的家园——××小学永远温馨。

最后，祝我们的全体老师在新的学年中身体健康、工作愉快、家庭幸福！祝同学们快乐成长，学习进步！

谢谢大家！

★★★

范例7：校长在开学典礼上致辞

【致辞人】小学校长

【场　景】小学春季开学典礼

【时　机】在小学开学典礼开始时致辞

【风　格】慷慨激昂

【关键词】春季开学 问候 讲坛人生 成绩 未来 辉煌

【妙 语】春回大地，生机勃勃，风光无限。爱岗敬业、勤耕不辍、竭忠尽智、甘为人梯。成绩只代表过去，我们更应该着眼未来。

各位老师，同学们：

春回大地，生机勃勃，风光无限！经过了一个平安、愉快的寒假，我们满怀着新的希望迎来了××年春季开学。在此，我谨代表学校向全体教职员工和同学们致以真诚的问候与祝福：祝大家在新的一年里，身体健康，学习进步！并通过你们祝你们的家长、亲人身体健康！生活愉快！万事如意！

在过去的一年里，老师们爱岗敬业、勤耕不辍、竭忠尽智、甘为人梯，用爱抒写着美丽的讲坛人生；同学们勤奋好学、诚实守纪、奋发上进、勇于赶超。你们的青春活泼，你们的好学上进，你们的多才多艺，让美丽的××小学校园变得更加活力四射，生机勃勃。过去的一年我们取得了很多成绩，但是成绩只代表过去，我们更应该着眼未来。

“一年之计在于春”，春天是希望，是决心，是憧憬。良好的开端是成功的一半，为完成××年的奋斗目标。我给大家提几点希望：

第一，养成良好的习惯，夯实做人的基础。第二，努力勤奋学习,全面提升自身素质。第三，珍爱生命，不断提高生命强度。

老师们，同学们，最美的春天不在自然界，它蕴藏在我们每一个××人的心中，让我们在这百花盛开、千帆竞发的季节，迈开脚步，珍惜时光，锐意进取，厚德载物，自强不息。祝大家都有一份全新的好心情，祝学校在新的一年里人气更旺，成绩更辉煌！

谢谢大家！

范例8：教师代表在新生开学典礼上致辞

【致辞人】教师代表
【场　景】新生开学典礼
【时　机】在校长致辞完毕后讲话
【风　格】逻辑清晰 文采奕奕
【关键词】相聚 自强不息 成长 学会珍惜 祝贺 胆略 辉煌
【妙　语】时光匆匆，流年似水。欢笑与泪水，耕耘与收获。高贵优雅的气质，海纳百川的胸怀，敢为天下先的胆略。

尊敬的领导、老师，亲爱的同学们：

很荣幸，能在这个美丽的季节和你们相聚在一起，和大家一起分享春的喜悦！

二十多年来，××中学在“团结务实，自强不息”的××人精神的鼓舞下，经过全体师生的共同努力，成为了××示范性普通高中。二十多年来，她送走了一批又一批的学子，为社会培养了一批又一批有用的人才，他们在各自的岗位上成为国家的栋梁。因为年轻，我们有不服输的理由和对理想的执着；因为年轻，我们有无限的激情和昂扬的斗志；因为年轻，我们有直挂云帆济沧海的自信，也有不到清华北大心不死的决心。

时光匆匆，流年似水。然而，××中学却记录下了你们的成长，与你们的青春连在了一起。欢笑与泪水，耕耘与收获，每一个日夜连起来的足迹就是你们奋斗后留下的生命印记，也是你们成功的起点。在此，我们要学会感谢，学会珍惜。一千多个日日夜夜，老师们无私奉献，期待我们的全面发展；老师们包容我们的无知与固执，更正我们的缺点与错误，期待我们的健康成长。当然，我同时也要祝贺你们，在座的同学，你们活力四射，风华正茂。你们拥有优秀的教师，他们甘为人梯；你们拥有优良的环境，它将助你成才。在××中学，你们不但会形成坚忍不拔的学习品质，掌握科学有效的学习方法，养成良好的学习习惯，具备扎实丰厚的文化素养，你们更会拥有高贵优雅的气质，海纳百川的胸怀，敢为天下先的胆略！

大浪淘沙，方显真金本色；暴雨冲过，更见青松巍峨！经过工作磨砺的我们和经过高中三年磨炼的你们，会更加成熟、稳重而自信。春天是万物勃发的季节，是百花竞放的季节，也是我们应该忙碌播种的季节。在新的一年里，我们心中更是充满了期待：期待着更多的机遇与挑战，期待着秋天里的累累硕果。最后，祝福在座的同学学有所成，祝福全体老师事业成功，祝福××中学的明天更加辉煌！

谢谢大家！

★★★

范例9：教师代表在新生开学典礼上致辞

【致辞人】教师代表

【场　景】××大学××级新生开学典礼

【时　机】在新生开学典礼开始时致辞

【风　格】慷慨激昂

【关键词】喜庆　欢迎　深造　期望　春秋　基点　精神品质

【妙　语】激动心情与感人情景却永远难忘。大学是追求真理的园地。大学是培养精英的摇篮。成为志存高远、品学双馨、勇于担当的大学骄子与时代精英。

尊敬的各位领导、各位老师，亲爱的同学们：

今天，是我们这所大学喜庆的日子。因为我们在这座新落成的体育馆里举行隆重的开学典礼，欢迎××级全体新同学。我受学校领导的委托，荣幸地代表全校教师向考取××大学的各位新同学，表示衷心的祝贺与热烈的欢迎！

各位同学，三十一年前，我和今天的你们一样，告别了母校的老师和同学，带着父母与亲人的期望，怀着自己对未来几年大学生活的梦想与憧憬，来到这所大学学习深造。虽然我在这所大学里已经度过了三十一个春秋，但刚刚走进这所学校时的激动心情与感人情景却永远难忘。我想，我对各位新同学此时此刻的心情是有切身体会的。

此时此刻，我想以我的亲身经历与感受告诉同学们××大学是一所多么美好多么可爱的大学，在这里学习会对每个学生未来的生活与事业产生怎样的影响。然而我知道，对一所大学的认识、理解与情感，一所大学对学生究竟拥有怎样的意义与价值，这是要每个在这里学习的学生亲身经历和用心体验才能真正感悟到的。为了同学们能够真正获得这样的感悟，我想我们应该一起来思考我们这所大学的特质、品位与学生应有的追求，寻找大学学习生活应有的基点。

大学是追求真理的园地。不懈地学习、研究，探索知识与思想，是大学、学者和学生根本的存在方式。强烈的社会责任感、博大的人文情怀、敏锐的问题意识和求真务实的科学精神，是大学、学者与学生最为重要的精神品质。

大学是培养精英的摇篮。我们这所国内一流、国际知名的研究型综合性大学，一直以来始终坚持精英教育的标准，以教师教育为主体，培养具有××家潜质的优秀人才。因此，在我们这所大学学习的学生，应该葆有精英意识，真正养成对人类与民族、对国家与社会、对学校与自己的崇高责任感与使命感。

著名思想家弗罗姆曾经说过这样一段耐人寻味的话：“心若改变，你的态度跟着改变；态度改变，你的习惯跟着改变；习惯改变，你的性格跟着改变；性格改变，你的人生跟着改变。”亲爱的同学们，希望你们改变自己命运的大学生活，真正能够从“心”开始！祝愿同学们在我们这所大学愉快地学习和生活，不断地成长进步，成为志存高远、品学双馨、勇于担当的大学骄子与时代精英！

谢谢大家！

★★★

范例10：教师代表在新生开学典礼上致辞

【致辞人】教师代表

【场　景】新生开学典礼

【时　机】在新生开学典礼开始时致辞

【风　格】热情洋溢 满怀希望

【关键词】欢迎 感谢 汗水 殷切的希望 征程 艰苦 体魄 前程似锦

【妙　语】学高为师，身正为范。搭起了与学生之间的桥梁。新学期新希望，新的憧憬和新的征程。度过人生中最美好最有意义的时光。

……………………………………………………

尊敬的各位领导、老师、教官，尊敬的各位家长，亲爱的同学们：

大家好！

很荣幸能够站在这里代表教师发言。金秋送爽的九月，美丽的××学院迎来了××级新同学。请允许我代表学院全体教师对你们的到来表示最热烈的欢迎，向呕心沥血培育你们健康成长的父母亲人和老师们表示最诚挚的感谢和敬意！

“我是学校一员，责任有我一份”，这是学院所有教师都时刻牢记的一句警语，在过去的日子里，我们不断践行着这句话。作为教师，我们除了传道授业解惑，也努力成为学生的益友。校园里洒满了我们辛勤的汗水，留下了我们忙碌的身影。学高为师，身正为范。几年来，我们每一位教师都时刻用自己的言行影响并教育着学生。我们用真挚的情感和认真负责的态度搭起了与学生之间的桥梁。

同学们，你们选择的是一所年轻、富有朝气的学府，对于同样朝气蓬勃的你们，作为教师，我们在欢迎你们的同时，更多的是对你们的殷切的希望。

从中学到大学，你们确确实实是走进了一个更为广阔的世界。进入大学后，目标应该更加明确，要学会学习、学会做事、学会做人。

新学期新希望，新的憧憬和新的征程。作为教师，在新学期里，我们以对学生负责为宗旨，育人为本，以敬业务实的工作精神开拓进取；立足于讲台，教学工作讲效率、求质量。我们全体教师早已做好准备，我们愿倾尽所有，全力以赴。因为选择了这个职业，就注定我们的梦想荣誉都与你们连在了一起。

今天是同学们军训的第一天，军训很艰苦，但苦中有乐。军训是人生旅程中难忘的经历，也是一笔宝贵的财富。希望大家克服困难、严守纪律，磨炼坚强的意志，锻炼强健的体魄。

我代表学校全体教师祝愿同学们在学院度过人生中最美好最有意义的时光，祝愿同学们前程似锦，祝愿学校的明天更美好！

最后，在即将迎来的“教师节”“中秋节”双节之际，祝愿我们所有的老师教师节快乐，祝愿在座的每一位中秋节快乐！

谢谢大家！

★★★

范例11：学员代表在军校开学典礼上致辞

【致辞人】学员代表

【场　景】军校开学典礼

【时　机】在教员代表讲话后致辞

【风　格】情真意切 信心百倍

【关键词】希望 追求 教育 精神 百折不挠 奋斗终生

【妙　语】回首过去，百感交集。锻炼了我们风雨不摧的筋骨，磨炼了我们百折不挠的意志。千里之行，始于足下。

尊敬的各位领导，战友们：

你们好！在这金色的九月，我们带着年轻的希望，带着执着的追求，带着坚定的信念，从祖国的四面八方来到这所美丽的××指挥学校。

回首过去，百感交集，我们永远不会忘记党和军队对我们的培养和教育。我们记得第一次在军旗下庄严宣誓的时刻；记得在八千里林海中为保护绿色生命而投身火海奋战的场面；记得部队首长那一句句暖人心肺的话语。是部队这个大家庭教会了我们做人的道理，锻炼了我们风雨不摧的筋骨，磨炼了我们百折不挠的意志，塑造了我们顽强无畏的精神。

在我穿上军装的那一刻，我便向往能够为这一绿色的事业而奋斗终生，向往能够踏入军校的大门。几年的奋斗，几年的拼搏，今天我和战友们都走进了这所美丽的军校。军校是我们成长的摇篮，是我们拼搏的起点。战友们，你们可曾望见教学楼上的“忠于党和人民，造就现代军人”几个金色大字，那是我们每一名军校学员的奋斗目标。“千里之行，始于足下”，我们深知今后任重而道远，所以迈入军校的那一刻，我们就应该对自我高标准、严要求，加快从一名士兵到一名学员的转变。在此我代表全体新学员向各位领导、战友表决心如下:

1. 树立正确的人生观、价值观，一如既往地为党和人民无私奉献；

2. 尊敬领导，团结同志，遵守条令条例和学校的规章制度；

3. 努力学习科学文化知识和业务理论，立足警校，坚实成才；

4. 刻苦训练，增强体质，熟练掌握军事技能，使自己成为一名合格的军事院校人才；

5. 服从命令，听从指挥，坚决完成上级赋予的各项任务。

如今××部队正一日千里，日新月异的发展、进步对我们来说是一种机遇，我们有信心、有能力迎接时代与科技的挑战。

“梅花香自苦寒来，宝剑锋从磨砺出”，我们只有在今天多付出一些汗水，明日才能多一份收获。战友们请扬起风帆，拼搏进取吧！

★★★

范例12：老生代表在新生开学典礼上致辞

【致辞人】老生代表

【场　景】大学秋季开学典礼

【时　机】在新生开学典礼开始时致辞

【风　格】慷慨激昂　文采飞扬

【关键词】欢迎　心潮澎湃　憧憬　育人氛围　摇篮　完善　祝愿　前程似锦

【妙　语】大学生活将是一种全新的体验，是生命中崭新的、最能展现个性的几年。最美丽的一段青春岁月。人生中的另一个新的起点，另一个梦想开始的地方。

尊敬的各位领导、老师，亲爱的学弟学妹们：

大家好！

很荣幸今天能够代表××大学的全体老生在此发言。首先，请允许我向来自四面八方的新同学表示最热烈的欢迎！欢迎你们加入××大学这个充满激情与梦想的大家庭，××大学会因你们的青春飞扬而更加精彩！

两年前的这个时候我也经历了像你们一样心潮澎湃的日子，满怀对大学的憧憬，步入了××大学的大门。两年前，我很幸运地作为新生代表在这方讲台上立下志愿，两年后我再次站上这方讲台。回眸过去的两年，我与我身边的同学过得充实，走得踏实。我们进步了，成熟了。感谢各位领导、老师的谆谆教导，感谢学院为我们营造了浓郁的育人氛围。作为你们的学姐，我想说你们的选择是对的，你们都有自己的目标和理想，在这里你们将会找到自己的正确定位，××大学将会成为你们放飞梦想的摇篮！

大学生活将是一种全新的体验，是生命中崭新的、最能展现个性的几年。愿大家能够养成良好的学习习惯，把握这来之不易的学习机会，树立远大理想，使自己一天天进步，逐渐走向成熟、完善。

大学是一个充满机会的地方，这里有五彩斑斓的校园文化生活。各学生社团是施展才华的大舞台，也是同学们交流的空间，组织能力、协调能力、管理能力、处世能力等在这里都能够得到充分锻炼；这里也有投身社会的各种实践机会。一个个难得的机遇，一个个严峻的挑战都将随着大学之门的敞开向你们扑来。全新的生活正等待着你们来创造，美好的蓝图正期待着你们来描绘。去缤纷的舞台挑战一下自己吧，你将会收获人生中的一大笔财富，那就是最美丽的一段青春岁月。

现在正是你们人生中最富有激情的时刻，你们凭借着自己的聪明才智，实现了大学梦，也攀上了人生路上的一个高峰。然而，这里并不是终点，而恰恰是人生中的另一个新的起点，另一个梦想开始的地方。放眼望去，一座又一座更高更险峻的山峰正等待着你们去攀登！也许在这成长的路途上，会有荆棘，也会有坎坷，在衷心祝福你们的同时，我们会伸出热情的双手，给予你们鼓励，给予你们理解，替你们加油，为你们祝愿！

最后，祝愿同学们学有所成，前程似锦！

祝愿领导老师身体健康，事事顺利！

祝愿我们的学校明天更加灿烂辉煌！

谢谢大家！

★★★

范例13：研究生代表在新生开学典礼上致辞

【致辞人】研究生代表

【场　景】新生开学典礼

【时　机】在新生开学典礼开始时致辞

【风　格】慷慨激昂

【关键词】收获 希望 喜悦 浩然正气 勇于创新 辉煌灿烂

【妙　语】金秋送爽，丹桂飘香。期待凭着对学术殿堂的虔诚而厚积薄发。气有浩然、学无止境。狭路相逢勇者胜。

尊敬的领导、老师，亲爱的同学们：

大家上午好！

很荣幸能够作为××大学分校××院××级研究生新生代表在此发言。首先，请允许我代表所有××级研究生向在座的各位老师真诚地道一声：节日快乐！

金秋送爽，丹桂飘香，一个充满收获与希望的季节。很高兴能在九月××旖旎的风光中与各位相聚在这依山傍水的美丽校园，和大家一起分享收获的喜悦。

我们很荣幸，能够凭着自己的努力从激烈的竞争中脱颖而出，踏上了××大学分校这片沃土！我们更为骄傲，能够在国内知名学府继续深造。我们满怀自信，为了学到更多的知识相聚在这里；我们有志竟成，无论曾经经历过多少艰辛与坎坷；我们朝气蓬勃，期待凭着对学术殿堂的虔诚而厚积薄发；我们志在千里，身负着家庭乃至民族的责任和使命；我们逊志时敏，站在时代的浪尖展示着新一代的浩然正气。

依托百年××大学浑厚的文化底蕴，××大学分校已经快速成长为一所在国内外享有高知名度的大学，在“气有浩然、学无止境”校训的指导下，二十余年的文化积淀生发出勃勃生机。而××院也在“崇法尚德、求真务实”理念的指引下，发展成为我校师资力量雄厚、科研水平较高的重点院系，培养了众多优秀的人才，他们在各自的岗位上逐步成为国家的栋梁。这里的一切都深深地吸引着我们、激励着我们。这里有最适合我们生活和学习的宜人气候和如画校园，有我们渴求的翰墨书香，有我们企盼的学界鸿儒，更有我们向往的开拓进取、勇于创新之精神！

狭路相逢勇者胜！经过考研磨炼的我们，经过工作磨砺的我们，更加成熟、稳重而自信。如今，在研究生这个新的起点上，未来只会更加广阔！我们心中也充满了期待：期待着更多的机遇与挑战，期待着结交各方英才，期待着更为硕果累累的三年。在未来的三年里，让我们从思考中认识自我、从学习中寻求真理、从独立中体验自主、从计划中把握时间、从交友中品味成熟、从实践中赢得价值、从兴趣中攫取快乐、从追求中获得力量；让我们以海纳百川之胸襟和气度，揽万卷文集，汲百代精华，踏实地走好每一步；让我们用自己最大的激情和努力去追寻梦想，在以后更为激烈的竞争中乘风破浪，打造更加辉煌灿烂的明天！

谢谢大家！

二、毕业、结业典礼贺词

毕业，是人生中的大事，是人生中的重要经历，标志着人生将踏上新的征程。对于每一位毕业生来说，这都是人生道路上重要的一刻，都将终生难忘。毕业典礼就是庆祝这一重要时刻的仪式。在这一仪式上，校长或教师代表肩负重任，他们要向毕业生传达由衷的恭贺，以及对毕业生不舍的感情和深切的期待，有时还要对毕业生提出一些人生忠告；毕业生代表要代表自己更要代表全体毕业生表达在这一特殊时刻对这一特殊事件的感受、感情和认识；家长代表则要以嘉宾的身份发言，表达对学校及老师的感谢，以及对学生的希望。

范例1：市委书记在选调生培训结业典礼上致辞

【致辞人】市委书记

【场　景】选调生培训结业典礼

【时　机】在选调生培训结业典礼开始时致辞

【风　格】慷慨激昂

【关键词】结业　祝贺　服从管理　提高　贡献

【妙　语】领导重视、从严要求，内容丰富、讲求实效。从思想上重视起来，加强学习，提高修养，不断完善自己，提高自己。

同志们：

经过两天的短暂培训，我们这期培训班今天就要结业了。首先，我代表市委对同志们顺利完成学业并即将走上工作岗位表示热烈的祝贺！在大家学习期间，通过各种渠道了解了培训班的情况，对大家的学习情况有了一些了解，刚才又听了发言，我感觉本期培训班办得比较成功，突出了领导重视、从严要求，内容丰富、讲求实效，态度端正、作风优良等特点。

这次培训班，同志们普遍反映收获很大，在政治理论、工作能力和党性修养等方面都有了新的提高。一是对基层机关工作有了新的认识。通过学习，对××市的发展现状、农村现状、企业发展情况有了进一步的认识，掌握了初步的基层工作方法。二是思想政治素质有了进一步提高。通过对"三个代表"重要思想和科学发展观的学习，政治理论水平有了新的提高，加深了对科学发展观和正确政绩观的理解，提高了理论分析和解决实际问题的能力，增强了执政意识，提高了执政能力。三是组织纪律观念有了进一步增强。这批选调生共三十人，按照要求全部参加了培训，参训率达100%。学习期间，大家严于律己，自觉遵守各项规章制度，服从管理，思想作风和学风都有了新的提高，达到了预期的效果。下面，我就选调生加强自身修养方面提几点要求：

一、加强学习，与时俱进。学习是时代永恒的主题。

二、求真务实，真抓实干。求真务实要体现在实干上，特别是年轻干部要身体力行，切实发挥好带头实干的模范作用。

三、牢记宗旨，执政为民。要真正做到执政为民，必须加强世界观的改造，树立正确的政绩观和群众观，解决好权力观、地位观和利益观的问题。

四、勤奋工作，勇挑重担。基层工作面广、工作量大，情况复杂，大家仅有热情是不够的，一定要学会把简单的事情尽量想得复杂一些，把复杂的事情尽量想得简单一些，要学会运用辩证的思维方法去处理问题。

五、注重团结，维护形象。团结出凝聚力、出战斗力、出生产力，团结也出干部。

同志们，市委、市政府对大家寄予厚望，相信大家能够以这次学习培训为动力，把这次学习作为大家成长进步的一个新起点，真正从思想上重视起来，加强学习，提高修养，不断完善自己，提高自己。在今后的工作岗位上扎实工作，开拓进取，为建设富强文明的现代化新××多做贡献。

最后，预祝大家在今后的学习和工作中取得辉煌的成绩！

★★★

范例2：校党委书记在毕业典礼上致辞

【致辞人】校党委书记

【场　景】学生毕业典礼

【时　机】在毕业典礼开始时致辞

【风　格】逻辑清晰　结构紧凑

【关键词】毕业典礼　感谢　庄严　感慨　菁菁校园　朝夕相伴　金榜题名

【妙　语】三年，弹指一挥间。朗朗读书的余音。肩上已承载了国家、民族的重托。前面的路，更加宽阔；前面的天地，更加壮观。

同学们：

今天，我们隆重召开毕业典礼大会，让我们首先感谢各位领导、家长、老师参加这个庄严的大会。

参加这个大会，我感慨万千。

三年，弹指一挥间。当年调皮的小男孩，变成了英俊的小伙子，可爱的小女孩变成了美丽的大姑娘。

三年，说长不长，说短不短，菁菁校园，到处都留下了你们的足迹，间间教室，仍有你们朗朗读书的余音。

三年来，老师们与你们朝夕相伴，清晨踏着露水，与你们一同出操；深夜，一间间寝室探访，催你们入眠。

三年里，你们的思想由幼稚而成熟，心中已装下了历史的责任，肩上已承载了国家、民族的重托。

在老师眼里，你们已经由嫩苗长成了茁壮的小树，只待时日，一定会长成参天大树。

在你们中间，有一大批优秀的学子，以出色的工作，成为优秀的学生干部；以勤奋的学习，成为学科成绩的佼佼者、奥林匹克竞赛场上的英雄。

三年里，优秀班级、优秀集体、优秀个人，奖状一幅幅，贴满了教室，喜悦也洋溢在每个同学的心田。

不要忘了，在收获的前面有多少耕耘；更不要忘了，三年，有多少个日夜；在这些日夜里，又有多少目光在关注着你们成长。

如果你们细细观察，三年里，你们的父母又添了几根白发？几道皱纹？他们的打拼，为的是给你们创造更舒心的环境。身心的劳累都代替不了那一个殷切的期待：盼望你们金榜题名。

不要忘了，殷切期待中还有老师的目光。或许你曾受到过老师的呵斥，或许你遇到过被老师批评的难堪，但你永远要相信，老师在黑板上用心血在书写，心中放飞的却是最美好的希望。

三年了，同学们情同手足，亲如兄妹，但总有分手的时候，同桌的你我，肩上已承载了国家、民族的重托。

你们终于高中毕业了。前面的路，更加宽阔；前面的天地，更加壮观。好青年勇敢担负起天下的责任，为民族振兴，为国家强盛，挥洒你们的一腔热血。

6月到了，7日、8日是你们的梦想舞台。祝你们的梦想都实现，祝全体同学们好运！

★★★

范例3：集团公司党委领导在公司优秀青年干部培训班结业典礼上致辞

【致辞人】集团公司党委领导

【场　景】优秀青年干部培训班结业典礼

【时　机】在优秀青年干部培训班结业典礼开始时致辞

【风　格】逻辑清晰

【关键词】同意　祝贺　问题

【妙　语】集团公司党委希望你们一定要以这次学习培训为新的动力、新的起点，进一步加强学习，努力实践。

同志们：

集团公司党委举办的这期优秀青年干部培训班，今天就要结束了，对学习班的整个情况党校×校长已做了全面总结，我完全同意。总的来讲，达到了预期目的和效果。借此机会，我代表集团公司党委对培训班的圆满结束表示热烈祝贺！下面，我结合培训班的情况和当前形势，讲三个问题。

一、培训班的举办促进了青年干部的成长进步。听党校的领导同志讲，我们这期培训班办得很好，纪律严明，学习刻苦，组织严密，收获很大，收到了预期的效果，圆满完成了培训任务。大家通过学习，一致感到，这次培训学习既是一次理论上的武装，使我们理论上更加清醒、政治上更加坚定，又是一次加油和充电，使我们系统地学习了管理知识，增长了才干，鼓足了干劲，为今后更好地工作创造了条件，奠定了基础。为此，我代表集团公司党政班子向党校的领导和教职工同志们，向优秀青年干部培训班的学员同志们表示衷心的感谢！

二、全公司当前形势不错，今后任务更重。回顾近几年来，我们××矿区在上级的正确领导下，经过全公司广大干部职工的共同努力，各项工作齐头并进、全面发展。可以说，整体形势不错，继续保持了稳定发展的良好势头。衷心希望我们优秀的青年干部同志，面对新形势新任务，不管有多大困难，都要以求真务实的精神和作风，做到雷厉风行抓落实，扎扎实实抓落实，一项一项抓落实，一天一天抓落实，坚定信心，下定决心，求真务实，扎实工作，为确保全公司各项奋斗目标的实现而加倍努力。

三、几点希望和要求。同志们，你们都是××矿区的优秀青年干部，大多数也是重点培养的后备干部，这既是对你们工作的肯定，也是你们的骄傲。

同志们，可以说，××矿区已经进入了一个新的发展时期。集团公司党委希望你们一定要以这次学习培训为新的动力、新的起点，进一步加强学习，努力实践，勤奋工作，真抓实干，争取为××矿区的发展做出新的更大的贡献。

最后祝大家工作顺利，事业有成，不断进步！谢谢大家。

★★★

范例4：教师代表在毕业典礼上致辞

【致辞人】教师代表

【场　景】毕业典礼

【时　机】在毕业典礼开始时致辞

【风　格】深切祝福

【关键词】完成学业　辛苦　美好　回味一生　幸运　真诚做人　勇于进取　成功

【妙　语】能相识在你们人生中最美丽的时候。不要好高骛远、急功近利。这既是一个终点，又是一个起点。在竞争日趋激烈的环境中始终立于不败之地。

亲爱的各位同学，尊敬的各位领导、各位老师：

大家上午好！

在这个隆重的毕业典礼上，能够作为××的教师代表发言，我感到非常荣幸！首先我要衷心地祝贺同学们圆满完成学业！祝大家在新的工作岗位上或者新的学习环境中，再接再厉创造出更好的成绩！

大学是人一生中最精彩最生动的阶段，我们有缘，能相识在你们人生中最美丽的时候！几年的求学时光既是辛苦、短暂的，又是美好、值得回味一生的。在这个阶段，能够与你们朝夕相处、共同学习是我们老师的幸运。我时常自问，作为一个老师，我是否足够优秀，是否能给予你们更多？如果在这里学到的一切，能够对大家未来的事业成功、生活幸福有所帮助，那将是我们最大的欣慰。在大家即将离开××踏入新的工作岗位或者学习环境的时候，请允许我赠送给大家几句话：

第一，真诚做人。希望同学们在今后的生活中一如既往地做个道德高尚、诚实善良、团结友爱的人。爱生活、爱自己、爱家人、爱朋友，并关心身边的人。事业的成功固然重要，做人的成功更重要！

第二，踏实做事。同学们在新的工作岗位上，一定要认真做事，踏踏实实。努力从平凡、不起眼儿的工作做起，不要好高骛远、急功近利。专心地经营好自己的事业，做好每一项工作，完成领导交给的任务，把自己的本职工作做好就是最大的成功。

第三，勇于进取。毕业了意味着大学时光画上了句号，而另一个不确定的人生舞台即将徐徐拉开帷幕。这既是一个终点，又是一个起点。希望同学们不要因为大学毕业而停止学习，要不断进取，面对来自社会的各种压力保持良好的心态，这样才能在竞争日趋激烈的环境中始终立于不败之地。

每年这个时候，我们都为自己培养的毕业生即将走向不同的工作岗位感到自豪，也为你们即将离开校园而依依不舍。同学们，无论走到哪里，我们永远祝福你们！支持你们！老师期待你们的成功，学院期待你们的成功！

最后，祝同学们事业有成、生活幸福！

范例5：教师代表在毕业典礼上致辞

【致辞人】教师代表
【场　景】毕业典礼
【时　机】在毕业典礼开始时致辞
【风　格】慷慨激昂
【关键词】激动万分　心潮澎湃　憧憬　青春活力　才能　成功
【妙　语】一柄长剑在手，天下任我驰骋。保持一种平和的心态。古人学问无遗力，少壮工夫老始成。生命之舟在新的岁月港湾里启航，载着对太阳的憧憬和对未来的畅想，直挂云帆，乘风破浪。

各位同学，各位领导，老师们：

下午好！

非常荣幸能够在这个令人激动万分、心潮澎湃的时刻，作为教师代表，向即将踏入社会的毕业生说上几句心里话。我衷心地祝贺每位毕业生顺利完成了自己的大学学业，顺利地走向自己的工作岗位。在两年的大学时光中，同学们的光阴没有虚度，经过你们的努力学习，你们学到了真正的本领。现在，不仅仅是你们自己，而且也包括我们每一位教职员工，对你们的未来都怀有非常美好的憧憬，所谓“一柄长剑在手，天下任我驰骋”。在你们身上，我们看到的是年轻一代的成长，看到的是积极向上、奋斗不息的精神，看到的是蓬勃的青春活力，看到的是肩负祖国未来、民族希望的一个群体。

刚刚毕业，刚刚走向社会，我衷心地建议每一位毕业生一定要摆正自己的位置，始终保持一种平和的心态，从零开始，从小事做起，虚心向他人学习，真诚向实践请教。我们都知道宋朝时的那个“仗剑杀虎，上马赋诗”的陆游，他写了首诗说明做学问的方法：“古人学问无遗力，少壮工夫老始成。纸上得来终觉浅，绝知此事要躬行。”“躬行”，就是自己要亲自做一做。书本上的知识总是有限的，而社会才是一个大课堂。你们毕业后，面临很多选择，但不管它是否符合你的专业，只要能发挥你的才能，你就大胆实践，主动出击，想尽各种办法取得成功。

海阔凭鱼跃，天高任鸟飞。尽管你们马上就要毕业，但是毕业不是完成、结束，而是蕴含着开始、进步。我觉得今天我们不是庆祝“结束”，而是欢呼开始；不是纪念“完成”，而是宣布进步。就让你们的生命之舟在新的岁月港湾里启航，载着对太阳的憧憬和对未来的畅想，直挂云帆，乘风破浪。

祝福你们，也相信你们一定会一路平安，一帆风顺！

谢谢大家！

★★★

范例6：教师代表在毕业典礼上致辞

【致辞人】教师代表

【场　景】研究生毕业典礼

【时　机】在毕业典礼开始时致辞

【风　格】满怀希望 情真意切

【关键词】神往 自豪 理想 人生征途 美好的未来 教诲 风采

【妙　语】年年岁岁花相似，岁岁年年人不同。携着丝丝依恋，背上青春的行囊去追逐未来的理想。开始新的人生征程，就此改变学生的角色。扬帆远航，鹏程万里。

××届研究生毕业生同学：

你们好！

“年年岁岁花相似，岁岁年年人不同。”××年，你们带着神往与自豪，步入××大学，攻读博士、硕士学位；如今你们满怀信心与勇气，携着丝丝依恋，背上青春的行囊去追逐未来的理想。六月注定是毕业的季节，在你们圆满完成研究生阶段的学业、挥手告别朝夕相处的××园，踏上新的人生征途之际，我代表全体教师祝贺你们完成学业，祝福你们都能拥有一个美好的未来。

在××大学，你们收获了学识与修养，它将给你们的未来奠定一个斐然的高度；在××大学，你们储存了甘露与激情，它将给你们的人生以全程的滋润；在××大学，你们见证了学校的发展，学校的未来也积攒了你们的热情与智慧。

作为××的首批研究生，十九年前，当我从校长手上接过研究生毕业证和学位证时，深深体会到老师的辛劳，领导的希望，也深感肩上责任的重大，从此，不敢有一丝懈怠。今天，在祝贺你们戴上学位帽、接受学位证书时，也诚挚地感谢老师们的教诲、学校的培养。

你们当中的一部分同学还要留在校园里开始一个崭新的学习阶段；大部分同学即将奔赴祖国的四面八方，开始新的人生征程，就此改变学生的角色。不管做什么工作，我们都要发扬“经世济民,孜孜以求”的××精神，都要诚实守信，都要对自己更要对社会负责，以骄人的业绩再度向世人彰显××人的风采。

同学们，常回母校看看，一如既往地关心和支持母校的发展，母校也时刻关注着你们，你们的成功和进步，将是母校的骄傲和自豪！母校永远是你们的精神家园。

再次衷心地祝福你们：扬帆远航，鹏程万里！

★★★

范例7：教师代表在毕业典礼上致辞

【致辞人】教师代表

【场　景】毕业典礼

【时　机】在毕业典礼开始时致辞

【风　格】慷慨激昂

【关键词】刻骨铭心　催人奋进　走向未来　校园环境　熠熠生辉　支持　心想事成

【妙　语】三年，在人生道路上，只是短暂的一段，但它令人刻骨铭心。履行我们神圣的天职。自信会当击水三千里，就能上九天揽月，就敢下五洋捉鳖。

亲爱的各位同学，尊敬的各位领导、各位老师：

大家上午好！

三年，在人生道路上，只是短暂的一段，但它令人刻骨铭心！它催人奋进！它将引领我们从历史走向未来！

同学们，我和我的同事们都认为：我们这一届是好样的，是最棒的，是幸运的一届，也是充满着朝气与希望的一届！

说这届是幸运的一届，是因为我们有一直坚持在第一线，勇于坚持真理，敢于直面高考严峻考验的×书记为我们掌舵。有一批富有经验而又一心扑在教育事业上的老师为我们做铺路石，有一批甘做人梯、脚踏实地不求索取的实干家。我们有一直支持理解与配合我们的家长，我们还有校领导为我们营造的那令人心旷神怡、激发求知欲、催人奋进的优美校园环境。

说这一届是充满着朝气与希望的一届是因为同学们在三年里，用自己的踏实与刻苦，用自己的锲而不舍充实了知识，证明和造就了自己的品格，你们还用自己的汗水，洗刷了曾经游荡在一中校园上的那一股浮尘。在风正帆高，源洁流清的氛围里，你们的风范为学弟学妹们树立起了良好的榜样，在一中的青史上写下了熠熠生辉的篇章。

同学们，你们的勤奋、执着与开拓进取，你们的乐观、豁达与积极向上，一直在感动着我们，一直在激励着我们。由于同学们的刻苦努力，由于同学们的理解支持，我们得以圆满地完成任务，得以履行我们神圣的天职。在此谨代表全体高三老师谢谢同学们。也谢谢一直理解、支持与配合我们工作的家长们！

再过几天，就要参加高考了，高中三年我们时刻准备着，早就盼望与等待着这一天。高考既重要又平常，高考应该成为展示自己才华的一个大好机会。相信你自己，相信你的老师吧！心有多宽，天地就有多宽，心有多踏实，成功的机会就有多大。自信会当击水三千里，就能上九天揽月，就敢下五洋捉鳖。

最后，祝同学们在高考中心想事成、取得理想的成绩。为我们的高中生活画上一个完美的句号。

谢谢大家！

范例 8：教师代表在毕业典礼上致辞

【致辞人】教师代表

【场　景】新成立院校首届毕业生毕业典礼

【时　机】在毕业典礼开始时致辞

【风　格】温情祝愿

【关键词】光阴荏苒　白驹过隙　祝贺　蓝图　现实　机会　翅膀

【妙　语】坚定信心，调整心态，放低姿态。你们可能从未像我这样经历过如此多的失败，但生命中必然存在失败。隐形的翅膀锻炼成实实在在的坚强的翅膀。

各位领导、老师，亲爱的同学们：

大家好！

四年前，在××校区礼堂召开的开学典礼还历历在目，今天就在这里举行毕业典礼了。虽说光阴荏苒，如白驹过隙，但同学们在××学院度过的辛勤而愉快的一千四百六十个日日夜夜，是永远值得珍惜的。我首先祝贺同学们顺利完成学业，成为××学院的首届毕业生！

在开学典礼的时候，××学院在大家的心目中只是一个不太具体的蓝图，眼前的校园那时还是一片荒地，所以我能说的主要是未来的理想。今天，在这个会场的前后，两座大楼已经拔地而起，××学院已具规模，并且有了第一届毕业生。从此以后，××学院的毕业生将源源不断地走出校门，与其他兄弟院校的同学们一起充实到各条战线，成为祖国的建设者与保卫者。所以，今天我们会更多地面对现实。

同学们，你们中可能有人还没有找到工作，有人找到的工作不太理想。现在政府、企事业单位正在千方百计解决这个问题，共克时艰。我们自己则一定要坚定信心，调整心态，放低姿态，即使错过这个就业高峰期，依然还会有机会。《哈利·波特》的作者罗琳去年在哈佛大学的毕业典礼上对毕业生们说："你们可能从未像我这样经历过如此多的失败，但生命中必然存在失败。没有人可以永远成功，除非你像根本没有活着一样地小心生活——而这根本就是一种彻头彻尾的失败。"今天的毕业典礼之后，我们要把你们送入社会。从此你们就要结束在家中有父母呵护、在学校有老师呵护的人生中最美好的学生时代。你们从此要把原来想象中的隐形的翅膀锻炼成实实在在的坚强的翅膀。

最后祝同学们前途顺利！

★★★

范例9：家长代表在毕业典礼上致辞

【致辞人】家长代表

【场　景】毕业典礼

【时　机】在毕业典礼开始时致辞

【风　格】殷切希望

【关键词】毕业典礼　美好时光　祝贺　感谢　殿堂　硕果累累　责任　挑战

【妙　语】倾注了爱心与热情、汗水与智慧。××大地，人杰地灵。少年智则国智，少年富则国富，少年强则国强，少年独立则国独立。请带着责任感，继续前进。

尊敬的各位领导，尊敬的老师和亲爱的同学们：

大家好！我是高三（1）班××同学的家长，今天非常荣幸作为家长代表来参加同学们的毕业典礼，和同学们共同回顾三年学习生活的美好时光。在此，请允许我代表全体高三同学的家长，向顺利完成高中学业的同学们表示热烈的祝贺，向为同学们的成长倾注了爱心与热情、汗水与智慧的老师与员工们表示衷心的感谢。

××大地，人杰地灵，××中学更是人才辈出，不愧为莘莘学子求学的圣地和殿堂，我们为孩子能成为××中学的一员而感到自豪。精传道、勤授业是××中学的光荣传统；敬业奉献，爱生如子是××中学教师的传统美德。在三年中，我们看到××中学不断探索创新教育、素质教育，在中考、高考中取得了骄人的成绩，在全国数理化及生物、信息等学科竞赛中，硕果累累。借此机会，我代表广大家长向学校领导和各位老师再次表示衷心的感谢。

我们知道，通过三年的学习，同学们都有这样或那样的梦想，但在每个人寻梦的过程中，有些东西是不能丢的，比如，诚信、爱心、正义感。是什么让我们这一路上，即使在最困难、最无助的时刻，都不会丢下它们呢？我告诉大家，是“责任”。作为家长，我想和你们谈谈责任感，尤其是在今天，在你们的毕业典礼上。梁启超先生说得好：“少年智则国智，少年富则国富，少年强则国强，少年独立则国独立。”祖国的未来、国家的兴盛，的确要靠你们和许许多多年轻人来创造。请你们挺起胸膛，勇敢担起你们的责任。

千言万语汇成一句话：“孩子们，你们长大了，请带着责任感，继续前进吧！”

再过一个星期，你们就要面临高考，这是你们人生中的一次重要考试，在此我预祝同学们一举成功。其实成功也不在一时，只要你始终把拼搏当成一种习惯，终有一天，你会饱尝收获的喜悦。学无止境，到了大学，到了社会，还会面临各种形式的挑战，无论何时，同学们都要做到无愧于你们的母校。

最后，预祝同学们发挥出自己的水平，考出理想的成绩。

谢谢大家！

★★★

范例10：学员代表在党校结业典礼上致辞

【致辞人】学员代表

【场　景】结业典礼

【时　机】在结业典礼开始时致辞

【风　格】言语恳切 逻辑清晰

【关键词】光荣 学习 信仰 友谊 风采 倾吐心声 启迪

【妙　语】坚定了信仰、开阔了视野、拓宽了思路、丰富了知识、提高了能力、升华了境界、收获了友谊。走得最快的，总是最美的时光。

各位领导、老师，同学们：

大家好！

××市委党校和××社会主义学院，是××人民心目中非常神圣的地方，能到这里学习，是无上的光荣。在座的学员，来自全市各条战线和各个岗位，我们都非常珍惜这难得的机会，踏踏实实沉下心来，完完全全投入到学习中。这短暂的一个月，是我们生命中的加油站；这短暂的一个月，我们进一步坚定了信仰、开阔了视野、拓宽了思路、丰富了知识、提高了能力、升华了境界、收获了友谊。

培训期间，虽然学习时间安排非常紧凑，但我们一点也不觉得辛苦和疲倦，五十多堂理论课，堂堂精彩，堂堂让人回味无穷。灵活多样的授课方式，新颖精彩的观点碰撞，与现实工作紧密相关的思想交锋，让我们学在其中、乐在其中。一个月来，我们系统地学习了××全会重要精神，深入探讨了××的经济社会发展，进一步增强了贯彻落实科学发展观的自觉性与坚定性。同时，就如何处理新形势下的热点难点问题，提高公共管理水平，提升领导艺术，增进个人修养，更好地建设和谐社会，进行了全面深入的学习和研究。

培训期间，我们走出了教室，到现场去学，到实地去学，有的班到××前感受历史的厚重，有的班到××等科技园区调研新型经济，有的班与外省市学员进行了深入交流，展现了××青年的风采。

培训期间，我们还组织了丰富的活动：篮球场上，留下了学员们矫健的身影；报告厅里，响起过学员们嘹亮的歌声；图书馆里，刻下了学员们求知的足迹；读书报告会上，共享了多少闪光的思想；心得交流会上，我们曾经互相倾听心声。

培训期间，我们从素不相识，到相互走近、逐渐熟悉，直至深入了解，结下了深厚的友谊。

“走得最快的，总是最美的时光。”今天，为期一个月的集中培训结束了，但是，我们的学习不会中断，我们的求索不会中断。今天，我们将分别，但是，我们的友谊长存，友谊的光芒会永远照亮前行的路程。今天，我们将回到自己的工作岗位，我们会更加勤奋努力工作，积极开拓创新，做出新的贡献，绝不辜负组织的培养。

最后，我代表全体学员，再一次深深感谢给予我们关怀的领导，感谢给予我们启迪的老师！祝各位领导、老师和同学身体健康、工作顺利！祝我们的党校和社会主义学院越办越好！祝祖国的明天更美好！

谢谢大家！

★★★

范例11：毕业生代表在毕业典礼上致辞

【致辞人】毕业生代表
【场　景】毕业典礼
【时　机】在毕业典礼开始时致辞
【风　格】真情实感　文采飞扬
【关键词】转瞬即逝　思考　创新　难忘　依赖　教育　祝福
【妙　语】岁月匆匆，大学四年转瞬即逝。路在脚下，明天会更好。我们都是只有一只翅膀的天使，只有互相拥抱才能飞翔。欣欣向荣，蒸蒸日上。

尊敬的领导、老师，各位同学:

大家好!

岁月匆匆，大学四年转瞬即逝。从眼眸里抽出细细雨丝，然后纷纷扬扬地洒下。我们将离开我们的大学生活。走过楼兰，走过荒滩，只是为了那句“路在脚下，明天会更好”。

在××的四年，我们进一步学会了分析与思考，学会了丰富与凝练，学会了合作与竞争，学会了继承与创新，也进一步学会了如何不断超越，突破自己的极限而成长。如今我们就要毕业了，所有这些温暖的记忆都将铭刻在我们的内心深处，成为我们生命中最难忘的日子。喜欢好友常说的一句话:“我们都是只有一只翅膀的天使，只有互相拥抱才能飞翔。”四年的同窗情谊，让我们学会了彼此相信并依赖。四年的生活，我们都有过低谷，但我们相互扶持、鼓励，朋友温馨的笑容，班级温暖的气氛，让我们都走了过来，让我们学会去爱，去坚持，去相信“阳光总在风雨后”。

敬爱的老师，你们用辛勤的汗水、无私的奉献、无数个夜晚的伏案耕耘，给了我们一个清醒的头脑，一双具有洞察力的眼睛和一颗热忱的心，再华丽的辞藻也无法表达我们对既是老师，又是朋友，更是亲人的你们的尊敬和爱戴。学生即将远行，请允许我们深情地道一声：“老师，你们辛苦了！谢谢你们的关怀和教育。”

我亲爱的学弟学妹们，你们是我们××的未来，是你们给××带来了生机和活力，你们的努力和奋斗为××带来了荣誉，即使我们离校了也会感到无限的荣耀。在这里请允许我代表全体毕业生对你们表示诚挚的感谢和衷心的祝福，祝福你们的明天走得更好。

同学们，临别之际，让我们立下誓言：今天，我们以作为××的毕业生为荣；明天，××将会以我们——祖国的栋梁，为荣！我们要走了，××的老师们为我们所做的一切，我们暂时无以为报，我们××届全体毕业生送上我们深深的祝福：祝××大学欣欣向荣，蒸蒸日上。

我的发言完毕，谢谢大家。

★★★

范例12：毕业生代表在毕业典礼上致辞

【致辞人】毕业生代表
【场　景】职业学校毕业典礼
【时　机】在毕业典礼开始时致辞
【风　格】依依惜别　无限感慨
【关键词】欢聚一堂　毕业典礼　感谢　再见　忘怀　实现梦想　各领风骚　再创辉煌
【妙　语】既有毕业的喜悦，也有掩饰不住的无限的回忆与留恋。我们流过眼泪，却伴着欢笑；我们踏过荆棘，却嗅得万里花香。今朝毕业，不诉离伤；他日重逢，各领风骚。

尊敬的各位领导，老师们、同学们：

大家下午好！

今天是我们××学校一个喜庆的大日子。我们欢聚一堂，在这里举行××届学生毕业典礼。首先，请允许我代表××届全体毕业生向辛勤培育我们的各位领导、老师，表达最衷心的感谢！向三年来朝夕相处的兄弟姐妹同学们，表达最真诚的祝福！同时也向我们这段不能忘怀的岁月，说声再见！

此时此刻，我的心情无比激动，既有毕业的喜悦，也有掩饰不住的无限的回忆与留恋。曾有人问我，三年职业学校的学习收获了什么。我想骄傲地说，我收获了青春最美好的回忆，收获了最纯真的友谊，收获了勇敢去实现梦想的自信和对生活的感激！

我们经历了很多，我们成长了！我们流过眼泪，却伴着欢笑；我们踏过荆棘，却嗅得万里花香。我们告别那段愤世嫉俗的日子，我们开始收敛那指点江山的稚气。我们不再害怕寂寞，却无比担心不成功，我们决不放弃努力。正像马丁·路德·金说的那样：我有一个梦想！我们所有人都有一个梦想！从今往后，我们就要去追逐我们的梦，去追逐那怒放的生命！

让我们相约——今朝毕业，不诉离伤；他日重逢，各领风骚！

值此毕业之际，再次祝愿老师们身体健康！祝愿同学们工作生活顺利、梦想成真！祝福母校兴旺发达，祝福××职业学校蒸蒸日上，再创辉煌！

谢谢大家！

三、学校文体活动贺词

文体活动贺词，应注意以下几点：其一，掌握活动的精神，了解活动的全面情况，明确活动要达到的目的；其二，要主旨集中，突出活动的中心内容，把握活动的主要特点，只对活动的主题和有关重要问题做必要的说明，不可面面俱到，眉毛胡子一把抓；其三，态度要热情洋溢，富有号召性和鼓励性。语言要简练，条理要清晰，篇幅不宜过长。

范例1：教育厅领导在校运动会开幕式上致辞

【致辞人】教育厅领导

【场　景】校运动会开幕式

【时　机】在校运动会开始时致辞

【风　格】慷慨激昂

【关键词】祝贺 感谢 素质教育 检阅 配合 贡献

【妙　语】尊重裁判，尊重对方，发扬顽强拼搏的精神，赛出风格，赛出水平。在赛程中精神文明、率先垂范。克服困难、战胜困难，从一个成功走向另一个成功。

各位运动员、裁判员，全体老师，同学们：

大家好！

在这秋高气爽的日子里，我们迎来了××中学第××届校运动会。在此我谨代表××教育厅，对运动会的顺利召开表示热烈的祝贺。向为运动会筹备、组织工作付出辛勤劳动的相关人员表示衷心的感谢。

一年一度的校运动会是学校推行素质教育、发展体育运动、提高学生身体素质必不可少的重要举措和不可或缺的重大活动，它将充分呈现学校素质教育的新风貌，展示学校体能教育的新成果，是对学校体育水平和质量的一次大检阅。

举办运动会是一项综合性较强的工作，要把运动会组织好、开展好，需要各方面的努力和配合。希望全体同学、运动员严格遵守《中学生日常行为规范》和《运动员守则》，服从大会安排，尊重裁判，尊重对方，发扬顽强拼搏的精神，赛出风格，赛出水平、做到胜不骄、败不馁，尽心尽力，重在参与。希望全体裁判员认真履行裁判职责，严守《裁判员守则》，严肃、认真、公正、准确，在赛程中精神文明、率先垂范。希望全体工作人员增强服务意识，恪尽职责，相互配合，顾全大局，为大会多做贡献。

相信，本届运动会一定会涌现出更多更优秀的体育人才；一定会涌现出更多关心集体、爱护他人、团结互助的新人新事；同学们自身也将培养和锻炼出更加顽强的精神和坚韧的意志。我们真诚地希望全体师生能始终抱有这种精神和意志，在未来的学习和生活中，克服困难、战胜困难，从一个成功走向另一个成功。相信通过全校师生的共同努力，××中学第××届田径运动会一定会开得安全、有序、健康、精彩！

最后，预祝本届校运动会取得圆满成功！

谢谢大家!

★★★

范例 2：校长在校运动会开幕式上致辞

【致辞人】校长

【场　景】校运动会开幕式

【时　机】在校运动会开始时致辞

【风　格】气势磅礴

【关键词】收获 开幕 感谢 成果 提升 人格素质 与时俱进 力量

【妙　语】金秋送爽，瓜果飘香。21 世纪是知识的世纪，是技能的世纪，更是竞争的世纪。迎接成功的自信和拥抱明天的力量。

尊敬的各位领导、来宾、老师们、同学们：

大家好！

金秋送爽，瓜果飘香，在这收获的季节，为喜迎“国庆”佳节的到来，为××中学小学教学楼、塑胶操场的建成，××中学第一次规模盛大的中小学生田径运动会，今天开幕了。我代表××全体师生对各位的光临表示最热烈的欢迎和最衷心的感谢！

回顾历史，××中学从一所师资力量薄弱的学校发展成为××区先进学校，办学规模不断扩大，师资队伍日益优化和成熟，办学条件得到彻底改观，尤其是“校安工程”的落实，综合宿舍楼和小学教学楼的建成，为学校的发展奠定了基础，增强了后劲。这些成果的取得，得益于政府及市区教育主管部门领导的大力支持和热切关注；得益于兄弟学校和社会各界朋友的热情帮助；得益于广大教职员工敬业奉献、乐教爱生的职业道德。因此，教师们精神振奋、干劲倍增，学生举止文明、勤学好问，教育教学质量稳步提高，社会知名度不断提升。

同学们，21世纪是知识的世纪，是技能的世纪，更是竞争的世纪，我们必须拥有良好的心理素质，优秀的人格素质，完美的体能素质。今天，我们在田径场上竞争，明天，我们要在世界大潮中冲浪。体育的精神体现了人类战胜极限的渴望，也激发了人类与时俱进的潜能。它是我们努力学习的动力，给我们战胜困难的决心、迎接成功的自信和拥抱明天的力量。

老师们、同学们，“生命在于运动，体育促进健康”，我们要以“我运动、我健康、我快乐”为主题，广泛深入地开展阳光体育运动，坚持每天锻炼一小时，让我们每一个同学都能在校园内，健康快乐地成长，刻苦勤奋地学习，以优良的体魄、优秀的素质、优异的成绩完成义务教育阶段的学业。

老师们、同学们，我们要认真总结不足，发扬成绩，携手并肩，知难而进，在最短的时间内，把××中学建成××市一流名校，续写我校更加灿烂辉煌的新篇章！

最后，预祝本次运动会取得圆满成功！

★★★

范例3：校长在校运动会开幕式上致辞

【致辞人】校长

【场　景】校运动会开幕式

【时　机】在校运动会开幕式上致辞

【风　格】慷慨激昂

【关键词】喜悦　慰问　感谢　优秀人才　成绩

【妙　语】在这春意盎然的季节里。海阔凭鱼跃，天高任鸟飞。发扬奥林匹克精神，向着更高、更快、更强的目标而努力，创造出新的成绩。

各位老师，同学们：

大家早上好！

在这春意盎然的季节里，我校全体师生满怀喜悦的心情迎来了我校××年春季田径运动会。首先我谨代表学校向筹备这次运动会的全体老师表示衷心的感谢，向参加这次运动会的全体运动员、裁判员表示诚挚的慰问！

近年来，我校坚持教育创新的理念，不断加强教育现代化建设，不断提高教育教学水平。学校在改善办学条件、提高教学质量的同时，始终坚持全面贯彻教育方针，大力推进素质教育，特别注重提高学生的身体素质。因此，学校举办这次运动会，正是对平时学生体育活动的一次大检阅、大验收。我相信，我们的同学一定能在这次运动会上大显身手，充分展示自己平时刻苦训练的成果。同时我也希望，通过这次运动会进一步推动我校体育活动的蓬勃开展，让同学们学会健体，学会强身，真正成为不但学习好更要身体棒的德智体美劳全面发展的优秀人才。

为了成功地举办这次运动会，下面，我对大家提几点要求和希望：

1. 希望全体运动员，认真参加各项体育竞赛，发挥自己的最佳水平和技能，努力以最好的成绩为班级争光。在竞赛过程中，顽强拼搏，服从裁判。

2. 希望全体同学能发扬奉献精神，确立服务意识，为全体运动员做好后勤工作，为他们的运动竞赛加油鼓劲，发扬团队合作精神。

3. 希望全体裁判员，及时到位，客观、公正地履行裁判职责。给每一个运动员的付出，进行准确的评价和裁决。

4. 希望各班班主任老师，做好学生的组织工作，对学生进行安全教育、卫生教育，保持良好的大会秩序。

“海阔凭鱼跃，天高任鸟飞。”我衷心希望各班的体育健儿在运动场上一展雄姿，赛出水平，赛出友谊，赛出风格，发扬奥林匹克精神，向着更高、更快、更强的目标而努力，创造出新的成绩。

最后预祝运动会取得圆满成功。谢谢！

范例 4：校长在校运动会开幕式上致辞

【致辞人】校长
【场　景】校运动会开幕式
【时　机】在校运动会开幕时致辞
【风　格】慷慨激昂　催人奋进
【关键词】感谢　问候　配合　体育运动　圆满成功
【妙　语】发扬拼搏精神，创造出优异成绩。服从安排，忠于职守，尽职尽责，热情为大会服务。遵守纪律，服从指挥。

各位运动员、裁判员，同学们，老师们：

今天我们又迎来了一年一度的学校运动会。在此，我代表学校对这次运动会的如期举行表示热烈的祝贺，对各位领导、各位来宾表示热烈的欢迎，向为筹备、组织这次运动会付出艰辛努力的相关人员表示衷心的感谢，向刻苦训练、积极备战的所有参赛运动员表示亲切的问候。

老师们，同学们，举办运动会是一项综合性很强的工作，要把运动会组织好、开展好需要各方面的努力和配合。

学校希望全体运动员要充分展示××人斗志凌云、信心百倍、奋勇争先的精神风貌，发扬拼搏精神，创造出优异成绩。同时更希望全体运动员在比赛期间锻炼自己的坚强意志和勇挑重担、战胜挫折的能力，在运动会后把这些顽强拼搏的精神体现到学习生活中去，使自己的学业再上一个台阶，成为全面发展的创新型人才。

学校希望全体运动员要服从指挥，服从裁判、尊重对方，通过比赛，增强团结，增进友谊，促进校园的精神文明建设。学校要求全体大会工作人员服从安排，忠于职守，尽职尽责，热情为大会服务，以实际行动确保大会顺利进行。学校强调全体师生要十分重视运动会期间的安全，遵守纪律，服从指挥，保证大会各项工作顺利进行。

最后预祝本届体育运动大会取得圆满成功。

范例5：副校长在校园文化艺术节开幕式上致辞

【致辞人】大学副校长

【场　景】校园文化艺术节开幕式

【时　机】在校园文化艺术节开始时致辞

【风　格】气势磅礴

【关键词】隆重召开 祝贺 感谢 文化建设 创新 品牌活动 辛勤劳动 圆满成功

【妙　语】在这绚丽多彩、春暖花开的季节里。校园文化是高校物质文化、精神文化和制度文化的有机结合体。用青春、用激情、用活力，展现自己的特长。

各位领导，老师们，同学们：

在这绚丽多彩、春暖花开的季节里，我们共同迎来了××大学的盛大节日——第××届校园文化艺术节的隆重召开。在此，首先我谨代表学校党委、行政向本届艺术节的开幕表示热烈的祝贺！向为艺术节的开幕式付出辛勤汗水的老师和同学们致以诚挚的问候和衷心的感谢！

校园文化是高校物质文化、精神文化和制度文化的有机结合体，它以丰富的内容、深刻的内涵，发挥着特殊的育人功能。学校党委、行政十分重视校园文化建设，从××年开始每年一届的校园文化艺术节就是××大学在构建校园文化建设新格局中的创造。经过二十年的探索与实践，校园文化艺术节已经成为我校文化建设中的一道亮丽而独特的风景线，是学生素质拓展的重要载体，潜移默化地影响着校园师生的文化观念，体现着学校文化建设的传统和创新。

希望同学们在艺术节期间发扬集体主义精神，增强集体荣誉感，并能合理和科学地协调好上课与活动的时间，做到学习、活动两不误。比赛的结果并不重要，重要的是参与，在参与中很好地表现自己，只要很好地发挥了自身的水平，那就是成功，那就是胜利。希望组委会、承办单位认真落实工作要求，精心组织，周密安排，各位评委尽职尽责，秉公而裁，确保艺术节圆满成功。

老师们，同学们，艺术节的舞台已经搭好，艺术节的帷幕已经拉开，艺术节的序曲已经唱响，到这个大舞台上尽情演绎吧！用青春、用激情、用活力，展现自己的特长，放大自己的亮点，显示自己的才艺和风范，让全新的你，毫不保留地呈现在老师、同学面前。让老师、同学为你欢呼，为你喝彩！我相信，在学校党委的正确领导下，在各部门的精心组织和密切配合下，第××届校园文化艺术节一定会高潮迭起，精彩纷呈，成为校园里对促进学生全面发展具有重要意义的品牌活动。

最后，衷心感谢××市领导对我校长期的支持与帮助，感谢艺术节组委会和全校师生的辛勤劳动！

预祝我校第××届校园文化艺术节取得圆满成功！

谢谢大家！

★★★

范例6：校长在体育文化节开幕式上致辞

【致辞人】校长

【场　景】校体育文化节开幕式

【时　机】在体育文化节开幕时致辞

【风　格】慷慨激昂

【关键词】庆祝　隆重集会　感谢　大舞台　前提　勤奋工作　圆满成功

【妙　语】彩旗飘飘，人潮滚滚，弦歌不断，青春飞扬。生命在于运动，拼搏铸就辉煌。运动是健康的保证，健康是生活、工作和学习的前提。

各位领导，老师们，同学们：

彩旗飘飘，人潮滚滚，弦歌不断，青春飞扬。刚刚度过了“五一”劳动节，刚刚庆祝了青年人自己的节日五四青年节，我们全体师生，又迎来了××学院首届体育文化节。

今天，我们在这里隆重集会，举办××学院首届体育文化节活动，对培养学生的爱国主义精神，提高他们的综合素质，铸就他们顽强拼搏的人格品质有着十分重要的意义。首先，我谨代表学校党委、行政向本届体育文化节的顺利举行表示热烈的祝贺！向全体教练员、运动员、裁判员表示崇高的敬意！向精心筹备本届体育文化节的全体工作人员表示衷心的感谢！

××学院首届体育文化节，是对学校文化体育事业成果的一次集中展示，是学校实施教学质量工程的有益延伸，是加强校园文化建设、强化学校内涵发展的必要举措，是莘莘学子展示自我能力和大学生精神风貌的一个大舞台。“生命在于运动，拼搏铸就辉煌。”运动是健康的保证，健康是生活、工作和学习的前提。

自1896年雅典举办第一届奥运会以来，体育运动所体现的勇敢、竞争、协作的精神就深入人心，催人奋进。如今，体育运动代表的群体意识、竞争意识、团队精神、拼搏精神已从运动场上延伸到了人们的工作、学习和生活中。所以，本届体育文化节，不仅是我们学校文化体育事业的盛事，更是我们整个学校的一件大事。

全体教练员、运动员、裁判员，教师们，同学们：今天，将是一个充满着浪漫、激情和梦幻的一天。我希望我们的运动员团结友爱，奋力拼搏；我们的裁判员忠于职守，公正裁判；我们的同学遵守纪律，当文明观众；我们的工作服务人员坚守岗位，勤奋工作。

我希望全体师生，全体运动员、教练员和裁判员深刻理解奥林匹克精神的精髓，并把这一精神带到我们的工作、生活和学习中去，为人才培养质量的提高，为国家的强盛和民族的兴旺而刻苦学习，勤奋成才！运动、健康快乐！我们完全有理由相信，××的明天，一定会更加美好、更加辉煌！

最后，祝××学院首届体育文化节取得圆满成功！

★★★

范例7：校长在校园文化艺术节开幕式上致辞

【致辞人】校长

【场　景】校园文化艺术节开幕式

【时　机】在校园文化艺术节开幕时致辞

【风　格】情理交融 气势磅礴

【关键词】隆重集会 问候 感谢 校园文化 挑战自我

【妙　语】在文化艺术节这个舞台上展示自我、认识自我、发展自我、挑战自我。轻舞飞扬，歌舞相彰，尽情释放青春活力，让我院的素质教育之花今天别样红。

各位领导，老师们，同学们：

大家下午好！

今天，我们在这里隆重集会，举行我院第××届“艺抒年华”校园文化艺术节开幕式。在此，我谨代表学院党委、行政向本届艺术节的开幕表示热烈的祝贺！向为艺术节有序热烈举行付出辛勤劳动和汗水的老师、同学们致以诚挚的问候！向本次艺术节的赞助商表示衷心的感谢！

文化是一个国家和民族发展进步的重要推动力。作为服务青年学子学习知识、技能的殿堂，成才建功的高地，积极、向上、健康的校园文化是学校建设的题中应有之义。用多维的校园文化润物无声地影响人，学院的“艺抒年华”校园文化艺术节正是在这样的召唤下搭建起的一个广阔舞台。它将我院的育人目标与生动活泼的多样育人形式相结合，是我院探索构建“高职特色”校园文化的有益尝试和实践，是学院文化育人的主要载体。

特别是近年来，学院抓住示范建设成果推广和新校区建设的有利机遇，大力拓展校企、校地合作新领域，认真探索无界化校企文化融合新模式，引导广大学子充分发挥主人翁责任感，弘扬志愿服务精神。在总结以往经验的基础上在形式、内容、主题上紧扣时代脉搏，不仅注重高雅艺术与传统文化相结合，继承传统与开拓创新相结合，更充分注重在学生的主动性、活动的实效性和项目的专业性上有所创新，充分调动广大青年学子的积极性与主动性，使同学们在文化艺术节这个舞台上展示自我、认识自我、发展自我、挑战自我。

在过去举行的××届艺术节中，各级团组织、学生会及学生团体围绕主题，先后实施了十二个主要活动项目，其中包括：现场书画大赛、车模大赛、街舞大赛、校园形象大使选拔赛、主持人大赛等，筹办二百余个活动专场，吸引学生直接参赛3863人次，覆盖学生近三万人次，吸引教职员工参与指导近千人次。

今天，我们欢聚一堂，迎来了第××届“艺抒年华”校园文化艺术节，我真切地希望，广大同学积极参与各项活动，在社团风采秀中扬个性、秀技艺、展风采；在现场书画大赛中挥毫泼墨，抒发情怀；在车模和主持人大赛中彰显个性、释放青春朝气；在文艺汇演中轻舞飞扬，歌舞相彰，尽情释放青春活力，让我院的素质教育之花今天别样红！

最后，预祝我院第××届“艺抒年华”校园文化艺术节取得圆满成功！

谢谢大家！

★★★

范例8：校长在校园文化艺术节闭幕式上致辞

【致辞人】校长

【场　景】校园文化艺术节

【时　机】在校园文化艺术节闭幕时致辞

【风　格】慷慨激昂

【关键词】共同关注　祝贺　异彩纷呈　交相辉映　文化品牌

【妙　语】健康高雅、文明和谐。提升文化素养和艺术品位。兴于诗，立于礼，成于乐。用青春和智慧，用活力和激情，创建和谐美好的大学校园。

同志们、同学们：

我校第××届大学生校园文化艺术节，在全校教职员工的共同关注、大力支持和广大团员、青年学生的积极参与下，历时一个月，现已圆满完成了各项既定任务，今天将在这里落下帷幕。值此机会，我谨代表学校党委对第××届大学生校园文化艺术节的圆满成功，对在艺术节中表现突出、成绩优异的集体和个人表示热烈的祝贺！对大力支持、精心指导和积极参与艺术节的各位指导教师和各职能部门表示诚挚的谢意！

本届艺术节是我校学生校园文化生活中的一次盛会，较之往届艺术节更为成熟、更具特色。艺术节期间，全校性大型活动、学生社团巡礼月系列活动以及各学院特色活动，异彩纷呈，交相辉映，形成了健康高雅、文明和谐的独具我校特色的校园文化景观。

同志们，同学们，校园文化直接反映着一所学校的文化品位。作为一所综合性普通高等学校，多年来，我校共青团组织始终把打造校园文化品牌、提升校园文化品位、创建和谐校园作为不懈努力的目标。

希望各级团组织坚持推陈出新，把开展大学生校园文化活动与贯彻中央精神、落实全国加强和改进大学生思想政治教育工作会议要求紧密结合起来，团结、吸引和凝聚广大团员青年参与到校园文化活动中来，努力办好一年一度的大学生校园文化艺术节，精心打造更具××大学特色的校园文化品牌。

希望广大团员勤于学习，注重实践，自觉培养人文精神和艺术气质，在丰富多彩的校园文化活动中提升文化素养和艺术品位，努力锻炼成为全面发展的社会主义现代化建设的合格人才。

希望各单位、各部门加强沟通、密切配合，树立全员育人的观念，重视素质教育，大力扶植校园文化活动，努力营造健康、和谐的校园文化氛围。

同学们，第××届大学生校园文化艺术节即将落下帷幕，但通往艺术殿堂的大门却永远为你们敞开。孔子有句名言，叫作“兴于诗，立于礼，成于乐”。希望同学们不断努力，用文化和艺术健全人格、提升思想境界；用青春和智慧，用活力和激情，创建和谐美好的大学校园，创造××大学更加美好的明天！

谢谢大家！

★★★

范例9：校领导在校园文化艺术节闭幕式上致辞

【致辞人】校领导

【场　景】校园文化艺术节闭幕式

【时　机】在校园文化艺术节闭幕时致辞

【风　格】鼓舞激励

【关键词】辉煌　希望　闭幕大会　不惧风浪　教育　全面展示　圆满成功

【妙　语】告别炎热的盛夏，迎接秋日的金黄；告别稚嫩无忧的童年，迎接神采飞扬的青春。增长知识、增长才干，强化素质。挥毫泼墨抒发对未来的向往。

各位来宾，各位领导，老师们，同学们：

告别炎热的盛夏，迎接秋日的金黄；告别稚嫩无忧的童年，迎接神采飞扬的青春；告别昨日成功的喜悦，迎接未来新的辉煌。室外秋雨纷飞，室内欢声笑语，在这样一个收获的季节里，我们放飞明天的希望。

今天，我校全体师生在这里隆重召开庆祝××届校园文化艺术节闭幕大会。这是全体少先队员的节日，也是全体师生的节日。初二同学即将告别少先队生活，迈向共青团组织，我代表全体师生向你们表示祝贺！感谢全体少先队员在过去的岁月里，用你们的童真、你们的热情，为学校做出的贡献。祝贺你们在少先队的生活里，快乐成长，不断进步，面对困难不惧风浪，羽翼不断丰满，从此走向独立、走向成熟、走向成功。在校园中留下了你们欢乐的歌声，天空中留下了雏鹰飞翔的痕迹。告别过去满怀的是一种眷恋，迎接未来满怀的是一种憧憬。希望全体同学在今后的学习生活中，树立远大理想，不断增长知识、增长才干，强化素质，勇于创新。加倍努力丰富自己，完善自己。

在今天的大会中，又有一批老师、学生受到嘉奖，祝贺你们的同时，向你们表示感谢，是你们使我校的艺术节更加多彩。本次的校园文化艺术节师生踊跃参加，他们大胆展示表现出了师生良好的精神风貌。优美的歌声唱响时代的旋律，动感的舞蹈尽显青春的飞扬，个性的表演展现师生多样的特长，挥毫泼墨抒发对未来的向往。本届文化艺术节是校园生活中的一件大事，是学校向社会家长的一次汇报，是师生素质的全面展示。

今天，校园文化艺术节中的一些代表将用他们的歌声、舞姿和音乐，为在座的来宾、家长及全体师生表演，共同祝全体师生学习进步，祝来宾工作顺利，祝我们的祖国欣欣向荣、繁荣昌盛，最后祝文艺演出圆满成功！